ACCESO AL E-BOOK CON DESC…

[+] Diríjase a la página web de la editorial www.tirant.…

[+] En *Mi cuenta* vaya a Mis promociones https://www.t… .com/mex/mispromociones

[+] Introduzca su mail y contraseña, si todavía no está registrado debe registrarse

[+] Una vez en Mis promociones inserte el código oculto en esta página para activar la promoción

Código Promocional

Rasque para visualizar

* También puede realizar la compra del e-book a través de su librería

No se admitirá la devolución de este libro si el código promocional ha sido manipulado

LIBIA, EL FINAL DE LA PRIMAVERA

EL CONFLICTO LIBIO ANALIZADO POR LAS TEORÍAS DE LAS RELACIONES INTERNACIONALES

Procedimiento de selección de originales, ver página web:

http://www.tirant.net/index.php/editorial/procedimiento-de-seleccion-de-originales

LIBIA, EL FINAL DE LA PRIMAVERA

EL CONFLICTO LIBIO ANALIZADO POR LAS TEORÍAS DE LAS RELACIONES INTERNACIONALES

Coordinadora

JESSICA DE ALBA ULLOA

50 años Universidad Anáhuac

UNIVERSIDAD ANÁHUAC · VINCE IN BONO MALUM

th

TIRANT HUMANIDADES

México D.F., 2014

En caso de erratas y actualizaciones, la Editorial Tirant Humanidades México publicará la pertinente corrección en la página web http://www.tirant.com/mex/

EDITA: TIRANT HUMANIDADES MÉXICO
Leibnitz 14
Colonia Nueva Anzures
Delegación Miguel Hidalgo
CP 11590 MÉXICO D.F.
Telf.: (55) 65502317
infomex@tirant.com
http://www.tirant.com/mex
http://www.tirant.es
ISBN: 978-84-15731-88-7
MAQUETA: Tink Factoría de Color

Contenido

CAPÍTULO 2
LA ESTRUCTURA DEL SISTEMA INTERNACIONAL: EL NEORREALISMO DE WALTZ Y LA INTERVENCIÓN EN LIBIA

Jessica De Alba Ulloa

CAPÍTULO 3
RUSIA ANTE EL CONFLICTO LIBIO: POSIBILIDADES Y LIMITANTES DEL REALISMO OFENSIVO

DANIEL AÑORVE AÑORVE

CAPÍTULO 4
EL CONFLICTO EN LIBIA VISTO DESDE LA TEORÍA DE JUEGOS

KAREN BIALOSTOZKY AZSES
LAURA A. MADRID
JAVIER MARTÍNEZ MENDOZA

CAPÍTULO 5
ANÁLISIS DE LA PARTICIPACIÓN DE FRANCIA EN LA GUERRA EN LIBIA DESDE LA SOCIOLOGÍA INTERNACIONAL

Marie-Odette Colin

CAPÍTULO 6
EL NEOLIBERALISMO INSTITUCIONAL COMO MEDIO DE ANÁLISIS DEL CONFLICTO EN LIBIA

Almendra Ortiz de Zárate

CAPÍTULO 7
LA ACTUACIÓN DE LA UNIÓN EUROPEA EN LA CRISIS LIBIA DESDE EL CONSTRUCTIVISMO SOCIAL

Christel Bade

CAPÍTULO 8
LA RESTRUCTURACIÓN INSTITUCIONAL LIBIA: APLICACIÓN DEL CONSTRUCTIVISMO

ALEJANDRO FIGUEROA RODRÍGUEZ

CAPÍTULO 9
ANÁLISIS REALISMO-CONSTRUCTIVISMO EN LIBIA Y DE LA DISCUSIÓN SOBRE LOS MODELOS DEMOCRÁTICOS. ¿UN REGRESO AL FUTURO PRETORIANO?

IMTIAZ HUSSAIN

CAPÍTULO 10
CHINA EN LIBIA Y LA ANTROPOLOGÍA DE LAS RELACIONES INTERNACIONALES

FRANCISCO JAVIER HARO NAVEJAS

CAPÍTULO 11
ENTRE LA PRIMAVERA ÁRABE Y LOS CAMBIOS GEOPOLÍTICOS DE LA POST GUERRA FRÍA

J. GERARDO PALOMO GONZÁLEZ †

ÍNDICE DE TABLAS, GRÁFICAS Y FIGURAS

PRÓLOGO

La universidad que desea ser líder en su campo debe llevar a cabo, entre otras tareas fundamentales, la investigación y la divulgación de su disciplina. Esta obra es una muestra de la calidad con la que dichas actividades se llevan a cabo en la Universidad Anáhuac, en general, y en la Escuela de Relaciones Internacionales, en particular.

Analizar el fenómeno social bajo diferentes enfoques desarrollados por la disciplina de las Relaciones Internacionales, le permite al lector comprender el suceso desde ángulos que, además de su carácter complementario, exigen la reflexión, la comparación y la búsqueda de nuevas explicaciones. El tema de esta obra ejemplifica la importancia de dichos valores y sobre todo, la utilización de las teorías, para reconocer las múltiples dimensiones de un hecho histórico: la caída del régimen de Muammar Gadafi y la revolución libia de 2011.

La aproximación a la realidad bajo diferentes formas de análisis permite en su conjunto evitar un entendimiento simplista y de poco alcance y por el contrario, brinda la riqueza de una interpretación variada que tiene como consecuencia la posibilidad de crítica y evaluación de los mismos enfoques teóricos aplicados a una misma sucesión de hechos. Con esta publicación se desea contribuir a la casi inexistente bibliografía en español sobre la aplicación de las teorías de Relaciones Internacionales. La utilización de distintos enfoques brinda la oportunidad para la innovación, más allá de la evaluación y contraste del poder explicativo de los mismos, lo que por sí mismo es una contribución de gran valía y representa el objetivo de una verdadera investigación.

Por supuesto, este libro quiere fortalecer la formación de los internacionalistas en México y confirmar la relevancia mundial de las escuelas de Relaciones Internacionales. Así, incluye trabajos de investigadores pertenecientes a otras instituciones de educación superior. En este sentido, la Universidad Anáhuac confirma su labor como generadora de saber propio y compiladora y difusora del conocimiento. Debe destacarse que esta obra es producto del esfuerzo de la doctora Jessica De Alba Ulloa, coordinadora académica de la Escuela de Relaciones Internacionales.

Puesto que en la Universidad Anáhuac la práctica reflexiva tiene entre sus metas la producción de materiales útiles para los propios alumnos, su comunidad académica y todos los involucrados en su campo de estudio, durante los procesos de investigación y edición de esta obra participaron estudiantes y egresados de la Licenciatura en Relaciones Internacionales de la misma: Rodolfo Iván García González, Karen Bialostozky Azses, Laura Angélica Madrid Morales, Javier Martínez Mendoza y José Alberto Rincón Cárdenas. La maestra Christel Bade Rubio, también coordinadora académica de la escuela, tuvo a su cargo la revisión de varios capítulos.

Por supuesto, la gratitud institucional para los autores de este libro: Daniel Añorve, Karen Bialostozky, Susana Chacón, Odette Colin, Alejandro Figueroa, Francisco Haro, Imtiaz Hussain, Laura Madrid, Javier Martínez Mendoza, Almendra Ortiz y Gerardo Palomo (q.e.p.d.), cuyos trabajos fueron dictaminados inter pares en, al menos, dos ocasiones.

Finalmente, gracias a la doctora Guadalupe González, investigadora del Centro de Investigación y Docencia Económicas (CIDE) por su cooperación interinstitucional y su afecto hacia nuestra Escuela al realizar la dictaminación externa de la obra.

Esta obra se suma a los resultados de la investigación y la docencia en la Escuela de Relaciones Internacionales, así como a la vasta aportación que la Universidad Anáhuac hace cada día a la producción académica de calidad.

Carlos Camacho Gaos
Director de la Escuela de Relaciones Internacionales
Universidad Anáhuac México Norte

INTRODUCCIÓN

Jessica De Alba Ulloa

Las Relaciones Internacionales se han desarrollado a lo largo de los siglos: en la antigüedad, como los vínculos entre ciudades-Estado griegas, o bien entre los Estados-nación que se consolidan después de la Paz de Westfalia en 1648, lo que marca el inicio del sistema clásico internacional. Entonces, las Relaciones Internacionales eran estudiadas por medio de otras disciplinas, como el Derecho internacional o la Historia[1].

1. LAS RELACIONES INTERNACIONALES COMO DISCIPLINA ACADÉMICA

Al inicio del siglo xx nace la disciplina académica de Relaciones Internacionales como sistema institucionalizado de paz. Después de la Primera Guerra Mundial (1914-1918) se instaura la primera cátedra en estudios de política internacional en Aberystwyth, Gales. El sistema institucionalizado de paz se materializa con la Sociedad o Liga de Naciones, primera en su tipo. A partir de entonces se recurre a las organizaciones internacionales como medio para el mantenimiento de la paz.

Lo anterior respondió a la crudeza de la Primera Guerra Mundial, que generó destrucción y muertes masivas y focalizadas. Ante esto, los intelectuales y los formuladores de política reflexionaron sobre las causas de la guerra y la manera de evitarla. Así surge el normativismo como ideología en pro del desarrollo de instituciones, proce-

---

1 No se ampliará en este espacio la discusión sobre el nacimiento de las Relaciones Internacionales. Se puede mencionar, por ejemplo, que el término "internacional" fue acuñado por Jeremy Bentham a finales del siglo xviii (Colard, 1981:11).

dimientos y prácticas para erradicar o al menos controlar la guerra en el sistema internacional. Se creía que las naciones cooperarían para mantener relaciones armoniosas.

La Segunda Guerra Mundial (1939-1945) demostró el idealismo de dicha corriente y abrió paso al realismo[2]. Las posteriores explicaciones del sistema internacional se consideran el punto de partida para las teorías de Relaciones Internacionales[3]. Desde entonces, su desarrollo, avance y complejidad no se ha detenido. La disciplina ha estado inmersa en grandes debates que se siguen presentando a lo largo del tiempo[4].

---

2 Cf. Herz, J. (1972). *Political realism and political idealism: A study in theories and realities*. Chicago: University of Chicago Press; Carr, E. H. [1939] (2001). *The Twenty Years' Crisis: 1919-1939: An Introduction to the Study of International Relations*. New York: Perennial.

3 Cf. Adler, E. (2005). *Communitarian International Relations: The Epistemic Foundations of International Relations*. New York: Routledge; Brown, C. (2005). *Understanding International Relations*, 3rd ed. Basingstoke: Palgrave Macmillan; Burchill, S. (ed.) (2005). *Theories of International Relations*, 3rd ed. Basingstoke: Palgrave Macmillan; Reus-Smit, C. & Snidal, D. (2008) (eds.). *The Oxford Handbook of International Relations*. Oxford: Oxford University Press; Anderson, S. *et al.* (2008). *International Studies, an Interdisciplinary Approach to Global Issues*. Philadelphia: Westview Press.

4 Cf. Schroeder, P. (1997). History and International Relations Theory. Not Use or Abuse, but Fit or Misfit. *International Security, 22*(1) (Summer) 64-74. Para profundizar sobre los debates en las RRII, ver: Kurki, M. & Wight, C. (2010). International Relations and Social Science. En Dunne, Kurki & Smith (eds.). *International Relations Theories. Discipline and Diversity*, 2nd ed. (14-35). New York: Oxford University Press; Wæver, O. (1996). The Rise and Fall of the Interparadigm Debate. En Smith, K. & Zalewski, M. (eds.). *International Theory: Positivism and Beyond* (149-185). Cambridge: Cambridge University Press; Farr, J., Dryzek, J. S. & Leonard, S. T. (eds.) (1995). *Political science in history: research programs and political traditions*. Cambridge: Cambridge University Press; Schimdt, B. (1998). *The Political Discourse of Anarchy: A Disciplinary History of International Relations*. Albany: State University of New York Press; Banks, M. (1985). The Inter-Paradigm Debate. En Light, M. & Groom, A. J. R. (eds.). *International Relations: A Handbook of Current Theory*. London: Frances Pinter. Otros autores se plantean si en realidad los debates han finalizado: Berger, P. L. (2002). Introduction: The Cultural Dynamics of Globalization.

La razón reside en que el mundo social es uno en el que los individuos existen junto con estructuras de diferente orden: económicas, políticas, sociales, morales, etc. Se pueden describir acciones de manera sencilla, pero es más difícil explicar la razón o razones por las que dichas acciones han sido tomadas. Según Smith (2010), el terreno explicativo es el campo de las teorías, aunque en épocas recientes comenzó la discusión sobre la utilidad de éstas (Mearsheimer & Walt, 2013).

El primer debate ocurrió entre idealistas y realistas sobre la naturaleza de la política internacional y la posibilidad del cambio pacífico. Se presentó antes de las teorías, en el periodo de entreguerras y fue reemplazado por uno dentro del mismo paradigma realista, que se coronó como el enfoque principal después de la Segunda Guerra Mundial: los tradicionalistas se opusieron a los behavioristas, en cuestiones epistemológicas y metodológicas[5] sobre cómo era

---

En Berger, P. L. & Hungtington, S. P. (eds.). *Many Globalizations: Cultural Diversity in the Contemporary World* (1-16). Oxford: Oxford University Press; Breuning, M., Bredehoft, J. & Walton, E. (2005). Promise and Performance: An Evaluation of Journals in International Relations. *International Studies Perspectives, 6*(4), 447-61; Lakatos, I. (1970). Falsification and the Methodology of Scientific Research Programmes. En Lakatos, I. & Musgrave, A. (eds.). *Criticism and the Growth of Knowledge.* London: Cambridge University Press; Wæver, O. (1998). The Sociology of a Not so International Discipline: American and European Developments in International Relations. *International Organization, 52*(4), 687-727.

5 Para mayor profundización en dicho debate, ver King, G., Keohane, R. O. & Verba, S. (1994). *Designing Social Inquiry; Scientific Inference in Qualitative Research.* Princeton, NJ: Princeton University Press; Knorr, K. E. & Rosenau, J. N. (1969) (eds.). *Contending Approaches to International Politics.* Princeton, NJ: Princeton University Press; Sodupe, K. (2003). *La Teoría de las Relaciones Internacionales a Comienzos del Siglo xxi.* Bilbao: Universidad del País Vasco; Brown, C. (1997). *Understanding International Relations.* New York: St. Martin's Press; Kegley, C. & Wittkopf, E. (1993). *World Politics: Trend and Transformation.* New York: St. Martin's Press; Singer, D. (1961). The Incomplete Theorist: Insight Without Evidence. En Knorr & Rosenau (eds.). *Contending Approaches to International Politics* (62-86). Princeton, NJ: Princeton University Press; Knorr & Sidney (1961) (eds.). *The International System:*

mejor dar una sistematización y un orden a la disciplina para hacerla más científica. No hubo ganador. Hasta hoy, los teóricos utilizan los métodos que les son útiles. Pronto inició el tercer debate, conocido como interparadigmático, que generó intercambios que continúan representando la mayoría de puntos de vista de la disciplina. El intercambio más intenso se llevó a cabo entre el realismo y el liberalismo. La versión final de dicho debate fue la discusión entre el neorrealismo y el neoliberalismo, de la que derivó una síntesis que terminó consagrándose como la corriente dominante de la disciplina (*mainstream*). Esta tercera polémica tampoco conoció ganador. El realismo, que explicaba la estructura bipolar del sistema internacional, no pudo ser suplantado. Sin embargo, el liberalismo cubrió asuntos dejados de lado, como las instituciones, la cooperación y el comercio. El otro paradigma, el estructuralismo, de raíces marxistas, se ocupaba más de la economía política y la desigualdad estructural. El intercambio entre este paradigma y los otros dos fue menor (Sodupe, 2003).

El debate interparadigmático[6] hizo que se aceptaran varios paradigmas para el estudio de las Relaciones Internacionales, en lugar de

---

Theoretical Essays. Princeton, NJ: Princeton University Press; Bull, H. (1966). The Grotian Conception of International Society. En Butterfield, H. & Wight (eds.). *Diplomatic Investigations: Essays in the Theory of International Relations.* London: Allen & Unwin; Wight, M. (1991). *International Theory: The Three Tradition.* Leicester: Leicester University Press/Royal Institute of International Affairs; Wendt, A. (1999). *Social Theory of International Politics*, Cambridge: Cambridge University Press; Puchala, D. J. (1991). Woe to the Orphans of the Scientific Revolution. En Rothstein, R. L. (ed.). *The Evolution of Theory in International Relations* (39-61). Columbia: University of South Carolina Press; Bull, H. (1966). International Theory: The Case for a Classical Approach. *World Politics, 18*, 361-377; Brown, C. (1997). *Understanding International Relations.* New York: St. Martin's Press; Deutsch, K. (1968). *The Analysis of International Relations.* Englewood: Prentice Hall.

6 Para mayores referencias sobre el debate interparadigmático, ver: Sodupe, K. (2003). *La Teoría de las Relaciones Internacionales a Comienzos del Siglo XXI.* España: Universidad del País Vasco; Russett, B. M. (1970). Methodological and Theoretical Schools of International Relations. En Palmer, N. D. (ed.). *A*

la existencia de un paradigma único. Las teorías estatocéntricas, pluralistas o estructuralistas compartían bases positivistas dentro de la tradición racionalista de la ilustración y la modernidad. Este debate duró veinte años y terminó súbitamente a finales de los años ochenta dado el gran cambio que ninguna de las corrientes pudieron prever: el fin de la bipolaridad.

En los años noventa, autores inconformes con las ideas y las construcciones teóricas existentes propusieron una nueva visión de las Relaciones Internacionales: el reflectivismo, de corriente postpositivista y posmoderna, que intentaba romper con la modernidad y con la tradición racionalista de la ilustración. Este es el cuarto debate, entre teorías racionalistas y reflectivistas. El debate es tanto ontológico, como epistemológico y metodológico. Las corrientes del reflectivismo van del consenso en la utilidad de la modernidad, aunque transformada —como es el caso de la teoría crítica—, al

---

Design for International Relations Research: Scope, Theory, Methods, and Relevance (87-105). Philadelphia: The American Academy of Political and Social Science; Vasquez, J. A. (1983). *The Power of Power Politics: A Critique.* London: Frances Pinter; Maghroori, R. & Ramberg, B. (eds.) (1982). *Globalism versus Realism: International Relations' Third Debate.* Boulder: Westview Press; Pettman, R. (1981). Competing Paradigms in International Politics. *Review of International Studies, 7*(1), 39-50; Korany, B. (1984). Un, Deux, ou Quatre... Les Écoles de Relations Internationales. *Études Internationales, 15*(4), 699-726; Smith, M., Little, R. & Shackelton, M. (eds.) (1981). *Perspectives on World Politics.* London: Croom-Helm; Holsti, K. J. (1985). *The Dividing Discipline: Hegemony and Diversity. International Theory.* London: Allen & Unwin; Viotti, P. R. & Kauppi, M. V. (eds.) (1987). *International Relations Theory: Realism, Pluralism, Globalism.* New York: Macmillan; Arenal, C. del (1989). La Teoría y la Ciencia de las Relaciones Internacionales Hoy: Retos, Debates y Paradigmas. *Foro Internacional, 29*(4), 583-629; Wæver, O. (1996). The Rise and Fall of the Inter-Paradigm Debate. En Smith, S. & Zalewski, M. (eds.). *International Theory: Positivism and Beyond* (149-185). Cambridge: Cambridge University Press; Banks, M. (1985). The Inter-Paradigm Debate. En Light, M. & Groom, A. J. R. (eds.). *International Relations: A Handbook Current Theory.* London: Frances Pinter; Rosenau, J. & Knorr, K. (1969). *Contending Approaches to International Politics.* Princeton: Princeton University Press.

completo rechazo de la misma —lo que plantean los enfoques posmodernos[7].

---

7 Para el cuarto debate (racionalistas-reflectivistas) y sobre las discusiones entre los positivistas y postpositivistas, ver: Hoffman, M. (1987). Critical Theory and the Inter-Paradigm Debate. *Millennium: Journal of International Studies, 16*(2); Keohane, R. (1988). International Institutions: Two Approaches. *International Studies Quarterly, 32*(4), 379-96; Nicholson, M. (1996). *Causes and Consequences in International Relations: A Conceptual Study*. London: Pinter; Jarvis, D. (2000). *International Relations and the Challenge of Postmodernism: Defending the Discipline*. Columbia: University of South Carolina Press; Der Derian, J. (1988). Introducing Philosophical Traditions in International Relations. *Millennium: Journal of International Studies, 17*(2), 89-103; Sjolander, C. T. & Cox, W. S. (eds.) (1994). *Beyond Positivism: Critical Reflections on International Relations*. Boulder: Lynne Riener; Smith, S. (1995). The Self-Images of a Discipline: A Genealogy of International Relations. En Booth, K. & Smith, S. (eds.). *International Relations Theory Today* (1-37). Cambridge: Polity Press; Smith, S. (1996). Positivism and Beyond. En Smith, S., Booth, K. & Zalewski, M. (eds.). *International Theory: Positivism and Beyond* (11-44). Cambridge: Cambridge University Press; Smith, S. (2001). Reflectivist and Constructivist Approaches to International Theory. En Baylis, J. & Smith, S. (eds.). *The Globalization of World Politics: An introduction to International Relations* (224-252). Oxford: Oxford University Press; Wendt, A. (1999). *Social Theory of International Politics*. Cambridge: Cambridge University Press; Adler, E. (1997). Seizing the Middle Ground: Constructivism in International Politics. *European Journal of International Relations, 3*(3), 319-363; Onuf, N. G. (1989). *World of Our Making: Rules and Rule in Social Theory and International Relations*. Columbia: University of South Carolina; Wyn Jones, R. (2001). *Critical Theory and World Politics*. London: Lynne Rienner Publishers; Holsti, K. J. (1985). *The Dividing Discipline: Hegemony and Diversity in International Theory*. London: Allen and Unwin; Linklater, A. (2007). *Critical Theory and World Politics*. New York: Routledge; Olson, W. C. (1983). *The Theory and Practice of International Relations*. New Jersey: Prentice-Hall; Roach, S. C. (2008). *Critical Theory and International Relations*. New York: Routledge. Para obras que presentan la diversidad de teorías y enfoques, tanto positivistas, como postpositivistas: Dunne, T., Kurki, M. & Smith, S. (2007). *International Relations Theories: Discipline and Diversity*. Oxford: Oxford University Press; Smith, S., Booth, K. & Zalewski, M. (1996) (eds.). *International Theory: Positivism and Beyond*. Cambridge: Cambridge University Press; Burchill, S. & Linklater, A. (1996). *Theories of International Relations*. New York: St. Martin's Press; Griffiths, M.

Ésta ha sido considerada una de las polémicas más complejas, especialmente porque los puntos de vista reflectivistas —muchos tomados de disciplinas como la sociología y la filosofía— han recibido duras críticas por su falta de propuestas.

Al final, los enfoques siguen vigentes y el grueso de la literatura se concentra, dentro de los positivistas, en el realismo y el liberalismo —sobre todo en su variante neoliberal—, junto con el constructivismo, que se ubica en el reflectivismo, pero con raíces profundamente racionalistas (Walt, 1998). Es cada vez más frecuente encontrar análisis que combinan estos enfoques.

2. ORIGEN DEL LIBRO

Esta obra busca, por un lado, demostrar la importancia de utilizar teorías en los análisis de Relaciones Internacionales y, por el otro, analizar un mismo caso con diversos enfoques. Algunos explican mejor; otros dejan más espacio para la crítica. Lo importante es generar reflexiones académicas en y desde México.

Al iniciar este proyecto, se pensó en un análisis general de cada teoría, con la referencia de *Making Sense Of International Relations Theory*, libro editado por Jennifer Sterling-Folker (2006) sobre la guerra de Kosovo. Después, gracias a las opiniones de los autores, se definió un formato de análisis propio que va del realismo al constructivismo, con espacio para la utilización de varios enfoques. Esto permitió la elaboración de propuestas innovadoras con aportaciones teóricas derivadas del refinamiento de conceptos y enfoques o de la combinación de herramientas de distintas teorías. Varios capítulos amplían el espectro de teorías y autores revisados y van mucho más allá de los representantes clásicos de las grandes escuelas teóricas de la disciplina, para incorporar autores recientes. Estos capítulos tam-

---

(2007). *International Relations Theory for the Twenty-first Century*. New York: Routledge.

bién aciertan en adoptar una perspectiva comparada de otras experiencias históricas similares.

En este sentido, los autores tuvieron libertad para caracterizar al conflicto libio como su enfoque lo determinara: guerra civil, movimiento socio-político, revolución social o cambio de régimen político.

Es de señalarse la dificultad para ubicar a autores como Raymond Aron y Hedley Bull en sólo una corriente teórica. Sin embargo, cada paradigma debe ser visto como un ideal en el que cada imagen enfatiza lo que los acercamientos teóricos tienen en común. La división paradigmática puede dar la idea de que son excluyentes. No es así, dado que no todos los especialistas en Relaciones Internacionales pueden ser encasillados en una imagen particular.

Finalmente, una de las contribuciones más importantes del libro, es la propuesta de un lazo entre teoría y práctica. Los capítulos de variantes del realismo y el liberalismo toman la aplicación de conceptos clave como herramienta para entender el mundo; los constructivistas están más preocupados por evidenciar el núcleo de la disciplina y el papel de las ideas y las identidades; un último grupo utiliza más de una teoría, proponiendo visiones alternativas.

Cada apartado incluye una breve descripción de la teoría o los enfoques utilizados y, posteriormente, la aplicación al caso libio. La obra presenta once capítulos. Aquí se enlistan los núcleos teórico y analítico correspondientes:

1. análisis desde el realismo tradicional, con énfasis en el impacto del exterior;
2. utiliza el neorrealismo —llamado también realismo estructural o realismo defensivo—, para abordar las causas sistémicas de la guerra;
3. parte del realismo político para abordar el actuar ruso durante el conflicto libio, sobre todo en su variante ofensiva;
4. en la línea del realismo, analiza el caso libio con la teoría de juegos y presenta el uso de modelos;

5. en un paradigma diferente, el del pluralismo, analiza desde la sociología internacional la formulación y la ejecución de la política exterior de Francia en el conflicto;
6. todavía dentro del pluralismo, examina los elementos del neoliberalismo institucional en el contexto de la crisis que dio origen al derrumbamiento del régimen de Muammar Gadafi;
7. en el marco del reflectivismo, analiza la actuación de la Unión Europea (UE) en la crisis de Libia desde el enfoque del constructivismo social; en concreto, desde su vertiente convencional;
8. presenta una corriente diferente del constructivismo para elaborar un análisis de la formación de estructuras al interior del Estado libio;
9. reinterpreta los sucesos históricos y los que están en proceso mediante dos debates: el realismo-constructivismo y la trayectoria democrática europea *versus* la trayectoria americana;
10. en una variante similar, ofrece una opción teórica para el estudio de las políticas internacionales de China, particularmente en Libia;
11. explica el caso libio mediante la formalización de las tendencias estructurales que han configurado geopolíticamente a África del Norte después de la Segunda Guerra Mundial y a partir de los principales aspectos y acontecimientos que caracterizaron la coyuntura socio-política.

Esta obra es el resultado de un esfuerzo colectivo que resulta de gran utilidad tanto para investigadores, docentes y alumnos de Relaciones Internacionales.

Sólo resta agradecer el apoyo de las autoridades de la Universidad Anáhuac México Norte, en especial al director de la Escuela de Relaciones Internacionales, Carlos Camacho Gaos, por su apoyo incondicional a este proyecto.

Durante el tiempo del proceso de imprenta, perdimos a nuestro colega y gran amigo Gerardo Palomo González, autor de un capítulo de esta obra. Gerardo, gracias por tu contribución y por la fe que pusiste en este proyecto. Aquí queda por siempre una parte de ti.

FUENTES

Colard, D. (1981). *Les relations internationales.* Paris: Masson.

Dougherty, J. E. & Pfaltzgraff, R. L. (2001). *Contending theories of international relations.* USA: Longman Pub Group.

Mearsheimer, J. & Walt, S. (2013). Leaving theory behind: why hypothesis testing has become bad for IR. *Faculty Research Working Paper Series* (electronic version). Harvard Kennedy School.

Smith, S. (2010). Introduction: Diversity and Disciplinarity in International Relations Theory. En Dunne, Kurki & Smith (eds.). *International Relations Theories. Discipline and Diversity* (2nd ed.) (1-13). New York: Oxford University Press.

Sodupe, K. (2003). *La Teoría de las Relaciones Internacionales a comienzos del Siglo XXI.* Bilbao: Universidad del País Vasco.

Viotti, P. R. & Kauppi, M. V. (1999). *International relations theory: Realism, pluralism, globalism, and beyond.* Boston: Allyn and Bacon.

HISTORIA DE LIBIA

ALEJANDRO FIGUEROA RODRÍGUEZ

Libia se encuentra al norte del continente africano. Limita al norte con el mar Mediterráneo (2,011 kilómetros), al sur con Níger (354 km), Chad (1,055 km) y Sudán (383 km), al este con Egipto (1,150 km) y al oeste con Túnez (459 km) y Argelia (982 km) (UN, 2011). Tiene una extensión de 1,759,540 km^2, con una población de 6,420,000 de habitantes. Esta población se encuentra concentrada en la costa y en núcleos urbanos (78%) y cuenta con alrededor de 2.2 millones de jóvenes menores de 18 años (UNICEF, 2011). El país tiene clima caluroso —seco al sur y húmedo en la muralla marítima—, con un paisaje mayoritariamente desértico (CIA, 2011).

En Libia existen tres regiones naturales: Tripolitania y Cirenaica, que hacen contacto con las costas del Mediterráneo, y Fezán, que es casi desértica. En Tripolitania se encuentran la mayoría de las grandes ciudades del país, siendo por ende la más poblada de las regiones (Oficina Económica y Comercial de España en Trípoli, 2008). Es aquí donde antiguamente se establecieron las diferentes civilizaciones (egipcios, cartagineses, griegos, fenicios, romanos, vándalos, bizantinos, árabes y otomanos) que ocuparon el país.

En Cirenaica se hallan las principales zonas verdes del país. Allí se encuentra Bengasi, la segunda ciudad en importancia después de la capital, Trípoli. También se encuentran los primeros campos petrolíferos encontrados en Libia y es actual centro de movilizaciones profederalistas. El Fezán es un inmenso desierto. Sólo hay poblaciones y vegetación alrededor de algunos oasis, aunque se encuentran algunos campos de petróleo y gas de gran importancia.

Las numerosas mesetas, planicies y depresiones del terreno libio hacen de éste un ejemplo más del accidentado paisaje geográfico africano. Esto afecta directamente a la fertilidad del suelo, dejando al país con una superficie cultivable de tan sólo 4,348 km. A lo largo de la historia, la composición geográfica de Libia ha repercutido en el establecimiento de poblaciones desiguales dentro del territorio, así como en las relaciones comerciales que sus habitantes habrían de estrechar en busca de los medios para satisfacer sus necesidades de alimentación. Incluso en la actualidad la cuestión alimentaria es un tema prioritario en el país, pues al menos 75% de los alimentos consumidos en Libia provienen del exterior (CIA, 2011; Columbia Electronic Encyclopedia, 2010).

A continuación se hará un breve recuento de la historia reciente de Libia, que servirá como base para los diferentes casos de estudio que cubre esta obra.

1. LIBIA BAJO DOMINIO ÁRABE Y OTOMANO

El islam apareció en el siglo VII. Los ejércitos árabes extendieron rápidamente la influencia de la nueva religión al norte y al este de la península arábiga y hacia la región del Magreb. En 642, Amr Ibn al As, general del califato de Umar I, conquistó Cirenaica. Fezán fue conquistado veintiún años más tarde por el general Uqba bin Nafi (Metz, 1987).

En 1050, dos tribus de la península arábiga, una liderada por Bani Salim y otra por Bani Hilal, se trasladaron al territorio que sería conocido en el futuro como Libia. Su llegada generó cambios significativos en el equilibrio de poder tribal de la región e incrementó la influencia de la cultura árabe (Marshall, 2011). Algunos siglos más tarde, en 1510, Trípoli fue conquistada por el ejército español. El puerto fue cerrado a los barcos mercantes y la ciudad quedó en ruinas y semi abandonada. El dominio español se prolongó por trece años (Marshall, 2011; Wright, 2010).

En 1551, el ejército otomano, encabezado por el pashá Darghut, conquistó Trípoli. El 16 de agosto de ese año, Murad Agha fue nombrado por el sultán como rey de Tagiura y Tripolitania (Marshall, 2011; Wright, 2010).

En el siglo XIX tuvieron lugar dos guerras importantes para la historia de Libia, conocidas como la Primera y Segunda Guerras Bárbaras. Los enfrentamientos se debieron al cobro de impuestos de la dinastía Karmanli a diversas naciones para permitir el paso por sus dominios y debido a los constantes ataques de piratas a barcos comerciales que transitaban por la zona (Marshall, 2011). La economía de la futura capital libia se vio arruinada debido a la destrucción de su flota tras las Guerras Bárbaras (Wright, 2010). Los otomanos recuperaron el control total del territorio, situación que permaneció hasta 1911 con la invasión italiana. El Imperio Otomano ejerció un gobierno central con poco control sobre las provincias, aunque Trípoli continuó siendo uno de los territorios de mayor relevancia (Marshall, 2011).

2. OCUPACIÓN ITALIANA: DE FINALES DEL SIGLO XIX A 1951

La conferencia de Berlín de 1884 organizó el reparto territorial de África entre las grandes potencias coloniales, dejando para aquellas de primer orden, lo que se consideraban las mejores zonas. Italia, que no tenía mucho tiempo de haberse unificado en un solo Estado bajo el liderazgo de Giuseppe Garibaldi, no gozaba de ese estatuto y, junto con Alemania, había quedado al margen del reparto colonial. La ocupación de Libia figuraba entre los planes europeos de conquistar el continente africano con el objeto de añadir nuevas conquistas a las ya conseguidas en el Nuevo Mundo, Australia, Nueva Guinea y Papúa. Respecto al mundo árabe, el plan no era acorralar, sino acabar con el "enfermo de Europa", el Imperio Otomano, que dominaba el territorio de la península arábiga y el norte de África, para entonces poder repartir sus colonias (Guma, 2011).

El 3 de octubre de 1911, Italia invadió militarmente el territorio de la actual Libia. El 10 de octubre las fragatas italianas lanzaron sus bombas contra las ciudades costeras de Trípoli, Bengasi, Tobruk, Derna y Zuara, lo que provocó una resistencia inesperada por parte de diversas tribus. Por esta razón, las tropas italianas lanzaron una cadena de operaciones aniquiladoras en contra de la población originaria (Guma, 2011).

En 1947 Italia se quedó sin colonias a causa del Tratado de Paz. A partir de este momento un mandato de la Organización de las Naciones Unidas (ONU) fue establecido en el territorio libio. Para la comunidad italiana empezó un difícil periodo en que se redujo su consistencia considerablemente hasta que en 1970 Gadafi expulsó al último reducto de italianos.

3. REINO DE LIBIA: 1951-1969

El país obtuvo nominalmente su independencia en 1951 mediante el apoyo de Reino Unido y Francia (Moya, 2011:1). Poco después, el territorio fue denominado como Reino Unido de Libia, con una configuración política de monarquía federal, encabezado por el rey Idris I, antiguo emir de Cirenaica y Tripolitania, y perteneciente al grupo religioso de los Sanussi.

Sin embargo, no existía un movimiento político autóctono o una ideología cuyas metas fueran compartidas por la mayoría de la población que era, como en la actualidad, muy reducida y concentrada en apenas algunos oasis del desierto y en la franja que bordea la costa mediterránea.

A mediados de la década de los cincuenta, Libia "combinaba dentro de sus fronteras prácticamente todos los obstáculos para el desarrollo que se podrían encontrar en cualquier lugar: geográficos, económicos, políticos, sociológicos y tecnológicos" (Vandewalle, 2006:51). La industria era prácticamente inexistente, mientras que el sistema tribal de posesión, y uso de la tierra y el agua dificultaba cualquier reforma al sector agrícola.

Todas estas circunstancias hacían inevitable que el nuevo reino dependiera de la ayuda económica de países como Reino Unido y Estados Unidos, quienes, a cambio, obtuvieron el derecho para instalar bases militares en el país (Moya, 2011). Los libios carecían de una fuerte identidad como ciudadanos, mientras que la apatía política era profunda, lo que no ayudaba a cimentar la legitimidad de una monarquía, alrededor de la que crecían prácticas corruptas.

4. EL NUEVO RÉGIMEN

El primero de septiembre de 1969, el joven coronel Muammar Gadafi encabezó un golpe de Estado que derrocó al rey Idris y llevó al poder al Consejo del Comando Revolucionario (CCR). Los líderes del golpe querían romper con el pasado y traían consigo un discurso cargado de retórica populista y revolucionaria.

En un principio el gobierno emulaba al naserismo (nacionalismo árabe y socialismo de Estado). En enero de 1971 Gadafi anunció que Libia se encaminaría hacia un sistema de gobierno popular (Moya, 2011), sin embargo el intento de movilización de la población desde la cúpula de poder no surtió el efecto esperado, en gran medida por querer crear una estructura sin considerar la participación de la sociedad.

Tras una evolución de sus ideas originales, en abril de 1973 Gadafi proclamó la "Revolución Popular", que movilizaba a la ciudadanía desde las bases. El fin era obtener legitimación al golpe de Estado y que éste no quedara como un mero "cuartelazo", es decir, quería que fuera asumida como una genuina revolución. Gadafi proclamaba que la de 1951 había sido una falsa independencia, pues el verdadero proceso de liberación nacional había arrancado con el derrocamiento de la monarquía el 1 de septiembre de 1969.

Sin embargo, contrario al discurso de "empoderamiento popular y de gobierno del pueblo", el poder real se asentaba firmemente en el CCR. Se configuraba entonces un elemento fundamental en el sistema político libio: una división entre los elementos formales e informales de control político y el poder en el país.

4.1. Tercera teoría universal

Gadafi se encontraba en desacuerdo con los mecanismos burocráticos que, a su juicio, impedían que las masas participaran activamente en la Revolución. Consecuencia de ello fue la proclamación de la "Tercera Teoría Universal", una alternativa al marxismo y al capitalismo que él mismo consideraba como una "solución al problema del sistema de gobierno". Se trataba, en teoría, de un sistema de democracia directa, en que partidos políticos, votaciones, entre otros, estaban prohibidos, ya que se estimaba que el sistema parlamentario viciaba la voluntad popular y era una perversión de la verdadera democracia[1]. Estas ideas fueron expuestas en el *Libro verde*, publicado en tres volúmenes entre 1975 y 1979, en el que fueron condensadas las ideas de Gadafi sobre la economía, los sistemas políticos y las relaciones sociales (Giddens, 2006).

La Jamahiriya o Estado de Masas, creado a partir de la "Tercera teoría universal", fue una creación de Gadafi a fin de lograrse la auténtica voluntad del pueblo. En este modelo de organización política, los ciudadanos eran supuestamente dueños de los recursos del país, ejercían la autoridad y manejaban directamente la administración a través de un sistema de congresos populares y comités (Oficina Económica y Comercial de España en Trípoli, 2008) que representan las ramas ejecutivas y legislativas, respectivamente. El enramado comenzaba por los Congresos Populares Básicos, ya fuera por barrio o por actividad. Los delegados elegidos asistían, a su vez, a reuniones de grupos más amplios, con base provincial-regional, y así, los delegados de estas reuniones se presentaban en una especie de Parlamento, llamado Congreso Popular General (CPG) al que asistían entre 2,000 y 3,000 delegados (Oficina Económica y Comercial de España en Trípoli, 2008). Dicho Congreso se reunía una vez al año en sesión ordinaria y una o dos en extraordinaria, en un promedio que iba de los tres a los siete días.

De esta forma, técnicamente, la responsabilidad de cualquier crisis social, política y económica recaía en la ciudadanía. De hecho, Gadafi jamás ostentó un cargo oficial, es decir, no era formalmente el

---

1 La representación "es una decepción y sólo conduce a falsas democracias [...] el pueblo no puede ser sustituido por nadie" (Moya, 2011:4).

Jefe de Estado. Sus títulos eran los de “Hermano Líder” y “Guía de la Revolución”. Los ministros daban cuenta a los congresos populares, no sólo a él.

En marzo de 1977, Gadafi anunció el arribo de la “Era de las Masas” y renombró formalmente a Libia como Jamahiriya Socialista Popular Árabe de Libia (Al-Jamahiriya al-arabiyya al-Libiyya al-sha'abiyya al-ishtirakiyya) (Moya, 2011:7). Sin embargo, como fue abordado anteriormente, y repitiendo el error cometido por el rey Idris, Gadafi quiso crear una identidad nacional sin tomar en cuenta a los agentes que componían a la nación misma.

4.2. *Gadafi dictador*

No se puede hablar de presencia una formal de fuerzas políticas o sociales en las instituciones libias de la dictadura. En Libia predominaban las influencias informales y de muy poca transparencia. Había una serie de grupos sociales que tenían una considerable influencia en las decisiones del Congreso Popular General (CPG), pero siempre serán informales. Entre estos grupos hay que señalar:

- personas procedentes del Consejo de la Revolución, es decir, viejos compañeros de lucha de Gadafi. Su número era reducido;
- miembros de los Comités Revolucionarios (creados en la década de los setenta) que seguían encabezando organismos políticos en el país aún al final del régimen;
- las tribus, ya que la pertenencia a una tribu implica no sólo la existencia de vínculos de solidaridad tribal en momentos de adversidad, sino también de influencia política y de comunidad de intereses. Aquí se daba un juego político-social, en el que se cambiaba frecuentemente el peso de cada tribu, con el fin de evitar las concentraciones de poder.

Todos los ministros eran nombrados por el CPG. Nadie más tenía facultades para realizar dichos nombramientos, ni siquiera proponerlos. La organización administrativa del país se mantuvo en constante cambio, al igual que las personas que ocupaban cargos dentro de ella. Esto, aunado a la falta de claridad en la definición de funciones y del reparto de atribuciones entre las administraciones central y local, complicaba la identificación de las unidades administrativas encargadas de cada tema concreto y la atribución de responsabilidades.

Sin embargo, las circunstancias no impidieron que ciertos ministros se hicieran de influencia específica y que, una vez comenzada la Revolución del 17 de febrero, echaran mano de ella para negociar algún beneficio político al término de la beligerancia. Tal es el caso de Mustafá Mohamed Abud Al Jeleil, quien se desempeñaba como ministro de Justicia durante el gobierno de Gadafi.

4.3. Gadafi y las tribus

Antes de la independencia, los campesinos libios veían en su tribu, en la aldea y en los líderes de la familia a la verdadera fuente de autoridad. Las unidades sociales básicas eran la familia, el clan y la tribu, con un papel fundamental para el desarrollo de la economía, educación y bienestar. Se esperaba que los individuos se subordinaran a sí mismos, y sus intereses, a las mencionadas unidades y obedecieran las demandas que de ellas emergían. La familia era el foco más importante de atención y lealtad, así como fuente de seguridad y después, la tribu. En la mayoría de los casos, la familia más poderosa de un clan proveía de liderazgo y determinaba la reputación y poder de la tribu (Moya, 2011).

A lo largo de la historia de Libia, especialmente durante el corto periodo de la monarquía (1951-1969), la prominencia de la familia y los líderes religiosos se entrelazaban estrechamente. Estos líderes solían residir dentro de los grupos familiares seleccionados en todo el país, una práctica que se había llevado casi a la institucionalización. En los años precedentes a la llegada de Muammar Gadafi al poder, en los años sesenta, las élites locales se componían todavía de los individuos o familias que debían su estatus a ciertos criterios, como el linaje, la riqueza y la piedad. Las elites locales mantuvieron su posición y legitimidad hasta bien entrados los años setenta, época en la que el gobierno revolucionario trató de desalojarlos, a menudo sin éxito.

Las estructuras sociales rurales también tienen una base tribal. Las tribus nómadas y seminómadas se encuentran organizadas en unidades segmentadas. Sin embargo, en los casos en los que los nómadas han optado por volverse sedentarios, el orgullo de pertenecer a una tribu se mantiene firme (Moya, 2011), al grado que su cosmogonía ha representado uno de los mayores obstáculos para la creación de un Estado-nación moderno, porque no existen instituciones que integren las costumbres sociales a nivel nacional.

Ya una vez instituido Gadafi en el poder, el número de nómadas y seminómadas, que constituían la mayor parte de la población tribal, fue menguando rápidamente. Como el nuevo régimen había llegado entonces a considerar la organización tribal y sus valores como la antítesis de sus políticas (Moya, 2011), trató de romper los vínculos entre la población rural y sus líderes tradicionales, centrándose en una nueva élite modernizadora, que ahora se hacía de la dirección del país.

Sin embargo, los esfuerzos de alentar a los miembros para abandonar las afiliaciones tribales carecieron de un efecto contundente, puesto que el orgullo de linaje tribal siguió siendo fuerte. No es posible hablar de la existencia formal de fuerzas políticas o sociales dentro de las instituciones gubernamentales libias durante el régimen de Gadafi. Las fuerzas informales y de poca transparencia eran predominantes. Una serie de grupos políticos y sociales eran los que tenían el control sobre las decisiones que se tomaban en el CPG.

Gadafi permaneció como jefe de Estado de facto y secretario general del CPG hasta 1980, cuando renunció a tal asignación. A pesar de no mantener un puesto oficial, Gadafi ejercía el poder con la asistencia de un pequeño grupo de consejeros de confianza, en el que se incluían parientes de su tribu, en la región de Sirte.

4.4. *Reyertas internas*

En la década de los ochenta, la competencia por el poder entre el gobierno oficial libio, las jerarquías militares y los comités revolucionarios creció. Un golpe de Estado fallido se dio en mayo de 1984, aparentemente organizado por agentes en el exilio pero con apoyo interno. Esto condujo a un corto tiempo de terror, durante el que miles de personas fueron encarceladas e interrogadas. Un indeterminado número fue ejecutado (U.S. Department of State [USDS], 2012). Gadafi echó mano de la base institucional con la que contaba en los comités revolucionarios para buscar presuntos oponentes internos, acelerando así la aparición de ideas contrarias al régimen.

En 1988, enfrentado con la constante insatisfacción pública debido a la escasez de bienes de consumo y a los reveses en la guerra con Chad, Gadafi les puso un freno a los comités revolucionarios e instituyó algunas reformas internas. El régimen liberó a varios prisioneros políticos y aligeró las restricciones para que los libios pudieran viajar al extranjero. De nueva cuenta, los negocios privados tuvieron licencia para operar. Es decir, una vez que las estructuras que le habían dado estabilidad al régimen comenzaron a debilitarse, ya fuera por causas endémicas o por influencia de agentes externos, fue momento de deconstruirlas, tomar una tangente y comenzar un nuevo ciclo, aunque sin abandonar su base ideológica, al menos por el momento.

A finales de la década de los ochenta, Gadafi comenzó a construir una política interna anti fundamentalista islámica, porque veía en el fundamentalismo un potencial semillero de oponentes al régimen. Las fuerzas de seguridad de Gadafi pusieron en marcha una maniobra preventiva hacia supuestos golpistas en el ejército y en la tribu Warfalla en octubre de 1993, en la que se llevaron a cabo numerosos arrestos, al igual que reestructuras dentro del gobierno, acompañadas por confesiones públicas de los oponentes al régimen y denuncias de tortura y ejecuciones (USDS, 2012). Entonces, el ejército, que alguna vez fue el más grande apoyo del régimen de Gadafi, se había convertido en la década de los noventa en una potencial amenaza para él mismo. En 1993, después de un golpe fallido, en que se vieron involucrados altos comandos militares, Gadafi comenzó a minar al ejército desde dentro, eliminando así a rivales potenciales e insertando a sus seguidores leales.

El proceso constructivo que Gadafi propició para fortalecer la institución militar había llegado a un punto tal, que ponía en riesgo el ciclo vital de las estructuras que se desarrollaban paralelamente y fue necesario su desmantelamiento, paulatino pero contundente. La estrategia de Gadafi fue desde entonces y hasta el final de su administración, equilibrar frecuentemente las funciones y responsabilidades de sus lugartenientes. Muchas figuras políticas clave mantuvieron carteras que se traslapaban y cambiaban funciones en las que las personalidades y las relaciones, comúnmente, jugaban papeles más importantes que los títulos oficiales. Mientras los funcionarios bien posicionados podían tener carteras oficiales. No era poco común que meros subordinados le informaran directamente a Gadafi en asuntos que se encontraban bajo competencia de algún otro funcionario.

En materia judicial, el sistema del régimen gadafista consistía en tres niveles: los tribunales de primera instancia, los tribunales de apelaciones y la Suprema Corte. El CPG asignaba jueces a la Suprema Corte. Un tipo especial de tribunales revolucionarios y tribunales militares operaban fuera del sistema judicial para tratar ofensas políticas y crímenes contra el Estado. Los tribunales populares, ejemplo de autoridad extrajudicial apegado a la estructura tribal que con base en la tradición los había instituido, fueron abolidos en enero de 2005. El sistema de justicia libio se encuentra, nominalmente, basado en la Sharia[2].

---

2 Todos los aspectos de la vida de un musulmán se rigen por la Sharia. La ley Sharia proviene de una combinación de fuentes, incluyendo el Corán (libro sagrado de los musulmanes), los hadices (dichos y la conducta del profeta Mahoma) y fatwas (sentencias de los eruditos islámicos).

4.5. Relaciones Internacionales

Desde el momento en que llegó al poder, Gadafi definió claramente sus metas en el marco de las Relaciones Internacionales: la unidad árabe, la unificación de los territorios de Palestina e Israel en uno solo, el progreso del Islam a nivel mundial, la eliminación de la influencia extranjera en Medio Oriente y el apoyo a un buen número de causas revolucionarias (USDS, 2012).

Lo primero que hizo fue cerrar las bases militares que Estados Unidos y Reino Unido habían establecido en territorio libio con la anuencia del rey Idris. Igualmente nacionalizó parcialmente todos los intereses petroleros y comerciales de inversionistas extranjeros en Libia. También fue una pieza clave en la promoción del uso del embargo de exportación petrolera como un arma política para retar a Occidente. Su lógica se centraba en que, aunado al embargo, un alza de precios en el barril de petróleo haría que las potencias occidentales, sobre todo Estados Unidos, retiraran su apoyo económico y militar a Israel. La maniobra probó ser fallida en 1973, durante la guerra del Yom Kippur (USDS, 2012), aunque favoreció la extraordinaria alza en los precios del petróleo.

La relación de Libia con la Unión Soviética incluyó la compra masiva de armas a ésta, además de la constante presencia de asesores del bloque soviético. El uso y la enorme pérdida de armas de origen soviético que sufrió Libia en su guerra con Chad (1987) infringieron el acuerdo que existía entre ellos de no utilizar dichas armas en actividades que no tuvieran que ver con objetivos soviéticos. En consecuencia, la relación entre ambas naciones alcanzó su punto más bajo a finales de la década de los ochenta.

Tras la disolución del Pacto de Varsovia y con la caída de la Unión Soviética, Libia se concentró en forjar lazos con países del llamado Tercer Mundo y en incrementar sus vínculos comerciales con Europa y Asia del Este. Sin embargo, dichos vínculos se vieron afectados significantemente con la imposición de sanciones por parte de las Naciones Unidas en 1992 (USDS, 2012). En 1998, tras una reunión de la Liga Árabe, en la que los Estados miembros decidieron no transgredir las sanciones emitidas, Gadafi renunció a sus ideas panárabes, que habían sido un pilar fundamental de su filosofía desde que había llegado al poder, en 1969.

En su lugar, a lo largo de la última década, Libia estrechó vínculos con sus vecinos del norte de África, Egipto, Túnez y Marruecos y con el resto del continente. En su intento por desarrollar una mayor relación con los países del África subsahariana, el régimen se vio envuelto en diversas disputas apoyando grupos alzados en armas en varios países como la República Democrática del Congo, Sudán, Mauritania, Somalia, la República Centroafricana, Eritrea y Etiopía. También, al buscar expandir su influencia mediante la entrega de asistencia financiera, efectuó donaciones monetarias para ayudar a paupérrimos vecinos como Níger, en forma de subsidios de petróleo a Zimbabue, ayuda humanitaria a los refugiados de Darfur, buscando forjar negociaciones para el cese de ataques entre Chad y Sudán y a través de una activa participación en la Unión Africana. En 1999, Gadafi propuso la formación de una gran nación sin fronteras, con un solo ejército y una sola moneda, que llevara el nombre de "Estados Unidos de África" —respondiendo a la personalidad mesiánica que Gadafi había desarrollado, asumiéndose como heredero de Nasser primero y como Rey de reyes de África e Imán de los musulmanes (Moya, 2011) después—, idea que no fue recibida de manera entusiasta (USDS, 2012).

5. DEL PARIA AL ALIADO

Los ataques de Al Qaeda sobre Nueva York y Washington el 11 de septiembre de 2001, la consecuente guerra contra el terrorismo, la inclusión de Libia en el Eje del Mal en 2002[3], y la invasión a Irak, liderada por Estados Unidos y Reino Unido, en 2003, influyeron en la decisión de que Gadafi desmantelara sus programas de armas de des-

3 Término utilizado por George W. Bush para definir a aquellos países promotores del terrorismo, en la lista se encontraban Irak, Irán, Corea del Norte, Libia, Siria, Cuba, Bielorrusia, Myanmar y Zimbabue.

trucción masiva, renunciara al terrorismo y buscara activa y eficazmente reinsertarse dentro de la comunidad internacional mediante la mejora de sus relaciones con las potencias occidentales.

A partir de ese momento, muchos gobiernos europeos y China, hicieron a un lado las ideas que habían tenido durante décadas en torno al régimen de Muammar Gadafi y modificaron su percepción. A raíz de las nuevas ideas, se apresuraron a entablar negocios con el coronel.

Prueba de esta modificación sustancial son los siguientes pasos: en mayo de 2004, Gadafi visitó oficialmente la sede de la Unión Europea en Bruselas y un mes después restableció relaciones diplomáticas con Estados Unidos. En julio de 2007, el presidente Nicolás Sarkozy visitó Libia y suscribió una serie de acuerdos para la venta de casi 300 millones de euros en armas. A Gadafi se le abrieron las puertas para hacer inversiones en Reino Unido en áreas como educación, prensa, fútbol o bienes raíces y llevar a cabo contratos de venta de armas con España por valor de 1,500 millones de euros, más otros acuerdos comerciales por un total de 12,300 millones, tal y como lo revelan los cables publicados por *Wikileaks*. La Italia de Silvio Berlusconi (quien visitó ocho veces Libia de 2008 a 2010) suscribió el Tratado de Amistad, Asociación y Cooperación hizo posible que Gadafi se convirtiera en el quinto inversor individual por volumen de negocio de la Bolsa de Milán (Moya, 2011). El poder económico hizo que Gadafi dejara de ser un "apestado", un marginado de la escena internacional.

Haciendo efectivas sus nuevas ideas de liderazgo en las organizaciones intergubernamentales, Libia presidió la Junta de Gobernadores de la Agencia Internacional de Energía Atómica en el periodo 2007-2008. De 2008 a 2009 ocupó un lugar no permanente en el Consejo de Seguridad de las Naciones Unidas representando al grupo de África. En 2009, ocupó la presidencia de la Unión Africana y fue el anfitrión de varias cumbres de dicha organización. También en ese año asumió la presidencia de la Asamblea General de la ONU. Se hizo cargo de la presidencia de la Liga Árabe en 2010 y fue anfitrión de las cumbres de marzo y octubre de ese año y de otra cumbre árabe-africana en ese último mes.

Gadafi realizó su primer viaje a Estados Unidos en septiembre de 2009 con motivo de la Asamblea General de las Naciones Unidas (AGNU). Ahí dio un discurso en el que presentó con fuerza la nueva regla de afirmación según la cual se daba una asimilación de Libia dentro de la comunidad internacional y su emergente importancia en la escena africana. El viaje se dio justo después de la liberación en Escocia y posterior traslado a Libia, de Abdel Basset Ali Mohammed al-Megrahi, quien perpetró el atentado del vuelo 103 de Pan Am en 1988, tema que había causado repudio internacional.

Sin hablarse de tratados propiamente, Libia representaba diversas ventajas para países árabes, entre las que se contaban no exigir visado para ciudadanos de dichos países (con excepción de Líbano y Palestina) y la total libertad para que empresas árabes o de países africanos pudieran invertir, construir empresas o prestar servicios en Libia.

Con los países de la Unión Europea, como Francia, Italia y España, Libia mantenía comisiones mixtas, para la discusión de intereses de tipo económico-comercial (Moya, 2011). A partir de 2003, Libia había crecido económicamente de manera sostenida, debido a una paulatina pero constante liberalización económica, centrada en la disminución del peso del sector público y un mayor campo de acción para las empresas privadas.

Hasta antes de la revolución del 17 de febrero, el mayor problema para la economía libia era la ineficiencia gubernamental para generar empleos y controlar el constante incremento de la población activa, cuya solución más viable se encuentra en la diversificación de la economía y el debido aprovechamiento del *boom* inmobiliario (USDS, 2012).

Los ingresos por el petróleo constituyen el principal recurso económico del país. Sin embargo, buena parte de las ganancias obtenidas de este recurso se vieron perdidas debido al despilfarro, la corrupción y la compra de armamento, así como a las grandes donaciones hechas a países en desarrollo con miras a incrementar la influencia del régimen de Gadafi en el África subsahariana.

Con considerables ingresos por parte del petróleo, un pequeño tamaño de población y políticas redistributivas, incluyendo un extenso sistema de bienestar social y subsidios para bienes primarios, Libia disfrutaba del tercer mayor Producto Nacional Bruto per cápita y el más alto Índice de Desarrollo Humano en África. En 2010, el país también tenía un fuerte crecimiento de 7.4% y mantenía una trayectoria sostenida, hasta la explosión del conflicto. El gobierno había anunciado planes de incrementar la producción de petróleo a 2.5 millones de barriles por día para el 2015 (USDS, 2012) posteriormente la National Oil Company (NOC), compañía creada en 1955 que dirige y controla el sector petrolero, estimó que para 2017 se lograría una producción de 3 millones de barriles por día.

En este sector, Libia ofrecía todavía a comienzos de 2011, las mejores perspectivas en el mundo debido al elevado porcentaje de los descubrimientos de petróleo explotable en condiciones comercialmente rentables con respecto al total de perforaciones realizadas y a bajos costos. Su comercio exterior en 2009 se puede apreciar en la tabla 1. En Libia se encontraban grandes compañías extranjeras (Bosley, 2009): BP y Royal Dutch Shell, de Reino Unido; Exxon Mobil, Occidental y Oasis Group, de Estados Unidos; Verenex, de Canadá; PGNiG, de Polonia; Gazprom, de Rusia; RWE, de Alemania; Sonatrach, de Argelia; Nippon Oil, de Japón; y Petrobras, de Brasil.

Tabla 1

Comercio exterior de Libia

	Comercio exterior de Libia	
	Exportaciones	**Importaciones**
Monto en USD	34.24 mil millones	22.11 mil millones
Productos	Aceite crudo, productos refinados de petróleo, gas natural, químicos.	Maquinaria, equipamiento de transporte, comida, bienes manufacturados, productos de consumo, bienes semiterminados.
Principales mercados	Italia (37.65%), Alemania (10.11%), España (7.94%), Francia (8.44%), Suiza (5.93%), Estados Unidos (5.27%)	Italia (18.9%), China (10.54%), Turquía (9.92%), Alemania (9.78%), Túnez (5.25%), Corea del Sur (4.02%)

Fuente: Elaboración propia con fuentes de USDS, 2012.

6. EL COMIENZO DEL FIN[4]

Las relaciones de Libia con el resto del mundo se vieron seriamente deterioradas tras la represión del régimen a las protestas sociales que comenzaron en febrero de 2011. La rebelión iniciada en Libia el 17 de febrero se sumó al efecto dominó al que dio lugar la explosión de la llamada Revolución del Jazmín, en Túnez, que afectaría a toda la región de Medio Oriente y que en un reducido periodo de tiempo terminaría por derrocar a los presidentes Zine al Abidine Ben Ali de ese país y a Hosni Mubarak, de Egipto.

El detonador ocurrió el martes 15 de febrero de 2011, cuando el defensor de los derechos humanos en Libia, Fethi Tarbel, quien se desempeñaba como representante de los familiares de los más de mil prisioneros que supuestamente fueron muertos por las fuerzas de seguridad libias en 1996 en la prisión de Abu Salim, fue arrestado. De forma inmediata, centenas de personas exigieron su liberación y

---

4 Este apartado contó con la colaboración del equipo de redacción, sobre todo en la parte contemporánea.

comenzaron los primeros motines. Al día siguiente, el jueves 17 de febrero, la oposición llama a un "Día de Cólera" contra el gobierno de Muammar Gadafi, obteniendo como respuesta el uso enérgico de la fuerza.

Entre el 23 y el 25 de febrero, los rebeldes tuvieron sus primeras victorias en las ciudades de Tobrouk y Bengasi, futuro bastión y centro de operaciones rebelde. Gadafi acusa a Al-Qaeda de estar detrás de las manifestaciones.

El 26 de febrero de 2011 el Consejo de Seguridad de las Naciones Unidas publicó la resolución 1970 sobre la situación libia. En ella se expresaba la "preocupación por la situación en la Jamahiriya Árabe Libia" y se condenaba "la violencia y el empleo de la fuerza contra civiles" (Consejo de Seguridad, 2011). El Consejo aplaudía también la reacción de la Liga Árabe de Naciones, la Unión Africana y el Secretario General de la Organización de la Conferencia Islámica[5], quienes reprobaban de forma unánime las violaciones de los derechos humanos y el derecho internacional humanitario que se estaba llevando a cabo en Libia.

De tal forma, "actuando en virtud de Capítulo VII de la Carta de las Naciones Unidas, y adoptando medidas con arreglo al Artículo 41", el Consejo de Seguridad exigía al gobierno de Muammar Gadafi, entre otras acciones, que se pusiera fin de inmediato a la violencia, que respetara los derechos humanos y el derecho internacional humanitario, que garantizara la seguridad de todos los ciudadanos extranjeros, así como garantizar la entrada segura de suministros humanitarios al país; que levantara inmediatamente las restricciones impuestas a los medios de comunicación de todo tipo y que cesara la exportación de armamentos. Igualmente conminaba a la comunidad internacional a cesar cualquier tipo de abastecimiento de armamento al gobierno de Gadafi y a disuadir a sus nacionales de viajar a territorio libio.

---

5 Miembros: 53 países del norte de África, Medio Oriente y Asia Central.

Decidió también la congelación de activos de algunos miembros del gobierno de la Jamahiriya Árabe Libia. Todos los miembros de las Naciones Unidas debían congelar "sin demora" todos los fondos, otros activos financieros y recursos económicos que se encontraran en su territorio y que fueran de propiedad o estuvieran bajo control, directo o indirecto, de Aisha, Hannibal y Khamis Muammar Gadafi, hijos de Muammar Gadafi; Muammar Mohammed Abu Minyar Gadafi, líder de la Revolución, comandante supremo de las Fuerzas Armadas; Mutassim Gadafi, asesor de Seguridad Nacional; Saadi Gadafi, comandante de las Fuerzas Especiales; Saif al-Islam Gadafi, director de la Fundación Gadafi, estos dos últimos también hijos de Muammar Gadafi.

Se publicó que desde el 15 de febrero, la ONU había decidido remitir la situación en Libia al Fiscal de la Corte Penal Internacional. Sin embargo, como era de esperarse, las autoridades libias no hicieron caso alguno a la resolución.

El 5 de marzo de 2011 entró en funciones el Consejo Nacional de Transición, con base en Bengasi. El 10 de ese mes, el gobierno de Francia reconoció al Consejo como representante legítimo del pueblo libio (BBC News, 2011) y anunciaba que enviaría un embajador a Bengasi. En respuesta, el régimen de Gadafi suspendió relaciones diplomáticas con el gobierno de Sarkozy, que se apegaba firmemente al discurso por la defensa de los derechos de los civiles violentados en Libia.

Debido a que la Resolución 1970 no fue acatada, el Consejo de Seguridad aprobó, en su sesión número 6498 celebrada el 17 de marzo, la Resolución 1973. En ella se tomó como estandarte la "protección de los civiles" y de las zonas pobladas por estos, "así como el tránsito rápido y sin trabas de la asistencia humanitaria" y la seguridad de ésta.

Las organizaciones regionales también habrían fijado su propia postura. El 8 de marzo, la Organización de la Cooperación Islámica lanzó un comunicado en el que se urgió a los miembros a movilizarse prontamente para proveer de la asistencia humanitaria que fuera necesaria a la población civil libia, así como para ayudarlos a superar rápidamente la crisis. Dos días después, el 10 de marzo, el Consejo de Paz y Seguridad de la Unión Africana estableció un comité especial de alto nivel sobre Libia, mismo que el 12 de ese mes solicitó que se impusiera una zona de restricción de vuelos de la aviación militar libia, además de establecer zonas seguras en los lugares expuestos a bombardeos como medida de precaución para proteger a la población civil.

Tomando estos dichos como argumentos a favor, el Consejo de Seguridad estableció en la Resolución 1973 que las autoridades libias debían cumplir con las obligaciones que les eran impuestas por el derecho internacional. En caso contrario, se autorizaba a partir de ese momento a los Estados miembros que adoptaran, ya fuera por cuenta propia o por medio de organizaciones o acuerdos regionales, aunque siempre en cooperación con el secretario general, las medidas necesarias para salvar a los civiles y las zonas habitadas por ellos. Se negaba, sin embargo, que dentro de dichas medidas se recurriera a la ocupación del territorio libio. Estableció, además, una zona de prohibición de vuelos sobre Libia. Ninguna aeronave podría sobrevolar el territorio de la Jamahiriya a menos que fuera con fines humanitarios, como el suministro de material médico, alimentos, trabajadores humanitarios y demás asistencia, o la evacuación de ciudadanos extranjeros. Tampoco se aplicaría dicha prohibición a los vuelos autorizados que tuvieran como finalidad la protección de civiles en territorio libio, bajo cualquier medida necesaria.

También se reiteraba el cumplimiento del embargo de armas y la congelación de activos que ya se habían mencionado en la Resolución 1970. Debido a que en ningún punto de la Resolución 1973 se menciona la proscripción del uso de la fuerza militar, se deja la puerta abierta al uso de ésta, siempre y cuando fuera "en beneficio" de los civiles afectados.

El 27 de marzo de 2011, la Organización del Tratado del Atlántico Norte (OTAN) tomó el control de la campaña militar sobre Libia bajo el nombre Operación Protector Unificado. La Alianza Atlántica intervino en el conflicto con base en el mandato de la resolución 1973 y como parte de sus esfuerzos de cooperación con países de la región. Cabe recordar que la OTAN posee experiencia en misiones de supresión de defensas aéreas enemigas gracias a sus operaciones en los Balcanes (North Atlantic Treaty Organization [NATO], 2011; *History*, 2011).

El objetivo de la campaña militar en Libia no fue remover del poder a Gadafi sino proteger a los civiles. Sin embargo, líderes europeos como el primer ministro David Cameron y el presidente de Francia Nicolás Sarkozy insistieron en la necesidad de que Gadafi abandonara el poder. Por su parte, el presidente Obama, que durante semanas se mostró reticente a involucrar fuerzas estadounidenses en Libia, también expresó que Gadafi debería dejar el poder, aunque reconoció que existían otras vías además de la militar para conseguir ese objetivo. Al respecto, el Secretario General de la OTAN, Anders Fogh Rasmussen, declaró que Gadafi no era un objetivo de los ataques de la Alianza porque era el pueblo libio quien debía decidir sobre su futuro (Petrou, 2011).

Rusia y China, que mostraron gran reserva al momento de la votación de la resolución 1973, criticaron reiteradamente la operación de la OTAN en Libia. El primer ministro ruso, Vladimir Putin, expresó que la Operación Protector Unificado hacía recordar a las cruzadas medievales, mientras el gobierno chino hizo votos por un cese al fuego (Petrou, 2011).

En Bengasi se constituyeron los primeros comités organizados por la insurgencia para atender las necesidades de la población y pronto comenzaron a surgir otros comités independientes en ciudades liberadas. Esas organizaciones trabajaron de manera aislada y poco coordinada entre sí. Los recién formados comités fueron conformados por disidentes, intelectuales, hombres de negocios y miembros de familias prominentes antes de que Gadafi llegara al poder. En términos militares, la disidencia fue aún más heterogénea debido a la existencia de dos importantes jefes militares. El primero de ellos fue el general Abdel Fateh Younis, quien en el pasado se había desempeñado como ministro del interior de Gadafi y comandante de las fuerzas especiales del ejército libio. El segundo jefe fue el coronel Khalifa Heftir, un veterano de la guerra contra Chad que goza de gran admiración y respeto entre los pobladores de Bengasi (Anderson, 2011; Petrou, 2011; Sherlock, 2011).

A pesar de haberse puesto en marcha la operación militar de la OTAN en Libia, el avance rebelde fue lento y durante casi seis meses los combates se extendieron por todo el país. La fuerza aérea libia fue diezmada por las aeronaves de la OTAN, aunque en tierra los combates entre fuerzas leales a Gadafi e insurgentes continuaron arrojando un saldo de miles de muertos. Incluso en la actualidad resulta complicado calcular el saldo de víctimas mortales del conflicto en Libia y el Consejo Nacional de Transición (CNT) estima alrededor de 20,000 fallecidos entre marzo y agosto de 2011.

El 27 de junio de 2011 la Corte Penal Internacional (CPI), a solicitud del Consejo de Seguridad, ordenó la detención de Muammar Gadafi, de su hijo Saif al-Islam, y de su cuñado Abdulá al Senusi, líder de la Inteligencia Militar, acusados de crímenes contra la humanidad. La Corte consideró que la aprehensión de los tres dirigentes libios era necesaria para prevenir que siguieran usando su poder para cometer crímenes. Aseguró que a pesar de que Libia no era parte del estatuto de Roma[6], el país africano tenía la responsabilidad de ejecutar los arrestos debido a su pertenencia a la ONU desde 1955 y al mandato de la Resolución 1970 del Consejo de Seguridad, que instruye a Libia a cooperar totalmente y proveer la asistencia necesaria a la CPI (International Criminal Court [ICC], 2011).

Hacia finales del mes de agosto, la situación de estancamiento en la que se había sumergido la revuelta en Libia cambió radicalmente cuando fuerzas rebeldes apoyadas por bombardeos de la Alianza Atlántica consiguieron ingresar a Trípoli y hacerse del control de la mayor parte de la capital libia. El 22 de agosto el secretario Rasmus-

---

6 El estatuto de Roma de 1998 es el documento constitutivo de la Corte Penal Internacional.

sen aseguró que ante el avance rebelde y el desmoronamiento del régimen de Gadafi el pueblo libio debería prepararse para un nuevo comienzo. La OTAN se dijo lista para ayudar en una transición suave y pacífica en el país africano, mientras advirtió la gran responsabilidad que cae sobre el CNT. La alianza atlántica reveló que hasta el momento de la entrada de los insurgentes en la capital libia, las fuerzas internacionales habían destruido o dañado alrededor de 5,000 objetivos militares, y más de 800 tanques y maquinaria de artillería, bajo la premisa de minimizar el riesgo para civiles (NATO, 2011).

A pesar de que la insurgencia logró hacerse del control de la mayor parte de la ciudad de Trípoli e ingresó al complejo residencial de Muammar Gadafi, el paradero de quien fuera líder de Libia por 42 años era un misterio y los combates entre los rebeldes y fuerzas leales a Gadafi continuaban en las calles de diversas ciudades de Libia. Ante la situación, la OTAN había expresado que mantendría la operación militar en el país del Magreb el tiempo que fuera necesario y que su presencia en Libia giraría alrededor de tres principios: liderazgo en el apoyo al pueblo libio en la reconstrucción, mantenimiento de la postura de no enviar tropas de tierra, y compromiso de que las acciones futuras de la Alianza en el país africano se produzcan a solicitud (NATO, 2011).

Por su parte, el CNT se había comprometido a entregar el poder a una asamblea electa democráticamente en un plazo estimado de ocho meses, asegurando que la transición en el país duraría alrededor de 20 meses. El líder del CNT y ex ministro de justicia de Gadafi, Mustafá Abdul Jalil, habría asegurado que el Consejo ya tenía una hoja de ruta para aplicarse en cuanto Gadafi cayera y sus tropas hubieran sido totalmente derrotadas. El plan de acción contemplaba el traslado de la sede del CNT de Bengasi a Trípoli, la formación de un gobierno interino en 30 días y el establecimiento de un plazo de 20 meses para completar la transición. El CNT se habría comprometido también a entregar el control de enclaves estratégicos del país. Se había asegurado de que el proceso fuera supervisado por la ONU (Redacción Internacional, 2011).

Hacia finales de agosto de 2011, aproximadamente 30 gobiernos alrededor del mundo habían reconocido la autoridad del CNT, pero se desconocía el nombre de quien conduciría la transición en Libia porque aunque los rebeldes habrían logrado cierto nivel de organización, diversos liderazgos se habrían vislumbrado al interior del grupo insurgente. Entre los nombres de los sucesores de Gadafi se contemplaba a Abdul Jalil, líder del CNT; Ali Abdelaiziz Al Isawi, encargado de asuntos exteriores de CNT, y Khalifa Heftir, héroe de la guerra contra Chad (Redacción Internacional, 2011).

Sir Richard Dalton, miembro de la Casa Chatham[7] y ex embajador británico en Trípoli, habría advertido sobre los riesgos que representa la existencia de un Estado dividido y débil a las puertas de Europa. Según él, Europa se arriesgaba a que una catástrofe humanitaria produjera una ola migratoria hacia ese continente. Además, se había hablado de la necesidad de que Libia estableciera las bases para la construcción de una sociedad civil. Fathi Baja, profesor de ciencias políticas y miembro del bando rebelde libio, aseguraba que el movimiento se encontraría preparando un manifiesto que permitiría clarificar la naturaleza de la revolución para encaminar el movimiento hacia la construcción de una Libia moderna, libre y democrática, basada en una sociedad plural, el respeto a los derechos humanos, y la participación de todos los ciudadanos en la creación del próximo gobierno y sus instituciones (Ghosh *et al.*, 2011; Petrou, 2011).

---

7 Instituto Británico de Estudio de Asuntos Internacionales. Tiene el objetivo de analizar, informar y debatir de manera independiente ideas para la construcción de un mundo próspero y seguro (www.chathamhouse.org).

Tabla 2
Historia de Libia

6,000 a.C.	Primera presencia humana en Libia.
945 a 712 a.C.	Expansión de la influencia libia a toda la franja mediterránea de África. En Egipto, faraones de la XXII y XXIII dinastías son de origen libio.
813 a.C.	Fundación de Cártago.
264 a 146 a.C.	Guerras Púnicas entre Cártago y Roma.
Siglo I a.C. a V d.C.	Dominio romano de Libia.
642	El Califato de Umar I conquista Cirenaica.
661	Expansión árabe al Norte de África y conversión al Islam.
663	Uqba bin Nafi conquista Fezán.
661 a 750	El Califato Omeya de Damasco domina Tripolitania, Cirenaica y grandes partes del Magreb.
Siglo VII	Revueltas kharajitas en contra del dominio árabe en Libia.
750 a 1258	Califato Abasí de Bagdad domina Libia.
800	Tripolitania surge como Estado libre.
909 a 1049	El Califato Fatimí, de orientación chiita, domina Tripolitania y Cirenaica.
1049	Tripolitania regresa a la fe suní del Califato Abasí.
1200	El Califato de Marruecos conquista Tripolitania.
1250	Imperio Kanem conquista Fezán.
Siglo XIII a XVI	Dominio turco de Cirenaica.
1510	La Reconquista española se extiende hasta dominios árabes en África. España ocupa Trípoli.
1551	El Imperio Otomano ocupa Trípoli.
1911	Invasión italiana a Libia marca el fin del dominio otomano en la zona.

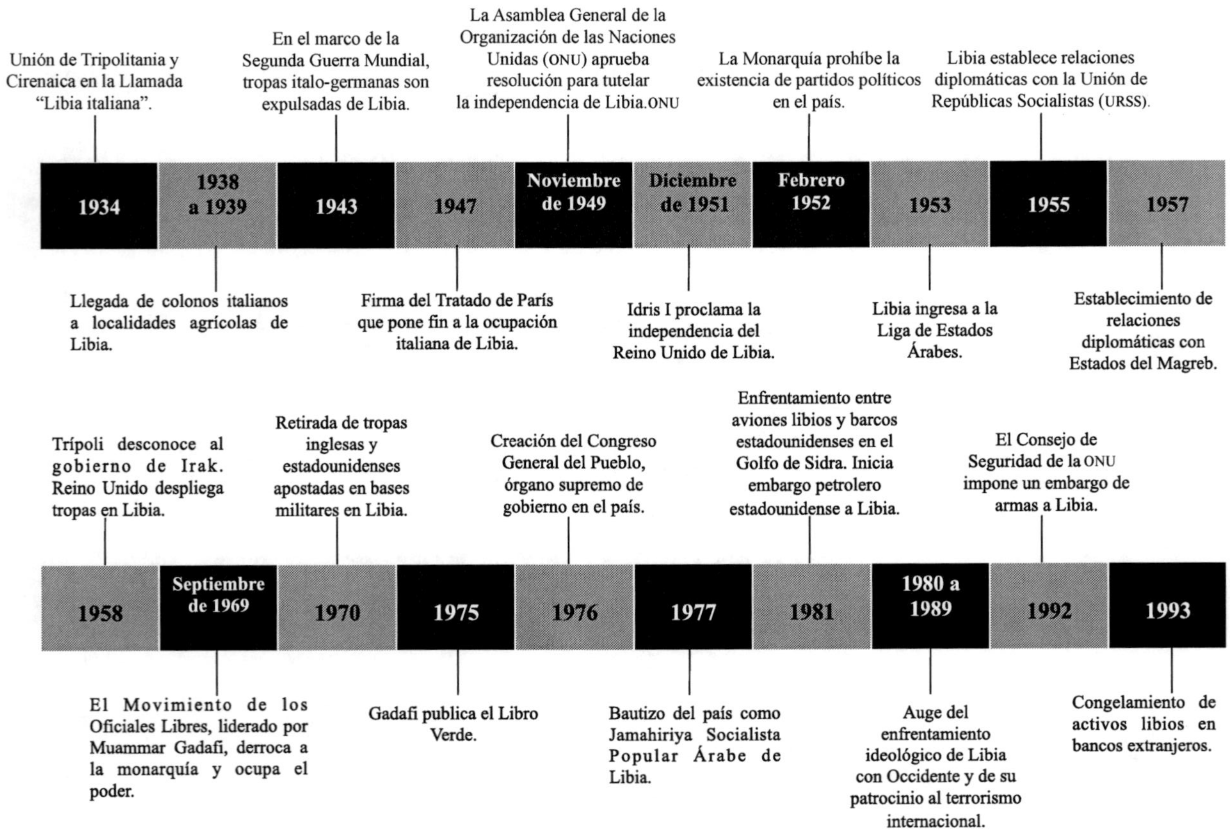
1934
Unión de Tripolitania y Cirenaica en la Llamada "Libia italiana".
1938 a 1939
Llegada de colonos italianos a localidades agrícolas de Libia.
1943
En el marco de la Segunda Guerra Mundial, tropas italo-germanas son expulsadas de Libia.
1947
Firma del Tratado de París que pone fin a la ocupación italiana de Libia.
Noviembre de 1949
La Asamblea General de la Organización de las Naciones Unidas (ONU) aprueba resolución para tutelar la independencia de Libia.ONU
Diciembre de 1951
Idris I proclama la independencia del Reino Unido de Libia.
Febrero 1952
La Monarquía prohíbe la existencia de partidos políticos en el país.
1953
Libia ingresa a la Liga de Estados Árabes.
1955
Libia establece relaciones diplomáticas con la Unión de Repúblicas Socialistas (URSS).
1957
Establecimiento de relaciones diplomáticas con Estados del Magreb.
1958
Trípoli desconoce al gobierno de Irak. Reino Unido despliega tropas en Libia.
Septiembre de 1969
El Movimiento de los Oficiales Libres, liderado por Muammar Gadafi, derroca a la monarquía y ocupa el poder.
1970
Retirada de tropas inglesas y estadounidenses apostadas en bases militares en Libia.
1975
Gadafi publica el Libro Verde.
1976
Creación del Congreso General del Pueblo, órgano supremo de gobierno en el país.
1977
Bautizo del país como Jamahiriya Socialista Popular Árabe de Libia.
1981
Enfrentamiento entre aviones libios y barcos estadounidenses en el Golfo de Sidra. Inicia embargo petrolero estadounidense a Libia.
1980 a 1989
Auge del enfrentamiento ideológico de Libia con Occidente y de su patrocinio al terrorismo internacional.
1992
El Consejo de Seguridad de la ONU impone un embargo de armas a Libia.
1993
Congelamiento de activos libios en bancos extranjeros.

1993 a 2004 — Aislamiento internacional de Libia.

2001 — Libia modera su beligerancia. Condena los ataques del 9/11 en Estados Unidos.

2004 — Libia renuncia a su programa de armas de destrucción masiva. Estados Unidos pone fin al embargo petrolero y restablece nexos comerciales.

2004 a 2008 — Estados Unidos y Europa mejoran relaciones diplomáticas con Libia.

2008 — Libia ocupa un lugar como miembro no permanente del Consejo de Seguridad de la ONU .

2010 — Libia asume la Presidencia de la Liga Árabe.

Febrero 2011 — En el marco de la Primavera Árabe, inicia una violenta guerra civil en Libia.

17 de marzo de 2011 — El Consejo de Seguridad de la ONU autoriza el establecimiento de una zona de exclusión aérea sobre Libia para proteger a la población civil.

19 de marzo de 2011 — Francia y Reino Unido inician el bombardeo de puntos estratégicos del gobierno libio.

27 de marzo de 2011 — La Organización del Tratado del Atlántico Norte (OTAN) asume el control de la campaña militar en Libia con el nombre de *Operación Protector Unificado.*

27 de junio de 2011 — La Corte Penal Internacional solicita la detención de Muammar Gadafi y de sus más cercanos colaboradores.

16 de septiembre de 2011 — La ONU reconoce al Consejo Nacional de Transición (CNT) como autoridad legítima de Libia.

20 de octubre de 2011 — Muammar Gadafi es capturado y asesinado en la ciudad libia de Sirte.

7 de julio de 2011 — Celebración de elecciones parlamentarias.

8 de agosto de 2012 — El CNT transfiere el poder al Congreso General de la Nación.

Mapa 1
Mapa de Libia

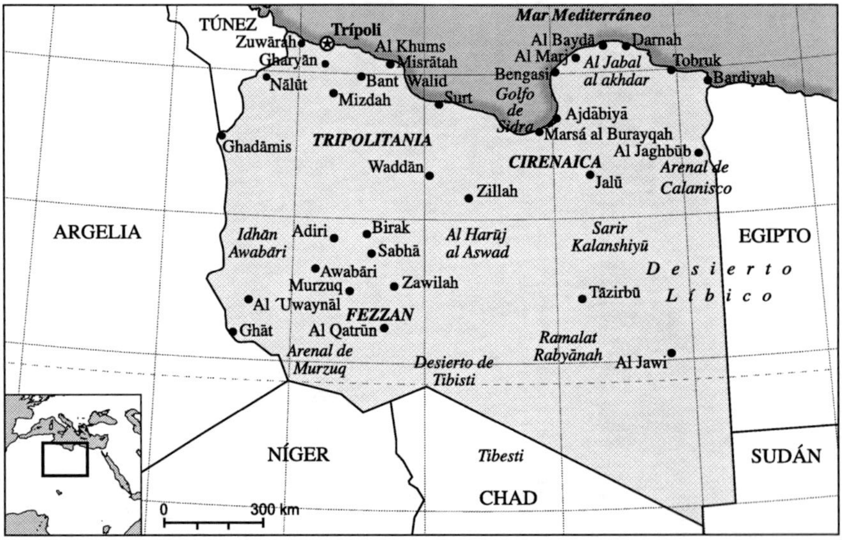

Fuente: www.atlasescolar.com.ar.

Mapa 2
Norte de África

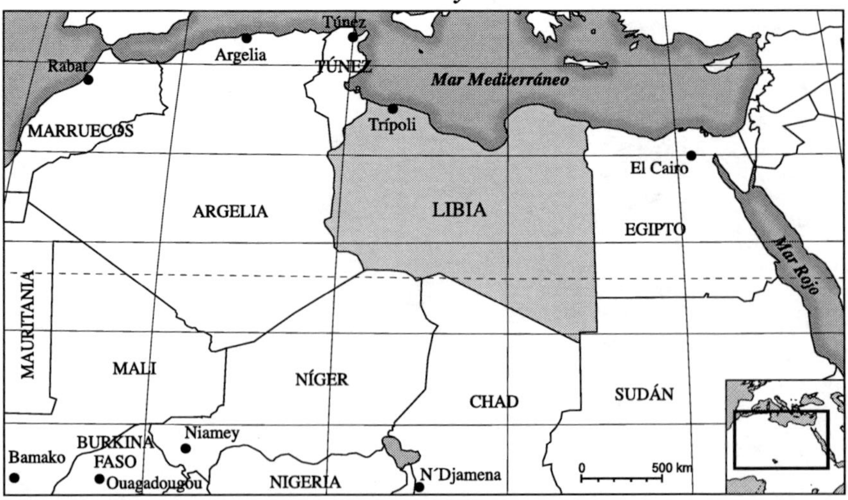

Fuente: www.es.123rf.com.

Tabla 3
Estructura de poder en el régimen de Gadafi

Nombre	Puesto
Al-Baghdadi, Dr Abdulqader Mohammed	Jefe de la Oficina de Enlace de los Comités Revolucionarios
Dorda, Abu Zayd Umar	Director de la Organización de Seguridad Exterior. Jefe de la agencia de inteligencia externa
Jabir, General Abu Bakr Yunis	Ministro de Defensa, responsable de las acciones de las fuerzas armadas
Gadafi, Aisha Muammar	Hija del Gadafi, estrecha vinculación con el Régimen
Gadafi, Hannibal Muammar	Hijo de Gadafi, estrecha vinculación con el Régimen
Gadafi, Mutassim	Asesor de Seguridad Nacional, hijo de Gadafi
Gadafi Saadi	Comandante de las Fuerzas Especiales, hijo de Gadafi, estrecha vinculación con el Régimen
Gadafi Saif al-Islam	Director de la Fundación Gadafi, hijo de Gadafi, estrecha vinculación con el Régimen
Dibri, Abdulqader Yusef	Jefe de Seguridad personal de Gadafi, resonsable de la seguridad del Régimen
Matuq, Matuq Mohammed	Secretario de Servicios Públicos, alto miembro del Régimen
Gadafi Al-dam, Sayyid Mohammed	Primo de Gadafi, responsable de varias muertes en Europa, envuelto en temas de compra de armamento
Gadafii, Khamis Muammar	Hijo de Gadafi, estrecha vinculación con el Régimen. Comandante de unidades militares para la represión de movimientos opositores
Gadafi, Mohammed Muammar	Hijo de Gadafi, estrecha vinculación con el Régimen
Gadafi, Saif al-Arab	Hijo de Gadafi, estrecha vinculación con el Régimen
Al-Senussi, Abdullah	Coronel, Director de Inteligencia Militar, cuñado de Gadafi

Fuente: INTERPOL, 2011.

Mapa 3
Recursos de Libia: hidrocarburos

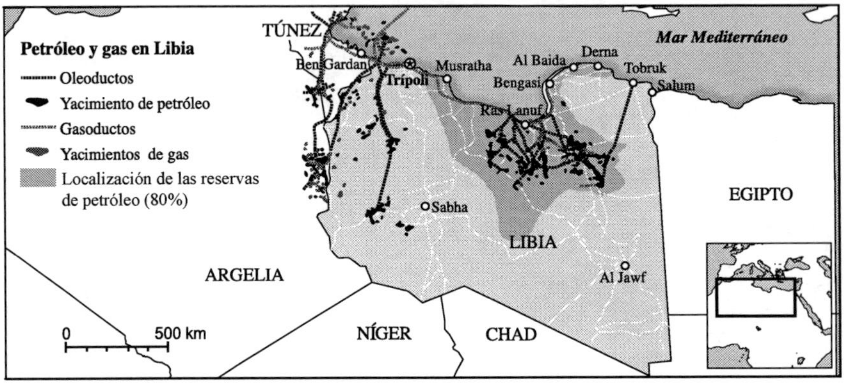

Fuente: http://bit.ly/gyDt3W.

Mapa 4
Concesiones petroleras en Libia

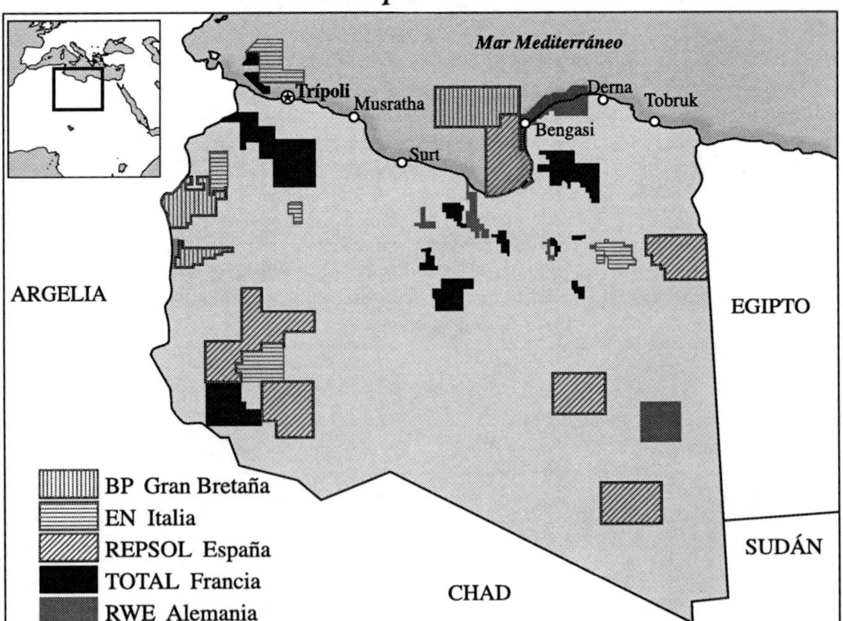

Fuente: www.globalmedia.com.

Mapa 5
Recursos hídricos de Libia

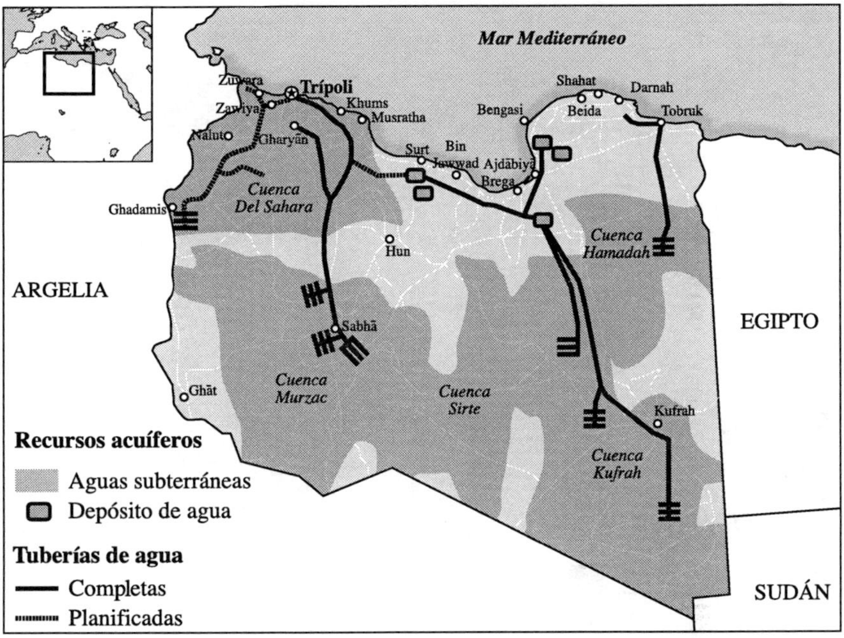

Fuente: www.joanfliz.blogspot.com.

Mapa 6

Las principales tribus en Libia (1)

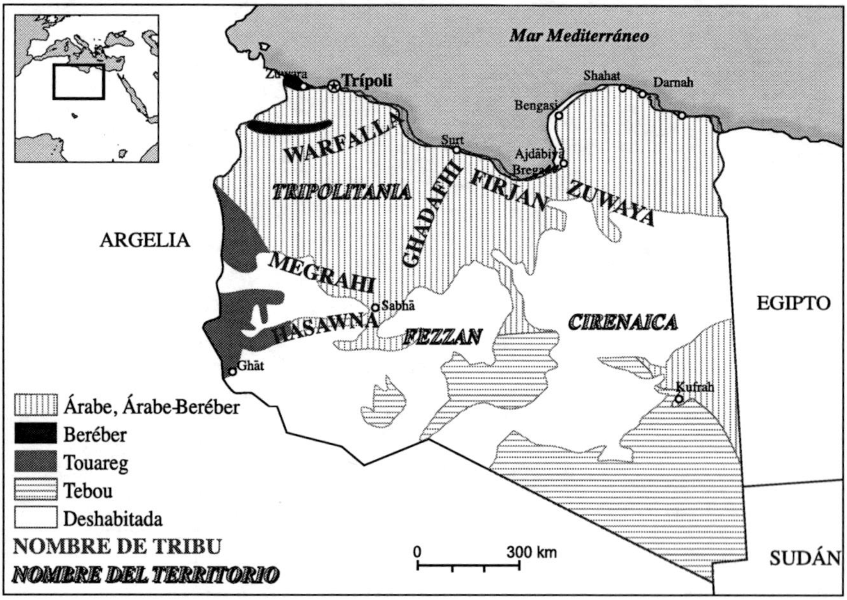

Fuente: http://www.fragilestates.org/2012/03/01/understanding-libya-the-role-of-ethnic-and-tribal-groups-in-any-political-settlement/.

Mapa 7
Las principales tribus en Libia (2)

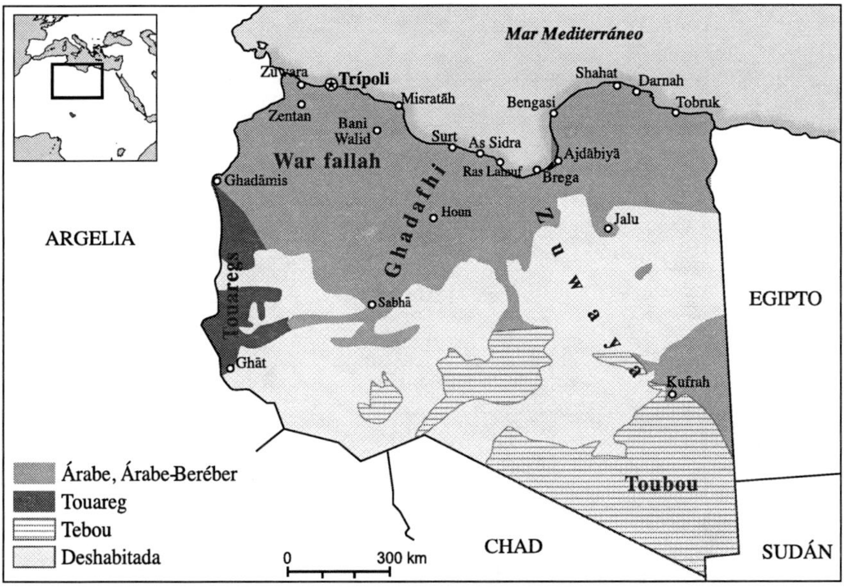

Fuente: http://www.fragilestates.org/2012/03/01/understanding-libya-the-role-of-ethnic-and-tribal-groups-in-any-political-settlement/.

Tabla 4
Listado de tribus en Libia

Tribu
Warfallah
Awlad Busayf
Al Zintan
Al Rijban
Al Awagir
Al Abaydat
Drasa
Al Barasa

Tribu
Al Fawakhir
Al Zuwayya
Al Majabra
Gadhafa
Al Magarha (Maqariha)
Al Riyyah
Al Haraba
Al Zuwaid
Al Guwaid
Al Hutman
Al Hassawna
Tibbu

Fuente: http://internacional.elpais.com/internacional/2011/02/23/actualidad/1298415614_850215.html.

Tabla 5
Actos terroristas de Gadafi (o sospecha de)

Fecha	Acto
Inicios de 1970	Gadafi incluyó en sus redes revolucionarias a organizaciones terroristas de todas partes del mundo. Libia se convirtió en patrocinador de muchos grupos rebeldes que luchaban en contra de países de Occidente. Durante estos años Gadafi estableció en territorio libio los primeros campos de entrenamiento para terroristas, dio asilo a terroristas más buscados e inició el flujo de armamento para organizaciones terroristas.
Noviembre 1976	Libia y Argelia establecieron un acuerdo secreto para financiar y entrenar a los vascos en España, los bretones y corsos en Francia. Gadafi transfirió importantes sumas de dinero a los sandinistas en Nicaragua y grupos rebeldes de El Salvador.
Mayo 1981	La inteligencia americana reporta que Gadafi planeaba asesinar a diplomáticos americanos en Roma y París.

Fecha	**Acto**
Febrero 1983	Chad es amenazado por los deseos expansionistas de Gadafi, quien está dispuesto a dominar el país y derrocar al presidente Hissen Habre, ya sea por ataque directo o apoyando a la rebelión.
Abril 1983	Un avión libio aterriza en Brasil, cargado de ayuda médica para los grupos en Nicaragua y un arsenal para los grupos de Colombia.
Agosto 1983	Las tropas libias apoyan a los rebeldes en Chad con artillería, tanques y aviones, obligando al gobierno a retirarse al desierto. Como respuesta al apoyo que recibió Chad por parte de Francia, Gadafi inicia atentados en contra de ciudadanos de dicho país.
Octubre 1985	En las costas de Egipto, cuatro hombres armados secuestraron el crucero Italian Achille Lauro y pidieron la liberación de prisioneros palestinos de cárceles en Egipto, Italia y en los demás lugares en donde los hubiera. Cuando sus demandas no se cumplieron, asesinaron a Leon Klinghoffer, un turista americano de 69 años de edad. Oficiales estadounidenses ligaron el secuestro a Libia y a la Organización para la Liberación de Palestina (OLP).
Diciembre 1985	Se llevan a cabo dos ataques terroristas con granadas en los aeropuertos de Roma y Viena, en los mostradores de la aerolínea israelí El Al. El saldo fue de 13 personas muertas, entre ellas cuatro terrositas y cuatro americanos y 113 heridos.
Marzo 1986	Blancos estadounidenses fueron atacados en Líbano, Italia y Alemania.
Abril 1986	Un soldado americano muere junto con una mujer turca y quedan 200 heridos, cuando una bomba detona en la discoteca La Belle, al este de Berlín, Alemania. Fuentes de inteligencia identificaron a Libia como responsable del ataque. Una bomba explota y deja un hoyo en el avión del vuelo TWA 840 de Roma a Atenas; cuatro pasajeros murieron y muchos otros resultaron heridos. El ataque fue adjudicado a la Organización Abu Nidal, un grupo terrorista de corte marxista patrocinado por Libia.
Mayo 1986	El Ejercito Rojo Japonés ataca la embajada de Estados Unidos en Jakarta, Indonesia. Dicho grupo es apoyado por Gadafi.
Abril 1987	La Embajada de Estados Unidos en Madrid, España, es atacada por el Ejército Rojo Japonés.
Junio 1987	El Ejercito Rojo Japonés ataca la Embajada de Estados Unidos en Roma.

Fecha	Acto
Diciembre 1988	El vuelo 103 de la aerolínea americana Pan Am estalla sobre Lockerbie, Escocia, muriendo 259 personas, incluyendo estudiantes y miembros de la tripulación. Estados Unidos y Escocia encuentran culpables a dos oficiales de inteligencia libia.
1989	Un avión francés explota en el Desierto del Sahara, muriendo 170 personas. Las autoridades francesas inculpan a nacionales libios, entre ellos un sobrino del Coronel Gadafi y ordenan su arresto.
Marzo 1990	El presidente de Checoslovaquia otorga a las autoridades libias 1000 toneladas de explosivos, lo suficiente para mantener al terrorismo bien armado por 150 años.
Mayo 1990	Se transportan, en un barco libio y con tripulación libia, terroristas del Puerto de Bengasi a las costas de Israel. Gadafi continúa apoyando alrededor de 30 grupos terroristas, incluyendo a Abu Nidal, con fondos y entrenamiento, principalmente.
Agosto 2003	Libia asume la responsabilidad por la explosión del vuelo 103 de Pan Am y paga 2.7 miles de millones de dólares a las familias de las víctimas.
Diciembre 2003	Después de nueve meses de pláticas secretas, Gadafi admite que intentó iniciar un programa militar para el desarrollo de armas poco convencionales.
Marzo 2011	Gadafi contraataca a las fuerzas rebeldes y dispara frente a periodistas internacionales.

Fuentes: Delviscio, Fisher & Moore, 2011; Stewart, 2011; Frontline, s/f; Ganor, 1992.

FUENTES

Anderson, J. L. (2011). Who are the rebels? *New Yorker, 87*(7), 21-22.

BBC News. Libya: France recognizes rebels as government. (10.03.2011). *BBC News*. Recuperado el 1 de marzo de 2012, en: http://bbc.in/gE3J5n

Bosley, C. (20.08.2009). Big Foreign companies doing business with Libya. *Reuters*. Recuperado el 1 de marzo de 2012, en: http://reut.rs/dUuQ1V

Central Intelligence Agency [CIA] (2011). *The World Factbook: Libya*. Recuperado el 26 de agosto de 2011, de: http://1.usa.gov/3z3aXz

Columbia Electronic Encyclopedia (2010). Libya. *Columbia Electronic Encyclopedia* (6th ed.), 1-4.

Consejo de Seguridad (2011). Organización de las Naciones Unidas. Recuperado el 3 de febrero de 2013, en: http://bit.ly/lISjCR

Delviscio, J., Fisher, R. & Moore, L. (24, febrero, 2011). Timeline: Col. Muammar el-Qaddafi. *The New York Times.* Recuperado el 17 de julio de 2013, en: http://nyti.ms/fWGLhc

Frontline (s.f.). Target America: Timeline. *Frontline.* Recuperado el 18 de julio de 2013, en http://www.pbs.org/wgbh/pages/frontline/shows/target/etc/cron.html

Ganor, B. (1 de junio de 1992). Libya and Terrorism. *Jerusalem Letter* (Survey of Arab Affairs). Recuperado el 18 de julio de 2013, en: http://bit.ly/14x6WJh

Ghosh, B., Walt, V., Hauslohner, A., Harrell, E., Perry, A., Scherer, M. & Calabresi, M. (2011). Gaddafi's Last Stand. *Time, 177*(9), 24-29.

Giddens, A. (2006). El coronel Gadafi y su tercera vía. *Web Islam.* Recuperado el 27 de marzo de 2012, en: http://bit.ly/12xHqy8

Guma, M. (17.10.2011). Libia a cien años de la ocupación italiana. *Periodistas en Español.* Recuperado el 1 de mayo de 2012, en: http://bit.ly/1118qZe

History (2011). *Libya Country Review*, 6-8.

International Criminal Court [ICC] (28.06.2011). Statement by ICC Prosecutor on decision by Pre-Trial Chamber I to issue three warrants of arrest for Muammar Gaddafi, Saif Al-Islam Gaddafi and Abdulla Al-Senussi. *International Criminal Court Press and Media.* Recuperado el 26 de agosto de 2011, en: http://bit.ly/13i8obX

INTERPOL (2011). *2011/108/OS/CCC: Alert concerning possible movement of dangerous individuals and assets.* Recuperado el 16 de julio de 2013, en: http://bit.ly/131iluH

Marshall, J. K. & Mann, T. R. (2011). *Libya: A look in History*, Kindle Version.

Metz, H. C. (1987). *Libya: A Country Study.* Recuperado el 12 de agosto de 2011, en: http://bit.ly/150icvq

Moya, S. (03.2011). Libia: la caída del Rey de Reyes. *Observatorio de la Política Internacional*, 3. Recuperado el 25 de abril de 2012, en: http://bit.ly/15nPR1f

North Atlantic Treaty Organization [NATO] (22.08.2011). Statement by the NATO Secretary General on the situation in Libya. *North Atlantic Treaty Organization News.* Recuperado el 26 de agosto de 2011, en: http://bit.ly/12xHKgr

Oficina Económica y Comercial de España en Trípoli (2008). *Libia: Guía País.* Recuperado el 29 de abril de 2012, en: http://bit.ly/1aRTrrk

Petrou, M. (2011). Is Libya another Iraq? *Maclean's, 124*(12), 24-26.

Redacción Internacional (22.08.2011). ¿Quién después del dictador? *El Espectador.* Recuperado el 26 de agosto de 2011, en: http://bit.ly/13yg75O

Sherlock, R. (2011). Inside 'liberated' Libya. *Maclean's, 124*(9), 28-30.

Stewart, S. (23.03.2011). *Libya's Terrorism Option*. Recuperado el 17 julio de 2013, en: http://bit.ly/hT0El1

U.S. Department of State [USDS] (2012). *Libya*. Recuperado el 1 de abril de 2012, en: http://1.usa.gov/12WB63i

United Nations International Children's Emergency Fund [UNICEF] (2011). *At a glance: Libya*. Recuperado el 5 de marzo de 2012, en: http://uni.cf/1bKalGa

United Nations Organization [UN]. (2011). *About Libya*. Recuperado el 1 de marzo de 2012, en: http://bit.ly/13yggq7

Vandewalle, D. (2006). *A History of Modern Libya*. Cambridge: Cambridge University Press.

Wright. J. (2010). *A History of Libya*. New York: Columbia University Press.

Capítulo 1

LIBIA DESDE LA MIRADA DEL REALISMO CLÁSICO

Susana Chacón
Jessica De Alba Ulloa

A pesar de ser el marco teórico más antiguo de la disciplina de Relaciones Internacionales (RRII)[1], el realismo clásico es el más apropiado para estudiar un caso como el problema libio, en el que están presentes los temas petrolero[2], militar, geoestratégico y de equilibrio de poder.

En el desarrollo del trabajo, algunas de las condicionantes realistas —conceptos o variables— serán adecuadas a dicha realidad. Esta propuesta se dividirá en tres grandes apartados. En una primera instancia, se dibujará el marco teórico del realismo clásico con el fin de entender su importancia para el tema libio. En esta sección se abordarán los elementos que antecedieron al realismo y conforman sus orígenes, así como las variables y conceptos que se utilizarán. El segundo y tercer apartado mostrarán la aplicación del realismo al caso de Libia y el impacto con respecto al exterior.

---

1 Surge en 1945 con la obra de Hans Morgenthau, *Política entre las naciones. La lucha por el poder y la paz*. Es a partir de este momento que se puede hablar del comienzo de la Teoría de Relaciones Internacionales que sustentará la disciplina como tal (Cf. Introducción de esta obra).

2 A pesar de que el recurso del petróleo es considerado como parte de los recursos naturales en el realismo clásico, en los últimos veinte años ha sido más estudiado desde la perspectiva neorrealista.

1. MARCO METODOLÓGICO: EL REALISMO CLÁSICO

El realismo clásico es la primera construcción teórica dentro de las Relaciones Internacionales. El fracaso de los idealistas para anticipar y prevenir la Segunda Guerra Mundial dio paso al paradigma realista en el periodo posterior a 1945. Desde entonces, el realismo desarrolla e investiga las características principales del sistema internacional mediante temas como la anarquía, la soberanía y la supervivencia del Estado, siempre tomando en cuenta la lucha por el poder.

1.1. Orígenes de la teoría realista del Poder

Entre otros antecedentes directos e indirectos del realismo, pueden mencionarse los siguientes: el trabajo de Tucídides (Atenas 460-395 a.C.) cumple con todos los elementos del realismo. Este autor documentó veintiuno de los veintiocho años que duró el conflicto bélico entre Atenas y Esparta, tratando de explicar la naturaleza de la guerra y las razones por las que continuamente se recurre a ella. Realizó un estudio sobre la lucha militar y el poder político (Viotti & Kauppi, 1999:58) y determinó que la causa de la guerra es el miedo, asociado a un cambio en el equilibrio de poder.

En el siglo xv, Nicolás Maquiavelo, retoma la idea de la lucha por el poder en *El Príncipe* (1532), un manual sobre cómo obtener el poder y perpetuarse en él. Maquiavelo hizo un estudio de lo que hoy se conoce como seguridad nacional mediante el análisis del poder, el equilibrio de éste, la formación de alianzas o contra-alianzas y de las causas del conflicto entre ciudades-Estado. Maquiavelo es el primero en hablar de separación entre la moral y las acciones del Estado, al establecer que algunas de éstas se pueden justificar si se realizan con el fin de preservar la seguridad nacional (Pearson & Rochester, 2000).

En 1652, Tomas Hobbes, filosofó y político inglés, publica *El Leviatán* (1651), obra que resalta la importancia de una autoridad política poderosa y centralizada que pudiera mantener el orden y evitar la anarquía[3] mediante un poder coercitivo, que obligara a las personas a cumplir sus convenios por el temor a un castigo mayor que el beneficio del rompimiento del acuerdo. Si esta autoridad aún no existía debería ser creada (Gutiérrez Pantoja, 1997).

La idea de anarquía puede ser aplicada a las relaciones entre Estados, porque debido a la carencia de una autoridad coercitiva, viven en un estado de naturaleza en el que el conflicto es inevitable. En ausencia de cualquier contrato social o autoridad superior, no hay obligaciones morales que gobiernen las relaciones entre los Estados (Waltz, 2001:100).

Edward Hallet Carr, fue un intelectual precursor de los realistas y a la vez, un progresista de la Escuela Inglesa. En su texto *La crisis de los veinte años 1919-1939* (1939), analizó las causas de la crisis internacional de su época. Puso énfasis en el papel que jugó el factor del miedo para explicar la Primera Guerra Mundial y argumentó que los actores siempre tendrán un interés principal: la obtención del poder y su ejercicio (Carr, 2006:8).

Carr estableció que el realismo debe enfatizar la aceptación de los hechos y el análisis de sus causas y consecuencias. En sus escritos se aprecia una tendencia a despreciar el papel del propósito por un lado y por otro, a mantener —explícita o implícitamente— que la función del pensamiento era estudiar una secuencia de eventos imposible de influir o alterar. Consideraba a la ciencia política como conformada por dos elementos intrínsecamente unidos: utopía y realidad, que se pueden interpretar como valores y poder. Además, estableció que

---

3 De acuerdo con Hobbes, la auto preservación es el principal interés de los seres humanos. La enemistad y la desconfianza surgen de la competencia, porque algunos hombres son egoístas, están llenos de orgullo y con deseos de venganza. Todas las personas en un estado de naturaleza temen por su seguridad, ya que pueden ser dañados por cualquiera, en todo momento. Desarrollarse en un estado de naturaleza es imposible, por lo que los hombres se vuelven hacia el Estado, para encontrar la seguridad colectiva, que no se puede obtener de manera individual. El estado civil es el remedio para evitar el estado de naturaleza o anarquía (Waltz, 2001:85).

para realizar un buen estudio sobre la realidad se requería un pensamiento maduro capaz de combinar el propósito con la observación y el análisis (Carr, 2006:7-8).

Introdujo el concepto de armonía de los intereses basado en el pensamiento económico liberal —correspondiente al principio de la mano invisible— que, aplicado a la política internacional, se ajusta a la ideología del *statu quo*[4]. Establecía que si la paz era pensada como el mantenimiento del *statu quo*, en lo que a beneficios y poder se refiere, estaría condenada a fallar porque siempre existirá una ambición por obtener más. De esta manera, la política exterior debía estar basada en prevenir que los cambios se dieran de manera violenta (Guzzini, 1998:22). También estableció que el conflicto entre los Estados, no era únicamente consecuencia de su falta de entendimiento, sino resultado de la incompatibilidad de ambiciones que sólo podían resolverse por medio de la negociación y en aras del equilibrio de poder, en lugar de apelar a principios morales universales de conducta. Por esta razón, Carr descartaba que la paz se pudiera lograr por medio de procesos legales o legislativos puestos en práctica al interior de los Estados (Griffiths, Roach & Solomon, 2009).

Al finalizar la Segunda Guerra Mundial, los Estados redefinieron los objetivos de la política exterior y la concepción misma de las Relaciones Internacionales. Estados Unidos se convirtió en protagonista del sistema internacional.

Tras la preocupación de entender las causas de la guerra y la paz, surgieron nuevos pensadores en la teoría realista —el mismo Carr (1929) considerado uno de ellos—, Hans J. Morgenthau (1945), Georg Schwarzenberger, entre otros. Siguieron la tradición Henry Kissinger y Kenneth Waltz (Guzzini, 1998:15), éste último en la

---

4 Condición actual o estado de las cosas. La política del *statu quo* apunta a mantener la distribución de poder que existe en un momento particular de la historia. Todo fenómeno político puede explicarse a través de tres patrones. Esto es mediante una política que busque mantener el poder, una política para incrementar el poder o una política que demuestre el poder (Morgenthau, 1973: 40).

variante neorrealista (ver capítulo 2). Entre los autores contemporáneos se puede mencionar a Stephen Walt, Zbigniew Brzezinski y John Mearsheimer (ver capítulo 3).

De los anteriores, Morgenthau es el padre del realismo clásico. En 1948 publica su gran obra, *Politics among Nations. The strugle for Power and Peace,* considerada la piedra angular de la teoría de las Relaciones Internacionales.

Morgenthau centró su análisis en la importancia de la anarquía, entendida como la ausencia de una autoridad central en el mundo. Estableció que el comportamiento internacional es anárquico y desordenado por la naturaleza humana egoísta que sólo busca satisfacer su propio interés. Enfatizó la necesidad de buscar un orden mundial que se alejara del caos y dibujara nuevos cauces de comportamiento internacional.

Dentro de la escuela francesa realista se encuentra Raymond Aron —conocido por su realismo sobrio, su pluralismo liberal y su crítica a la Guerra Fría (ver capítulos 5 y 12)—. Aron estableció un enfoque para aterrizar la política en la teoría y la práctica, reconociendo la frecuente incompatibilidad entre los valores políticos y, por lo tanto, la diversidad y competitividad entre ideologías e interpretaciones que privilegian a algunos a expensas de otros (Aron, 1966; Aron, 2002).

En el ámbito de las Relaciones Internacionales, el trabajo de Aron fue inspirado por Hobbes y Clausewitz: compartía la idea de la diferencia necesaria entre la política nacional y la internacional. Afirmó que la segunda debía estar constituida por un comportamiento diplomático estratégico y que las Relaciones Internacionales ocurrían a la sombra de la guerra. Por ello, las relaciones debían darse entre unidades políticas para que cada una reclamara el derecho de hacer justicia por su propia mano, siendo el Estado el único actor que podría tomar la decisión de luchar o no (Aron, 1966).

A pesar de estos supuestos y de compartir elementos de pensamiento con Morgenthau o Waltz, la línea de Aron se considera más sutil, pues establecía que el objetivo del Estado no era simple y la única manera de conocerlo era entender sus motivaciones y medios con la evidencia del momento (Aron, 1966).

En *Paix et Guerre entre les Nations* (1966), estableció una serie de hipótesis para explicar cómo los Estados son capaces de influirse mutuamente, según la época, a partir de tres factores: geográfico, demográfico y económico. Con esto explicaba que la guerra era producto de factores ambientales, geopolíticos y algunos derivados de la teoría del imperialismo económico. Por otro lado, analizó el cambio en el sistema internacional posterior a 1945, enfatizando el impacto del desarrollo del armamento nuclear en la política exterior de los Estados y afirmó que éste era utilizado para disuadir más que para pelear. Por último, señaló que la prudencia es la ética del arte de gobernar, porque ser prudente significa actuar acorde a la situación —con datos concretos, no según el sistema fuera de la norma—, limitar la violencia para el castigo de los culpables y establecer objetivos precisos y accesibles.

1.2. Actualidad del realismo clásico

Con el realismo como base, nacen teorías —algunas de ellas dentro de otros paradigmas— como la interdependencia de Keohane y Nye (1988), el neorrealismo de Waltz (1979), el neoliberalismo de Grieco (1988a), el constructivismo de Kratochwil (1989) o la de los regímenes internacionales de Krasner (1983), entre otras. Todas éstas tienen como base al realismo clásico. Directa o indirectamente, estos teóricos fueron pupilos de Hans Morgenthau.

Si bien dichos autores cuestionan que el realismo clásico se centra sólo en el tema del interés nacional para la búsqueda e incremento del *poder* y enfatiza como único actor al Estado, ninguno descarta la importancia de estos elementos en el escenario internacional —y los incluyen en sus marcos. De ahí que el realismo clásico regrese, una y otra vez, a la mesa de reflexión (Keohane, 1984).

Así, en la década de los noventa, una nueva ola de investigación neoclásica realista enunciaba que la presiones sistémicas —o del sistema internacional— se filtran en las variables y acciones nacionales que impactan en la política exterior. Autores como Friedberg Aaron, Jack Snyder, Thomas Christensen, Fareed Zakaria, Schweller Randall y Wohlforth William explican cómo los Estados responden y se adaptan a los cambios externos para responder a las demandas de sus instituciones y sistemas políticos (Schweller, 2004).

De manera concreta, los complejos sistemas políticos nacionales actúan como transmisores y mediadores que responden a las fuerzas externas. Por ello, los Estados responden de manera diferente a presiones y oportunidades similares del sistema internacional (Schweller, 2004).

Zakaria explica las expansiones; Snyder, la expansión desmedida; Christensen, por qué los líderes políticos tienden a exagerar las amenazas externas para lograr grandes y costosas movilizaciones internas; Wohlforth, cómo las percepciones del equilibrio de poder influyen en el comportamiento de los Estados, y Schweller, cómo las decisiones de alineación se dan con base en las motivaciones del Estado. Debe mencionarse que ninguno de estos autores ha determinado con claridad por qué se da dicho desequilibrio en las respuestas al exterior (Schweller, 2004).

Sólo Robert Powell ha planteado una posible respuesta al definir a los Estados como actores unitarios de un sistema simple de compromisos, problemas de información y coerción tecnológica, lo que hace inusual la existencia de un equilibrio. Aunque exista la posibilidad de un equilibrio de poder —que se definirá más adelante—, no existe una tendencia que se incline por este resultado (Schweller, 2004).

De lo anterior se rescata el concepto de equilibrio en la conducta (*Balance behavior*) que, a pesar de ser muy utilizado en las Relaciones Internacionales, es muy ambiguo. Esta corriente lo define como la creación o acumulación de poder militar por medio de movilizaciones internas para disuadir o prevenir la ocupación territorial o política por parte de una potencia extranjera y sólo existe cuando hay posibilidad de sometimiento político o de que se confisque el territorio directa o indirectamente. Por ello, el equilibrio requiere que los Estados enfrenten de manera física su capacidad militar como señal del posible inicio de una guerra (Schweller, 2004).

El equilibrio puede ser divido en cuatro categorías:

1. equilibrio apropiado: el objetivo es un agresor que no puede ser apaciguado de manera sencilla; las capacidades militares son esenciales para frenar la amenaza;
2. sobre equilibrio o equilibrio inapropiado: se despliegan las armas porque el objetivo incrementa la seguridad en su territorio y sus acciones se confunden con agresión;
3. no equilibrio: la responsabilidad de las acciones de un actor se atribuyen a otros. Estas acciones son prudentes y racionales cuando el Estado puede evitar los costos de la guerra mediante la satisfacción de las reivindicaciones legítimas del Estado agresor o manteniéndose al margen mientras otros derrotan al agresor;
4. desequilibrio: el Estado no logra el equilibrio —o lo hace de manera ineficiente— ante un agresor peligroso y provoca una guerra que podría haberse evitado o la hace más costosa (Schweller, 2004).

Una vez revisado el origen del realismo, así como algunos autores, se deben de explicar los elementos para su análisis.

1.3. Elementos de análisis

Sin explicar el marco teórico de algún autor realista en específico, se utilizan algunos de los conceptos realistas tradicionales. Es indispensable comenzar por los supuestos principales.

a) Las cuatro hipótesis principales

El realismo se basa en cuatro supuestos para realizar su análisis: el Estado es el único actor en el sistema internacional y actúa de manera unitaria y racional para —en política internacional— preservar su seguridad nacional e incrementar el poder (Chan & Moore, 2006; Pearson & Rochester, 2000)[5].

El primer supuesto establece que, aunque existan muchos actores dentro del sistema internacional, la unidad principal de análisis es el Estado (Chan & Moore, 2006; Viotti & Kauppi, 1999), lo que lo hace el único reconocido como sujeto por el derecho internacional. A éste se subordinan los actores públicos y privados. Es, por tanto, el que define la agenda y los objetivos de un gobierno (Morgenthau, 1978).

El segundo y tercer supuestos se complementan al asegurar que los actores son unificados y racionales. La unicidad se refiere a que los Estados enfrentan el mundo exterior como unidad integrada: una voz y una postura (Chan & Moore, 2006; Viotti & Kauppi, 1999). La racionalidad significa que los tomadores de decisiones gubernamentales evalúan todas las alternativas para seleccionar la que maximice su utilidad de acuerdo a sus intereses. Se entiende que la racionalidad a la que se refiere el realismo es meramente instrumental, en la que las decisiones que se toman se dictaminan en orden a las preferencias o intereses (Chan & Moore, 2006; Viotti & Kauppi, 1999) y no se trata de una racionalidad cognitiva. Los Estados que ejercen su poder para influir en los demás se comportan como actores racionales. Esto tiene tres implicaciones:

1. el actor que ejerce el poder es una unidad que puede "pensar" sus acciones en forma coherente y tomar decisiones, se le llama actor unitario y se utiliza para describir el estado natural de los Estados como actores internacionales (Goldstein, 1999:70);
2. los Estados y otros actores internacionales pueden identificar intereses y establecer prioridades y acciones para alcanzar sus intereses (Goldstein, 1999:72);
3. los actores pueden analizar el costo-beneficio de una acción.

---

5 Jack Donnelly (2000) hace una excelente descripción de las diferentes interpretaciones del realismo que han elaborado los autores principales.

En resumen, un actor racional toma decisiones de manera unitaria, con intereses coherentes y analiza el costo-beneficio (Goldstein, 1999:73).

Visto así, la política internacional es una lucha por el poder en la que los Estados poderosos influyen las decisiones de sus pares o los persuaden para realizar acciones que no deseaban. Así, hay una distribución del poder o equilibrio de poder y cuando se trata de modificar, los Estados entran en conflicto.

Con lo anterior, se establece que para los realistas una decisión racional versará primordialmente sobre la protección de su seguridad nacional e intereses nacionales.

Por último, los realistas asumen que la seguridad nacional es el asunto primordial en la jerarquía de los problemas internacionales. Los teóricos realistas tienden a concentrarse en temas como la estrategia militar, los elementos del poder nacional, la diplomacia y la naturaleza del interés nacional, siempre con miras a preservarla (Chan & Moore, 2006).

Sobre este punto, existe una distinción entre alta y baja política (Morgenthau, 1978). La primera satisface el interés nacional en términos de poder, con el uso de la fuerza militar. En la baja política está el resto de las agendas global y nacional: económico, político, cultural, social, técnico, científico, tecnológico y diplomático. Para Morgenthau, las Relaciones Internacionales se rigen por las relaciones de poder y por la capacidad de respuesta militar de los Estados. Es esto lo que les permite participar en el equilibrio de poder, que como señala, es lo que ofrece un lugar o *statu quo* a los Estados dentro del equilibrio de las potencias. Si cuentan con altos niveles de desarrollo militar, el resto de los temas verán también satisfechos sus objetivos.

b) El término poder

El término poder es controversial. Para Morgenthau es "todo aquello que establezca y mantenga el control del hombre sobre el hombre. Así el poder cubre todas las relaciones que sirven a ese fin, desde la violencia física hasta los más sutiles lazos psicológicos por los que una mente puede controlar a otra", y "la aspiración por el poder es el elemento diferenciador de la política internacional". Con esto establece que el poder es un fundamento y una condición de la política (citado en Barbé, 1990:xxxviii).

Morgenthau entiende por poder político las relaciones de dominio entre detentores de la autoridad pública y la población general. Es la relación psicológica entre quienes lo ejercen y sobre quienes es ejercido. Otorga a los primeros el dominio sobre ciertos actos de los segundos mediante tres ejes: la espera de beneficios, el temor a las circunstancias adversas y el respeto o aprecio por hombres e instituciones. Puede ser ejercido con órdenes, amenazas, persuasión, autoridad o carisma de un líder. El poder político debe distinguirse de la fuerza en el sentido del ejercicio real de la violencia física: cuando la violencia se convierte en realidad, significa la abdicación del poder político en favor del poder militar (Morgenthau, 1963:45-46).

Morgenthau también concibe el poder como la capacidad del Estado para alcanzar fines basándose en sus recursos, por lo que el poder político constituye un medio para alcanzar los fines de la nación. Considera los elementos que permiten incrementar y movilizar recursos: geografía, recursos naturales (alimentos, materias primas, petróleo), capacidad industrial, aprestos militares, tecnología, tendencias poblacionales, carácter y moral nacional, calidad de los gobiernos, calidad de la vida pública y orientaciones de la diplomacia (Morgenthau, 1968:122).

Para dichos elementos de poder, Morgenthau se concentra en los aspectos cualitativos del factor humano y determina que el poder más importante, aunque inestable, es la calidad de la diplomacia (Barbé, 1990). No todos los países desarrollan los elementos de poder, ni en forma similar ni simultánea. Aquellos que los tienen más trabajados, incrementarán más fácilmente su poder nacional y global.

Los recursos debidamente movilizados constituyen el poder nacional que determina la potencia de un Estado para dar lugar a un fenómeno de control o de dominación (Barbé, 1990). Según Morgenthau, la lucha por el poder es universal en el tiempo y en el espacio. Durante la historia, los Estados se han enfrentado por el poder, sin importar las condiciones sociales, económicas o políticas. La tendencia a dominar se encuentra en toda asociación humana, del núcleo familiar al Estado, pasando por las sociedades fraternales y profesionales y las organizaciones políticas locales. La defensa de un poder establecido ante la tentativa de fundar otro es un ejemplo del conflicto que se registra en el escenario internacional, entre la política del *statu quo* y la del imperialismo (Morgenthau, 1994a:54).

En este sentido, las relaciones entre naciones reflejan a gran escala las que se dan entre los individuos. Es por eso que los realistas conciben la naturaleza de la política internacional como una lucha por la supervivencia y el poder que persistirá por siempre (Barbé, 1990).

Para Aron (1996), el poder se relaciona con las acciones de las relaciones humanas, y la fuerza se refiere a los medios, herramientas o armas del Estado. Ésta se puede evaluar de manera aproximada, mientras que el poder puede ser estimado, con un margen de error, en referencia a las fuerzas disponibles.

El poder es capacidad de hacer, deshacer, producir, destruir e influir; la capacidad de dirigir de manera legal —ejercer el poder— o imponer su voluntad ante terceros. El poder político no es absoluto, sino una relación humana en la que se debe distinguir entre poder defensivo —la habilidad de una entidad política para impedir que se le imponga la voluntad de otros— y poder ofensivo —la capacidad de un ente político de imponer su voluntad.

Aron (1966) entiende que el poder político no es absoluto, sino una relación humana donde se debe de hacer una distinción entre poder defensivo —entendido como la habilidad de una entidad política para impedir que la voluntad de otros se imponga sobre ésta— y poder ofensivo —entendido como la capacidad de un ente político de imponer su voluntad frente a otros.

Teóricos ingleses, franceses y alemanes han hecho una distinción entre poder y fuerza. Para Aron, el primer término se vincula con las relaciones humanas, acciones como tal. El segundo término se refiere a los medios, herramientas o armas del Estado. La fuerza se puede evaluar de manera aproximada, mientras que el poder puede ser estimado, con un margen de error, en referencia a las fuerzas disponibles. A pesar de ello, existe una gran distinción entre poder ofensivo y poder defensivo; poder durante tiempos de guerra y poder durante tiempos de paz; poder en una determinada zona geográfica y poder más allá de ésta. Lo que lleva a que en la mayoría de los casos, la forma en la que el poder es medido perjudique más de lo que beneficie (Aron, 1966).

Además, existen dos tipos de fuerza y dos tipos de poder:

La fuerza potencial —el total de recursos humanos, materiales y morales que se tienen en papel o inventario— y la fuerza actual —los recursos movilizados en la conducción de las Relaciones Internacionales. En tiempo de guerra se conoce como fuerza militar y en época de paz es un instrumento de política exterior.

Los tipos de poder son el *pouvoir* (poder) —que se encuentra a lo interno de la unidad política— y la *puissance* (potencia) —el de la unidad política como tal (Aron, 1966).

Finalmente, Aron define el potencial de movilización: "las fuerzas utilizables por cada unidad política en su rivalidad con las otras son proporcionales no al potencial, sino al potencial de movilización. Este depende de circunstancias múltiples que pueden reducirse a dos términos abstractos: capacidad y voluntad" (citado en Barbé, 1990:xxxviii).

c) Los seis principios del realismo de Morgenthau

En *Politics among Nations*, Morgenthau describe seis principios que establecen las bases del realismo político (Morgenthau, 1963). El primero establece que la política es gobernada por leyes objetivas con raíces en la naturaleza humana. Esto significa que es posible desarrollar una teoría que la refleje y diferencie entre verdad y opinión.

El segundo es el interés definido en términos de poder, lo que separa a la política de otras esferas de acción, como la economía, que lo define en términos de riqueza. Desde esta perspectiva, los estudiosos no se tendrían que preocupar por los motivos, las preferencias, las cualidades intelectuales o las virtudes morales. Esto permite el entendimiento de la política exterior desde el racionalismo y la objetividad que minimizan los riesgos y aumentan los beneficios. Así, se cumple el precepto moral de prudencia y el político de éxito.

El tercer supuesto deriva del anterior. El interés definido en términos de poder, una categoría objetiva universalmente válida pero de significado voluble que no distingue entre las fuentes económicas y políticas que dan poder a los Estados y las acciones de poder que ejerce un Estado sobre otro.

El cuarto supuesto establece que los principios morales universales no pueden ser aplicados a las acciones de los Estados sin considerar las condiciones de tiempo y lugar. El Estado debe poner su supervivencia —seguridad nacional— por encima de cualquier otro bien moral.

El quinto supuesto dicta que las leyes éticas que gobiernan el universo son distintas de la moral que rige a cualquier nación. Este supuesto rechaza la idea de comparar las aspiraciones morales de una nación particular con las de una ética universal, ayudándose del concepto de interés definido para no caer en una excesiva moralidad.

Por último, el sexto principio establece la diferencia entre realismo político y otras escuelas. Éste defiende la autonomía de la esfera política, piensa en términos de interés definido como poder y está basado en una concepción pluralista de la naturaleza humana. El hombre íntegro se compone de "hombre económico", "hombre político", "hombre moral", "hombre religioso", etcétera. Cada faceta de la naturaleza humana se debe tratar en sus propios términos (Morgenthau, 1963).

Así, Morgenthau establece, que por esencia, el mundo es imperfecto desde el punto de vista racional. Al ser producto de fuerzas inherentes a la naturaleza humana —intereses contrarios y en conflicto— es imposible aplicar totalmente los principios morales, pero posible satisfacerlos mediante el equilibrio temporal de intereses o la conciliación precaria de conflictos (Morgenthau, 1994b:167).

d) El interés nacional

Puesto que las naciones soberanas compiten y rivalizan por el poder, su política exterior debe referirse, como requisito mínimo, a su supervivencia. En este sentido, "toda nación protege su identidad física, política y cultural contra la invasión de cualquier otra nación. [...] El Estado puede analizar los elementos variables del interés nacional, en función de su legitimidad y compatibilidad con otros valores nacionales y con el interés nacional de otros Estados" (Morgenthau, 1994b:168).

Para Morgenthau (1994b), el interés nacional es un instrumento de análisis y una guía racional de la política exterior. Junto a la determinación racional —que cubre la lógica del poder asumida por el Estado— toma en cuenta la relación establecida entre los grupos de interés dentro del marco social. Dada la naturaleza de la política interna del país, resulta mucho más probable que la política exterior, en la medida en que se encuentre sujeta a presiones de intereses sectoriales, adoptará la forma de compromiso entre intereses divergentes. El concepto de interés nacional que brota de esta contienda goza de mayor relevancia que cualquier interés sectorial específico.

e) El equilibrio de poder

El término más antiguo, persistente y controversial de las teorías de política internacional, es el de equilibrio de poder. Los teóricos utilizan *equilibrio* como concepto organizativo y central de las relaciones de poder entre los Estados-nación, es decir, un poder aparentemente decidido a establecer hegemonía internacional. Su definición es confusa[6].

6 Ernst B. Haas explica ocho de sus distintos significados: 1) cualquier distribución de poder; 2) proceso de equilibrio o balance; 3) hegemonía o búsqueda

El equilibrio de poder como situación o condición implica un arreglo objetivo en el que hay relativa satisfacción con la distribución. La tendencia arroja una probabilidad y permite predecir que los miembros de un sistema que se sienten amenazados por un disturbio en el equilibrio —un poder aparentemente decidido a establecer una hegemonía internacional— formarán una coalición compensatoria.

El equilibrio de poder como guía política obliga a los líderes del Estado a siempre estar preparados para formar una coalición que compense los intentos de algún actor de modificar la distribución de poder.

El equilibrio de poder como sistema se entiende como una sociedad multinacional en la que los actores principales preservan su identidad, integridad e independencia mediante un proceso de equilibrio (Dougherty & Pfaltzgraff, 1997:38).

Morgenthau utiliza el equilibrio de poder como categoría de análisis, principio universal de carácter inevitable. Éste —alternativa al fracaso de la seguridad colectiva—, se ha convertido en cuestión central para los estudiosos de las Relaciones Internacionales: "La aspiración por el poder de las distintas naciones, cada una tratando de mantener o modificar el *statu quo*, lleva a la necesidad de reconfiguración, que se denomina como equilibrio de poder y se establecen políticas que tienen por objetivo su conservación" (Morgenthau, citado en Schweller, 2008:4).

Así, el equilibrio de poder, según Morgenthau, "es una consecuencia necesaria de la lucha por el poder en un medio político internacional formado por Estados soberanos. Como manifestación particular de un principio social general al cual deben la autonomía de sus miembros todas las sociedades compuestas de un cierto número

---

por la hegemonía; 4) paz y estabilidad en un concierto de poder; 5) inestabilidad y guerra; 6) políticas de poder en general; 7) una ley universal de la historia; y 8) un sistema guiado por tomadores de decisiones. Gran parte del problema de éste término es su diversidad de acepciones (Dougherty & Pfaltzgraff, 1997:37).

de unidades autónomas". Asimismo "el equilibrio de poder y las políticas dirigidas a su conservación son factores estabilizadores esenciales en una sociedad de Estados soberanos" (Morgenthau, 1973:168).

Por lo anterior, el equilibrio de poder es necesario e inevitable por producir estabilidad y mantener la autonomía de las unidades que lo conforman. Los Estados que se sientan amenazados por la acumulación de poder de otro Estado formarán alianzas o aumentarán sus capacidades para evitar mayor acumulación de poder por parte del Estado agresor (Schweller, 2008).

Finalmente, el término *equilibrio de poder* puede ser utilizado con cuatro significados:

1. política que persigue un determinado estado de las cosas;
2. estado actual de las cosas;
3. distribución proporcional de poder;
4. cualquier distribución del poder.

En cualquier acepción, debe prevenir las guerras, o como mínimo, mitigar la lucha por la supremacía y facilitar la estabilidad y preservación de las unidades que conforman el sistema internacional (Barbé, 1990). Morgenthau (1973:200) afirma que la confianza en el equilibrio de poder se basa en una serie de elementos morales e intelectuales sobre los cuales descansa el principio mismo del concepto[7].

A continuación se elaborará el análisis del caso de estudio.

---

7 De una manera más sencilla se puede entender el equilibrio de poder, como el equilibrio de uno o más Estados siendo utilizados para contrarrestar a otro Estado o grupo de Estados. Puede referirse a la relación de las capacidades de los poderes entre Estados y alianzas; o referirse a un vínculo relativamente igual. También se puede entender como el proceso mediante el cual se pueden contra-balancear coaliciones que se han repetido en la historia o prevenir que un Estado conquiste una región completa (Goldstein, 1999:80).

2. POSTULADOS DEL REALISMO CLÁSICO PARA EL ESTADO LIBIO

En 1969, tras dar un golpe de Estado al Rey Idris, Muammar Gadafi llegó al poder en Libia e instaló un modelo de nacionalismo árabe que buscó la implantación de un proceso más democrático. Gadafi lo nombraría ocho años más tarde *Jamahiriya,* "el Estado de las masas", porque, en principio, la población se organizaría en comités dentro de un sistema de democracia directa. Contrario a esto, desde el primer momento se impuso un régimen totalitario que ejercía el poder mediante comités revolucionarios formados por los miembros más leales al régimen.

A partir de la 1970, el coronel Gadafi indignó a los países occidentales con su apoyo a movimientos terroristas como al Ejército Republicano Irlandés (ERI) y a movimientos como la Organización para la Liberación de Palestina (OLP), entre otros. No fue hasta 1989, cuando se atribuyó a Gadafi el atentado al avión de PanAm en la ciudad escocesa de Lockerbie, que la comunidad internacional —encabezada por Estados Unidos— lo responsabilizó de múltiples actos terroristas[8], imponiendo represalias económicas y políticas, tanto por la vía

[8] En los años setenta, Gadafi extendió su red "revolucionaria", incluyendo organizaciones terroristas alrededor del mundo. Gadafi aseguraba el patrocinio a grupos revolucionarios que pelearan contra países occidentales. En este periodo se establecieron los primeros campos de entrenamiento terrorista en suelo libio, se comenzó el flujo de armas a organizaciones terroristas y se comenzó a dar asilo a terroristas buscados. Hay información de que en noviembre de 1976, representantes libios y argelinos concluyeron un acuerdo secreto para armar, financiar y entrenar a los vascos en España, así como a los bretones y los corsos en Francia. Igualmente, supuestamente Gadafi transfirió sumas considerables a los sandinistas en Nicaragua y a varios grupos en El Salvador. En abril de 1983, un avión libio aterrizó en Brasil supuestamente con una carga de medicamentos destinados a Nicaragua. Se descubrió una gran cantidad de armas que iban a ser entregadas al grupo colombiano M19. Los grupos ayudados por Libia también incluyen al ERI de Irlanda, las Brigadas Rojas de Italia y otros grupos en Japón, Turquía y Tailandia, así como a la Organización para la Liberación de Palestina (OLP). Igualmente dio asilo a quienes perpe-

multilateral en Naciones Unidas, como de forma bilateral, con dicho país[9].

Después de los ataques del 9/11 y la respuesta emprendida por Estados Unidos y sus aliados —la invasión a Afganistán inmediatamente después de los ataques, la estrategia de la "guerra preventiva" y sobre todo la invasión a Irak en 2003— se modificaron positivamente las relaciones entre algunos Estados europeos y Libia. Sin em-

traron los ataques en contra de los atletas israelíes en 1972, a quienes llevaron a cabo la masacre del aeropuerto de Atenas en 1973 y a los secuestradores del tren de Viena en el mismo año. Gadafi también se vio involucrado en el avión francés que explotó en el desierto del Sahara en 1989. El atentado más conocido fue el del vuelo de PanAm 103 en Lockerbie, en 1988. A este respecto, cf. Ganor, 1992; Frontline, s/f; CFR, 2005. Ver igualmente los informes anuales del Departamento de Estado de Estados Unidos sobre terrorismo (Country Reports on Terrorism), que son entregados al Congreso de dicho país cumpliendo el Título 22 del Código de Estados Unidos, Sección 2656f (el "Acta"), para dar un informe anual sobre terrorismo y los países y grupos que entren en dicho criterio según el Acta.

9 Informes de inteligencia revelaron que Gadafi planeaba asesinar a diplomáticos americanos en Roma y París, por lo que el presidente de Estados Unidos —Ronald Reagan— expulsó a todos los diplomáticos libios de su país en mayo de 1981. Después del involucramiento libio en los ataques en los mostradores de El Al en los aeropuertos de Viena y de Roma en 1985 y después de que la participación en el terrorismo internacional por parte de Gadafi se hiciera del conocimiento de la opinión pública, ordenó en 1986 cortar todos los lazos económicos con Libia, así como congelar todos los bienes de este país en Estados Unidos. Dichas medidas tuvieron como consecuencia otras campañas terroristas contra los americanos en Líbano, Italia y Alemania. Cuando se llevó a cabo el atentado de Lockerbie, Estados Unidos convenció a los Estados en Naciones Unidas —aun a Estados que tenían relaciones comerciales importantes con Libia, como Italia y Alemania—, de apoyar sanciones económicas para forzar a Gadafi a entregar a los sospechosos de los atentados. Las sanciones impuestas por la ONU (resolución 748), particularmente la prohibición de venta de equipo y tecnología petroleros y una prohibición en las transferencias financieras, se vieron reflejadas en la inhabilidad del gobierno de Libia de extraer y exportar el principal recurso para su economía. Estimaciones libias exponen que las sanciones privaron a su economía de $33 billones de dólares (Takeyh, 2001; Ganor, 1992; Wright, 2010).

bargo, en 2011, las tensiones crecieron debido a la represión ejercida por el líder libio contra la población cuando inició una rebelión en su contra.

¿Cuál era el peso real de Gadafi?, ¿cómo es que concentraba tanto poder?, ¿con qué apoyos contaba? Para dar respuestas en términos realistas, se deben analizar algunos elementos del Estado libio.

2.1. El Estado soy yo: Gadafi

En primera instancia, se debe considerar la situación geoestratégica de Libia y los recursos que le daban elementos reales de poder. Diez años antes del golpe de Estado que derrocó al rey Idris, se descubrió petróleo en Libia. Esto ofreció al país la posibilidad de desarrollo y lo volvió más atractivo ante la mirada internacional como punto estratégico regional[10].

Gadafi como "Gran Líder", ejercía la fuerza para mantener el control sobre los recursos energéticos y aumentar y mantener su capacidad de liderazgo al interior del Estado y a nivel internacional. Nadie lo podía cuestionar. Se convirtió en el Actor Racional Unificado (ARU) que decidía las políticas interna y externa: él representaba el interés de la nación y ejercía poder absoluto. Gadafi era el Estado.

---

10 Para profundizar sobre la importancia geoestratégica en general, cf. Blanchard, Ch. & Zanotti, J. (2011). *Libya: Background and U.S. Relations*. Washington, D. C.: Congressional Research Service. Para consultar sobre la importancia de sus reservas de petróleo: De Sousa, L. (21.02.2011). Libya and World Oil Exports. *The Oil Drum*, en http://bit.ly/1bVKZVS; sobre la importancia de sus reservas de agua, cf. MacDonald, A., Bonsor, H., Dochartaigh, B. & Taylor, R. (2012). Quantitative maps of groundwater resources in Africa. *Environmental Research Letters*, *7*(2). Para profundizar acerca de la importancia del Mar Mediterráneo, cf. Lutterbecka, D. & Engelbrechta, G. (2009). The West and Russia in the Mediterranean: Towards a Renewed Rivalry? *Mediterranean Politics*, *14*(3), 385-406. Sobre la importancia como proyección hacia África: Stevenson, J. (09.05.2011). AFRICOM's Libyan Expedition. How War Will Change the Command's Role on the Continent. *Foreign Affairs*, 9 de mayo, en: http://fam.ag/j8v1KR.

Reprimió y sometió a la sociedad por medio de un sistema de alianzas tribales (Salgó Valencia, 2012)[11].

Hacia el exterior, llevó a cabo actos terroristas contra quienes sentía como amenaza e hizo alianzas que le permitieron mantenerse en el poder —como se explica en la siguiente sección—, a pesar de las presiones económicas, políticas y del aislamiento por parte de la comunidad internacional (Adebajo, 2011; Cf. sección 6 del preámbulo Historia de Libia).

2.2. *Interés nacional y poder de Gadafi*

Gadafi hizo sentir su poder de muchas formas, desde la teatralidad con la que recibía a sus invitados extranjeros en grandes carpas en medio del desierto, con lujo y confort, hasta las amenazas directas a sus adversarios. Cuando dejaba de ser apoyado por los países occidentales, buscaba acercarse a los africanos y a los soviéticos, siempre manteniendo el control al interior del país[12].

---

11 La identidad de la sociedad libia se manifiesta por el orden tribal. Las tribus no son del mismo tamaño ni tienen la misma importancia. Por ejemplo, la tribu de los Warfallah está compuesta por un millón de personas, pero no es la más poderosa. Desde que Gadafi llegó al poder, su tribu -los Gadhafa - se quedó con el poder económico y político, aliados a la tribu Maqariha, quienes se encargaron de la seguridad. Se habla de una mala distribución de la riqueza con las demás tribus. Algunos autores mencionan la existencia de 138 más (Salgó Valencia, 2012:215; *Spiegel online*, 2011). El historiador Faraj A. Najm aduce que de esas 140 solamente 30 tienen influencia política (*Spiegel online*, 2011). Al respecto, cf. Hatitah, A. & Al-Awsat, A. (24.02.2011). Libyan Tribal Map: Network of loyalties that will determine Gaddafi's fate, *CETRI*, en: http://bit.ly/nbeP78.

12 Después de la muerte de Nasser, líder del pan arabismo, Gadafi siguió persiguiendo la unidad árabe. Buscó dicha unidad con Argelia (1973), Túnez (1974) y Marruecos (1984). Otros países árabes no veían la ventaja de una alianza con Libia. Sin embargo, dichas alianzas no fueron nunca estables: a finales de los años 1970, decepcionado por las respuestas a sus llamados de unidad y acción colectiva contra Israel, habló con mucha hostilidad sobre los regímenes árabes y sus líderes. Hasta tuvo una breve guerra fronteriza con Egipto en 1977. De esta forma, se tornó sobre los aparentemente menos desalentadores asuntos

Enfocó su ejercicio de poder hacia la consecución del interés nacional de su Estado —su interés— y lo expandió a muchos de sus vecinos africanos mediante ayuda financiera proveniente del petróleo. Esto lo hizo necesario en la región, a pesar del cuestionamiento de los países industrializados. En muchos momentos, Gadafi expresó que los países africanos le eran más cercanos que Irak o Siria (Wright, 2010).

Gadafi logró mantener hasta 2011 los recursos necesarios para no perder el control de su Estado y su lugar en la región: aunque la Jamahiriya ya no existía, la riqueza petrolera y de gas de Libia seguían permitiendo a éste jugar un papel importante a nivel internacional y

---

de África subsahariana en nombre de la solidaridad islámica y revolucionaria. Un objetivo en el continente había sido terminar con la presencia e influencia de Israel, sobre todo en Uganda y Chad. Esto resultó positivo durante la guerra de 1973 y la crisis petrolera resultante, cuando los árabes y su petróleo persuadieron a los Estados de África negra sobre su mayor efectividad que Israel. Con Chad, Gadafi incluso se inmiscuyó en la guerra civil durante años. Para 1978 las fuerzas regulares de Trípoli, junto con otros contingentes de la "Legión islámica" provenientes de otros Estados musulmanes, ocuparon un tercio del Norte de Chad. Los demás países de la región vieron esto con preocupación, así como Francia —antigua potencia colonial en ese territorio— y Estados Unidos. Gadafi mismo declaraba "Somos africanos. Somos parte de África. África es nuestro continente" (Wright, 2010:212). En lo referente a los países occidentales, los gobiernos de Nixon, Ford y Carter de Estados Unidos, se las arreglaron para tener una relación de trabajo relativamente estable durante los 1970. Estaba basada en realidades económicas. Sin embargo, cuando Gadafi decide a mediados de dicha década de acercarse a la Unión Soviética como un "amigo" poderoso y necesario, la respuesta de Estados Unidos no se hizo esperar. Esto trajo igualmente la molestia de los Estados árabes pro occidentales. Sin embargo, su "supuesto aliado", la unión Soviética, tomaba su distancia en cuanto al involucramiento en las aventuras de Gadafi en África o en cualquier otro lugar. En 1977 Estados Unidos incorporó a Libia en su lista de enemigos potenciales y en la lista de patrocinador de terrorismo. Aquel país y Reino Unido no toleraron las actividades terroristas apoyadas por Gadafi y buscaron petróleo en otros países, mientras que Francia e Italia se doblegaron: aceptaron, el primero vender aviones de guerra que le había negado a Israel y el segundo, que expulsaran a sus ciudadanos (restos incluidos), por la necesidad del petróleo libio (Wright, 2010:210-13).

de hecho, mantener relaciones de coerción con algunos países europeos y otros gobiernos (Wright, 2010:225)[13]. Se volvió, además, un portavoz de la unidad africana, mediando en crisis y siendo parte de una campaña diplomática para resolver los conflictos de la República democrática del Congo, del cuerno de África, Sudán y Sierra Leona; firmó pactos bilaterales de comercio y cultura con la mayoría de los países del continente; se involucró completamente en los asuntos de la Organización para la Unidad Africana (ahora Unión Africana) (Takeyh, 2001). Contaba con un importante arsenal militar —proveniente de la antigua Unión Soviética y de Reino Unido, Francia y España, entre otros— y con una estrategia interna instituida por sus cuerpos armados, que le permitió un ejercicio constante de poder (Wright, 2010)[14].

Cuando tuvo que modificar el comportamiento del Estado libio dejando atrás la "rebelión de las masas" y su comportamiento hostil hacia Occidente —a fin de tener acercamientos con los países occidentales, no sufrir los embates de la "guerra preventiva" por parte

---

13 Las sanciones internacionales se comenzaron a levantar a principios de 2000. Para 2004 Estados Unidos comenzó a levantar igualmente sanciones y se comenzó un lento proceso de acercamiento. En 2005, Washington finalmente quitó a Libia de la lista de patrocinadores de terrorismo y se anunciaron relaciones diplomáticas completas. Lo anterior ayudó a Libia a salir del aislamiento y seguir explotando su petróleo y gas de manera muy productiva. Su riqueza en hidrocarburos parecía garantizar un ingreso nacional, si no para un siglo, sí para varias generaciones posteriores. Igualmente, está el recurso hídrico (Wright, 2010).

14 La estrategia de Gadafi en cuanto a cuerpos armados se refiere, se fue desarrollando de manera progresiva. El ejército estaba en desgracia para 1990, puesto que no había sido capaz de responder a los ataques aéreos de Estados Unidos de 1986, la debacle sufrida en la guerra con Chad —a pesar de la gran inversión en armas y equipo— y la incapacidad de suprimir a la insurgencia islámica en Cirenaica. Otras fuerzas tenían las tareas de seguridad: la Guardia Revolucionaria paramilitar, encargada de la defensa regional; las Brigadas de Seguridad eran las encargadas de las ciudades principales, los aeropuertos, los puntos de cruce fronterizos, las bases militares y la policía militar, así como la propia seguridad de Gadafi (Wright, 2010).

de Estados Unidos y no ser invadido como le sucedió a Hussain en Irak— (Moya Mena, 2011; Wright, 2010; Takeyh, 2001), Gadafi mantuvo el poder en sus manos. Por ejemplo, en el año 2003 aceptó la responsabilidad por el atentado de Lockerbie y anunció que indemnizaría a las familias de las víctimas. Esto incidió en la reducción de las sanciones impuestas por la Organización de las Naciones Unidas y Estados Unidos. También renunció a las armas de destrucción masiva, hecho que permitió el restablecimiento de relaciones diplomáticas con Estados Unidos, suspendidas desde 1986 (Davenport, 2003)[15].

A partir de ese momento —gracias a la influencia de su hijo Saif al-Islam— tuvo mayor apertura y acercamiento con Occidente (Wright, 2010), pues éste le sugirió salir del aislamiento y mejorar sus relaciones exteriores para no perder lugar en el equilibrio de poder

---

15 Después del levantamiento parcial de las sanciones de la ONU entre 1999-2000, Libia inició esfuerzos para obtener armas químicas. En noviembre de 2001 en una conferencia de la Convención de armas biológicas (BWC Review Conference), el subsecretario de Estado estadounidense para el control de armas y la seguridad internacional, John Bolton, declaró que Libia podría estar violando el tratado dada su activa búsqueda para el desarrollo o despliegue ofensivo de armas biológicas. En febrero de 2003 el director de la CIA, George Tenet, declaró que Libia claramente pretendía restablecer sus capacidades de armamento ofensivo químico. Para marzo hubo un acercamiento de oficiales de inteligencia libios con sus contrapartes de Reino Unido y ofrecieron comenzar negociaciones para eliminar los programas libios de ADM (Armas de Destrucción Masiva). Las siguientes negociaciones —mantenidas secretas– incluían oficiales estadounidenses. Se indicó que Estados Unidos levantaría sanciones contra Libia si éste desmantelaba dichos programas. En abril, Bolton declaró en una entrevista con Radio Sawa que esperaba que la invasión de Irak enviara el mensaje tanto a Libia, como a Irán y Siria, respecto al costo de continuar con programas de ADM. En diciembre —luego de la intercepción y prohibición por parte de autoridades alemanas e italianas de dar paso a un barco en ruta a Libia que contenía componentes centrífugos manufacturados en Malasia—, el ministro de asuntos exteriores anunció públicamente la renuncia del país a los programas de ADM. Trípoli prometió adherirse al Tratado de No Proliferación y a la Convención de Armas Químicas (Davenport, 2013).

internacional[16]. La invasión a Irak en 2003, demostró que la región y los enemigos de Estados Unidos serían mucho más vulnerables a sus ataques (Davenport, 2013).

Con una apertura a Occidente, junto con las medidas de reforma económica y política[17] —aunque el mayor cambio era la posibilidad de vender sin límites sus recursos petroleros—, Gadafi recibió visitas de británicos, franceses, alemanes e italianos (Wright, 2010; Varela, 2012; Salgó Valencia, 2012). Llegó a ser invitado por Reino Unido para dar pláticas en la Universidad de Cambridge.

Al interior de Libia, por el contrario, el ejercicio de poder de Gadafi se mantuvo sin cambio. La pobreza en la población alcanzó niveles altos. Más del 50% de la población eran jóvenes menores de 20 con altos niveles de desempleo (Varela, 2012). Seguía sin haber confianza en el gobierno; la sociedad libia estaba fragmentada y se refugiaba en las tribus y las familias; todas las instituciones estaban fracturadas y divididas en regionalismos y parentescos; Libia no contaba con sistemas de alianza políticos, redes de asociaciones económicas u organizaciones de cualquier tipo. Así, lo que podría parecer una protesta no violenta, resultó en una especie de secesión o en

---

16 Saif al-Islam era visto como un probable sucesor de Gadafi. Aunque no tenía ningún cargo oficial, por algún tiempo estaba siendo visto como una influencia moderadora en su padre (Wright, 2010:225).

17 Después del fracaso de su revolución, Gadafi comenzó a realizar "reformas" tanto políticas, como económicas, sobre todo a finales de los años 1980 y durante los años 1990. Tres cuartos de los empleados trabajaban de una manera u otra, para el Estado; había una gran cantidad de subsidios; se trataba igualmente de alentar al sector privado y a los individuos a inicar negocios locales. Sin embargo, los cambios no fueron muy efectivos, ya fuera por las sanciones internacionales y las de Estados Unidos, por el mercado inestable del petróleo y por el prejuicio del régimen a las empresas privadas. En 1998 hubo una liberalización social —aunque limitada—, acompañada de una tentativa de cambios financieros y comerciales. Para 2005, una vez todas las sanciones levantadas, se anunció un programa integral de reformas, promovidas por el hijo de Gadafi, Saif al-Islam, y el nuevo primer ministro economista, Shukri Ghanem. Sin embargo, el clima interno no permitió grandes cambios (Wright, 2010).

múltiples secesiones de un Estado fallido (Anderson, 2011). Pesaban también los abusos de poder del régimen (Hastings, 2011; Chorin, 2012; Human Rights in..., 2012). Esto hizo que se incrementara el descontento de la población.

2.3. Alta política vs. baja política: implicación al interior

Durante su gobierno, Gadafi centró su atención en la alta política y subordinó los temas de baja política. Su objetivo primordial fue mantener e incrementar su poder al interior y al exterior del país, sin que desarrollara verdaderamente la economía del país[18]. El mantenimiento del poder estaba vinculado a eliminar todo tipo de oposición al régimen, sin importar si había violación de derechos humanos de su población o no (BBC, 2011b; Hastings, 2011)[19]. Sin embargo, des-

---

18 Después de que se descubriera el petróleo en Libia, fue mucho más fácil para Gadafi mantener la economía del país basada en los ingresos de dicho recurso. Sin embargo, no hubo una real industrialización del país ni inversión productiva. Dependían de la tecnología y *expertise* del exterior. En los años ochenta, los bajos precios del petróleo dieron como resultado una recesión generalizada, de la que Libia no escapó. Las sanciones aplicadas (tanto por Estados Unidos, como por la ONU) en dicha década y en los 1990, exacerbaron los problemas de una economía cuyos niveles alcanzaban 30% de desempleo y 50% de tasa de inflación. El gobierno redujo los subsidios y congeló los salarios, lo que probó ser riesgoso para el régimen, pues dependía del apoyo popular: en las áreas urbanas comenzaron demostraciones de descontento social y al menos hubo dos intentos de golpe militar e insurgencias islámicas en las provincias del Este (Takeyh, 2001; Wright, 2010).

19 En el realismo clásico, generalmente no hay una vinculación directa con los temas de DDHH. Morgenthau (1979) tuvo interés en el asunto, solamente en lo referente a los DDHH del pueblo judío, dados sus orígenes, pero no en sus análisis sobre la política internacional como tal. De manera contemporánea, se ha vinculado el ejercicio de la fuerza a la necesidad de proteger los DDHH, como en el caso actual libio. Hay informes sobre el aplastamiento de los disidentes bajo en gobierno de Gadafi; retenía un control autoritario, había una ley que prohibía la actividad política basada en una ideología política opuesta a la revolución del líder. El régimen envió a prisión cientos de personas por violar la ley y algunos fueron sentenciados a muerte, según Human Rights Watch.

pués de normalizadas las relaciones con la comunidad internacional —periodo que comienza en 1999 cuando Gadafi acepta llevar a juicio a los responsables del atentado de Lockerbie, la ONU comienza a levantar sanciones y los países comienzan a invertir de nuevo en el petróleo libio y a vender armas a Gadafi (Wright, 2010; Zoubir, 2012; European Commission, 2012)—, no fue cuestionado por las vejaciones internas.

En general, las potencias apoyan el equilibrio de poder a sus intereses, sin tomar en cuenta los derechos humanos. Esto le permitió a Gadafi ejercer total soberanía sin importar las condiciones internas durante todo su mandato, de 1969 a 2011. Sus aprestos militares se reforzaban con estrategia y armamento, su liderazgo no perdía presencia en ningún ámbito.

Cabe destacar que Gadafi logró actuar con secretismo sobre el todavía gobierno autotitario dentro de sus fronteras para evitar ser cuestionado como en el pasado, cuando era enemigo de Occidente (Wright, 2010; BBC, 2011b; Zoubir, 2012). En este sentido, su ejercicio realista de poder creció también. Aprovechó los sucesos del 11 de septiembre de 2001 para sumarse a la guerra estadounidense contra el terrorismo, limpiar su imagen y seguir actuando en función de su propio interés nacional.

Cuando las sanciones a Libia fueron completamente levantadas, la economía comenzó a ser receptiva a una reforma minuciosa, cuyo programa se anunció por vez primera en 2005 (Wright, 2010). Esta reforma permitió una leve mejora en los niveles de crecimiento y avance del país. La apertura política no fue siquiera cuestionada. La represión hacia el interior continuó. Gadafi mantuvo un gobierno férreo a fin de evitar las amenazas de los islamistas y de los diferen-

---

También se reportaron tortura y desapariciones (BBC, 2011b). Ver igualmente los informes de Amnistía Internacional, en: http://bit.ly/lGI2kn.

tes grupos rebeldes, que desde los años 1990 intentaron derrocarlo (Wright, 2010)[20].

Si al exterior Gadafi reflejó un cambio positivo de actitud, al interior olvidó incrementar su credibilidad. El peso de control político es fundamental pero no suficiente. Debido a las condiciones internas explicadas con anterioridad —desempleo y gobierno autoritario principalemente— (Hastings, 2011; Chorin, 2012; Human Rights in... 2012; Varela, 2012; Salgó Valencia, 2012), se gestó un sentimiento adverso en gran parte de la población. Como lo menciona Maquiavelo en *El Príncipe* (1935), un buen líder debe ser más odiado que amado, pero esto es válido en la medida en que el líder es respetado.

El sentimiento que los libios manifestaron durante la "primavera árabe"[21] (Anderson, 2011), señala la falta de respeto silencioso y callado entre los grupos sociales, así como el alejamiento y enojo ante las acciones y decisiones de Gadafi. Al final de la primera década del siglo XXI, el descontento de los libios se expresó mediante manifestaciones, que recibieron una inadecuada respuesta —ataques armados en contra de la población— por parte del régimen (Liolos, 2012). Así,

---

20 En noviembre de 1993 un grupo de oficiales de la tribu Orfella, cercana a la tribu Gadhafa, intentó un fallido golpe de Estado. Hubo otro en 1995, igualmente fallido. También había insurgencia islámica, sobre todo en Cirenaica, principalmente activa entre 1995-1998 (Wright, 2010). El grupo principal era el Grupo Libio de Lucha Islámica (GLLI), que jugó un papel activo en la deposición del líder libio como Movimiento Islámico Libio (Irish Times, 2011).

21 El término "Primavera Árabe" se utiliza para englobar los movimientos sociales que tuvieron lugar en varios países de Medio Oriente y África, comenzando en 2010 (Túnez, Marruecos, Libia, Siria, Yemen, Baréin, entre otros). Al respecto, ver Dabashi, H. (2012). *The Arab Spring: Delayed Defiance and the End of Postcolonialism*. London: Zed Books. Otros artículos que hablan sobre la primavera árabe: Anderson, 2011; Goldstone, J. A. (2011). Understanding the revolutions of 2011: weakness and resilience in Middle Eastern autocracies. *Foreign Affairs*, *90*(3); Doran, M. S. (2011). The heirs of Nasser: who will benefit from the second Arab revolution? *Foreign Affairs*, *90*(3); Gause III, G. (2011). Why Middle East Studies Missed the Arab Spring? The Myth of Authoritarian Stability. *Foreign Affairs*, *90*(4) 81-90.

el poder militar y el uso de las fuerzas armadas se convirtieron en instrumentos adversos al mantenimiento del poder y a la satisfacción del interés nacional tradicional durante las cuatro décadas previas. Sus acciones realistas, en términos de poder, hicieron visibles sus límites.

3. CAÍDA DEL RÉGIMEN: REALISMO AL INTERIOR Y AL EXTERIOR

¿Qué fue realmente lo que sucedió con Gadafi y de qué manera respondió la sociedad internacional? Al exterior se cuestionaba la legitimidad de su liderazgo; en el ámbito interno, dicho liderazgo comenzó a resquebrajarse, aunado a la falta de sentimiento nacional (Varela, 2012)[22]. De hecho, la tribu aliada al régimen —la Maqariha— apoyó la lucha contra el dictador (Rizzi, 2011).

3.1. Pérdida de poder del Estado libio

El poder que permitió mantener el control de Gadafi sobre la población libia concuerda con la definición de Morgenthau sobre el poder político: relaciones de dominio entre el detentor de la autoridad pública —Gadafi— y la población general, cubriendo todas las relaciones útiles, tanto la violencia como la psicología (Barbé, 1990). Puesto que los beneficios esperados por un sector de la población no se concretaban, el temor a circunstancias adversas no fue el suficiente para seguir sometido y que se perdió el miedo o el respeto por quien domina —Gadafi— (Morgenthau, 1963:46). Su poder comenzó a desmoronarse.

---

22 Como se ha mencionado anteriormente, cabe señalar que la estructura de la sociedad libia se constituye por medio de tribus y familia. Las instituciones no lograron consolidarse y la revolución nunca fue parte de la ideosincracia de los libios (Varela, 2012; Wright, 2010). Ver a este respecto la tabla 4 del preámbulo Historia de Libia, así como Kaplan, 2012b.

Mediante los elementos de poder desarrollados por Morgenthau, sin soslayar el análisis paralelo sobre los Estados que apoyaron a los rebeldes (Rosas, 2011) —la mayoría de los países occidentales, entre los principales Estados Unidos, Francia, Reino Unido, así como los países de la Liga Árabe y otros de África misma (*The Guardian*, 2011; *Le Figaro*, 2011)—, es posible entender la caída del régimen.

a) Geografía y recursos naturales

Libia ocupa una posición geoestratégica en el Mediterráneo: se encuentra en el cruce de las rutas terrestres, entre el Magreb y el Mashrek y entre el mar Mediterráneo y el Sahel; en el eje Este-Oeste, entre África negra y Europa; en el eje Norte-Sur, es vecino de Egipto, Sudán, Chad, Níger, Argelia y Túnez. Tiene 4,348 kilómetros de fronteras terrestres y 1,770 kilómetros de costas al Mediterráneo. Su suelo es desértico en más de 90% (Zoubir, 2012; Gourdin, 2011).

Al noroeste se encuentra Tripolitania, desde siempre ligada al Magreb, en donde se encuentra Trípoli, la capital política y económica. Tiene el puerto marítimo comercial y estratégico; en la ciudad se extiende una planicie agrícola. Al suroeste se encuentra Fezán. Constituye una vasta zona de tránsito por el Sahel (Chad y Níger) y Argelia. La región está llena de oasis y es el principal centro comercial plurisecular e igualmente el centro administrativo de la región, que alberga importantes instalaciones militares. Ahí habita una buena parte de la tribu Gadhafa, por lo que constituyó un bastión de la dictadura (Gourdin, 2011).

El desierto de Sirte, rico en hidrocarburos, forma una frontera natural de 500 kilómetros que separa los centros de Tripolitania y Cirenaica. En su costa se encuentran terminales petroleras importantes. En la región también habita parte de la tribu Gadhafa. Finalmente, Cirenaica ocupa toda la región oriental del país. Su ciudad principal, Bengasi —antigua capital política durante la monarquía— está a cargo del noreste y es una región que se torna hacia Egipto y el Machrek. Incorpora el sudeste, en donde se extiende un gran desierto, pero se trata de una zona económica y estratégica muy importante, dado el tránsito hacia Sudán (Gourdin, 2011).

Estas grandes diferencias en el territorio se presentan con diversas identidades regionales —que se discutirán más adelante—, acentuadas por una multiplicidad de tribus: Warfalla, Awlad Busayf, Al Zintan, Al Rijban, Al Awagir, Al Abaydat, Drasa, Al Barasa, Al Fawakhir, Al Zuwayya, Al Majabra, Al Gadhafa, Al Magarha, Al Riyyah, Al Haraba, Al Zuwaid, Al Guwaid, Al Hutman, Al Hassawna, Tibbu y Tuareg, entre las que Gadafi servía de mediador (cf. Tabla 4 del preámbulo Historia de Libia; Zoubir, 2012; Gourdin, 2011; Reuters, 2011b; Kaplan, 2012b; *Spiegel online,* 2011).

La ubicación descrita, ser la décima reserva petrolera mundial y tener uno de los más grandes yacimientos de agua potable (Varela, 2012; Salgó Valencia, 2012), hacen de Libia un territorio con recursos suficientes, lo que significa poder para sus gobernantes.

Si bien Gadafi aprovechó esta situación para afianzar su régimen al interior y vender su amistad al mejor postor al exterior, el "conflicto entre las élites que se quieren quedar con el control de la décima reserva petrolera del mundo, pero también con la posibilidad de quedarse con uno de los más grandes yacimientos de agua potable" (Salgó Valencia, 2012:217; Rizzi, 2011) hicieron posible su caída cuando la coalición de países[23] intervino del lado de los rebeldes para evitar la desestabilización de la región y asegurar un equilibrio de poder a su favor (ONU, 2011; AFP, 2011).

En el momento en que se observa debilidad por parte del dictador tolerado pero no apreciado, se hace evidente la búsqueda de un equilibrio de poder: al interior de Libia, para consolidar un régimen diferente o, por lo menos, con otros dirigentes; al exterior, para garantizar el acceso a recursos importantes para las economías, sobre todo europeas.

---

23 La primera coalición que se formó fue entre Estados Unidos, Francia, Reino Unido, Canadá e Italia, que después intervinieron junto con la OTAN, una vez aprobado por el Consejo de Seguridad de la ONU (*Reuters*, 2011c).

En lo que a petróleo se refiere, en Libia operaban Shell (compañía anglo-holandesa), British Petroleum (Reino Unido), ExxonMobil, Hess Corp, Marathon Oil, Occidental Petroleum y ConocoPhillips (Estados Unidos), Repsol (España), Wintershall (Alemania), OMV (Austria), Statoil (Noruega), Eni (Italia) y Petro-Canada (LibreRed, 2011). Si se toma en cuenta el supuesto del realismo sobre el Estado unitario, se explica que los países occidentales estén dispuestos a defender su seguridad nacional al exterior, es decir, la defensa de sus intereses, aun representados por compañías privadas.

b) Capacidad industrial y tecnología

Libia ha enfrentado como problema principal la carencia de tierras productivas y la insuficiencia de agua. Al contar con gran cantidad de recursos petroleros, podrían haberse utilizado para modernizar e industrializar al país. Sin embargo, las autoridades libias no lograron desarrollar una base industrial ni capacidades tecnológicas (Zoubir, 2012).

Esta situación hizo que Gadafi en un principio se alineara más hacia la Unión Soviética (URSS) a fin de obtener tecnología. Finalmente la URSS se desentendió de Libia a finales de los años ochenta y de cualquier manera, Gadafi tuvo que voltear hacia Occidente para la importación de tecnología, manufacturas, alimentos y para el saber-hacer referente a la explotación de los recursos petroleros (Zoubir, 2012).

Como la mayor parte de los Estados rentistas[24] (Izquierdo, 2007), aunque el petróleo aseguraba una riqueza, los dirigentes libios no aseguraron un desarrollo económico. La agricultura era ineficaz, no

---

24 Estado rentista se refiere a países no democráticos que aseguran un mínimo bienestar a su población, gracias a ingresos derivados de actividades económicas no productivas, generalmente la extracción de petróleo. Según algunos politólogos y economistas, dicha práctica permite limitar las libertades públicas, evitando la aparición de grupos sociales disconformes con el régimen. El origen del término está ligado con la consolidación en la décadas de los años

había una base industrial sólida o diversificada, por lo que el país era completamente dependiente de los precios mundiales del petróleo y del valor de las monedas, sobre todo del dólar y del euro. Además, sin las competencias y tecnologías extranjeras, Libia no era capaz de extraer y exportar sus hidrocarburos (Gourdin, 2011).

c) Aprestos militares

Después de tomar el poder en 1969, Gadafi gastó sin límite en la compra de miles de tanques, vehículos blindados y cañones, así como en cientos de aviones y cuatro submarinos. En 1979 Libia contaba con apenas 2.5 millones de personas, pero tenía más aviones de combate que Reino Unido, según Alessandro Politi, analista internacional (Poggioli, 2011)[25]. Además, tenía 1,000 toneladas métricas de Semtex, un elemento clave para la construcción de bombas terroristas (Poggioli, 2011). Después de 2003, Gadafi decidió deshacerse de varias de estas armas y detener su programa nuclear.

Antes de la rebelión, las fuerzas militares libias estaban compuestas por alrededor de 100,000 elementos reforzados por artillería pesada, tanques y una pequeña fuerza naval; después de la insurrección, disminuyeron por las defecciones. En cierto sentido las fuerzas más leales estaban fuera de la estructura regular militar y eran comandadas por los miembros de la familia de Gadafi y de su círculo cercano (Thomson Reuters, 2011).

Por temor a un golpe de Estado, Gadafi mantenía a las fuerzas armadas poco cohesionadas y sólo reforzaba las fuerzas de élite. Se conocen los aprestos militares siguientes (Thomson Reuters, 2011; Poggioli, 2011):

1. Fuerzas terrestres. En el papel: 50,000 miembros activos, incluyendo 25,000 conscriptos; 800 tanques de batalla, algunos inservi-

---

1960 y 1970 de monarquías absolutas y dictaduras militares en países árabes del Golfo Pérsico y el Magreb (Sodaro, M. J., 2006; Izquierdo, 2007).

25 No se pudieron establecer dichos datos con exactitud.

bles; 120 vehículos de reconocimiento; 1,000 vehículos de infantería blindados; 945 cargueros de personal blindados; 2,421 piezas de artillería, incluyendo 444 motorizadas y 647 de arrastre; 500 morteros; 424 misiles de defensa aérea tierra-aire.

En la realidad: la fuerza militar estaba seriamente disminuida por sanciones y descuido, aunque las potencias occidentales habían reiniciado la venta de armas, lo que hace poco fiable el estimado. Gadafi debilitó a las fuerzas armadas regulares para prevenir el surgimiento de comandantes que se convirtieran en rivales de la familia inmediata; dependía de tres unidades leales protectoras del régimen de su misma tribu, los Gadhafa (Aniceto, 2011; Northam, 2011; Salgó Valencia, 2012; *Spiegel online,* 2011). Lo anterior deja un estimado de 10,000, 12,000 tropas leales. La formación más confiable pertenecía a la 32ª brigada comandada por su hijo Khamis. Las demás estaban compuestas por brigadas de élite de la tribu Warfalla. Según varias fuentes, había mercenarios africanos (Varela, 2012; ONU, 2011; Aquilino, 2011; Reuters, 2011), lo que no se ha podido comprobar con claridad. Por otro lado, el Fondo Monetario Internacional estimaba las reservas de oro de Gadafi en casi 144 toneladas, que equivaldrían a 6 billones de dólares. Dichas reservas servían para fortalecer la moral de las fuerzas armadas y los círculos internos del Coronel (*The Huffington Post*, 2011).

2. Marina. En el papel: 8,000 efectivos, incluyendo la guardia costera; 2 submarinos patrulla; 3 barcos de superficie; 16 barcos patrulla y costeros.

En la realidad: dos submarinos Foxtrot enviados por la Unión Soviética a fines de los años 1980. Los expertos externos siempre cuestionaron su efectividad.

3. Fuerza aérea. En el papel: 18,000 efectivos; 394 aviones de combate, muchos no operacionales; 7 bombarderos Tu 22; 187 cazas —75 MiG 23, 15 MiG 23U, 94 MiG 25 y 3 MiG 25U—; 180 cazas de apoyo terrestre —45 MiG 21, 40 MiG 23BN, 4 Mirage 5DP30, 14 Mirage F 1A, 3 Mirage F 1B, 15 Mirage F 1E, 53 Su 17M 2, 6 Su 24MK—; 7 de inteligencia/observación 7 MiG-25R; 85 de transporte; 35 helicóp-

teros de ataque —23 Mi 25, 12 Mi 35—; 11 helicópteros de reconocimiento marino; 35 helicópteros de reconocimiento/transporte; 55 helicópteros de transporte —4 CH 47C, 5 Bell 206, 46 PZL Mi 2.

La realidad: se estima que varios de esos aviones no son capaces de vuelo.

4. Otras fuerzas. El Comando de Defensa Aérea poseía, por lo menos, 216 misiles tierra-aire, 144 de arrastre y 72 automotores, pero el mantenimiento era un problema. Algunos analistas creen que las fuerzas armadas libias no eran una amenaza seria (Takeyh, 2001; Aniceto, 2011).

5. Armas químicas. De acuerdo con la Organización para la Prohibición de Armas Químicas (OPCW, por sus siglas en inglés), Libia tendría alrededor de 9.5 toneladas de gas mostaza en una locación secreta en el desierto, aunque carecía de capacidad para usarlas.

Es claro que la capacidad militar de Libia no se comparaba con la de la coalición de la Organización del Tratado del Atlántico Norte (OTAN). Los bombardeos de los aviones de los aliados demolieron tanques T 72, carros blindados BMP, lanza cohetes múltiples BM 21 y piezas de artillería de 155 mm, sólo al inicio del conflicto, que comenzó el 19 de marzo (*The Huffington Post*, 2011; BBC, 2011a).

En esta operación destacó el liderazgo de los países europeos, que llevaron a cabo la mayoría de los bombardeos aéreos. Solamente uno de los 18 barcos que hacían cumplir el embargo de armas impuesto por la Organización de las Naciones Unidas (ONU) mandatado por la resolución 1973 (ONU, 2011), era de Estados Unidos. Sin embargo, la participación de este país no fue menor: lanzó 97% de los misiles Tomahawk que afectaron las defensas aéreas de Gadafi al inicio de la operación, proveyó alrededor de 75% del reabastecimiento de combustible aéreo y los vuelos de reconocimiento y suministró los recursos para la adquisición de blancos e inteligencia, como los aviones no tripulados (Westervelt, 2011).

El secretario general de la OTAN, Anders Fogh Rasmussen, apuntó que la operación en Libia había mostrado que los europeos estaban faltos de capacidad militar esenciales: solamente cinco de los 28 miembros de la alianza cumplen con el gasto de, al menos, 2% de su Producto Interno Bruto (PIB) en defensa. Fue claro que Reino Unido y Francia llevaron la carga principal de la operación. Según Douglas Hurd, ex ministro de asuntos exteriores del Reino Unido, su país y Francia —además de Estados Unidos— fueron los únicos en la OTAN que tuvieron la voluntad y el valor de intervenir donde era claramente necesario para prevenir una matanza (Westervelt, 2011). Se criticó que solamente ocho de los aliados de la OTAN participaron en Libia. Alemania retiró a su tripulación de los aparatos aéreos de apoyo.

Aun con la mínima capacidad militar, la ventaja estuvo del lado de la OTAN. Sin importar su propia efectividad, los rebeldes libios ganaron gracias al apoyo de las fuerzas externas. La batalla se daba entre Estados: Libia y las fuerzas de la coalición.

d) Tendencias poblacionales

La población libia puede ser considerada pequeña; comparativamente se trata de la población número 108 por su dimensión, pero ocupa el territorio número 17 por su extensión (CIA, 2013). Son alrededor de 6 millones 420,000 habitantes de los cuales la mayoría vive en Tripolitania y más de un cuarto en Cirenaica. Dado el carácter árido de la mayoría del territorio, la población se concentra en el litoral y sus inmediaciones, en donde residen 85% de libios en 100,000 m^2, en lo que se conoce como la Libia útil, el centro de poder que concentra la mayor parte de las actividades y de la riqueza. El control de esta zona determina la relación de fuerza (Gourdin, 2011).

Lo anterior se ha visto como debilidad en el sentido de falta de mano de obra calificada y era un obstáculo para las ambiciones exteriores de Gadafi, quien para contar con un armada poderosa reclutaba extranjeros. Se tienen datos de entre uno y dos millones de extranjeros residentes en Libia desde 2011, originarios del Magreb, del Mashrek y de África subsahariana. El racismo de los libios hacia los extranjeros, sobre todo hacia los negros —aunque fueran libios— trajo como consecuencia que se llevaran a cabo varios linchamientos y en general, la seguridad de éstos durante el conflicto no fue salvaguardada (Gourdin, 2011; Dagher, 2011; Sinco, 2011; Human rights investigations, 2011b)[26].

Además de no ser numerosa, la sociedad libia está compuesta por alrededor de 140 tribus. Esta diversidad de formas de vida, idiosincrasias y creencias no ha permitido la existencia de un sentimiento nacional. El mismo Gadafi mencionó que su ideal de convertir a Libia en un Estado Verde —esto es, sustentado en el ideario de la Revolución que el mismo Gadafi había implementado: nacionalismo árabe, un Estado de bienestar, poder popular socialista y un sistema moral islámico— había fallado (Bazzi, 2011; MacKenzie, 2003), pues seguía siendo un Estado Negro debido a la religión y a la falta de cohesión social. Sin embargo, los lazos tribales y familiares permitieron su afianzamiento en el poder. Además, que los habitantes estuvieran concentrados en los centros, facilitaba su control.

A pesar de los ingresos petroleros, la mayoría de los ciudadanos no gozaba de calidad de vida. En 2011, la población era 80% urbana y joven, la mitad de los habitantes tenía menos de 20 años (Gourdin, 2011). La existencia de un alto porcentaje de jóvenes desempleados acentuó el descontento social. Se debe tomar en cuenta —sin considerarla la causa principal— que el descontento iniciado en los años sesenta encontró una válvula de escape y organización en los nuevos instrumentos de comunicación —entre los principales, las computadoras y los teléfonos celulares que dan acceso a las redes sociales—, que enfrentaron directamente al poder de Gadafi (Varela, 2012; Stepanova, 2011).

---

26 Se reportaron varios casos que evidenciaban un fuerte elemento de racismo en las fuerzas rebeldes del conflicto libio, incluido el nivel de comando, teniendo como objetivo llevar a cabo una limpieza étnica de los habitantes negros. En un artículo publicado en el *Wall Street Journal*, Sam Dagher puntualizaba que la intervención estaba agravando las tensiones étnicas. También un reportero de *Los Angeles Times*, Bryan Chan, reportó que en una visita a una prisión en Bengasi, un hombre negro protestaba que él solamente era un trabajador temporal, aunque estaba preso culpado de pertenecer a las filas de Gadafi (Human rights investigations, 2011a; Dagher, 2011; Sinco, 2011).

Sin hacer uso de la fuerza en términos tradicionales, las redes sociales representaron un nuevo mecanismo para combatir y permitir el surgimiento de otro tipo de poder (CNN Expansión, 2012; Zahera, 2011; Stepanova, 2011). La incertidumbre que este mecanismo descontroló al régimen y restó capacidad de respuesta a las instancias militares: a pesar de haber tratado de reprimir el surgimiento de movimientos rebeldes desde abril de 2011, encontraron límite en la organización de la sociedad y su respuesta con un poder alternativo que, además, encontró apoyos de las instituciones internacionales, como el Consejo de Seguridad de la ONU y la OTAN. Esto obligó al repliegue de Gadafi.

A pesar de que un sector de la sociedad libia y de los rebeldes no buscaba la caída de Gadafi (De Cózar, 2011), el curso de los acontecimientos —es decir, la rápida caídad del régimen y el enojo popular— anuló la posibilidad de su permanencia y finalizó con su muerte (cf. Historia de Libia en esta publicación). En este sentido, la población organizada expresó su interés por nuevas instancias y buscó otra forma de ejercer el poder para definir, fomentar y satisfacer un nuevo interés nacional.

En Libia, el movimiento social incluía a múltiples sectores de la población. Aunque el deseo de cambio hubiera sido genuino, surgieron sectores oportunistas, como los antiguos partidarios del régimen libio, que tomaron la conducción de las movilizaciones, ayudándose de la intervención de las fuerzas extranjeras para favorecer la caída de Gadafi (Conde, 2012). Esto también tiene que ver con el sistema de tribus y muestra una realidad clara: "el levantamiento en Libia no tiene que ver con una juventud marginada y sin movilidad social como en los otros escenarios árabes, en realidad es un conflicto entre las élites que se quieren quedar con el control de la décima reserva petrolera del mundo" (Salgó Valencia, 2012:216-7)[27].

---

27 El autor se refiere a países de Medio Oriente, en donde la realidad económica aniquiló la movilidad social, como en Egipto (Salgó Valencia, 2012:212).

Finalmente, se constata que quien domine los centros más importantes, dominará a la población, tal como lo hizo en su momento Gadafi y que la intervención de las potencias intentará establecer un régimen acorde a sus intereses nacionales y a su seguridad nacional para asegurarse recursos y estabilidad en la región. Sin embargo, nada garantiza que el equilibrio de poder se genere en su favor. El futuro de Libia —y de otros países árabes— será problemático, aunque se haya depuesto al dictador. Medio Oriente no atraviesa una revolución democrática, sino una crisis en la autoridad central (Kaplan, 2012a) en la que la lucha por el poder se manifiesta al interior y mediante las intervenciones extranjeras.

e) Carácter, moral nacional y calidad de los gobiernos y la diplomacia

Libia no ha consolidado una identidad nacional, los lazos familiares y tribales son el medio de relación social. Las tres provincias principales —Cirenaica, Tripolitania y Fezán— están habitadas por grupos étnicos, lingüísticos y religiosos homogéneos, pero separados por identidades étnicas y regionales sumamente acentuadas (Varela, 2012; Zoubir, 2012; Gourdin, 2011; Reuters, 2011b; Kaplan, 2012b; *Spiegel online,* 2011). De hecho, después de la independencia de Italia, el rey Idris —quien tomó las riendas del país con apoyo de Reino Unido y Estados Unidos— buscó la conformación de un Estado unitario para la formulación de su política exterior, pero descentralizado al interior para evitar disputas regionales. Por tanto, decidió que Libia fuera una monarquía pro occidental, con una Constitución que carecía de defensa de los derechos humanos y otorgaba al rey y a su dinastía la soberanía de la nación, control del Parlamento, poder de veto legislativo y dominio de las Fuerzas Armadas (Simons, 2003). Este sistema descentralizado erosionaba cualquier sentimiento nacional y mantenía los sistemas tradicionales. El rey anuló y prohibió los partidos políticos, las relaciones provinciales prevalecían sobre las relaciones nacionales y las autoridades federal y regional estaban en constante disputa (Metz, 1987; Simons, 1996).

El gobierno de Gadafi no fue muy diferente: evitó establecer una Constitución formal y cortó la posibilidad de un sistema democrático al mantener la política de prohibición de partidos políticos. Además, el Consejo Revolucionario de Comando (CRC) —formado por los oficiales responsables del golpe de Estado— se convirtió en el centro de toma de decisiones del gobierno y asumió funciones legislativas. Aunque en 1976 Gadafi impulsó un plan para reorganizar el Estado libio creando el Congreso General del Pueblo (CGP) —órgano supremo de gobierno del país conformado por 2,700 representantes de Comités locales—, Libia conservó un régimen militar de facto en manos del dictador (Aliprandini, 2011).

Debe subrayarse igualmente que con el régimen nacionalista árabe creado por Gadafi, se trató también de deshacer las identidades y estructuras tribales. Las tribus de Cirenaica fueron las más atacadas —habían sido favorecidas bajo el reinado de Idris— y se ayudó a la Gadhafa, la Maqariha y la Warfalla (Northam, 2011). Pese a lo anterior, la estructura tribal no desapareció y la rebelión contra Gadafi inició principalmente en los centros que éste no apoyó.

Así, en ausencia de una cohesión nacional, tanto el carácter como la moral del país seguían los dictados de Gadafi. Cuando inicia la erosión de su poder, surgen las diversas fuerzas al interior para tomar ventaja. El análisis anterior se aplica también a la calidad de los gobiernos. Gadafi inició con ánimos de desarrollar el país, sin embargo, las riquezas petroleras no llegaron a los bolsillos de toda la población (Wright, 2010).

Ahora esperan que el gobierno que se instaure responda a sus intereses, no sólo al de los países occidentales. Esto es importante de señalar, dado que el Consejo Nacional de Transición (CNT), liderado por Mustafa Abdek Yadil, ha contado con fuertes apoyos y ha sido reconocido por Egipto, Estados Unidos, Reino Unido, Francia, Alemania e Italia, entre otras naciones, que han propuesto otro plan para la solución del conflicto libio[28].

---

28 "Tenemos un plan y veremos si podrá traducirse en una propuesta italo-alemana", manifestó Frattini en una entrevista publicada por el diario *La Repú-*

Los actores internacionales tienen intereses diferentes y aún está por verse qué tipo de gobierno se instaurará, con qué facciones internas y bajo qué apoyos externos.

Parte de la preocupación de Occidente es la importancia de las exportaciones petroleras de Libia. Si no se cuenta con un gobierno estable, existe el riesgo de que se rompa la dinámica del mercado petrolero. Nadie está dispuesto a pagar los costos de repetir un escenario como el de Irak o Afganistán.

Para los franceses estaba claro que la solución no podía ser sólo militar, como lo declarara el entonces presidente Nicolás Sarkozy, una vez llevada a cabo la intervención armada en marzo de 2011 (7sur7, 2011), sino que se requerirían medidas políticas y diplomáticas para dar cauce a la dinámica económica. La preocupación de los europeos se sumaba a la crisis económica y financiera en sus centros.

Así, si el poder es la capacidad del Estado para alcanzar fines basándose en sus recursos y el poder político es el medio para alcanzar los fines de la nación (Morgenthau, 1968), Gadafi supo utilizar sus recursos para garantizarse poder y hacer de sus intereses, los de Libia. Su actitud encaja con los aspectos cualitativos del factor humano que menciona Morgenthau: el hombre estará siempre luchando por el poder. Gadafi quería hacer de Libia una potencia, mantenerse independiente de las hegemonías en pugna —Estados Unidos y la Unión Soviética— durante la Guerra Fría, y reinsertarse en el sistema internacional a principios del siglo XXI. Su interés era permanecer en el poder, por lo tanto, utilizaba sus recursos de manera pragmática, sobre todo los petroleros, para hacer alianzas con las potencias occidentales y con países como Rusia y China, lo que muestra que la calidad de la diplomacia es factor del poder de la nación.

---

blica, en la que agregó que esa propuesta podría traducirse en "un documento conjunto" para presentar en Londres. Según el titular de Asuntos Exteriores italiano, el primer punto del plan sería el alto al fuego, que deberá ser verificado y controlado por las Naciones Unidas, así como el establecimiento de un corredor humanitario permanente, en el que, dijo, "ya estamos trabajando con el Gobierno turco" (EFE, 2011).

De acuerdo con distinción entre poder político y fuerza, Gadafi ejerce esta última como violencia física al reprimir la rebelión. Como menciona Morgenthau (1963), cuando la violencia se convierte en realidad, significa la abdicación del poder político en favor del poder militar. Sin los factores de poder asegurados, la lucha militar al interior de la nación se convierte en un combate con las potencias externas. Al no desarrollar los elementos de poder sobre bases estables, Gadafi no pudo sostener el poder nacional ni el global. En el plano internacional, se confirmó que las potencias tienen elementos de poder más trabajados y por tanto, sus poderes nacional y global fueron superiores a los del país africano.

Los recursos de los países que participaron en el conflicto —militares y de apoyo social a una guerra— fueron debidamente movilizados y constituyeron el poder nacional que determinó su potencia como Estado. Así, la naturaleza de la política internacional se muestra como la lucha por la supervivencia y el poder.

3.2. Los principios del realismo aplicados

La vigencia del realismo para el análisis del caso libio se puede mostrar mediante los principios enunciados por Morgenthau. El primer principio se relaciona con la política gobernada por leyes objetivas que tienen sus raíces en la naturaleza humana. La naturaleza conflictiva de Gadafi se vio confrontada con las leyes aplicadas para el caso, es decir, la anuencia para una intervención militar por los Estados dentro de un organismo internacional. La responsabilidad de proteger impulsó una guerra. Las potencias aceptaron —o no rechazaron— la continuación de la política por otros medios.

El segundo y el tercer principio tienen que ver con el interés definido en términos de poder. La política se separa de otras esferas de acción, lo que permite el entendimiento de la política exterior subrayando el racionalismo y la objetividad. Gadafi buscó poder para satisfacer su interés nacional, como traducción del interés del Estado libio. Sin embargo, no tuvo una buena política exterior ni una política racional. Enfrentarse a los poderes occidentales provocó la total pérdida de poder y, al final, su muerte.

En cambio, para las potencias occidentales el enfrentamiento militar con Gadafi trajo la posibilidad de conseguir su objetivo, al menos en el corto plazo, de evitar desestabilización en la región, aunque no está claro si se establecerá un régimen acorde a sus intereses. El concepto de poder no distingue entre fuentes económicas y políticas que dan poder a los Estados y las acciones de poder que ejerce un Estado sobre otro, simplemente constata su ejercicio y sus consecuencias.

En cuanto al supuesto sobre los principios morales universales, en el caso libio resulta evidente que las condiciones de tiempo y lugar son tomadas en consideración, sobre todo en comparación con casos similares, como el de Siria (cf. capítulo 3 de esta obra). Cuando las potencias deciden intervenir en apoyo de los rebeldes, ponen su supervivencia y su seguridad nacional por encima de cualquier otro bien moral. Si bien el argumento de la intervención es justamente moral, se pueden observar los intereses en juego, el interés definido en términos de poder. Una buena política es amoral, porque se establece a partir de intereses específicos. Las potencias externas tenían intereses específicos en el caso libio: la importancia estratégica de la región, la estabilidad de dicha zona, el acceso a recursos naturales como petróleo y agua o la salvaguarda de las inversiones.

El caso libio mostró una comunidad internacional decidida a la intervención armada —o no opuesta, como Rusia y China— para la supuesta salvaguarda de la población. Sin embargo en Siria —donde el presidente ha reprimido militarmente una rebelión y sobrepasado por mucho la gravedad de la situación libia en términos de muertes y duración del conflicto—, no se concreta una intervención para la defensa de la población. Lo que se aprecia es el intento por mantener en un tercer territorio el equilibrio de poder entre los países occidentales, Rusia y China. Esta diferencia demuestra que, en el caso de los Estados, la moral que los rige no se relaciona con las leyes éticas que gobiernan el universo.

Por último, el sexto principio defiende la autonomía de la esfera política.

Morgenthau (1963) establece que por esencia, el mundo es imperfecto desde el punto de vista racional y producto de fuerzas inherentes a la naturaleza humana. En este contexto de intereses contrarios y en conflicto, es imposible aplicar totalmente los principios morales. Sin embargo, es posible satisfacerlos mediante un equilibrio temporal de intereses o la precaria conciliación de conflictos (Morgenthau, 1994b).

3.3. El interés nacional en el conflicto y el equilibrio de poder

Además del concepto de poder, otro concepto medular del realismo —aparejado al primero— es el de interés nacional. Como se dijo, Gadafi hacía pasar por interés nacional sus intereses personales. Si la política exterior opera bajo la racionalidad del interés nacional, tiene relación con la identidad de la nación. Puesto que Gadafi personalizaba al Estado y a la nación, su política exterior iba acorde con sus intereses.

Debe recordarse que cuando las naciones compiten entre sí por el poder, las políticas exteriores se refieren a su supervivencia. Cuando las potencias occidentales decidieron intervenir en el conflicto libio, no buscaban su supervivencia territorial, sino detener los sucesos que podría generar repercusiones negativas para sus intereses —sobre todo económicos— y para el equilibrio de la región.

Siendo el interés nacional un instrumento racional de análisis para los Estados que toma en cuenta la relación entre grupos de interés de una determinada sociedad (Morgenthau, 1994b), sirvió para el desarrollo de una política exterior intervencionista abanderada por el respaldo a una oposición que estaría siendo atacada por su propio líder. La Responsabilidad de Proteger goza de consenso social y gubernamental y se traduce en política que, a su vez, será la manifestación de una lucha por el poder. En este sentido, se aprecia la voluntad de las potencias occidentales de establecer o restablecer un equilibrio de poder.

Durante el gobierno de Gadafi, en la época de la Guerra Fría, dos superpotencias mantenían el equilibrio de poder en el mundo. Libia buscaba un lugar en ese equilibrio, sin cumplir los objetivos del panarabismo ni lograr supremacía regional. Esto lo hizo mediante el apoyo al terrorismo, para con esto obtener poder, en un afán de desestabilización de la región y en un contexto de lucha contra los demás actores. Más tarde, tras la guerra contra el terrorismo y la intervención en Irak, cuando es inevitable volver a conformar alianzas, sobre todo con las potencias, Libia se suma al equilibrio de poder.

Cuando el poder como líder de Estado es cuestionado por la población, no duda en luchar por su supervivencia y la supremacía. Dado que el equilibrio de poder es un principio universal inevitable, intervienen otros Estados.

Como política inevitable, el equilibrio de poder debe prevenir guerras. En el caso libio, la intervención es una alternativa para mitigar la lucha por el poder e intentar que el *statu quo* se mantenga inalterado, o lo menos alterado posible.

REFLEXIONES FINALES

Si las manifestaciones de descontento se leen como señal de que quienes no escuchan a su pueblo no pueden permanecer en el poder, la intervención en Libia demostró que cuando peligra el equilibrio de poder, no hay impedimento para el uso de la fuerza. Gadafi no logró mantener sus intereses y hegemonía. Sólo al finalizar el reacomodo de las fuerzas al interior de Libia se sabrá si responden o no a los intereses de las potencias que intervinieron.

Por lo pronto, el Consejo Nacional de Transición (CNT) —y el electo Congreso Nacional en julio de 2012— planifican el futuro de la nación. Ahora, todas las ciudades de Libia buscan tener representación en el gobierno, para evitar la satisfacción desigual de los intereses regionales y locales. De lo anterior depende la calidad de la vida pública. Esto no será inmediato, pues el país carece de instituciones y está muy arraigado el sistema familiar y de tribus. La posibilidad de construir otro tipo de instituciones nacionales, surge tras 42 años de Gadafi en el poder.

La transición había abierto una ventana de oportunidad hacia otro modelo de gobierno. Sin embargo, un año después se mantenía la falta de institucionalidad. El proceso se vislumbra lento, paulatino y de largo plazo. Ante la falta de control, la ausencia de liderazgos fuertes y la existencia de grupos rebeldes y violentos, los niveles de anarquía propuestos por el realismo clásico se mantienen como variable de análisis. En el exterior, las potencias extranjeras buscan lugar y beneficio en el reacomodo de poder.

El vacío de poder que es aprovechado por actores como los grupos africanos que trafican drogas o son parte del crimen organizado, en especial los nigerianos (Rico, 2012); y las mismas fuerzas extremistas ya llevaron a cabo el atentado en la embajada de Estados Unidos en septiembre de 2012, en el que murió el embajador y otros miembros del personal. Si estos grupos incrementan su presencia, Libia enfrentará nuevos problemas sin consolidar un Estado, definir su interés nacional, fomentar el ejercicio de la alta política o responder a la baja política. Además, se debe tomar en cuenta que las potencias no dudarán en recurrir de nuevo a la fuerza intervencionista. En este contexto, la urgencia de un Estado fuerte demuestra que los niveles de anarquía propuestos por el realismo clásico se mantienen como excelentes variables de análisis de este conflicto internacional.

Es necesario recordar que el resto de los marcos metodológicos son de alguna forma, resultado de éste. Regresar a la esencia de la teoría permite analizar y comprender, los conflictos globales contemporáneos.

FUENTES

7sur7 (25.03.2011). France et GB envisagent une «solution» politique en Libye. *7sur7.be*, en: http://bit.ly/15YSMzJ

Adebajo, A. (26.08.2011). Gaddafi: the man who would be king of Africa. *The Guardian*, en: http://bit.ly/qlsz9c

AFP (30.08.2011). Grupo de Contacto sobre Libia, encargado de la "coordinación política". *Terra*. Recuperado el 17 de julio de 2013, en: http://bit.ly/14x7mzt.

Aliprandini, M. (2011). *Muammar Qaddafi* (pp. 1): Great Neck Publishing.

Anderson, L. (2011). Demystifying the Arab Spring. Parsing the Differences Between Tunisia, Egypt, and Libya. *Foreign Affairs*, *90*(2).

Aniceto, R. (23.02.2011). Libia: los mercenarios juegan papel clave en el equilibrio político y militar. *BBC Mundo*. Recuperado el 18 de julio de 2013, en: http://bbc.in/ffeZVH

Aquilino, W. (2011). Military Intervention in Libya Serves No U.S. Interest. A briefing by Dirk Vandewalle. *Middle East Forum*. Recuperado el 20 de enero de 2013, de: http://bit.ly/dKV0lr

Aron, R. (1966). *Peace and War: A Theory of International Relations*. Garden City: Doubleday & Company, Inc.

Aron, R. (1968). *Democracia y totalitarismo*. Barcelona: Seix Barra.

Aron, R. (2002). *The Dawn of Universal History: Selected Essays From a Witness of the Twentieth Century*. New York: Basic Books.

Axelrod, R. & Keohane, R. O. (1993). Achieving Cooperation Under Anarchy: Strategies and Institutions. En D. A. Baldwin. (ed.). *Neorealism and neoliberalism: the contemporary debate* (85-115). New York: Columbia University Press.

Axelrod, R. M. (1984). *The Evolution of Cooperation*. New York: Basic Books.

Barbé, E. (1990). *Escritos sobre política internacional. Hans J. Morgenthau*. Madrid: Tecnos.

Bazzi, M. (27.05.2011). What Did Qaddafi's Green Book Really Say? *The New York Times*. Recuperado el 18 de julio de 2013, de: http://nyti.ms/12XPjkk

BBC (20.03.2011a). Libya: US, UK and France attack Gaddafi forces. *BBC News Africa*, en: http://bbc.in/i2xsuJ.

BBC (27.06.2011b). Profile: Muammar Gaddafi. *BBC News Africa*, en: http://bbc.in/fppBeo.

Blight, G., Pulham, S. & Torpey, P. (05.01.2012) Arab spring: an interactive timeline of Middle East protests. *The Guardian*, en: http://bit.ly/eKqgjK

Brooks, S. (1997). Dueling Realism (Realism in International Politics). *International Organization, 51*(3), 445-477.

Caño, A. (18.03.2011). La ONU da luz verde para atacar Libia. *El País*. Recuperado el 18 de mayo de 2012, de: http://bit.ly/1bqgdG5

Carr, E. H. (2006). The Beginnings of Science. En Chan, S. & Moore, C. (eds.). *Approaches to International Relations: Realism,* 1 (1-9). London: Sage Publications.

Cembrero, I. (16.02.2011). La protesta estalla en Libia. *El País,* de: http://bit.ly/11Ytdzo

Chan, S. & Moore, C. (2009). Editors' Introduction: Volume I. En Chan, S. & Moore, C. (eds.). *Approaches to International Relations: Realism,* 1 (XXXV-XXXVII). London: Sage Publications.

Chorin, E. (2012). *Exit Gaddafi: The Hidden History of the Libyan Revolution.* London: Saqi.

CIA (2013). *The World Factbook: Libya.* Recuperado el 18 de julio de 2013, en: http://1.usa.gov/3z3aXz

CNN Expansión (25.01.2012). Libia se enfrenta a Gaddafi. Recuperado el 18 de julio de 2013, en: http://bit.ly/14x7Up3

Conde, G. (2012). Los movimientos populares árabes de 2011 y su significado histórico. En Mesa Delmonte, L. (ed.). *El pueblo quiere que caiga el régimen. Protestas sociales y conflictos en África del norte y en Medio Oriente* (33-46). México: El Colegio de México.

Council on Foreign Relations [CFR] (2005). State Sponsors: Libya, en: http://on.cfr.org/12XPtIp

Davenport, K. (2013). Chronology of Libya's Disarmament and Relations with the United States, en: http://bit.ly/fpvKGX.

De Cózar, A. (7 de abril de 2011). Un país y dos revoluciones. *El País.* Recuperado el 18 de julio de 2013, de: http://bit.ly/1dPcmzc.

Donnelly, J. (2000). *Realism and International Relations.* Cambridge: Cambridge University Press.

Dougherty, J. E. & Pfaltzgraff, R. L. (1997). *Contending Theories of International Relations. A Comprehensive Survey* (4th ed.). New York: Longman.

El Periódico de Aragón (27.03.2011). Italia y Alemania pueden proponer un plan para solucionar la crisis libia, en: http://bit.ly/12IHXRx

Espinosa, Á. (20.02.2011). Gadafi, el tirano excéntrico. *El País,* en: http://bit.ly/1119eO0

European Commission (2012). *Libya. EU Bilateral Trade and Trade with the World,* en: http://bit.ly/150l7UZ

Frontline (s/f). *Target America,* en: http://to.pbs.org/aTUEfd.

Ganor, B. (1992). Reprinted form *Survey of Arab Affairs–A periodic supplement to Jerusalem Letter /Viwepoints,* en: http://bit.ly/14x6WJh.

Goldstein, J. S. (1999). *International Relations* (3rd ed.). New York: Longman.

Gourdin, P. (18.09.2011). Géopolitique de la Libye. *Diploweb.com,* en: http://bit.ly/qwDDeq

Grieco, J. (1988a). Anarchy and the Limits of Cooperation: A Realist Critique of the Newest Liberal Institutionalism. *International Organization, 42*(3), 485-507.

Grieco, J. (1988b). Realist Theory and the Problem of International Cooperation: Analysis with an Amended Prisoner's Dilemma Model. *The Journal of Politics*, *50*, 600-624.

Griffiths, M. (1992). *Realism, Idealism & International Politics: A Reinterpretation*. London: Routledge.

Griffiths, M., Roach, S. C. & Solomon, M. S. (2009). *Fifty Key Thinkers in International Relations*. New York: Routledge.

Gutiérrez Pantoja, G. (1997). *Teoría de las Relaciones Internacionales*. México: Oxford University Press Harla.

Guzzini, S. (1998). *Realism in International Relations and International Political Economy: The Continuing Story of a Death Foretold.* New York: Routledge.

Hastings, R. (11.10.2011). Mass Graves Reveal Evidence of Abuses Under Gaddafi. *Physicians for Human Rights*, en: http://bit.ly/15ZusLM.

Human Rights in Libya under Muammar al-Gaddafi [Myth or Fact] The Evidence Investigated (20/10/2012). [Video] en: http://bit.ly/12GHUSR.

Irish Times (29.03.2011). Islamic militants group pledges support to anti-Gadafi rebels, en: http://bit.ly/136qzT4.

Izquierdo, F. (2007). Poder y Estado rentista en el mundo árabe. *Revista de Estudios Internacionales Mediterráneos*, 2. Recuperado el 17 de julio de 2013, de: http://bit.ly/mPfVNC

Kaplan, R. (28.08.2012). Libya, Obama and the triumph of realism. *Financial Times,* en: http://on.ft.com/13tM3IH

Kaplan, S. (2012b). *Understanding Libya: The Role of Ethnic and Tribal Groups in Any Political Settlement*. Recuperado el 18 de julio de 2013, en: http://bit.ly/16U82L9

Keohane, R. O. & Nye, J. (1988). *Poder e Interdependencia*. Buenos Aires: GEL.

Keohane, R. O. (1984). *After Hegemony: Cooperation and Discord in the World Political Economy.* Princeton: Princeton University Press.

Krasner, S. (1983). *International Regimes.* Ithaca: Cornell University Press.

Kratochwil, F. V. (1989). *Rules, norms, and decisions on the conditions of practical and legal reasoning in international relations and domestic affairs.* Cambridge: Cambridge University Press.

Le Figaro (25.08.2011). Libye: les pays amis des rebelles seront récompensés, *Le Figaro.fr*, en: http://bit.ly/nLJEsn.

LibreRed (23.03.2011). Gaddafi quiso nacionalizar en 2009 petroleras de EE.UU., Reino Unido, Canadá, Alemania, Noruega, España e Italia, en: http://bit.ly/fjqLHQ

Liolos, J. J. (2012). Justice for Tyrants: International Criminal Court Warrants for Gaddafi Regime Crimes. *Boston College International & Comparative Law Review*, *35*(2), en: http://bit.ly/13Rsvhy

MacKenzie, A. (21.04.2013). Now here is a man we can talk to. *New Statesman*, 22-23. Recuperado el 18 de julio de 2013 de EBSCO Host Research Databases.

Maquiavelo, N. (1935). *El Príncipe*. Santiago de Chile: Ercilla.

Metz, H. C. (1987). A Country Study: Libya. *Federal Research Division*. Recuperado el 20 de agosto de 2011, en: http://1.usa.gov/1aOlvfb

Morgenthau, H. (1963). *La lucha por el poder y por la paz*. Buenos Aires: Sudamericana.

Morgenthau, H. (1968). *World Politics* (2nd ed.). New York: Organski.

Morgenthau, H. (1973). *Politics Among Nations. The Struggle for Power and Peace* (5th ed.). New York: Alfred A. Knopf.

Morgenthau, H. (1978) *Politics Among Nations: The Struggle for Power and Peace* (5th. ed.). New York: Alfred A. Knopf.

Morgenthau, H. (1979). *Human Rights and Foreign Policy*. New York: Council on Religion and International Affairs.

Morgenthau, H. (1994a). El poder político. Teoría realista de la política internacional. En Vásquez, J. A. (ed.). *Relaciones Internacionales. El pensamiento de los clásicos* (53-53). México: Limusa.

Morgenthau, H. (1994b). Otro "gran debate": el interés nacional de los Estados Unidos. En Vásquez, J. A. (ed.). *Relaciones Internacionales. El pensamiento de los clásicos* (167-170). México: Limusa.

Moya Mena, S. I. (2011). Libia: la caída del rey de reyes. *Análisis Político*, 3, 1-11.

Northam, J. (09.03.2011). Tribes Regroup As Gadhafi's Control Is Threatened. *NPR*, en: http://n.pr/giDHH6

Oye, K. A. (ed.) (1986). Cooperation under anarchy. Princeton: Princeton University Press.

ONU (2011). *S/RES/1973* (2011). Consejo de Seguridad.

Pearson, F. & Rochester, J. M. (2000). *Relaciones internacionales. Situación global en el siglo XXI* (4ª ed.). Bogotá: McGraw-Hill.

Poggioli, S. (10.03.2011). Gadhafi's Military Muscle Concentrated. *NPR*, en: http://n.pr/1bqhzAA

Reuters (22.02.2011a). Un estudiante libio asegura que mercenarios africanos han matado a decenas de personas. *Europa Press*. Recuperado el 18 de julio de 2013, en: http://bit.ly/f9AERE

Reuters (23.02.2011b). El destino de Gaddafi, en manos de los líderes tribales. *El País*. Recuperado el 17 de julio de 2013, en: http://bit.ly/18uGnUi

Reuters (19.03.2011c). A coalition of the United States and four other nations launched military action against Libya on Saturday, officials said, as the West tries to force Muammar Gaddafi from power, en: http://reut.rs/ifioy8

Rico, M. (06.03.2012). Las milicias se adueñan de Libia. *El País*. Recuperado el 18 de mayo de 2012, de: http://bit.ly/yfc2gZ

Rituerto, R. M. de (27.03.2011). La OTAN asume el mando de las operaciones en Libia. *El País*. Recuperado el 21 de abril de 2012, en: http://bit.ly/1119CMt

Rizzi, A. (25.02.2011). La principal tribu apoya la lucha contra el dictador libio. *El País*. Recuperado el 17 de julio de 2013, de: http://bit.ly/17xiZ7r.

Rosas, P. (3 de marzo de 2011). La Liga Árabe apoya a los rebeldes libios y reclama una zona de exclusión aérea. *Diario Vasco*. Recuperado el 17 de julio de 2013, de: http://bit.ly/gAbRvl.

Ruggie, J. G. (1975). International Responses to Technology-Concepts and Trends. *International Organization, 29*(3), 557-583.

Salgó Valencia, A. (2012). Libia: un escenario geopolítico. En Mesa Delmonte, L. (ed.). *El pueblo quiere que caiga el régimen. Protestas sociales y conflictos en África del norte y en Medio Oriente* (211-227). México: El Colegio de México.

Schweller, R. L. (2004). A Neoclassical Realist Theory of Underbalancing. *International Security, 29*(2), 159-201.

Schweller, R. L. (2008). *Political Constraints on the Balance of Power.* Princeton: Princeton University Press.

Simons, G. L. (1996). *Libya: The Struggle for Survival.* New York: St. Martin's Press.

Simons, G. L. (2003). *Libya and the West: from Independence to Lockerbie.* New York: St. Martin's Press.

Sodaro, M. J. (2006). *Política y ciencia Política.* Madrid: McGraw-Hill/Interamericana de España.

Sodupe, K. (2003). *La teoría de las relaciones internacionales a comienzos del siglo XXI.* Bilbao: Universidad del País Vasco.

Spiegel online (23.02.2011). Uprising in Libya: 'Survival Hinges on Tribal Solidarity', en: http://bit.ly/13wN0UU

Stepanova, E. (2011). The Role of Information Communication Technologies in the "Arab Spring". Implications Beyond the Region. PONARS *Eurasia*, Policy Memo No. 159, en: http://bit.ly/14x9xmF.

Takeyh, R. (2001). The Rogue Who Came in From the Cold. *Foreign Affairs, 80*(3), 62-72.

The Guardian (05.09.2011). Chinese arms companies 'offered to sell weapons to Gaddafi regime', en: http://bit.ly/nJdbaW

The Huffington Post. (28.03.2011). Gaddafi's Army, Libyan Rebels, Square Off For Showdow, en: http://huff.to/gMreDu

Thomson Reuters (08.03.2011). FACTBOX-Libya's military: what does Gaddafi have? *AlertNet*, en: http://bit.ly/g6ionK

Tucídides (2008). *La Historia de la Guerra del Peloponeso.* México: Alianza.

Varela, H. (2012). Los procesos de cambio político en Túnez y Libia. En Mesa Delmonte, L. (ed.). *El pueblo quiere que caiga el régimen. Protestas sociales y conflictos en África del norte y en Medio Oriente* (121-140). México: El Colegio de México.

Viotti, P. R. & Kauppi, V. R. (1999). *International Relations Theory: Realism, Pluralism, Globalism and Beyond* (3rd ed.). New York: Longman.

Waltz, K. (1979). *Theory of International Politics.* Massachusetts: Addison-Wesley.

Waltz, K. (2001). *Man, the State and War. A Theoretical Analysis.* New York: Columbia University Press.

Weber, M. (1979). *Economía y sociedad,* 1. México: Fondo de Cultura Económica.

Wendt, A. & Shapiro, I. (1992). The Difference that Realism Makes: Social Science and the Politics of Consent. *Politics and Society, 20,* 197-223.

Wendt, A. (1992). The International System and Dependent Militarization. En Job, B. (ed.). *The Insecurity Dilemma: National Security of Third World States* (97–119). Boulder: Lynne Rienner.

Wendt, A. (1999). *Social Theory of International Politics.* Cambridge: Cambridge University Press.

Westervelt, E. (12.09.2011) NATO's Intervention In Libya: A New Model? *NPR*, en: http://n.pr/pdnSQx

Wright. J. (2010). *A History of Libya.* New York: Columbia University Press.

Zahera, H. (2011). Arab Revolutions and the Social Media Effect. *M/C Journal, 14412616, (14), Fascículo 2.* Recuperado el 18 de julio de 2013, de EBSCO Host Research Databases.

Zoubir, Y. (2012). Les États-Unis, l'Europe et la Libye: de la réhabilitation de Kadhafi à son renversement. *L'Année du Maghreb, 8,* 457-469.

Capítulo 2

LA ESTRUCTURA DEL SISTEMA INTERNACIONAL: EL NEORREALISMO DE WALTZ Y LA INTERVENCIÓN EN LIBIA

Jessica De Alba Ulloa

A lo largo de la historia, las naciones se transforman, cambian tanto de forma como de propósito; se desarrolla la tecnología y con ella los armamentos; a lo largo de los siglos, se forman y se deshacen alianzas. A pesar del paso del tiempo, prevalecen resultados similares, sin importar los cambios que hayan sufrido los agentes que los producen. Claramente, hay una actuación de fuerzas provenientes del nivel de los sistemas (Waltz, 1979:39, 67, 101).

La idea anterior pertenece a *Teoría de la Política Internacional*, la obra principal de Kenneth N. Waltz que marca el inicio del neorrealismo, enfoque que representa una parte importante de la corriente principal (*mainstream*) de las Relaciones Internacionales y es considerada como un paralelo en importancia paradigmática, a la obra de Hans J. Morgenthau, *Política entre las Naciones* (Guzzini, 1998:125), perteneciente al realismo tradicional.

Cualesquiera que sean las críticas[1], es una obra que generó una gran discusión desde su aparición en 1979. Continuó siendo una re-

---

1 J. G. Ruggie fue uno de los primeros en opinar con respecto a la obra de Waltz. Pese a que critica la obra y propone ciertas "enmiendas", la considera como una de las principales contribuciones a la teoría de las Relaciones Internacionales. Cf. Ruggie, J. G. (1983). Por otro lado, se encuentran autores como J. George, que realiza una dura crítica a la obra de Waltz, considerándola como de poca sustancia. Cf. George, J. (1994). *Discourses of Global Politics: A critical (re)introduction to International Relations*. Boulder, Co.: Lynne Rienner. Las

ferencia durante el debate interparadigmático y lo siguió siendo para autores tanto racionalistas, como reflectivistas, dando lugar a una gran cantidad de artículos y libros de los que ha sido tema central de estudio (Sodupe, 2003:79).

Como lo plantea el mismo Waltz (1979; 2000), en la disciplina de las Relaciones Internacionales no haya nada estático, pues el mundo está en constante cambio. Si bien hay voces que proclaman la muerte del realismo cada vez que el mundo se encuentra en un periodo de paz, dichas voces son inmediatamente sepultadas cuando se cae en la cuenta de que a través de los siglos y del surgimiento de nuevas ideologías, se siguen presentando la lógica del poder y la anarquía, como elementos subyacentes del sistema internacional. El neorrealismo y las teorías positivistas en su conjunto, fueron acusados de no prever la caída del Muro de Berlín ni el fin de la Unión Soviética. Pese a esta situación, el mundo efectivamente está en constante cambio dentro del sistema. Esto permite seguir utilizando al neorrealismo para un análisis de la política internacional.

Este capítulo utilizará el neorrealismo para explicar el conflicto libio.

En primera instancia, se sintetizará la teoría. Enseguida, se analizarán las fuentes sistémicas de la guerra civil en Libia. En tercer lugar, se expondrán el inicio del conflicto y las causas sistémicas de la guerra. Finaliza con una conclusión sobre el análisis sistémico. Se utilizarán los conceptos neorrealistas de anarquía internacional, polaridad, balance de poder, capacidades relativas, dilema de seguridad y autoayuda.

---

críticas presentadas por autores como Ashley y Cox, representaron la semilla del enfoque reflectivista, al igual que A. Wendt, principal exponente del constructivismo, que toma como punto de partida una exposición de las características principales en la obra *Teoría de la Política Internacional* (Sodupe, 2003: 79-80).

1. EL NEORREALISMO DE KENNETH WALTZ

Kenneth Waltz buscó construir una teoría de carácter científico que sistematizara el realismo tradicional, al que se le criticaba por la falta de postulados rigurosos (Waltz, 2006). En este sentido, el neorrealismo es continuidad y diferenciación con el pasado: comparte características de los realistas pero hace aportaciones originales[2].

---

[2] Cf. Waltz, K. (1990); Burchill, S. (1996). Realism and Neo-realism. En Burchill, S. & Linklater, A. (eds.). *Theories of International Relations* (2nd ed.). New York: St. Martin's Press; Rosenau, J. N. & Durfee, M. (1995). *Thinking Theory Thoroughly.* Boulder, Co.: Westview Press; Schweller, R. L. & Priess, D. (1997). A Tale of Two Realisms: Expanding the Institutional Debate. *Mershon International Studies Review, 41*(1). Cabe señalar que además del realismo clásico y el neorrealismo, han surgido una serie de elaboraciones que se han dividido en varias teorías. John Mearsheimer, por ejemplo, distingue entre tres ramas: realismo de naturaleza humana, realismo ofensivo y realismo defensivo. Cf. Mearsheimer, J. (2001). *The Tragedy of Great Power Politics*. New York: W. W. Norton. El primero sería el trabajo de Morgenthau, aunque se le podría catalogar en el realismo ofensivo, mientras que los dos otros tipos estarían dentro del realismo estructural. A Waltz se le ubica dentro de la corriente defensiva, así como a Stephen Walt, Stephen Van Evera, a Charles Glaser y a Robert Jervis (1978). Cf. Glaser, C. & Kaufmann, C. (1998). What is the Offense-Defense Balance? *International Security* (Spring), *22*, 44-82; Glaser, C. (1994-95); Walt, S. (1991). Alliance Formation in Southwest Asia: Balancing and Bandwagoning in Cold War Competition. En Snyder, J. & Jervis, R. (eds.). *Dominoes and Bandwagons: Strategic Beliefs and Great Power Competition in the Wurasian Rimland.* Oxford: Oxford University Press; Van Evera, S. (1999). *Causes of War: Power and the Roots of Conflict.* New York: Cornell University Press. Los realistas defensivos argumentan que los factores estructurales limitan el poder que pueden obtener los Estados. Dentro de los realistas ofensivos está el mismo Mersheimer, junto con Robert Gilpin, Randall Schweller (aunque Waltz afirma que Schweller no pertenece al neorrealismo), Eric Labs y Fareed Zakaria (a este autor también se le considera dentro del realismo neoclásico). Cf. Mearsheimer, J. (2001); Gilpin, R. (1983). *War and Change in World Politics.* Cambridge: Cambridge University Press; Schweller. (1997). New Realist Research on Alliances: Refining, not Refuting, Waltz's Balancing Proposition. *American Political Science Review, 91*(4); Labs, E. J. (1997). Beyond Victory: Offensive Realism and the Expansion of War Aims. *Security Studies, 6*(4); Zakaria, F. (1998). *From Wealth to Power: The Unusual Origins of America's*

1.1. Realismo tradicional y neorrealismo

En primera instancia, las fuentes del realismo tradicional recurren a la sociología y a la historia, mientras que el neorrealismo proviene de la teoría económica. En segundo lugar, el concepto de poder, que para el realismo es un fin en sí mismo, para el neorrealismo representa un medio, pues la mayor preocupación es la seguridad. En tercera instancia, de acuerdo con el realismo tradicional, la explicación de los comportamientos internacionales se encuentra en el nivel individual. Realistas clásicos como H. Morgenthau y R. Niebuhr, creen que los Estados, como los seres humanos, tienen el deseo innato de dominar a los demás, lo que los lleva a la guerra. El neorrealismo explica dichos comportamientos mediante el nivel sistémico, por la distribución de capacidades o los recursos de poder. El neorrealismo asociado al trabajo de Waltz rechaza la naturaleza humana como fuente de conflicto y crea una versión estructural acorde a las expectativas científicas: la política internacional es pen-

---

World Role. Princeton, NJ: Princeton University Press. Al contrario de los realistas defensivos, los realistas ofensivos mantienen que la estructura del sistema alienta a los Estados a maximizar su poder, incluyendo la búsqueda de hegemonía. Para discusiones detalladas de las distintas ramas del realismo, cf. Brooks, S. (1997). Dueling Realism. *International Organization, 51*(3), 445-77; Buzan, B., Jones, C. & Little, R. (1993). *The Logic of Anarchy: Neorealism to Structural Realism.* New York: Columbia University Press; Keohane, R. (ed.) (1986). *Neorealism and its Critics.* New York: Columbia University Press; Rose, G. (1998). Neoclassical Realism and Theories of Foreign Policy. *World Politics, 51*(1), 144-72; Taliaferro, J. W. (2000/01). Security Seeking under Anarchy. *International Security, 25*(3), 128–61; Vasquez, J. & Elman, C. (eds.) (2002). *Realism and the Balance of Power: A New Debate.* Upper Saddle River. NJ: Prentice Hall. Un artículo reciente propone una síntesis de neorrealismo ofensivo-defensivo y la teoría de la estabilidad hegemónica desde la óptica del poder y la seguridad: Fiammenghi, D. (2011). The Security Curve and the Structure of International Politics: A Neorealist Synthesis. *International Security* (Spring), *35*(4), 126-154. Para un análisis reciente sobre el realismo neoclásico: Onea, T. (2012). Putting the 'Classical' in Neoclassical Realism: Neoclassical Realist Theories and US Expansion in the Post-Cold War. *International Relations, 26*, 139-164.

sada como un sistema con estructura definida e interacción entre las unidades. Una cuarta diferencia: el realismo tradicional se entiende como una teoría de la política exterior que estudia la distribución relativa de capacidades entre Estados o alianzas; el neorrealismo es una teoría de la política internacional centrada en la distribución de capacidades a nivel sistémico. Finalmente, la concepción de sistema. El neorrealismo separa de éste las interacciones que llevan a cabo las unidades, contrario al realismo tradicional (Waltz, 1979; 1990; Walt, 1998; Burchill *et al.*, 2001; Sodupe, 2003; Weber, 2005).

1.2. Cambios y continuidades

La crítica de Waltz a los autores tanto tradicionalistas y a los behavioristas[3], es que sus teorías son reduccionistas. Sobre todo, enfatiza que el solo sumar las políticas exteriores de los Estados y sus comportamientos externos, no lleva a entender la política internacional. De la misma forma, el análisis de los atributos internos —si bien facilita una descripción de los objetivos, las políticas y las acciones de los Estados— tampoco permite una explicación sobre las grandes continuidades que se observan a través de la historia (Waltz, 1979:98).

La teoría sistémica se centra en las fuerzas en juego en el plano internacional, aunque no se niega que analizando los atributos internos se pueden facilitar las descripciones de políticas, intereses y acciones de los Estados. El campo para la elaboración de la teoría de Waltz (1979) será el sistema político internacional, separado de los ámbitos económico, social y cualquier otro.

Waltz (1990) establece más claridad cuando reconceptualiza el lazo causal entre las unidades que interactúan —en este caso, los Es-

---

3 Los behavioristas pertenecen a la corriente de los sistémicos, quienes aun dentro del paradigma realista, pugnaban por un estudio "más científico" de las Relaciones Internacionales, por medio de la aplicación de modelos, de cuantificación de variables, de la aplicación de las ciencias naturales a las ciencias sociales. Específicamente, los behavioristas utilizan un enfoque de análisis psicológico de los tomadores de decisiones.

tados— y los resultados internacionales: algunas causas de los resultados internacionales están localizadas en el nivel de la interacción entre las unidades; otras, en el nivel estructural de la política internacional. Cuando una teoría puede analizar las causas en ambos niveles, el nivel estructura y el de unidad, puede enfrentar los cambios y la continuidad que ocurren en un sistema (225-226).

De esta forma, una transformación en la estructura significa que se modificarán los resultados de las acciones y las interacciones de los Estados, cuya ubicación en el sistema ha variado mediante cambios estructurales (Waltz, 1979). Como lo menciona Waltz, cuando "las condiciones que una teoría contempla cambian, la teoría no aplica más. Sin embargo, ¿qué tipo de cambios alterarían el sistema político internacional de manera tan profunda, que antiguas formas de pensar ya no fueran relevantes? Los cambios *del* sistema podrían hacerlo; los cambios *dentro* del sistema no" (2000:5).

1.3. Sistema y estructura

Para entender mejor la elaboración de Waltz, se debe dar un amplio espacio a la explicación del sistema y de la estructura. Según este autor (1979), en las teorías sistémicas la parte primordial de la explicación se encuentra en la estructura, que actúa limitando y condicionando. Por tanto, permite explicar y predecir las continuidades. Hay variedad de resultados; las interacciones de los Estados se ven afectadas por ciertos límites, pero los comportamientos son recurrentes, al igual que los acontecimientos —aunque no sean deseados (Waltz, 2003/2004).

Así, mientras no suceda un cambio estructural, la continuidad en el sistema internacional responderá a un patrón de comportamiento (Waltz, 1979:104-105). Se debe recordar que la estructura afecta el comportamiento dentro del sistema mediante la socialización —el comportamiento de acuerdo a las normas— y la competición —la racionalidad generalizada derivada de las acciones de los actores con mayor éxito en la obtención de su seguridad— entre los actores, lo que reduce la variedad de comportamientos y de resultados posibles en el sistema (Waltz, 1979:111-116).

En *Teoría de la política internacional*, Waltz (1979) plantea distinciones entre sistema y unidad y entre estructura y proceso, aunque de cierta manera, los términos están definidos de manera circular (Ruggie, 1983). El sistema está compuesto por una estructura y por unidades interactuantes. La estructura es el componente del sistema en su conjunto y hace posible pensar en el sistema como un todo (Waltz, 1979:79). Así, la estructura representa la organización de un sistema o las leyes de asociación mediante las cuales las unidades se combinan para formar una totalidad sistémica. Se abstrae la estructura de las características, del comportamiento y de las interacciones entre las unidades.

El concepto de estructura de Waltz (1979) tiene tres componentes analíticos:

a) el principio ordenador del sistema;
b) la diferenciación de las unidades y la especificidad de sus funciones;
c) el grado de concentración o de difusión de las capacidades dentro del sistema.

a) Anarquía: Principio ordenador del sistema

Mientras que los sistemas estatales son centralizados y jerárquicos, la estructura internacional está definida, en primer lugar y como componente primordial, por el principio que ordena el sistema: la anarquía. El concepto de anarquía significa la ausencia de un órgano supranacional que imponga orden y el cumplimiento del Derecho. Según Waltz (1959; 1979), esta ausencia de gobierno internacional permite a los Estados plantear políticas de guerra en sus esfuerzos por sobrevivir o para alcanzar objetivos. No hay quien tenga la titularidad de mandar a los demás y a su vez, nadie está obligado a obedecer. Dado que una autoridad legítima no está centralizada en el sistema, los Estados —como depositarios últimos del arbitraje de la fuerza— se convierten de manera instantánea en las unidades mayores que asumen el deseo o el objetivo, como mínimo, de supervivencia (1979:93-95).

De aquí se desprende que si no hay quien sea responsable de los demás, cada uno deberá cuidarse a sí mismo. Esto es definido como el principio de autoayuda (Waltz, 1979:107). Los Estados no dirigirán sus esfuerzos hacia la creación de un orden, sino a satisfacer sus intereses —definidos de manera interna— por los medios posibles (90). Lo anterior no significa ausencia de colaboración, sino que ésta ocurrirá solamente cuando sea condicionada por la estructura de la anarquía (116).

b) Diferenciación de las unidades

Este segundo elemento asegura que las unidades deben funcionar como lo hacen los Estados, sobre todo en lo que toca a las tareas que persiguen en un sistema gobernado por el principio de autoayuda. Dado que no existe una diferenciación funcional con los Estados, este componente no impacta en el nivel internacional. Como no hay relaciones de supra o subordinación entre los Estados, sino de coordinación, derivadas de la anarquía, hay igualdad funcional en las unidades (Waltz, 1979:139).

c) Capacidades dentro del sistema

En cuanto al grado de concentración o de difusión de las capacidades dentro del sistema. Waltz argumenta que los resultados internacionales dependen de si hay dos, varios o ningún poder dominante en el sistema. Las distinciones entre éstos se harán según sus capacidades (1979:145). Este componente es mucho más visible que los otros dos, pero su impacto sobre los resultados sólo magnifica o modifica las oportunidades y los límites generados por los otros dos niveles estructurales. El concepto de estructura se concentra en la distribución de capacidades o de recursos de poder.

En conclusión, las estructuras internacionales solamente pueden variar cuando se presenta un cambio en el principio que organiza al sistema o mediante cambios en las capacidades de las unidades (Waltz, 1979:93). De esta forma se explican los resultados de la política internacional y, sobre todo, su continuidad.

2. FUENTES SISTÉMICAS DE LA GUERRA CIVIL EN LIBIA

Todos los Estados han peleado guerras, sin importar la diferencia entre sus instituciones económicas, costumbres sociales o ideologías políticas. El argumento se mantiene para los Estados y para cualquier tipo de organización. Si se identifica una condición como causante de la guerra, ¿por qué las guerras se repiten una y otra vez, aun cuando sus causas hayan variado? Porque las variaciones en las características de los Estados no están directamente relacionadas con los resultados que producen sus comportamientos; lo mismo ocurre con las variaciones en sus patrones de interacción (Waltz, 1988:617).

Por lo anterior, al identificar los tres niveles de análisis —el individual, el del Estado-nación y el sistémico—, Waltz (1959) aseguró que es precisamente éste último el que tiene la capacidad explicativa y predictiva, pues la estructura del sistema internacional actúa como una fuerza que condiciona e influye en el comportamiento de los Estados.

La existencia de una estructura de poder en el sistema internacional, define a los Estados los actores principales del sistema. Waltz hace hincapié en que una teoría sistémica de la política internacional tiene que ver con las fuerzas a nivel internacional, no interno. Aunque el neorrealismo no explica por qué ciertas guerras en particular son peleadas, sí explica la recurrencia de las guerras a través de los tiempos (1988:618).

De esta forma, el neorrealismo no repara en las ambiciones o intrigas específicas de los conflictos individuales, sino en la estructura en la que los eventos —por designio o accidente— pueden precipitar choques armados. Waltz argumenta que los orígenes de las guerras "calientes" están en las guerras "frías" y que los orígenes de éstas se encuentran en el principio de anarquía que ordena al sistema internacional. Eso explica las guerras mediante la estructura del sistema internacional (1988:620).

La anarquía internacional es la causa permisiva de la guerra, tanto a nivel internacional, como interno. Dado que no hay un soberano o un gobierno internacional que proteja a los Estados de revueltas internas o que los obligue a tratar de manera justa a su población, ésta podrá utilizar la fuerza para resistir y desafiar las políticas gubernamentales y los gobiernos podrán utilizar la fuerza para someter a la población (Adams, 2006:19). La dialéctica represión-estallidos sociales significa que eventualmente, una dictadura es más frágil que un régimen sustentado en la hegemonía (Conde, 2012:35).

Cuando esto ocurre, el Estado comienza a debilitarse y la política interna se parece a la política internacional. Los resultados políticos ya no son un reflejo de las leyes o de la autoridad, sino de las capacidades relativas de los participantes (Adams, 2006:19). Esto produce consecuencias mayores, pues cuando el Estado se debilita, son grandes las posibilidades de que pierda el monopolio de la fuerza y se desintegre. Además, la ruptura del Estado puede poner a los grupos rivales en un escenario anárquico, sembrar grandes miedos y hacer que las facciones utilicen la fuerza para mejorar su posición relativa (Posen, 1993).

Para el caso de Libia, también se debe tomar en cuenta la propensión de los Estados débiles a las guerras civiles, que proviene de haber sido blanco de conquistas e intervenciones extranjeras. Es posible que sus fronteras, su forma de gobierno, sus estructuras internas y su sistema económico hayan sido impuestos o diseñados por las potencias de acuerdo a sus intereses (Adams, 2006:19). Esto provoca que al interior del Estado falte cohesión y existan grupos con intereses y demandas divergentes, a las que el Estado no pueda o no quiera dar satisfacción.

Si bien es cierto que el neorrealismo no se aplica de un nivel estatal a una dinámica basada en imperios, sí analiza la influencia sistémica de los mismos sobre territorios que después tomarán la forma de Estado-nación. La analogía sirve para mostrar que los grandes poderes tienen la ventaja.

Libia no logró instituciones fuertes. Se podía observar una importante debilidad estatal (Bazzi, 2011; MacKenzie, 2003), pese a los grandes recursos derivados del petróleo, pues Gadafi no se preocupó de dar poder a las instituciones. Al contrario, el Estado deja de ser importante (Wright, 2010). Desde los años 1970, 95% de los ingresos de exportaciones de Libia provenían de venta de petróleo y gas, lo que representaba 25% del Producto Interno Bruto (PIB) y 80% de los ingresos del gobierno (CIA, 2011a). El descenso mundial de los precios de los hidrocarburos en 2009 redujo los ingresos y contrajo el crecimiento económico. Si bien el PIB per cápita de Libia era uno de los más altos en África, poco fluía hacia las capas bajas de la sociedad. Aproximadamente, un tercio de libios vivía en o por debajo del nivel de pobreza; la tasa de desempleo en 2011 era de 30% (CIA, 2011a).

Aunque a Libia no se le consideraba una sociedad altamente polarizada, la élite del gobierno —altos funcionarios, oficiales militares y políticos— disfrutaban de altos niveles de vida. Había igualmente un alto grado de corrupción (Encyclopedia of the Nations, 2012; Vandewalle, 2006).

Por lo anterior, en el conflicto libio se analizará:

a) el efecto de las conquistas en esa región;
b) las capacidades relativas de Libia;
c) los efectos de la estructura en dicho país.

2.1. *Conquistas en la región: efectos de la anarquía*

El territorio que ahora es Libia fue gobernado por el Imperio Romano de Oriente. La caída de éste y la llegada de los conquistadores árabes, alrededor del año 640, a los territorios de Tripolitania y Cirenaica, así como a los del Magreb, marcó una nueva forma de organización religiosa y política. En 1510, Trípoli fue conquistada por el ejército español. El puerto fue cerrado a los barcos mercantes y la ciudad quedó en ruinas y casi abandonada (Metz, 1987a; Marshall, 2011).

Poco más tarde, en 1551, el ejército otomano conquistó Trípoli, aunque no tenía el control total del territorio. El puerto se modernizó y se mejoró la economía con el comercio de esclavos y la piratería. En 1672, debido al caos político, Trípoli comenzó su declive. En 1711, gracias al apoyo popular y del ejército, se instauró un gobierno estable (Marshall, 2011; Wright, 2010).

Sin embargo, las primera y segunda Guerras Bárbaras que enfrentaron a la dinastía Karmanli y el ejército estadounidense en 1801, por un lado, y las luchas marítimas que continuaron hasta la incursión dirigida por el estadounidense W. Eaton, por otro, dieron como resultado que la economía de la futura capital libia se viera arruinada (Marshall, 2011: 350, 358, 382-83). En 1831, estalló una revuelta y los otomanos recuperaron el control total del territorio libio, hasta 1911, cuando ocurrió la invasión de Italia (Wright, 2010; Marshall, 2011). Así, desde una perspectiva neorrealista, la combinación de anarquía y poder relativo lleva al patrón de comportamiento llamado balance de poder: dentro de un sistema, los destinos de todos los Estados se ven mucho más afectados por los actos y las interacciones de los más grandes (Waltz, 1979).

Al estallar la Segunda Guerra Mundial, un grupo de nacionalistas libios gestionaron el apoyo británico para expulsar a los italianos. En 1947, el Tratado de París formalizó el fin de la ocupación italiana de Libia. Dos años después, en la Organización de las Naciones Unidas (ONU) se votó la resolución para que Libia obtuviera su pronta independencia.

Como se mencionó, la socialización y la competición reducen la variedad de comportamientos y resultados posibles en el sistema. En este caso, Libia buscó adoptar la racionalidad impuesta por las acciones de triunfadores —en este caso, Inglaterra, parte de los Aliados—, contra los vencidos —Italia.

Al interior de Libia existía consenso sobre la independencia pero no sobre la organización política y territorial. En Cirenaica, de identidad tribal, Muhammad Idris quería proclamar un emirato independiente auspiciado por Reino Unido. Fezán estaba controlado por el clan Seif an Nasr. Tripolitania, más poblada y económicamente más fuerte, estaba a favor del establecimiento de una república unitaria, esperando una concentración de poder en Trípoli. Finalmente, en un contexto de Guerra Fría y dados los intereses que significaba la posición de Libia en el Mediterráneo[4], se decidió que el país fuera una monarquía pro occidental, con Idris como jefe de Estado y con una Constitución poco democrática —pues todo el poder se concentraba en el monarca— que favorecía los intereses británicos y estadounidenses. Había intelectuales seculares en contra de los cimientos religiosos del Estado y jóvenes nacionalistas que veían al republicanismo como alternativa. Las relaciones provinciales al interior del país siguieron siendo más importantes que las nacionales y las autoridades federal y regional eran constantemente disputadas (Metz, 1987a; 1987b; Simons, 2003, 1996).

Esta división interna propició el establecimiento de un régimen conveniente para las potencias vencedoras de la Segunda Guerra Mundial. Reino Unido apoyó a la monarquía para asegurarse influencia en la región. Por su parte, Estados Unidos negoció un pago de 45 millones de dólares y apoyo económico adicional, a cambio de la permanencia de su base militar en las cercanías de Trípoli (Metz, 1987b; Simons, 1996).

Después de la guerra se estableció un orden bipolar, Estados Unidos y la Unión Soviética se constituyeron en los competidores con

4 Por su posición geoestratégica que lo sitúa en el cruce entre el Magreb y el Mashrek por un lado y del Mediterráneo hasta el Sahel, por otro (Zoubir, 2012b) y como un polo activo de comercio intramediterráneo, así como entre el Mediterráneo y África subsahariana (Gourdin, 2011).

mayor poder. Waltz (1964) postulaba que este tipo de sistema era el más estable[5].

Libia enfrentó sus primeros años como Estado independiente con ayuda externa, pues no contaba con recursos propios para su manutención (Varela, 2012:131). En 1955, inició relaciones con la Unión Soviética y aceptó su ayuda económica. Este hecho alertó a Estados Unidos, atento al posible cambio en el balance de poder en la región. Libia parecía hacer tratos tanto con el bloque norteamericano, como con el soviético, lo que llevaba a un dilema de seguridad en ese territorio[6]. En palabras de R. Jervis (1978), las políticas de cooperación pueden tener como resultado una recompensa cuando se colabora, pero igualmente un castigo en el sentido contrario, es decir, si no se colabora (167).

En este contexto, el principio de autoayuda toma gran importancia, pues enuncia que los Estados se pondrán en una posición que les permita cuidarse a sí mismos por medios internos, como el aumentar la capacidad económica y la fuerza militar y externos, que supondrán afianzar alianzas o debilitar al oponente (Waltz, 1979: 118).

---

5 Según Waltz, cuatro factores limitarían la violencia en las relaciones entre Estados: primeramente, la existencia de dos poderes mundiales borraban a las periferias; en segundo lugar, la extensión de los factores incluidos en la competencia, en la medida en que se elevara la intensidad de ésta; como tercer factor del balance bipolar, se tenía la presencia constante de la presión entre los actores y las recurrencias de las crisis; el cuarto factor era el poder predominante de ambos polos (882-886).

6 El término dilema de seguridad fue acuñado por John H. Herz (1950). Se refiere a una noción estructural en la que los intentos de autoayuda por parte de los Estados llevan —sin importar la intención— a un aumento de inseguridad, pues cada uno interpreta sus medidas como defensivas, mientras que son vistas como potencialmente amenazadoras por los demás. Ahonda en el concepto en su obra Herz, J. (1951). *Political Realism and Political Idealism: A Study in Theories and Realities*. Chicago: Chicago University Press, colocándolo en el contexto de las teorías idealistas y realistas de Relaciones Internacionales. Waltz retoma el concepto (1979). Ver igualmente Herz, J. (1950). Idealist internationalism and the security dilemma. *World Politics*, *2*(2), 157-180.

Libia trataba de manejar sus alianzas para quedar relativamente protegido por ambos bandos. Se trataba de un país poco consolidado y con instituciones débiles, su margen de maniobra estaba en jugar con las alianzas entre los bloques antagonistas. La situación cambiaría.

2.2. Capacidades relativas de Libia

El régimen del rey Idris se vio rápidamente deteriorado por la corrupción y los abusos de poder (cf. Vanderwalle, 2006; Wright, 2010; Varela, 2012). Sin embargo, en 1959 se encontró petróleo en Cirenaica y se instalaron compañías petroleras extranjeras que pagarían la mitad de sus ganancias a Libia. Con los ingresos, el gobierno elaboró programas sociales y económicos poco exitosos, pero útiles para el enriquecimiento de las clases altas y de los centros urbanos, lo que agudizó las diferencias con las comunidades tribales y las clases bajas. La actividad económica reorientada al petróleo impactó negativamente en los rubros agrícolas y de pastoreo (Metz, 1987c).

Para 1963, Libia era un Estado centralizado y fundado sobre estructuras sociales familiares y de clan y de grupos étnicos, sin identidad nacional. Dejó de ser un país pobre y aislado para intentar convertirse en un Estado nacionalista moderno, pero se acentuaron las diferencias (Varela, 2012:131-132).

Si se representa al sistema político-internacional como un todo, con niveles de estructura y unidades distintas e interconectadas, la interacción obliga a los Estados a tomar acciones que provocan otras (Waltz, 2006:221-222). En este contexto, la nacionalización del Canal de Suez en 1956, impulsó el sentimiento nacionalista de Libia.

El naciente nacionalismo árabe y la inconformidad por el establecimiento del Estado de Israel, propiciaron levantamientos de estudiantes, jóvenes y comerciantes en territorio libio. El 1 de septiembre de 1969, un grupo de jóvenes militares encabezados por Muammar Gadafi, dio golpe de Estado y depuso a la monarquía, gracias al respaldo popular nacido de la inconformidad ante la corrupción (Wright, 2010; Aliprandini, 2011; Metz, 1987c).

Se rebautizó al país como Jamahiriya Árabe Libia y Gadafi fue designado Jefe de Estado. Libia siguió sin Constitución formal y mantuvo la política monárquica de prohibición de partidos políticos, siendo un régimen militar de facto[7]. Gadafi instrumentó una ideología de corte socialista en donde las "masas" tenían el "poder de decisión" (Wright, 2010; Al Qathafi, s/f), mezclada con un apego total a los preceptos del Islam (Varela, 2012). Inició una campaña de nacionalización —tanto de tiendas y negocios privados (Wright, 2010), como de empresas en manos de extranjeros—[8], por lo que Estados Unidos suspendió la venta de aviones de transporte y de sistemas de defensa aérea al gobierno libio. Libia limitó su relación con Moscú a la compra de armas y mantuvo relaciones comerciales con países europeos, exportándoles petróleo y recibiendo tecnología (Nmoma, 2009).

De acuerdo con Waltz (1979), a nivel internacional el principio de autoayuda obliga a los Estados a tratar de ser funcionalmente parecidos, pues la dependencia mutua se presenta como problemática y como fuente de vulnerabilidad. La colaboración económica se lleva a ca-

---

7 Entre 1976 y 1979, Gadafi publicó tres volúmenes de su *Libro Verde*, que supuestamente era la creación de "la tercera teoría universal", es decir, sin capitalismo ni comunismo, sino una vertiente propia del Islam. El *Libro Verde* fungía, pues, como la constitución en la era de Gadafi (Al Qathafi, s/f).

8 En 1969, el Estado libio tomó el 51% del capital de los bancos extranjeros; en 1970 el gobierno nacionalizó la banca (Bertelsmann Stiftung, 2011). La nacionalización del sector de hidrocarburos inició a principios de los años 1970. En 1971 se nacionalizó la propiedad de British Petroleum (BP); en 1973 se tranfirió el 51% de los fondos, derechos, acciones e intereses de Occidental, Continental, Amerada, Marathon, Shell y otras petroleras, al Estado libio (Metz, 1987a). En 1974, Gadafi tomó el 49% restante de California Asiatic Company, American Overseas Petroleum Company y Libyan-American Oil Company. Para 1975, las acciones de todas las compañías con actividad en Libia fueron totalmente nacionalizadas —como BP— o pasaron a ser propiedad mayoritaria del Estado libio: 63% de la alemana Wintershall, 85% de la austriaca OMV, 59.2% del Grupo Oasis Group y 50% de la italiana Agip (ElWarfally, 1998).

bo en un marco de competencia política que refleja las fortalezas de los Estados y sus capacidades relativas para proveer su propio bienestar.

El gobierno de Gadafi logró centralizar y jerarquizar los sistemas estatales gracias a la gran cantidad de ingresos por el petróleo. Sus nuevas capacidades relativas aumentadas por medios económicos y militares lo colocaron en una posición ventajosa dentro del balance de poder de la Guerra Fría. La teoría del equilibrio de poder indica en este caso, que Libia como actor unitario, perseguía como mínimo su propia preservación, así como mayor independencia de las dos grandes potencias.

La tribu de los Gadafi tenía el poder económico y político, en alianza con la tribu Maqariha, encargada de la seguridad del Estado. Ambas tribus instauraron una "cleptocracia", distribuyéndose la riqueza y creando el sistema clientelar que se mantuvo hasta la primera mitad de la década de los ochenta (Salgó Valencia, 2012:215).

Con la libertad obtenida por las ventas de hidrocarburos —Libia es considerada la novena reserva de petróleo del mundo (CIA, 2011b)—, para 1970, el gobierno de Trípoli comenzó a financiar, entrenar y armar movimientos de liberación y grupos terroristas en África, Asia y América Latina. Además, ejerció una política exterior hostil hacia Occidente, evidenciada en la interrupción del suministro de petróleo a Estados Unidos. Inglaterra rompió relaciones diplomáticas con Libia y Estados Unidos inició un intenso bombardeo sobre Trípoli. Una vez más, la causa permisiva del uso de la fuerza fue la anarquía internacional.

A estos conflictos internacionales se añadía la caída de los precios del petróleo y las sanciones impuestas por la comunidad internacional, que interrumpieron el flujo de dinero, lo que hizo que las dos tribus principales y las otras 138 vieran disminuida su porción de riqueza nacional (Salgó Valencia, 2012:215)[9].

---

9 Las diferencias se hacían patentes en el desarrollo de Trípoli, sede del gobierno y el de Bengasi, que no obtenía recursos para inversión en infraestructura, realidad reflejada hasta estos días (Salgó Valencia, 2012: 215).

Aquí debe recordarse que el neorrealismo utiliza un enfoque sistémico, es decir, la influencia de fuera hacia dentro, en lugar de la influencia del interior hacia el sistema internacional. De la misma forma, en el realismo en general, la medida de un Estado resulta de las capacidades militares —*high politics*—, no de otras, como la económica —*low politics*. En el enfoque de Waltz sí se pone atención al efecto de la economía, siempre supeditada al concepto de seguridad y como un elemento de las capacidades relativas de los Estados.

En este sentido, aunque Gadafi ponía menos atención a lo militar y más a cuestiones como el socialismo islámico o el apoyo a grupos terroristas externos, el sistema internacional ejercía presión en el Estado para intentar disuadir este comportamiento. Dado que Gadafi era "el Estado", cabe en el análisis neorrealista sistémico. Por supuesto, al interior del Estado libio se utilizaban el poder y la fuerza para controlar a la población.

2.3. Efectos de la estructura internacional en Libia

Al final de la década de los ochenta, con la caída del Muro de Berlín y a principios de los años noventa, con el desmembramiento de la Unión Soviética, el mundo pasó de bipolar a unipolar, con el consecuente desbalance de poder por la variación de las capacidades de las unidades. Estados Unidos contaba entonces con capacidades y poder absolutos (Ikenberry, 2001). Dado que los Estados tienen un interés en mantener su seguridad, como mínimo, emplearán medios internos y externos para conseguirla. Para que esto funcione, deben existir dos o más Estados en un sistema de autoayuda que formen equilibrios de poder (1979)[10].

---

10 En el artículo de 1964, Waltz propone la durabilidad de los sistemas bipolares, aunado a una pacificación. Sin embargo, reconsidera esta última característica en la obra de 1979, refrendando solamente la durabilidad. En un artículo posterior (1993), establece que había cometido el error de combinar paz con estabilidad. Ha habido grandes discusiones acerca de la estabilidad de los diferentes tipos de polaridad. Para un análisis reciente, en el que hay referen-

La política seguida por Estados Unidos no podía ser retada o contrarrestada por otro Estado, lo que resulta en la falta de un balance real. Así, un poder sin balance, sin importar quien lo posea, es un peligro para los demás. El Estado poderoso podría —como lo hace Estados Unidos— pensar en sí mismo actuando en pro de la paz, la justicia y el bienestar del mundo (Waltz, 2000). Así, el mundo árabe pasó de ser un escenario del conflicto entre las dos superpotencias, a ser una región privilegiada por Estados Unidos, con un interés por un establecimiento de poder y seguridad en la región y por el control de los yacimientos energéticos más importantes del mundo, en aras de su preeminencia política, económica y militar.

En 2003, Estados Unidos invadió Irak como parte de su guerra preventiva, argumentando la existencia de armas de destrucción masiva en dicho país. El carácter permanente y persistentemente anárquico de la política internacional explica el parecido de la vida internacional a través de los siglos (Waltz, 1979: 66). La relevancia y la dinámica del poder relativo no se deben a condiciones o atributos del mundo moderno, sino que pueden ser reconocidas como figuras centrales de épocas anteriores (Sterling-Folker, 2006:15)[11]. Dicho de otro modo, las intervenciones de las potencias no son una novedad.

Cuando el asunto fue llevado ante el Consejo de Seguridad de la ONU, se dio un enfrentamiento abierto entre Estados Unidos y Reino Unido, de un lado, y Francia, Alemania y Rusia, del otro. El resulta-

---

cias a dichas discusiones y una propuesta sobre unipolaridad, cf. Monteiro, N. (2011). Unrest Assured: Why Unipolarity Is Not Peaceful. *International Security* (Winter/12), *36*(3), 9-40. Hay, sin embargo, análisis sobre el fin de la unipolaridad, cf. Schweller, R. L. & Pu, X. (2011). After Unipolarity: China's Visions of International Order in an Era of U.S. Decline. *International Security* (Summer), *36*(1), 41-72.

11 La guerra se realizó en una coalición con Reino Unido, con el apoyo de otros países, como Japón y la República de Corea, dadas las consideraciones de seguridad geoestratégica de la región del Noreste asiático y sobre todo porque Estados Unidos es considerado garante de un equilibrio con Corea del Norte (Nye, Satoh & Wilkinson, 2003:17 y 27).

do: Estados Unidos actuó unilateralmente —junto con sus aliados— y demostró sus capacidades e influencia en la estructura.

Un año después, Gadafi anunció la intención de Libia de renunciar a su programa de armas de destrucción masiva, posiblemente por miedo a represalias de Estados Unidos. Se presentaba, de nueva cuenta, el proceso de socialización por parte de Libia. La socialización lleva a los Estados a comportarse con apego a las normas (Waltz, 1979:114). Gadafi ya había adoptado conductas contrarias a éstas en el pasado, lo que le había generado consecuencias negativas. Esta vez, se apegó a los lineamientos y la homogeneidad del grupo fue preservada. Libia reabrió nexos comerciales y relaciones diplomáticas con Estados Unidos y los países europeos. Fue un acercamiento de facto con Occidente, aplicándose la competición, que implanta la racionalidad derivada de las acciones de los competidores con mayor éxito, es decir, aquellos que mejor satisfacen su seguridad de manera más eficiente. Para no verse en desventaja, Libia ajustó sus políticas y prácticas a las acciones de sus nuevos amigos (116).

Libia realizó una reforma económica relativa. Sin embargo, 85% de la población urbana no se vio beneficiada con las inversiones. La nueva cooperación con Occidente permitió a Gadafi el acceso al armamento de Reino Unido, Francia y España, entre otros (Varela, 2012:135), "haciendo los negocios de siempre" (en Zoubir, 2012a:367).

Gadafi tomó decisiones para mantener su seguridad y conseguir sus objetivos. Al ser reorientadas, esas acciones, que en un inicio le valieron castigos por parte de las potencias, le significaron una recompensa. La estructura actuó sobre las fuerzas del sistema.

3. EL INICIO DEL CONFLICTO Y LAS CAUSAS SISTÉMICAS DE LA GUERRA

A principios de 2011, estallaron movimientos populares a lo largo de Medio Oriente en países como Túnez, Egipto, Baréin, Yemen, Siria y Libia. Esto fue un sacudimiento, pues los países árabes, particularmente de esta zona, son clave para la geopolítica de las grandes potencias desde la Primera Guerra Mundial por la importancia del cruce entre Europa y Asia, así como de los hidrocarburos (Conde, 2012). Estados Unidos y las potencias europeas al principio se abstuvieron de tomar partido en los procesos árabes de 2011: dejaron que se desarrollaran los acontecimientos en Egipto; cuando el presidente Mubarak cayó, felicitaron el cambio; o el caso de Túnez, en el que el único país que apoyó al presidente Ben Ali hasta el final, fue Francia (Varela, 2012); o en el caso de Libia, en donde hubo apoyo a los rebeldes, caso que ocupa este capítulo.

La revuelta contra Gadafi inició en febrero de 2011 en Bengasi. Los rebeldes se hicieron del control de esa ciudad y de Sirte. El ejército libio, superior en equipo y entrenamiento, intentó aplastar la rebelión (Aliprandini, 2011). La conformación del grupo rebelde fue muy variada: estudiantes universitarios, miembros de la clase media, comerciantes, desempleados, incluso desertores del ejército libio. Un hombre de negocios en Bengasi describió los ideales que perseguía el movimiento rebelde: "Queremos democracia, queremos buenas escuelas, medios de comunicación libres; queremos que se acabe la corrupción y deseamos un sector privado que ayude a construir esta nación, y queremos un parlamento para deshacernos de quien sea cuando sea" (Anderson, 2011).

Los rebeldes que atacaron al gobierno de Gadafi no eran un grupo homogéneo. Visto desde la superficie, lo que los hacía semejantes era el deseo de deshacerse de un régimen autoritario y corrupto. Sin embargo, según Conde (2012), predominaron los oportunistas aliados a los gobiernos occidentales y a las monarquías árabes, mismos que intentaron tomar la conducción de las movilizaciones, visualizando que fuerzas externas podrían favorecer la caída del régimen (36).

El levantamiento en Libia no se explica por la existencia de una juventud marginada y sin movilidad social[12], sino por un conflicto

---

12 Más del 50% de la población tiene menos de 20 años, con altos niveles de desempleo (Varela, 2012:136).

entre las élites por el control de las reservas petroleras y de uno de los más importantes yacimientos de agua potable (Salgó Valencia, 2012:216-217).

Como se expuso, la identidad nacional libia ha sido débil o inexistente (Varela, 2012:130). Por ejemplo, el primer grupo que tomó las armas en contra del gobierno libio fue el Frente Nacional de Salvación de Libia (FNSL), dirigido por Mustafá Abdel Yalil, ex ministro de justicia de Gadafi. La misma composición del Consejo Nacional de Transición (CNT) mostraba las pugnas al interior de Libia. Se presentan divisiones étnicas y regionales, además del surgimiento de radicalismos islámicos[13]. Una buena parte del CNT pertenece al Este del país, núcleo de la antigua monarquía. Por un lado, Abd al-Rahim —el nuevo presidente libio, "aprobado" por Occidente, académico educado en Estados Unidos— y Mahmoud Jibril —reconocido por el entonces presidente de Francia, Nicolás Sarkozy como el encargado de conformar el CNT y quien hizo una promesa de fundar un Estado laico y liberal—, se aliarían con las potencias. Sin embargo, hay rebeldes que no son bien vistos por Occidente (Varela, 2012:138-139), como algunos "señores de la guerra", como Yalil —con un marco islamista subrayado— o como Abd al-Hakim Belhay, nombrado jefe del Consejo Militar de Trípoli, quien tendría como proyecto la fundación de un Estado islámico[14].

---

13 Los realistas no prestan atención a la formación o continuidad de identidades étnicas o nacionales. Apuntan más bien a la relación entre identidades y conflictos. El argumento es que el conflicto nace de y estimula la percepción de las diferencias entre los grupos. Por tanto, el conflicto étnico puede ser la causa o la consecuencia de una ruptura dentro de un Estado. Igualmente, mediante el dilema de seguridad, el temor, la rapacidad y la racionalidad, refuerzan las identidades de grupo existentes. Cf. Jervis, R. (2006: 208). Snyder, J. & Walter, B. (1999). *Civil Wars, Insecurity and Intervention*. New York: Columbia University. Se argumenta que el dilema de seguridad no es solamente aplicable en conflictos entre Estados, sino que también da herramientas analíticas con respecto a las guerras civiles.

14 Vale la pena revisar un estudio sobre los "cambios de régimen externamente impuestos": Peic, G. & Reiter, D. (2011). Foreign-Imposed Regime Change,

Este panorama confirma que en un sistema anárquico, el poder no significa control (Waltz, 1979). ¿Cómo se llegó hasta este punto?

3.1. El balance de poder en la región

En Libia, los movimientos populares, al inicio pacíficos, derivaron en una sangrienta guerra civil porque el líder libio se negó a abandonar el poder y ordenó al ejército la represión de los rebeldes. El régimen de Gadafi —enemigo de antaño y "amigo" de la última década—, no podría ser apoyado por sus aliados occidentales. La causa es el equilibrio o balance de poder. Las grandes potencias parecen estar de acuerdo con los regímenes que representan estabilidad en la región —sean democráticos o no. Si ocurre la ruptura de la estabilidad, se reorganizan las alianzas, primando siempre —bajo un esquema de anarquía— las capacidades relativas, en búsqueda de seguridad y de que los Estados mantengan dichas capacidades.

La presión internacional sobre Libia no logró que el gobierno de Gadafi cesara la ofensiva contra los civiles. Así, el 17 de marzo de 2011, el Consejo de Seguridad de la ONU aprobó la resolución 1973, autorizando a los Estados miembros a adoptar las medidas necesarias para proteger a los civiles.

El balance de poder puede producir la guerra o aminorar su incidencia (Waltz, 1979). El 19 de marzo, Francia y Reino Unido, apoyados por Estados Unidos, iniciaron una campaña militar basados en el

---

State Power and Civil War Onset, 1920-2004. *British Journal of Political Science*, *41*, 453-475. Los autores proponen que cuando las intervenciones —llamadas Foreign-Imposed Regime Changes (FIRCS)— dañan el poder estructural del Estado, también incrementan el riesgo de guerras civiles subsecuentes. Stephen Walt toma en cuenta este análisis —junto con otros—, para ilustrar que cuando hay una intervención militar, los resultados no necesariamente favorecerán a los Estados liberales que la llevaron a cabo. Cf. Walt, S. (2011). Social science and the Libyan adventure. Blog, *Foreign Policy,* publicado el 24 de marzo, en: http://atfp.co/eJqYEE.

principio de Responsabilidad de Proteger (R2P)[15]. La ofensiva incluyó bombardeos desde aviones de combate y navíos emplazados en el Mediterráneo. El 27 de marzo, la Organización del Tratado del Atlántico Norte (OTAN) tomó el control de la campaña militar sobre Libia bajo el nombre Operación Protector Unificado (Aliprandini, 2011; NATO, 2011; United Kingdom Defence & Security Report, 2011).

El gobierno de Gadafi falló de nueva cuenta en la vía de la socialización y faltó a comportarse con arreglo a las normas, provocando el abandono del grupo. Occidente ya no podría protegerlo, pues en un sistema de autoayuda, cada Estado persigue sus propios intereses. La estructura manifestó los efectos sobre el comportamiento dentro del sistema y la salida, fue la guerra.

Lo anterior muestra que los cambios en la polaridad del sistema afectan la manera en que los Estados mantienen su seguridad. Con más de dos potencias, dependen tanto de sus esfuerzos internos como de alianzas con sus pares. La competencia en los sistemas multipolares es más complicada que en los bipolares, porque la incertidumbre sobre las capacidades comparativas se multiplica de acuerdo al crecimiento en el número de protagonistas y porque los estimados de la cohesión y la fortaleza de las coaliciones se vuelven más difíciles de concretar (Waltz, 2000:5-6).

En este sentido, el poder se vuelve un medio útil y posible. En situaciones cruciales, la última preocupación de los Estados no es el poder, sino la seguridad. Para los neorrealistas el concepto de poder es una característica que define la estructura, la capacidad combinada de un Estado. Su distribución a través de los Estados y los cambios en esa distribución, ayudan a definir estructuras y alteraciones en las mismas (Waltz, 2006:227).

Cuando el balance de poder en Medio Oriente se ve alterado, la reacción de los Estados es la búsqueda de su seguridad. Waltz (1979)

---

15 Para un análisis sobre este tipo de intervenciones, cf. Pape, R. A. (2012). When Duty Calls: A Pragmatic Standard of Humanitarian Intervention. *International Security, 37*(1), 4-80.

explica que en un sistema anárquico basado en el principio de autoayuda, la estructura reduce las posibilidades de cooperación. En primera instancia, porque hay mayor preocupación por las ganancias relativas que por las absolutas: si algún Estado se ve más beneficiado, lo que se traduce en el incremento de sus capacidades, se puede convertir en una amenaza para el resto. En segunda instancia, porque ningún Estado desea estar en una relación de dependencia con otro, como resultado de la cooperación. Waltz ejemplifica en relación a los bienes y servicios. El análisis se aplica igualmente a la seguridad.

En este sentido, se presentan dos vertientes. Por un lado, los países occidentales dejan de cooperar con el régimen de Gadafi; por otro, se establece una relación de cooperación entre algunas potencias occidentales, para iniciar la intervención armada. Lo anterior demuestra que los países cooperan por interés propio. El grado de cooperación se ve afectado por la definición de dichos intereses.

3.2. *Autoayuda y dilema de seguridad: causas sistémicas de la cooperación*

En 2008, el mundo se vio afectado por una crisis económica cuyos efectos perduran (2012). Si bien Estados Unidos sigue siendo un país muy poderoso, han aumentado las capacidades relativas de Estados como Alemania, Francia, Inglaterra y las llamadas economías emergentes, representadas por Brasil, Rusia, India y China (BRIC).

Por una parte, Estados Unidos está en proceso de "cierre" de su participación en los conflictos iniciados a principios de siglo, en Afganistán e Irak, donde la situación no termina de regularizarse. Al mismo tiempo, el gobierno del presidente Barack Obama estaba desde 2011 en dinámicas internas con vistas a las elecciones presidenciales que se llevaron a cabo a finales de 2012. Por otra parte, la Unión Europea (UE) enfrenta una de sus grandes pruebas con los problemas económicos que afectan a Grecia, Italia, España, Portugal e Irlanda, que amenazan la cohesión de la Unión.

En este contexto estallan las revueltas populares en Medio Oriente. Las potencias occidentales comienzan a cooperar entre ellas, analizando cuidadosamente sus intereses, específicamente en Libia. Antes del inicio del conflicto, los principales socios comerciales de Libia eran Italia, Alemania, Turquía, Francia y España (ver Tabla 1). En 2007, el presidente francés Nicolás Sarkozy, recibió a Gadafi en el Palacio del Eliseo, en París. En 2008, el gobierno italiano aceptó pagar una compensación a Libia de 5 mil millones de dólares en un plazo de 20 años por las tres décadas de ocupación italiana en el país africano (Aliprandini, 2011; Zoubir, 2009).

Tabla 1
Comercio exterior de Libia, principales socios comerciales 2010
(Millones de dólares)*

	Importaciones		Exportaciones		Comercio total	
	mdd	%	mdd	%	mdd	%
Total	21,967.3	100	43,792.0	100	65,759.3	100
Italia	3,988.6	18.16	14,185.2	32.39	18,173.9	27.64
Francia	1,664.0	7.57	5,835.7	13.33	7,499.7	11.40
España	336.6	1.53	4,085.0	9.33	4,421.6	6.72
Alemania	1,566.1	7.13	3,770.8	8.61	5,336.8	8.12
Otros países UE	1,588.9	7.23	5,629.0	12.85	7,217.9	10.98
China	2,281.3	10.38	4,074.2	9.30	6,355.5	9.66
Estados Unidos	730.5	3.33	2,004.9	4.58	4,139.7	6.30
Turquía	2,134.8	9.72	393.5	0.90	2,275.0	3.46
Túnez	1,051.1	4.78	666.4	1.52	1,468.0	2.23
Egipto	1,373.2	6.25	304.4	0.70	1,124.0	1.71
Siria	365.8	1.67	328.3	0.75	704.0	1.07
Resto del mundo	4,886.5	22.2	2,514.8	5.75	7,043.5	10.7

Fuentes: European Commission, 2012; U.S. Department of State, 2012; U.S. Department of Commerce, 2012.

* Estimado, debido a la falta de datos completos en las diversas fuentes consultadas. Se realizaron conversiones de euro a dólar (tipo de cambio de 2010) y se desagregó por país en el caso del comercio con la UE.

Así, las relaciones de Libia con Europa y Estados Unidos se veían reflejadas en firmas de contratos de miles de millones de dólares, particularmente con Italia, Francia y Reino Unido, dispuestos a vender equipo militar (Zoubir, 2012a:367). Los intereses de las potencias en Libia son claros: es un importante socio comercial y sobre todo, una fuente de petróleo.

Cuando se percibe que el apoyo al régimen de Gadafi podría ir en contra de los intereses de los Estados occidentales poderosos, se da un reacomodo para preservar la seguridad. En este sentido, las potencias cooperan a partir de las ganancias relativas[16]. Dadas las incertidumbres inherentes al sistema, los Estados no se preguntan si ganarán todos, sino cuál ganará más (Waltz, 1979)[17].

---

16 Otros autores han analizado las relaciones de cooperación y las cuestiones de las ganancias relativas y absolutas en el mismo sentido de Waltz. Cf. Mastanduno, M. (2002). The Trans-Atlantic Partnership and the Unilateralist Challenge. En Meier-Walser, R. C. & Luther, S. (eds.). *Europe and the United States: Transatlantic Relations Between Regionalism and Globalization*. Munich: Olzog-Verlag; Mastanduno, M. (1991). Do relative Gains Matter? America's Response to Japanese Industrial Policy. *International Security, 16*, 73-113; Grieco, J. M. (1988). Realist Theory and the Problem of International Cooperation: Analysis with an Amended Prisoner's Dilemma Model. *The Journal of Politics, 50*(3), 600-624.

17 Robert Jervis desarrolla el tema de la cooperación y el dilema de seguridad, en una visión más optimista que la de Waltz sobre el primer tema. Se considera que ha refinado el realismo mediante la teoría ofensiva-defensiva. Argumenta que la guerra es más probable cuando los Estados pueden conquistarse fácilmente. Sin embargo, cuando la defensa es más fácil que la ofensiva, hay más seguridad, presentándose incentivos para la cooperación (Jervis, 1978). De la misma forma, Charles Glaser argumenta que el pesimismo acerca de la cooperación en el trabajo de Waltz no es necesariamente la única posibilidad. Aduce que la propensión de los adversarios para competir no es una consecuencia lógica e inevitable de los supuestos del realismo estructural y que éste, propiamente entendido, predice que bajo una amplia gama de condiciones, los adversarios pueden obtener seguridad mediante políticas de cooperación, eligiendo éstas (Glaser, 1994-95). El análisis de Libia desarrollado en este trabajo se ajustaría a las propuestas de Glaser. Sin embargo, se ha decidido seguir únicamente con la línea planteada por Waltz.

La cooperación entre Francia y Reino Unido —más Estados Unidos— inicia la intervención armada. El discurso sobre el objetivo de la campaña militar en Libia no era remover del poder a Gadafi, sino proteger a los civiles. Sin embargo, líderes europeos como el primer ministro de Inglaterra, David Cameron y el presidente de Francia, Nicolás Sarkozy, insistieron que Gadafi abandonara el poder. Por su parte, el presidente Obama, que durante semanas se mostró reticente a involucrar fuerzas estadounidenses en Libia, eventualmente expresó que Gadafi debería dejar el poder (Petrou, 2011).

La debilidad de Libia, la anarquía internacional y la presión de la estructura hacia el sistema de autoayuda, que tiene efectos sobre el dilema de seguridad, hicieron posible la intervención. Rusia y China criticaron reiteradamente la operación. Pese a las críticas y reticencia a la resolución 1973, ninguno de esos países detuvo la intervención de la OTAN.

Con respecto a la polaridad, se pueden observar las acciones emprendidas por los Estados poderosos. Francia intenta ejercer mayor influencia en la política internacional y proteger sus intereses en Libia. Fue el primer país en reconocer a la oposición libia como un gobierno legítimo. La operación en contra de Gadafi habría iniciado a finales de 2010, cuando su jefe de protocolo, Nuri Mesmari, desertó hacia Francia, en donde informó que Gadafi planeaba retirar miles de millones de euros de los bancos europeos para resituarlos en China, cancelar la compra de aviones franceses y marginar a empresas galas de los proyectos de construcción de un reactor nuclear (Bechis, 2011).

Inglaterra no se quedó atrás, junto con Francia, fue de los primeros en desplazar aeronaves a la zona, con el apoyo de Estados Unidos que caracterizaba la intervención como una "acción militar limitada" en Libia (Agencias, 2011).

Además de las reservas petroleras por 46,420 mil millones de barriles (CIA, 2011b), se mencionan otros intereses en Libia: la venta de armas; la muestra del funcionamiento de aviones de guerra; la reserva del Acuífero Nubio, calculado en 200 veces el afluente del

Nilo (16 billones 800 mil millones de m^3 de agua) y los contratos de reconstrucción (Salgó Valencia, 2012:220-221).

La distribución de capacidades adquiere un peso determinante en la definición de estructura (Waltz, 1979). La intervención mostró que las capacidades relativas de Francia, Inglaterra y Estados Unidos son mucho mayores que las de Libia y que estaban dispuestos a iniciar una guerra para preservar su seguridad, mantener sus intereses y evitar el desequilibrio de poder en la zona.

Por otro lado, las capacidades relativas de los rebeldes —menores que las del ejército de Gadafi—, fueron reforzadas por la operación de la OTAN. Este balance de poder favoreció el cambio de régimen. La mayoría de los bombardeos de la OTAN se produjeron sobre las fuerzas pro Gadafi lo que facilitó el avance de los rebeldes, a quienes los franceses proporcionaron armas y otros países entrenamiento y apoyo logístico (BBC, 2011).

La intervención en Libia muestra el interés de las potencias en preservar su seguridad, traducida en términos de obtención de recursos y del mantenimiento del balance en la región.

3.3. Las organizaciones internacionales: ¿Actores o herramientas?

Si bien la resolución que dio entrada al cerco aéreo en Libia provenía de la ONU y se materializó por medio de la OTAN, el neorrealismo explica que este tipo de organizaciones no tienen una vida independiente de sus miembros —los Estados—, ni de los intereses de éstos.

El 27 de febrero de 2011, tras semanas de silencio, el presidente estadounidense hizo un llamado a Gadafi para que abandonara el poder. El 28 de febrero, la UE aprobó una serie de sanciones económicas contra el régimen de Trípoli para presionar al líder libio a detener la masacre (Aliprandini, 2011; Ghosh *et al.*, 2011). Posteriormente, se aprobó la resolución 1973. Dos días después, el 19 de marzo, Francia y Reino Unido iniciaron la campaña militar. Ocho días después, la OTAN tomó el control.

Como lo menciona Stephen Krasner, la naturaleza de los acuerdos institucionales se explica mejor mediante la distribución de las capacidades de poder nacionales, que por los esfuerzos para solucionar problemas de cualquier naturaleza. Las convenciones internacionales, los tratados y las instituciones son cercanas a la distribución de las capacidades nacionales (en Waltz, 2000:26). Al hablar de las resoluciones del Consejo de Seguridad de la ONU, se habla principalmente de las grandes potencias que lo conforman, es decir, los representantes permanentes: Estados Unidos, Francia, Reino Unido, China y Rusia. Aunque estos dos últimos se abstuvieron de respaldar la resolución 1973, el documento fue aprobado y se solicitó el apoyo de los países miembros de la Liga de Estados Árabes para el cumplimiento de las disposiciones y permitir el establecimiento de una zona de prohibición de vuelos (ZPV) para evitar que desde el espacio aéreo se atacara a los civiles libios (ONU, 2011).

Waltz (1979) expresa que al tratarse de una "gestión internacional" o de la gestión de problemas globales, el sistema se encuentra ante un problema estructural. Muchas soluciones pueden encontrarse a nivel global pero dependen de políticas nacionales constreñidas por la estructura de la autoayuda. Por lo tanto, dependerá de cómo calculen los Estados la forma de responder a los problemas globales. Sin embargo, una rigurosa definición de lo que sería necesario no significa que se cumplan todos los objetivos, pues las "necesidades no crean posibilidades" (109).

Por tanto, al igual que el realismo, el neorrealismo percibe a las organizaciones internacionales como meras herramientas al servicio de los Estados, especialmente de los más poderosos. La OTAN es una organización que materializa el poder y la influencia estadounidenses, no una entidad multilateral (Waltz, 1998; 2000)[18].

---

18 Véase igualmente un trabajo más reciente: Mastanduno, M. (2005). U.S. Foreign Policy and the Pragmatic Use of International Institutions. *Australian Journal of International Affairs, 59*(3), 317-333.

Los Estados débiles tienen problemas para diseñar instituciones que sirvan a sus propios fines en sus propios términos, especialmente en materia de seguridad (Waltz, 2000:18, 21). Lo que se observa como verdadero en la OTAN se replica para las instituciones internacionales en general. El impacto de las instituciones internacionales en las decisiones nacionales ha respondido a las capacidades e intenciones del Estado o los Estados poderosos que las crearon y las sostienen (Waltz, 2000:26).

CONCLUSIONES

En cualquier sistema político, la distribución de las capacidades de los Estados es clave para la explicación de la distribución de poder. Las características e interacciones de las unidades son tomadas como causas directas de los eventos políticos (Waltz, 2006:223-4). La intervención en Libia fue posible gracias, en primer lugar, a la anarquía internacional y, en segundo, a las capacidades de las potencias occidentales que cooperaron para redefinir el balance de poder y mantener su seguridad en un sistema de autoayuda. La debilidad del gobierno libio ayudó al éxito de dicha alianza.

El balance de poder de unos Estados contra otros es recurrente. La teoría neorrealista predice que los balances interrumpidos algún día serán restaurados. La teoría de la política internacional trabaja con las presiones de la estructura sobre los Estados; no aborda cómo los Estados contemporáneos responden a las primeras. Sin embargo, se pueden observar las tendencias de balance (Waltz, 2000:27).

El apoyo francés y británico al CNT libio se mostró con la pronta intervención aérea y con las acciones posteriores[19]. Francia e Inglate-

---

19 Dichos países se consolidaron como punta de lanza en el apoyo al CNT, mediante la convocatoria el 1° de septiembre de 2011 a la Conferencia "Amigos de Libia", que contó con la participación de 60 países y organizaciones internacionales. Rusia y China participaron también en la conferencia. A la luz de los acontecimientos, China fue el último país del Consejo de Seguridad de la ONU en reconocer al CNT en una medida cautelosa para no quedar fuera del

rra fueron los primeros en visitar territorio libio, el 15 de septiembre —el jefe de Estado y el de Gobierno, respectivamente (*France Info*, 2011). Dichos países aprovecharon que Estados Unidos no tomó el mando de la intervención en Libia, aunque ciertamente jugó un papel crítico en las capacidades de la OTAN (Daalder & Stavridis, 2012).

Las capacidades relativas de las potencias las ponen al centro de los asuntos regionales e internacionales. En un sistema político internacional, el balance es transformado por las capacidades, no por las intenciones. Quienes tienen las capacidades y el poder, poseen amplia capacidad para tomar decisiones en política exterior (Waltz, 1999; 2000:29)[20].

La consecuencia geopolítica de la intervención de la OTAN es que Libia complementa el rompecabezas para declarar al Mediterráneo como zona afín a dicha institución (Salgó Valencia, 2012:223-224). Las instituciones internacionales son creadas por los Estados más poderosos, sobreviven sólo si sirven a los intereses de éstos, o se piensa que lo hacen (Waltz, 2000:26).

En este sentido, la recomposición del gobierno libio quedará —en el mejor de los escenarios— determinada por los intereses de las grandes potencias. Una Libia controlada representa poder, seguridad y balance regional deseable para la potencia hegemónica y sus aliadas. Representa el control del petróleo, las bases militares occidentales y de reservas de agua potable, entre otros recursos.

Dado que los Estados coexisten en un sistema de autoayuda y autoconservación, no se preocupan por la ganancia colectiva, sino por

---

juego de poder en la región. Este reconocimiento provino al tiempo que las relaciones entre China y el CNT estaban en tensión, por documentos encontrados en Trípoli sobre una visita de gente del gobierno de Gadafi a ese país con el objetivo de comprar armas, lo que hubiera violado la resolución del Consejo de Seguridad (*The Guardian*, 2011).

20 Robert Jervis elabora al respecto sobre la unipolaridad, las opciones de Estados Unidos, las intervenciones de ese país y de Francia e Inglaterra en varios conflictos, así como de una "comunidad de seguridad". Cf. Jervis, R. (2011). Force in Our Times. *International Relations*, 25, 403-425.

evitar la pérdida y en preservar o aumentar su bienestar y su poder. A futuro, esto no hace imposible la cooperación entre las naciones, sino que condicionan de manera tajante su operación y limitan su cumplimiento. El realismo estructural, hasta que no haya una transformación *en* la estructura, permanece como la teoría básica para explicar la continuidad de la política internacional (Waltz, 2000:41).

FUENTES

Adams, K. (2006). Structural Realism: The Consequences of Great Power Politics. En Sterling-Folker, J. (ed.). *Making Sense of International Relations Theory* (18-37). Boulder: Lynne Rienner Publishers.

Al Qathafi, M. (s/f). *The Green Book*, en: http://bit.ly/15ZvGH1

Aliprandini, M. (2011). *Muammar Qaddafi* (pp. 1). Great Neck Publishing.

Anderson, J. L. (2011). Who are the rebels? *New Yorker, 87*(7), 21-22.

Bazzi, M. (27.05.2011). What Did Qaddafi's Green Book Really Say? *The New York Times*. Recuperado el 18 de julio de 2013, de: http://nyti.ms/12XPjkk

Bechis, F. (22.03.2011). Ma quale Gheddafi! Sarkò ha dichiarato guerra all'Italia [comentario en web blog], en: http://bit.ly/16ENNkw

Bertelsmann, S. (2011). 2010 Libya Country Report. *Bertelsmann Stiftung*, en: http://bit.ly/17xjdvn

Burchill, S., Linklater, A., Devetak, R., Donnelly, J., Paterson, M., Reus-Smit, C. & True, J. (2001). *Theories of International Relations* (3rd ed.). New York: Palgrave Macmillan.

The Guardian (05.09.2011). Chinese arms companies 'offered to sell weapons to Gaddafi regime', en: http://bit.ly/nJdbaW

Central Intelligence Agency [CIA] (2011a). Libya. *The World Factbook,* en: http://1.usa.gov/3z3aXz

CIA (2011b). Oil-Proved Reserves. *The World Factbook,* en: http://1.usa.gov/8YqrwI

Conde, G. (2012). Los movimientos populares árabes de 2011 y su significado histórico. En Mesa Delmonte, L. (coord.). *El pueblo quiere que caiga el régimen. Protestas sociales y conflictos en África del Norte y en Medio Oriente* (33-46). México: El Colegio de México.

Daalder, I. H. & Stavridis, J. G. (2012). NATO's Victory in Libya. The Right Way to Run an Intervention. *Foreign Affairs, 91*(2).

El País (19.03.2011). Fuerzas militares en el conflicto libio, en: http://bit.ly/dFPpWI

ElWarfally, M. (1988). *Imagery and Ideology in U.S. Policy Toward Libya 1969-1982*. Pittsburgh: University of Pittsburgh Press.

Encyclopedia of the Nations (2012). Libya-Poverty and wealth, en: http://bit.ly/13yjWIf

European Commission (2012). *Libya. EU Bilateral Trade and Trade with the World*, en: http://bit.ly/150l7UZ

France Info (15.09.2011). Libye: Sarkozy et Cameron terminent leur visite par un bain de foule, en: http://bit.ly/ppXlhI

Ghosh, B., Walt, V., Hauslohner, A., Harrell, E., Perry, A., Scherer, M. & Calabresi, M. (2011). Gaddafi's Last Stand. *Time 177*(9), 24-29.

Glaser, C. (1994). Realists as Optimists: Cooperation as Self-Help. *International Security, 19*(3), 50-90.

Gourdin, P. (18.09.2011). Géopolitique de la Libye. *Diploweb.com,* en: http://bit.ly/qwDDeq

Guzzini, S. (1998). *Realism in International Relations and international Political Economy: The Continuing Story of a Death Foretold*. London: Routledge.

Ikenberry, J. (2001). Getting Hegemony Right. *The National Interest*, *63*, 17-24.

Jervis, R. (1978). Cooperation Under the Security Dilemma. *World Politics, 30*(2), 167-214.

Jervis, R. (2006). Realism in the Study of World Politics. En Chan, S. & Moore, C. (eds.). *Theories of International Relations: Realism*, 1, 193-214. London: Sage Publications Ltd.

MacKenzie, A. (21.04.2013). Now here is a man we can talk to. *New Statesman*, 22-23. Recuperado el 18 de julio de 2013 de EBSCO Host Research Databases.

Marshall, J. K. & Mann, T. R. (2011). *Libya: A look in History* [Kindle version], en: http://amzn.to/1bqiroE

Metz, H. C. (1987a). A Country Study: Libya. *Federal Research Division*. Recuperado en agosto 20, 2011, de: http://1.usa.gov/1dG3SKv

Metz, H. C. (1987b). A Country Study: Libya. *Federal Research Division*. Recuperado en agosto 20, 2011, de: http://1.usa.gov/1aOlvfb

Metz, H. C. (1987c). A Country Study: Libya. *Federal Research Division*. Recuperado en agosto 20, 2011, de: http://1.usa.gov/15O3cC7

North Atlantic Treaty Organization [NATO] (2011). *Statement by the NATO Secretary General on the situation in Libya*, en: http://bit.ly/18lYnQR

Nmoma, V. (2009). Power and Force: Libya's Relations with the United States. *Journal of Third World Studies, 26*(2), 137-159.

Nye, J., Satoh, Y. & Wilkinson, P. (2003). *Addressing the New International Terrorism: Prevention, Intervention and Multilateral Cooperation. A Report to*

The Trilateral Commission. 56. Washington, D. C.: The Trilateral Commission.

Petrou, M. (2011). Is Libya another Iraq? *Maclean's, 124*(12), 24-26.

Posen, B. (1993). The Security Dilemma and Ethnic Conflict. *Survival, 35*(1), 27-47.

Ruggie, J. G. (1983). Continuity and Transformation in the World Polity: Toward a Neorealist Synthesis [Review of *Theory of International Politics*, by Kenneth N. Waltz]. *World Politics*, *35*(2), 265-285.

Salgó Valencia, A. (2012). Libia: un escenario geopolítico. En Mesa Delmonte, L. (coord.). *El pueblo quiere que caiga el régimen. Protestas sociales y conflictos en África del Norte y en Medio Oriente* (211-227). México: El Colegio de México.

Simons, G. L. (1996). *Libya: the struggle for survival.* Recuperado el 20 de agosto de 2011, de: http://bit.ly/1bKcKk7

Simons, G. L. (2003). *Libya and the West: from Independence to Lockerbie.* London: Centre for Libyan Studies.

Sodupe, K. (2003). *La teoría de las relaciones internacionales a comienzos del siglo XXI*. Bilbao: Universidad del País Vasco.

Sterling-Folker, J. (2006). Realism. En Sterling-Folker, J. (ed.). *Making Sense of International Relations Theory* (13-17). Boulder: Lynne Rienner Publishers.

Business Monitor International (2011). Western Intervention in Libya? Challenges Assessed. *United Kingdom Defence & Security Report,* (3), 24-26.

US. Department of Commerce (2012). *U.S. Trade in Goods with Libya*, en: http://1.usa.gov/11YvYkk

U.S. Department of State (2012). *U.S. Relations With Libya*, en: http://1.usa.gov/27YJSA

Vandewalle, D. (2006). *A History of Modern Libya*. Cambridge: Cambridge University Press.

Varela, H. (2012). Los procesos de cambio político en Túnez y Libia. En Mesa Delmonte, L. (coord.). *El pueblo quiere que caiga el régimen. Protestas sociales y conflictos en África del Norte y en Medio Oriente* (121-140). México: El Colegio de México.

Walt, S. M. (1998). International Relations: One World, Many Theories. *Foreign Policy, 110*, 29-46.

Waltz, K. (1959). *Man, the State, and War. A Theoretical Analysis*. New York: Columbia University Press.

Waltz, K. (1964). The Stability of a Bipolar World. *Daedalus, 93*(3), 881-909.

Waltz, K. (1979). *Theory of International Politics*. Reading: Addison-Wesley Publishing.

Waltz, K. (1988). The Origins of War in Neorealist Theory. *The Journal of Interdisciplinary History, 18*(4), 615-628.
Waltz, K. (1990). Nuclear Myths and Political Realities. *The American Political Science Review, 84*(3), 731-745.
Waltz, K. (1993). The Emerging Structure of International Politics. *International Security, 18*(2), 44–79.
Waltz, K. (1998). *The* Balance of Power and NATO Expansion. Working paper 5.66. *Center for German and European Studies*. Berkeley: University of California.
Waltz, K. (1999). Globalization and Governance. *Political Science and Politics, 32*(4), 693-700.
Waltz, K. (2000). Structural Realism after the Cold War. *International Security, 25(1)* 5-41.
Waltz, K. (2003/2004). Fair Fights or Pointless Wars? *International Security, 28*(3) 181.
Waltz, K. (2006). Realist Thought and Neorealist Theory. En Chan, S. & Moore, C. (ed.). *Theories of International Relations*, I (215-230), London: Sage Publications Ltd.
Weber, C. (2005). *International Relations Theory: A Critical Introduction* (2nd ed). United States: Taylor & Francis.
Wright. J. (2010). *A History of Libya*. New York: Columbia University Press.
Zoubir, Y. H. (2009). Qaddafi's Libya in World Politics. *Middle Eastern Studies, 45*(4), 685-687.
Zoubir, Y. H. (2012a). El colapso de la dictadura de Gadafi. ¿Qué futuro para Libia? *Foro Internacional 208,* LII(2), 361-378.
Zoubir, Y. (2012b). Les États-Unis, l'Europe et la Libye : de la réhabilitation de Kadhafi à son renversement. *L'Année du Maghreb, 8,* 457-469.

Otros documentos de la Organización de Naciones Unidas

ONU (2011) http://bit.ly/QD0Dx
General Assembly (2011). GA/11137. Centro de noticias de la ONU (16.09.2011), http://bit.ly/18oVli7
Consejo de Seguridad. Resolución 1973 (2011), http://bit.ly/liwn1I
Resolución 1970 (2011), http://bit.ly/1aRXyU2 (2011).

Capítulo 3

RUSIA ANTE EL CONFLICTO LIBIO: POSIBILIDADES Y LIMITANTES DEL REALISMO OFENSIVO

Daniel Añorve Añorve

Hablar sobre la "primavera árabe" —los levantamientos en Egipto, Túnez, Argelia, Yemen, Marruecos y Baréin, principalmente, que comenzaron en 2010 (Gausse III, 2011; Dabashi, 2012)— es hacerlo, consciente o inconscientemente, de las teorías de Relaciones Internacionales. La reflexión sobre los sucesos que conmocionaron al mundo en 2011 y 2012 obliga, por un lado, a poner en capilla la validez y agudeza de las teorías existentes; por otro, invita a analizar las acciones concretas emprendidas por diversos actores regionales.

El presente trabajo analiza la postura y el accionar ruso *vis à vis* con el conflicto libio. Con el fin de llevar a cabo un análisis balanceado y de utilidad para los estudiosos de las Relaciones Internacionales, en un primer momento se presenta un breve recorrido teórico que justifica el uso del realismo político para abordar el actuar ruso. Para entender el significado estratégico que para Rusia tiene el caso libio, en un segundo momento se analizan documentos rectores de la política exterior rusa como el Concepto de Política Exterior, la Estrategia de Seguridad Nacional, la Doctrina Militar y las recientes posturas ante la Organización de las Naciones Unidas (ONU). Es imprescindible revisar los intereses y factores materiales y estratégicos que explican la acción por parte de Rusia; con ese fin, en un tercer momento se analiza el papel que Rusia y Libia juegan como proveedores mundiales de energéticos, así como los intereses del primer país en el segundo. Sería un error aislar el conflicto libio de otros escenarios del efecto dominó de la "primavera árabe", por lo que, en una especie de corolario, se tratará de esclarecer qué ha hecho que la conducta rusa sea tan diferente ante eventos presumiblemente similares. Por último, se reflexiona sobre la forma en que el realismo ayuda a explicar las perspectivas para la política exterior rusa.

El realismo político es la teoría que mejor explica el actuar ruso. Si bien, con fines didácticos se ha elegido la modalidad del realismo ofensivo para el análisis de la postura rusa, se considera que —independientemente de las convicciones o tendencias analíticas del autor y debido al desarrollo de los hechos— no resulta evidente la superioridad de alguna de sus variables: la defensiva o la ofensiva. Ambas pueden explicar la postura de Rusia ante el desarrollo de los eventos en Libia (cf. capítulo dos para la variante defensiva aplicada en general).

1. LA VIGENCIA DEL REALISMO OFENSIVO

Históricamente, el realismo ha sido la escuela de pensamiento más influyente en la disciplina de las Relaciones Internacionales. Sin desconocer la proliferación de nuevas escuelas de pensamiento desde la década los ochenta, entre las que destacan el constructivismo, la teoría crítica y el posmodernismo (Feng & Ruizhuang, 2006:109), el realismo mantiene su vigencia gracias a su capacidad explicativa. Aunque no pueda estudiar o explicar todos y cada uno de los fenómenos internacionales, de acuerdo con John Mearsheimer (2001:11), "es como una poderosa linterna dentro de un cuarto oscuro: a pesar de que no puede iluminar cada recoveco de éste, la mayor parte del tiempo es una excelente herramienta para navegar a través de la oscuridad".

No se puede hablar del realismo como escuela de pensamiento monolítica o unificada. Liu Feng y Zhang Ruizhuang (2006) elaboraron una interesante y útil tipología de los realismos y sugieren que se pueden identificar tres ramas: el de naturaleza humana, el estatocéntrico y el centrado en el sistema, llamado sistémico. Paralelamente, explican que existen dos amplias categorías de fenómenos que el realismo pretende explicar: la teoría de la política internacional y la teoría de la política exterior. Por último, usan los principales supuestos teóricos para analizar qué consideraciones resultan primordiales dentro de las estrategias estatales: la búsqueda de seguridad o la búsqueda de poder.

Este trabajo centrará el análisis en el realismo ofensivo, que se puede ubicar dentro del realismo sistémico. Los otros criterios de la taxonomía de Feng y Ruizhuang no resultan de utilidad para estudiar la postura rusa en el caso de las crisis libia y siria, puesto que resulta restrictivo limitarse al estudio de la política internacional, sin entender las capacidades estatales que dan cierta lógica a la política exterior del Estado. Además, no es de gran utilidad, más allá de lo analítico, el dilema entre búsqueda de seguridad y búsqueda de poder.

1.1. Realismo defensivo y ofensivo: similitudes y diferencias

Los realismos defensivo y ofensivo se enmarcan dentro del realismo sistémico, que también es conocido como realismo neoclásico (Feng & Ruizhuang, 2006). Ambas modalidades parten del análisis de sistema internacional de Estados, no del de la política exterior. Para ellas, son de escasa importancia el estudio de los procesos políticos internos de los Estados o los factores involucrados en su toma de decisiones. Estiman que la unidad de análisis más adecuada es el sistema internacional, no el individuo ni el Estado.

A diferencia de los realistas clásicos, los realistas sistémicos no consideran que la naturaleza humana *per se* sea la causante de los conflictos, sino la estructura anárquica del sistema internacional que obliga a los Estados a seguir los dictados de la autoayuda. La anarquía, por ejemplo, para John Herz (1950) crea un estado en el que no existe una autoridad superior que controle a las potencias individuales o que pueda prevenir que una potencia ataque a otras.

Otra similitud entre los dos realismos es el entendimiento de la formación de alianzas y la naturaleza de las organizaciones internacionales. Para ambos, las alianzas son matrimonios de conveniencia: el aliado de hoy puede ser el enemigo de mañana y viceversa. Lo anterior es un recordatorio importante para el analista de las Relaciones Internacionales, sobre todo en casos como el libio y el sirio, en los que los medios de comunicación dominantes y los discursos de una parte considerable de académicos —por ejemplo, la idea del *coalition of the willing* (Stanger, 2009)—, políticos y diplomáticos tienden a abordar los conflictos como batallas que se libran entre coaliciones "del bien" y "del mal".

Entre las diferencias más importantes entre ambas vertientes del realismo sistémico se encuentran los supuestos teóricos que hacen los realistas ofensivos y los defensivos. Mientras para los primeros no existen Estados conformes con el *statu quo*, para los segundos las grandes potencias, más que alterar la distribución del poder, buscan mantener el equilibrio del mismo dentro del sistema internacional. Producto del razonamiento anterior, para la vertiente ofensiva, los Estados son entes maximizadores de poder, mientras que su contraparte defensiva considera que no hay mayores incentivos dentro del sistema internacional para alterar significativamente la distribución de poder —lo que reconocen que suele ocurrir cuando existen patologías, desviaciones o irracionalidad entre los tomadores de decisiones de algunos Estados—, y que, con frecuencia, el intento por convertirse en una hegemonía conduce al fracaso.

Para Feng y Ruizhuang (2006:123), la forma más adecuada de explicar las diferencias entre ambas aproximaciones realistas es haciendo la distinción entre seguridad y poder. Consideran que para la variante defensiva el poder es un medio para lograr la seguridad estatal en general y la supervivencia en específico; mientras tanto, para la variante ofensiva, el poder representa tanto un medio como un fin, por lo que el deseo de acumularlo no se detiene al conseguir un óptimo de seguridad y duda que exista un punto óptimo de poder.

1.2. La variante ofensiva de Mearsheimer

El realismo ofensivo, además de ser una alternativa al realismo defensivo, es respuesta a los enfoques alternativos que, en su mayoría, consideran al realismo como un enfoque teórico anacrónico. Mearsheimer asegura que "la violencia continuará por mucho tiempo en el nuevo milenio" y, en consecuencia, "las esperanzas de paz probablemente no se realizarán" toda vez que "las grandes potencias [...] se temen unas a otras y [...] compiten por el poder" (2001:xi).

Esa premonición parece contraria al pensamiento en boga de las nuevas aproximaciones teóricas a las Relaciones Internacionales. Desde los nuevos enfoques teóricos, la visión de Mearsheimer parecería casi apocalíptica, propia de un contexto en el que los Estados gozaran de clara supremacía ante otros actores emergentes y relevantes de las Relaciones Internacionales. Dentro de las diversas críticas al realismo político y los no pocos enfoques que aspiran a arrebatarle la estafeta, algunos ejemplos (e.g. Finnemore & Sikkink, 2001; Keohane & Nye, 2011) basados en casos específicos de cambio de régimen, en un periodo de ausencia de guerras o en el aumento de los intercambios económicos, tecnológicos, científicos, educativos o culturales, proclaman la obsolescencia del realismo para explicar los "nuevos" fenómenos, los fenómenos del mundo "post-ideológico" o, mejor aún, del mundo "del siglo XXI".

Mearsheimer, respaldado por un impresionante y minucioso estudio histórico de la conducta de las grandes potencias, considera una ilusión la convicción de los muchos en Occidente que creen que la "paz perpetua" entre las grandes potencias está, finalmente, a la mano. Estima carente de fundamento la visión liberal (también constructivista) que sugiere que las grandes potencias ya no se perciben entre sí como rivales militares potenciales, sino como miembros de una familia de naciones, de la comunidad internacional. "La triste realidad es que la política internacional siempre ha sido un negocio despiadado y peligroso, y que es muy probable que lo siga siendo[...] La meta primordial de cada Estado es maximizar su tajada de poder mundial, lo que significa la obtención de poder a expensas de los otros Estados" (2001:2).

Asegura que es trágica la situación de competencia y desconfianza entre las grandes potencias, pero no hay escapatoria, a menos que los Estados acordaran formar un gobierno mundial, cuestión que sería poco realista.

En la opinión de Mearsheimer (2001:4), como sucede con la mayoría de los realistas, también resulta irrelevante la forma de gobierno o el tipo de sistema económico por el que opte un Estado, toda vez que "las democracias se preocupan por la seguridad tanto como lo hacen los Estados no democráticos, ya que la hegemonía es la mejor forma, para cualquier Estado, de garantizar su propia supervivencia". A diferencia de la teoría de la paz democrática, que asume que la responsabilidad primaria para alcanzar la paz mundial está del lado de los regímenes en transición y de los países atrasados, aquellos que aspiran a tener democracias liberales y adoptar economías de libre mercado, el realismo ofensivo se concentra en las interacciones entre las grandes potencias, porque son ellas las que tienen un mayor impacto en la política internacional. Poco importan las consideraciones de la naturaleza del régimen, la ideología o la personalidad de los líderes. Lo valioso es cuánto poder relativo posee un Estado.

Mearsheimer reconoce que el realismo no puede dar respuesta a todas las interrogantes de la política mundial, y que otras teorías, como seguramente sucede con las de la escuela liberal y de la interdependencia, pueden dar, a ciertas preguntas, mejores respuestas. Mearsheimer acepta que en ciertos momentos o ciertas áreas las potencias puedan cooperar (o no obstaculizarse entre sí) con otros Estados, lo que no significa que no tengan intereses en conflicto. Pese a la existencia de recovecos para la cooperación, el realismo ofensivo explica cómo se comportaron las grandes potencias en el pasado y cómo deberían de comportarse en el presente y el futuro para sobrevivir (2001:11).

Dentro del realismo ofensivo de Mearsheimer, el Estado es entendido como un agente unitario y racional que fundamenta sus acciones en el interés nacional. Invariablemente, es guiado por consideraciones de poder. De hecho, aquello que para algunos realistas defensivos (como Waltz) parece ser una conducta no racional o, por lo menos, una estrategia poco inteligente —buscar incrementos adicionales de poder—, dentro de la lógica de Mearsheimer puede ser una estrategia riesgosa pero no tonta. Mearsheimer (2009) reconoce que, en ocasiones, "la agresión puede ser la estrategia inteligente para Estados simplemente preocupados por su supervivencia" (251). Incluso, considera que un Estado racional que opera dentro de un sistema en el que existen adversarios poderosos y mal conducidos, corre el riesgo de que uno o más de ellos puedan atacarlo.

Se puede ver que el supuesto de Mearsheimer —la racionalidad de los Estados—, no solamente no es incompatible, sino que se conecta con la cuestión de las afirmaciones teóricas de las que hablan Feng y Ruizhuang; es decir, si los Estados optan por la seguridad o por el poder. Para Mearsheimer (2009) es claro que aunque los Estados no siempre ni bajo cualquier circunstancia optarán por maximizar su poder, los incentivos sistémicos para un Estado racional no permiten que se contenten con establecer un equilibrio contra agresores potenciales, sino que los motivan a tomar pasos concretos para aumentar su porción de poder mundial con fines de autoprotección. El realismo ofensivo, a diferencia del defensivo, estima que las grandes potencias no tienen límite en la búsqueda de poder. Considera que una gran potencia que se jacte de serlo, busca ser la más poderosa y tener hegemonía, es decir, ser la única gran potencia dentro del sistema. Para Mearsheimer, al no existir potencias de *statu quo*, rara vez habrá una conformidad con la actual distribución del poder; al contrario, tendrán incentivos para cambiar esa distribución a su favor. Pero Mearsheimer (2001:2) también considera que, en ocasiones, los costos y riesgos de tratar de alterar el equilibrio de poder son demasiado grandes, lo que obliga a las grandes potencias a esperar circunstancias más favorables; lo que no significa que el deseo de mayor poder desaparezca. Esto es particularmente relevante para entender la postura rusa en el conflicto libio. Mearsheimer (2001) considera que a pesar de siempre estar preparados para la ofensiva, los Estados piensan cuidadosamente en el equilibrio de poder y cómo reaccionarán otros Estados ante sus movimientos. Al ser actores racionales, ponderarán los costos y los riesgos de la ofensiva en relación con los posibles beneficios. Entonces, "el truco para un maximizador de poder sofisticado radica en comprender cuándo alzarse y cuándo plegarse" (40).

Al igual que Waltz y a diferencia de Morgenthau, Mearsheimer (2001:30-31) considera que no es la naturaleza humana lo que provoca esta tragedia en la conducta de las grandes potencias, sino cinco principios fundamentales, rasgos del sistema internacional:

1. la estructura anárquica del sistema internacional, caracterizada por la ausencia de una autoridad central (lo que llama el problema del 911, es decir, que no existe una autoridad supraestatal que pueda proteger a unos Estados de otros);
2. el hecho de que los Estados siempre tienen alguna capacidad militar que les da la posibilidad de lastimar y posiblemente destruir a otro(s) Estado(s);
3. el hecho de que los Estados nunca pueden estar seguros de las intenciones de sus pares. Específicamente, ningún Estado puede estar seguro de que otro no usará sus capacidades militares para atacarlo;
4. la supervivencia es la meta primaria de las grandes potencias. Los Estados buscan mantener su integridad territorial y la autonomía de su orden político doméstico;
5. las grandes potencias son actores racionales. Los Estados saben lo que pasa en su entorno y piensan estratégicamente como sobrevivir en éste.

De estos cinco principios fundamentales, el tercero es particularmente importante para analizar la postura rusa en Libia y en Siria. Más allá de la valoración y las consideraciones geoestratégicas rusas respecto a uno y otro conflicto, Mearsheimer reconoce que en un mundo en el que cada Estado debe valerse por sí mismo, los líderes no son muy dados a tomarse en serio la palabra de otros líderes. De hecho, Mearsheimer (2011) argumenta que "hay veces en las que existen buenas razones estratégicas para que los líderes le mientan a otros países, así como a su propia gente" y reconoce: "de hecho, frecuentemente se piensa que es inteligente, necesario e incluso virtuoso [mentir] en algunas circunstancias" (VIII).

La anterior consideración sobre la incertidumbre respecto a las intenciones de los otros Estados y la aceptación de que, en ciertas circunstancias estratégicas, los Estados tienden a mentir, está íntimamente relacionada con las críticas realistas a la teoría de la paz democrática.

Para Mearsheimer (2011) los líderes de las democracias occidentales, no los dictadores, como indicaría la lógica idealista, son los más propensos a mentirle a sus pares y a sus propios ciudadanos. Por lo anterior, desde la óptica realista, es claro que no se debe juzgar la conducta estatal tomando como referencia la honestidad de los estadistas, sino la racionalidad estratégica/no estratégica de sus decisiones.

1.3. La variante ofensiva de Zakaria

Aunque la obra de Mearsheimer resulta reveladora, existen ciertas debilidades en ella. A pesar de que hace una excelente diferencia entre el poder latente y el poder militar y de que ejemplifica de forma convincente los elementos —la riqueza de un Estado y el tamaño de su población, que a su juicio constituyen la base socioeconómica y las capacidades militares que le dan poder a un Estado—, no logra explicar la complejidad de la construcción del propio poderío estatal.

Para subsanar estas deficiencias, es importante recuperar la obra de Fareed Zakaria (1999), quien va más allá de las bases materiales para explicar lo que Mearsheimer consideraría como el repliegue o despliegue del expansionismo de una gran potencia. Zakaria pone un énfasis mayor en las capacidades estatales. Se puede asumir de la lectura, que no deduce "lógicamente" la conducta del Estado de la riqueza total nacional ni del tamaño de la población. Para empezar, Zakaria (1999:35), no confunde el poder nacional con el estatal, porque este último es una fracción del primero y puede ser utilizado para cumplir con los propósitos del Estado, que son los propósitos de los hombres de Estado y no de la nación en su conjunto.

Al igual que Mearsheimer, Zakaria asume que las naciones no actúan de forma expansiva cuando lo desean, sino cuando pueden; pero, al igual que sucede con la racionalidad de Mearsheimer, Zakaria (1999) advierte que las naciones "no se expanden de forma frenética, en cualquier lugar y en cualquier momento, sino de una forma racional, en lugares y tiempos que minimizan los costos y riesgos" (9-10). Las explicaciones de Zakaria, con la intención de explicar el relativo freno estadounidense a su expansionismo en las últimas cuatro décadas del siglo XIX, son de enorme utilidad para entender la conducta rusa actual.

No es tanto el poder nacional total, que innegablemente ha crecido durante las administraciones de Dmitri Medveded y Vladimir Putin con relación a la era de Boris Yeltsin, lo que explica la conducta rusa, sino el fortalecimiento de las capacidades estatales. Hoy Rusia, si bien puede contar con ciertas metas estratégicas, debe considerar dos factores fundamentales antes de actuar, resultando una actuación defensiva, ofensiva o mixta: el poder nacional total (desde la lógica de Mearsheimer) o el poder estatal (desde la lógica de Zakaria). En un trabajo anterior (Añorve, 2011) el autor del presente análisis explica la recomposición del Estado ruso, indiscutiblemente anclada en el crecimiento de las capacidades materiales de la riqueza nacional total y de la capacidad estatal para extraer los recursos que le permitan perseguir, de forma autónoma, las metas fijadas. Después de todo, como advierte Zakaria (1999:17), los conflictos no solamente suceden por las preferencias de los hombres de Estado, sino que están condicionados por el poderío de un Estado.

Zakaria concluye asegurando que la estructura interna de poder de un Estado es importante para explicar la conducta y las capacidades estatales, por lo que no basta con entender los condicionantes sistémicos. Considera —de hecho, casi pronostica— que, aunado al incremento de las capacidades estatales, habrá una conducta expansiva cuando el poder del que goza un Estado sea elevado y los riesgos o amenazas sean bajos. Bajo esa mezcla de circunstancias, "el Estado tendrá una mayor libertad para determinar y perseguir sus intereses" (1999:184-186). Las consideraciones de Zakaria pueden ayudar a entender las diversas posturas rusas —ofensiva en el caso de Georgia, defensiva en el libio y de prudencia ofensiva (diplomáticamente hablando) en el sirio. Así, por momentos resulta poco clara la frontera entre el realismo defensivo de Waltz y el realismo ofensivo de Mearsheimer, más que conceptualmente, al aplicarse para analizar la postura rusa en el caso libio, toda vez que lo que puede parecer una contención o una resignación rusa al no vetar las resoluciones 1970 y 1973 del Consejo de Seguridad de Naciones Unidas (CSNU), puede ser otra cosa, "un respiro" o una estrategia "para ganar tiempo", fortalecer las capacidades del Estado y, posteriormente, en contra de los cálculos de sus pares, asestar un golpe, como sucede con la firme decisión de obstaculizar cualquier sanción ulterior a Siria.

2. DOCUMENTOS FUNDACIONALES DE LA POLÍTICA EXTERIOR RUSA

Una de las debilidades históricas de la corriente realista es la dificultad para volver inteligibles y/u operacionales, conceptos como "interés nacional", "poder" y "capacidades". Esta vaguedad en la definición ha sido atacada por los enfoques alternativos. Por ese motivo, se considera que una de las formas en que el interés nacional puede ser entendido con mayor objetividad es tomando como punto de partida una serie de documentos fundacionales de la política exterior —desde luego, sujetos a constante evolución—, cuya actualización difícilmente es producto de las ocurrencias o discursos de las élites estatales y, en gran parte, permite conocer otro de los elementos mencionados al inicio de este párrafo: el de las capacidades.

Antes de evaluar la postura rusa ante el conflicto libio, es indispensable llevar a cabo una breve revisión de algunos documentos fundacionales de los componentes que dan forma a la política exterior rusa y, en buena medida, permiten entender en qué consiste el actual interés nacional, así como las capacidades del Estado ruso. Al analizar los elementos contenidos en el Concepto de Política Exterior de la Federación Rusa, la Estrategia de Seguridad Nacional Rusa, su Doctrina Militar y en la postura asumida ante la ONU, pueden entenderse los elementos que fundamentan y orientan la conducta rusa en el caso específico del conflicto libio.

2.1. El concepto de política exterior

El Concepto de Política Exterior de la Federación Rusa, firmado el 12 de julio de 2008 por Dmitri Medvedev, describe a Rusia como una gran potencia con un papel completamente desarrollado dentro de los asuntos globales. Como "súper" potencia resurgente, reclama una influencia sustancial en los desarrollos internacionales porque —se afirma en el documento— habría restaurado su posición internacional y ahora perseguía sus propios intereses nacionales, en lugar de ser influida por los deseos de otros actores (President of Russia, 2008). El concepto también rechaza ulteriores expansiones de la Organización del Tratado del Atlántico Norte (OTAN), sobre todo hacia Ucrania y Georgia. Al mismo tiempo, se opone al escudo antimisiles estadounidense en Europa. Se pone gran énfasis en el Este, reafirmando la *troika* Rusia-India-China. Menciona explícitamente a la Organización del Tratado de Seguridad Colectiva (OTSC), alianza liderada por Rusia, que considera instrumento clave para mantener la estabilidad y la seguridad en la Comunidad de Estados Independientes (CEI) (President of Russia, 2008).

Un elemento del Concepto de Política Exterior de la Federación Rusa que llama la atención, es la clara demanda para la protección de los derechos y legítimos intereses de los ciudadanos rusos y de sus compatriotas en el extranjero (President of Russia, 2008). Este punto sería invocado menos de un mes después de ser firmado el documento, con ocasión de la guerra con Georgia.

El documento brinda considerable atención a la energía, tanto en términos de recurso como de su vinculación con los asuntos de seguridad estatal. La energía es parte central del pensamiento de seguridad de Moscú por los altos ingresos que produce y por su valor como instrumento de poder, como atestiguan los conflictos del gas con Ucrania.

Además, en lo que puede ser entendido como una especie de corolario al Concepto de Política Exterior, el 31 de agosto de 2008, Medvedev anunció cinco principios que guiarían la política exterior y de seguridad rusa (RIA Novosti, 2008):

1. La primacía del derecho internacional;
2. Un sistema multipolar debería de remplazar el sistema unipolar estadounidense;
3. Rusia no desea el aislamiento, por lo que busca relaciones amistosas, incluyendo las que tiene con Occidente;
4. Rusia considera una prioridad la protección de los rusos, en donde sea que estén;
5. Rusia tiene intereses privilegiados en ciertas regiones.

Resulta indudable que tanto el Concepto de Política Exterior de la Federación Rusa como estos cinco principios dan cuenta de las nuevas capacidades del Estado ruso.

2.2. La Estrategia de Seguridad Nacional

El 12 de mayo de 2009, Dmitri Medvedev aprobó la Estrategia de Seguridad Nacional Rusa hasta 2020. Ésta pone énfasis en el riesgo potencial de futuras guerras energéticas en regiones en las que Rusia defenderá el acceso a los hidrocarburos. Se considera que la lucha por los recursos podría escalar hacia el uso de la fuerza militar cerca de las fronteras rusas y las de sus aliados (Consejo de Seguridad de la Federación Rusa, 2009).

Como señala De Haas (2009) en sus comentarios sobre la estrategia, la energía ha ganado peso desde el segundo periodo presidencial de Putin. Como prueba, advierte que dentro de la estrategia la energía es mencionada más de cinco veces en apartados como "Rusia dentro de la comunidad internacional", "Defensa nacional", "Elevación en la calidad de vida" y "Crecimiento económico". La estrategia permite asegurar que Moscú ve en la energía un instrumento de poder que puede ser usado como disuasión estratégica y que la creciente escasez de los recursos puede crear una amenaza en caso de que los

Estados pobres en recursos energéticos logren conseguir acceso a los recursos en poder de los Estados ricos. Asia Central, el mar Caspio y la región ártica son mencionados como fuentes primarias de recursos energéticos (Consejo de Seguridad de la Federación Rusa, 2009).

A pesar de que la estrategia utiliza el concepto de "Rusia resurgente", lecturas como la de Roger McDermott (2009) consideran que parece ser más conciliadora de lo esperado, porque si bien se ha logrado incrementar las capacidades estatales, éstas aún distan de ser las que tuvo su antecesor, la Unión Soviética.

La estrategia fija metas para el corto plazo (2012), el mediano (2015) y el largo (2020). Es conveniente señalar que la Estrategia de Seguridad Nacional no se limita a cuestiones militares. De hecho, una parte sustancial del documento habla del desarrollo de la industria y la economía del conocimiento para reducir la dependencia rusa de la exportación de materias primas.

Lo anterior es importante, sobre todo para cumplir con el objetivo de ubicarse entre las cinco principales economías del mundo. La estrategia vincula la seguridad con el desarrollo sustentable, poniendo énfasis en los estándares de vida de la población y en el crecimiento de la economía. Incluye también secciones sobre ciencia, cultura, salud pública y el uso racional de la naturaleza. Uno de los ambiciosos objetivos de la estrategia es el de convertir a Rusia en la quinta economía más grande el mundo en términos de Producto Interno Bruto (PIB) (Consejo de Seguridad de la Federación Rusa, 2009).

Otra lectura de la estrategia, de Henning Schroeder (2009), considera que los capítulos relacionados con el desarrollo económico muestran que Medvedev y Putin son realistas en su evaluación del actual *statu quo* en Rusia. Considera que ambos están conscientes de que sólo el crecimiento económico puede respaldar a Rusia como una gran potencia y que solamente puede ganar prestigio y afianzar su seguridad con el ulterior crecimiento de su economía nacional, una acelerada innovación y el fomento de la ciencia y la tecnología. Esto está en línea con el pensamiento realista de Mearsheimer (2001:55), quien considera el tamaño de la economía —junto con el tamaño de la población—, como el fundamento del poder latente o militar de cualquier Estado.

2.3. La Doctrina Militar

La Doctrina Militar de la Federación Rusa fue aprobada por el presidente ruso el 5 de febrero de 2010. Toma como fundamento las provisiones de la Doctrina Militar de 2000, el Concepto de Desarrollo Socioeconómico a Largo Plazo de la Federación Rusa hasta 2020, la Estrategia de Seguridad Nacional de la Federación Rusa hasta 2020, el Concepto de Política Exterior de la Federación Rusa de 2008 y la Doctrina Marítima de la Federación Rusa hasta 2020.

La Doctrina Militar considera que el desarrollo mundial actual está caracterizado por un debilitamiento de la confrontación ideológica, un debilitamiento de la influencia económica, política y militar de ciertos Estados y alianzas y el incremento de la influencia de otros Estados con ambiciones de dominación, la multipolaridad y la globalización de diversos procesos. Entre los principales peligros militares externos contemplados por la Doctrina están (Carnegie Endowment for International Peace, 2010): el deseo de dar a la OTAN funciones globales en violación a las normas de derecho internacional y la movilización de la infraestructura militar de la OTAN hacia las fronteras de la Federación Rusa. Lo anterior, se puede interpretar, es incompatible con el orden internacional multipolar por el que pugna Rusia. Los intentos por desestabilizar la situación en los Estados individuales y regiones minan la estabilidad estratégica y la movilización de contingentes de tropas extranjeras (incluidos grupos de Estados) en los territorios y aguas adyacentes de los Estados contiguos a la Federación Rusa.

Por otro lado, entre las amenazas militares consideradas por la doctrina están:

1. socavar la soberanía rusa y la violación de su unidad y su integridad territorial;

2. la creación o entrenamiento de formaciones armadas ilegales y su actividad en territorio de la Federación Rusa o en los territorios de sus aliados;
3. las muestras de fuerza militar con objetivos provocativos en los Estados contiguos a la Federación Rusa o a sus aliados.

Finalmente, entre las principales tareas de la Federación Rusa para la disuasión y la prevención de conflictos militares, la Doctrina Militar destaca (Carnegie Endowment for International Peace, 2010): fortalecer el sistema de seguridad colectiva dentro del marco del OTSC y mejorar su potencial para intensificar la cooperación en el campo de la seguridad internacional dentro del marco de la CEI, la Organización para la Seguridad y la Cooperación en Europa (OSCE) y la Organización para la Cooperación de Shanghái (OCS), así como desarrollar relaciones en esta esfera con la OTAN y otras organizaciones interestatales y participar en actividades de mantenimiento de paz internacional, incluyendo aquellas bajo el auspicio de la ONU y dentro del marco de interacción con organizaciones regionales.

La Federación Rusa considera un ataque armado contra un Estado miembro de la OTSC como un ataque contra todos los integrantes de dicha organización. La Doctrina Militar establece explícitamente la prioridad de la cooperación militar-política con Bielorrusia, con los Estados miembro del OTSC y con Estados de la CEI y de la OSC.

2.4. La postura rusa ante las 64ª y 66ª sesiones de la AGNU

La postura de la Federación Rusa ante la 64ª AGNU (Asamblea General de Naciones Unidas) (2009-2010) hace varias referencias a África, entre las que se pueden encontrar (Permanent Mission of the Russian Federation to the European Union, 2009): crecientes apoyos rusos a las Operaciones de Mantenimiento de Paz (OMP); adopción de medidas dentro del CSNU para suprimir la piratería en las costas africanas; apoyar una cercana interacción entre la ONU y la Unión Africana (UA) para la resolución de conflictos en la región y apoyar la formación de fuerzas africanas. Aunque favorece un activo apoyo internacional, Rusia considera que los africanos deben responsabilizarse de su propio destino.

Como objetivo primario, la postura rusa establece la consolidación de los principios del multilateralismo en la política mundial, se favorece un papel fuerte de la ONU dentro del sistema internacional que está tomando forma y se condena enérgicamente el uso de los asuntos relacionados con los derechos humanos como pretexto para interferir en los temas internos de los Estados y como mecanismo de presión.

También en ocasión de la 66ª sesión de la AGNU (2011-2012), al igual que en la 64ª, Rusia considera fundamental consolidar el multilateralismo para la resolución de los problemas que enfrenta el mundo moderno (Ministry of Foreign Affairs of the Russian Federation [MFA], 2011). En el octavo punto de su postura, llama a los grupos de países y asociaciones al desarrollo de una interacción entre la ONU y las organizaciones regionales. Rusia afirma que su prioridad es promover el uso de los contactos de la ONU con la OTSC, la CEI y la OSC, y llama a la cooperación de la ONU con la UA para la prevención y el arreglo de las crisis (MFA, 2011).

Rusia considera que los dramáticos cambios en el Medio Oriente y el norte de África son resultado de problemas políticos, sociales y económicos acumulados en la región. Sostiene que no hay panacea que resuelva las crisis en los países y que la asistencia internacional, incluida la de la ONU, debe darse bajo extrema precaución y con el consentimiento de los Estados afectados. Considera que la elaboración de mecanismos internacionales para estabilizar las situaciones debe respetar la soberanía y la integridad territorial de los Estados. También exige evitar la interferencia externa para la solución de problemas políticos internos (MFA, 2011).

Para Rusia, la solución de largo plazo a la crisis libia sólo es posible por medio de mecanismos políticos y diplomáticos, por tanto, la prioridad es lograr un cese al fuego y el lanzamiento de un proceso político. Asimismo considera que la responsabilidad recae en el Consejo de Seguridad de Naciones Unidas y no en otros formatos auto-proclamados por las grandes potencias. Además, asegura que las resoluciones 1970 y 1973 deben ser estrictamente aplicadas y que es inaceptable interpretarlas en forma liberal; es decir, deben ser consistentes con los propósitos para los que fueron adoptadas, como la protección de la población civil (MFA, 2011).

Para el caso africano, Rusia aboga por una interacción práctica entre la ONU y la UA para establecer capacidades de mantenimiento de paz africanas. En cuanto a las sanciones de la ONU, si bien deben marcar la pauta en la resolución de conflictos y crisis internacionales, sus objetivos deben ser explícitos y legítimos, en tiempos acordados y sujetos a revisión periódica. En este sentido, Rusia favorece el levantamiento de los castigos, previo cumplimiento de ciertas condiciones objetivas, y considera inaceptable que se usen sanciones amplias y dogmáticas que puedan lastimar a la población civil. Finalmente, se manifiesta en contra de interpretaciones generales y/o arbitrarias de las resoluciones del CSNU, al tiempo que se opone también a las sanciones unilaterales (MFA, 2011).

2.5. Documentos rusos y conflicto libio

La consistencia entre las acciones adoptadas por el Estado ruso y sus documentos fundacionales permitirá ver hasta qué punto los Estados actúan como entes unitarios racionales, como dicta la lógica del pensamiento realista.

El Concepto de Política Exterior ruso, no obstante autoproclamar como "súper" potencia resurgente a la Federación Rusa, limita la región geográfica estratégica de Rusia, a pesar de hacer alusiones generales al vínculo energía-seguridad nacional. De los cinco principios rectores de la política exterior y la seguridad rusa, al aprobarse las resoluciones 1970 y 1973 del CSNU, se puede considerar que los principios 1 y 2 son respetados, ya que la intervención de la OTAN en Libia no los contradice, y al asumir las potencias europeas el liderazgo de la ofensiva, contribuye a fortalecer el multilateralismo.

Pareciera que el énfasis de la Estrategia de Seguridad Nacional en el riesgo potencial de futuras guerras energéticas sería incompatible con la decisión de no vetar las resoluciones 1970 y 1973. Sin embargo, dicha estrategia considera que la lucha por los recursos podría escalar hacia el uso de la fuerza militar si la zona en disputa estuviera cercana de las fronteras rusas o las de sus aliados. Además, la estrategia no considera prioritario cualquier yacimiento de energéticos; hace referencia explícita a Asia Central, el mar Caspio y la región ártica como regiones primarias. Visto así, la desatención hacia Libia no produce contradicción.

Adicionalmente, el documento menciona el objetivo de convertir a Rusia en la quinta economía mundial. Es más útil establecer buenas relaciones comerciales y diplomáticas con las potencias occidentales que con Libia, que no sería socio como podrían serlo los países pertenecientes a la CEI, la OTSC, la OCS o los BRICS (Brasil, Rusia, India, China y Sudáfrica).

El caso de la Doctrina Militar de la Federación Rusa parece más claro que los dos anteriores. En el conflicto libio no existe intento alguno de socavar la soberanía rusa ni la violación de su integridad territorial. Tampoco hubo muestras de fuerza militar o ataques en contra de aliados de la OTSC, la CEI o la OCS. La actuación directa de la OTAN en ningún sentido significó una expansión hacia las fronteras de la Federación Rusa. Desde la óptica del documento militar ruso, no había razones para adoptar una posición ofensiva.

Finalmente, por lo que corresponde a la postura rusa ante la ONU, pese a considerar que las resoluciones 1970 y 1973 del CSNU se extralimitaron en su interpretación y aplicación, se valoró que se haya tomado en cuenta a la UA y que la operación de la OTAN haya sido liderada por países europeos como producto de un mandato del CSNU, no por decisión unilateral estadounidense. Por otra parte, los excesos cometidos en la operación punitiva a Libia han hecho que Rusia se oponga a sanciones y resoluciones similares en el caso sirio, lo que confirma que la postura conciliadora en un conflicto puede convertirse en agresiva en otro escenario, si los intereses nacionales de las potencias lo juzgan conveniente.

3. RUSIA ANTE EL CONFLICTO LIBIO

Al analizar la postura rusa ante el conflicto libio, es necesario evitar las abstracciones derivadas de principios morales universales y centrarse en los intereses materiales y estratégicos rusos en Libia. Para entender mejor el significado de dichos intereses, es preciso que el lector tenga presente lo presentado en los primeros dos apartados.

3.1. El panorama energético

Uno de los objetivos centrales de las grandes potencias contemporáneas es lograr su seguridad energética, que puede ser definida como "la disponibilidad de oferta limpia a costos asequibles" (Bahgat, 2009:155). Para Rusia, gran productor de petróleo y gas, la autosuficiencia energética parece estar fuera de cualquier cuestionamiento. No sucede lo mismo con la Unión Europea (UE), para la que dicho logro es indispensable para poder mantener el desarrollo económico y el bienestar de sus ciudadanos. Por eso, entre mayor sea la exposición de un país o de una región a una elevada concentración de fuentes energéticas o de mercados, menor será su seguridad energética (Bahgat, 2009:155). En torno a este objetivo, desde una óptica realista, no como parte de una agenda de democratización mundial, puede ser entendida la intervención de la OTAN en Libia.

A mediados de la primera década del siglo XXI, la energía producida al interior de la UE representaba 46% del total consumido (European Commission, 2008a). La mayor parte del petróleo y el gas provenía del mar del Norte, mientras que los campos petroleros de Noruega y Reino Unido daban muestras de madurez y declive. A la par de una producción menguante de gas, la Agencia Internacional de Energía espera que el consumo europeo se incremente 0.5% anual en promedio (Orttungy & Overland, 2011:54).

Es importante destacar que en noviembre de 2008 la Comisión Europea presentó un Plan de Seguridad Energética y Acción Solidaria en cinco áreas (Bahgat, 2009:158):

1. diversificación de los proveedores;
2. mayor enfoque energético dentro de las Relaciones Internacionales de la UE;
3. mejorar las reservas de petróleo y gas;
4. eficiencia energética;
5. hacer mejor uso de las reservas europeas de energéticos.

Con base en los puntos 1-3 del plan, se puede afirmar que la seguridad energética es pieza clave en el entendimiento del conflicto libio. Aquí se debe recordar que en años recientes la UE ha buscado establecerla y consolidarla por medio de sociedades con las regiones de mayor producción, entre las que están incluidas Rusia, la cuenca del Caspio, el norte de África y la Organización de Países Exportadores de Petróleo (OPEP). El trabajo de Gawdat Bahgat (2009), escrito previo a la intervención "pro democrática" de la OTAN, analiza la creciente cooperación energética entre la UE y Argelia, Egipto y Libia. Argumenta que dadas las masivas reservas rusas y su proximidad geográfica, la interdependencia UE-Rusia es inevitable en el futuro próximo y reconoce que un aumento en la cooperación con los productores norafricanos puede reducir la vulnerabilidad europea al aumentar su seguridad energética.

A pesar de que actualmente se habla mucho entre las autoridades de la UE de que el presupuesto será cada día más verde y se destinará 20% del presupuesto 2014-2020 para lograr la descarbonización de su economía (Van Renssen, 2012) y de que la mezcla energética varía de país a país, el consumo general de la UE está compuesto de la siguiente forma: 37% petróleo, 24% gas, 18% combustibles sólidos, 14% nucleares y 7% recursos renovables (European Commission, 2008b).

Pese a dichas intenciones, dos cosas son ciertas: 1) mientras el presupuesto verde de la UE no se convierta en una realidad como región, el uso del petróleo y gas representa cerca de 60% del consumo energético total, y 2) la diferencia entre su producción energética y su consumo se ampliará y producirá mayor dependencia de proveedores extranjeros. Se calcula que para 2020 su dependencia de petróleo será de 92-93% del consumo de la UE. (Bahgat, 2009:159). En el caso del gas, la dependencia es igual de dramática: cuenta con menos del 2% de las reservas mundiales probadas, además de que éstas se concentran en Países Bajos, Reino Unido y Rumania. Para 2020 la dependencia europea de gas será del 71-73% (Bahgat, 2009:159).

Revisado el panorama energético europeo, es preciso identificar qué lugar ocupan Rusia y Libia dentro de la producción, el consumo y la importación-exportación mundial de petróleo y gas.

En cuanto a la producción petrolera, Rusia ocupa el segundo lugar mundial con 10.27 millones de barriles diarios, sólo detrás de Arabia Saudita; por su parte, Libia se encuentra en el lugar 18 con una producción de 1.78 millones diarios de barriles, y es el cuarto productor africano de petróleo, sólo detrás de Nigeria, Argelia y Angola (CIA, 2011). Respecto al gas, Rusia es el segundo productor, sólo detrás de Estados Unidos (CIA, 2011). Su diferencia en la producción de gas con el tercer lugar (la UE considerada como bloque) es de más de tres veces, lo que ayuda a explicar el interés europeo en diversificar sus fuentes de aprovisionamiento. Entre los países europeos, sólo Noruega (no miembro de la UE) y Países Bajos están entre los 10 principales productores de gas.

Libia, aunque no es un productor de la talla de Argelia o Egipto, ocupa el lugar 35 en la producción mundial de gas, equivalente a 2.69% de la producción rusa, y puede ser considerado importante para el aprovisionamiento de gas para el sur de Europa, sobre todo cuando los gasoductos del sur (South Stream, Nabucco), enfrentan problemas políticos o de viabilidad económica. De hecho, la mayor parte del gas libio es exportado a Europa vía el Torrente Verde (Green Stream), inaugurado en octubre de 2004.

A diferencia de la producción menguante de gas en Europa, la producción de Libia aumentó de 6 mil millones de metros cúbicos en

1997 a 15.2 mil millones en 2007. Argelia pasó de 71.8 mil millones en 1997 a 83 mil millones en 2007; Egipto, de 11.6 mil millones de metros cúbicos en 1997 a 46.5 mil millones en 2007 (Ruehl, 2008:24). Lo anterior hace de los países norafricanos territorios deseables. Esta relevancia tiene mayor sentido toda vez que Moscú ha contrarrestado los ductos Nabucco y otros proyectos europeos, con sus planes para fortalecer la cooperación entre los principales productores de África y Asia Central, además de consolidar su presencia en actuales y futuras rutas de ductos hacia Europa.

El análisis del consumo petrolero muestra la importancia de Libia, que ocupa el lugar 18 como productor. A diferencia de Estados Unidos, México y Canadá, que también son importantes consumidores, Libia consume diariamente 280 mil barriles de petróleo (CIA, 2011) de los 1.78 millones que produce, dejando 1.5 millones de barriles disponibles para la exportación. En consumo de petróleo, Libia ocupa el lugar 46 (CIA, 2011).

En cuanto al gas, aunque Libia es un productor de segundo orden a nivel mundial, su consumo —que ocupa el lugar 55— aparece en tercer orden al consumir solamente 37.79% del gas producido en el país. Como productor de gas, Libia no puede romper la dependencia europea del gas ruso, pero es importante para saciar la necesidad europea. Sólo para dar una idea de la "sed" gasera europea: 18 de los 38 principales importadores de gas son miembros de la UE (CIA, 2011).

Bahgat (2009) señala que para ninguno de los dos recursos se ubica a Libia entre los principales proveedores europeos. Eso puede cambiar tras el reconocimiento del nuevo gobierno libio. Por lo pronto, Libia tenía en 2008 las reservas probadas más grandes de petróleo en África —41.5 mil millones de barriles— y las cuartas más grandes de gas —1.50 billones (trillones en inglés) de metros cúbicos—, sólo después de Nigeria, Argelia y Egipto. Además, el país es considerado energéticamente subexplorado, por lo que desde 2005 ha celebrado rondas de concesiones para la exploración de petróleo y de gas natural (Bahgat, 2009:166). Al igual que Argelia, es un importante exportador de Gas Natural Licuado (GNL).

Libia es una importante pieza dentro de las estrategias energéticas europeas y rusa. En septiembre de 2008, la compañía Gazprom de Rusia firmó un memorándum de entendimiento con la Corporación Petrolera Nacional de Nigeria para conectar un oleoducto nigeriano a los ductos propuestos por Argelia para suministrar a Europa. Gazprom, a raíz de la visita de Putin a Libia en 2008, esperaba fortalecer su presencia en el mercado europeo mediante la permuta de acciones de Gazprom por acciones libias en ENI de Italia. Antes, en julio de 2008, Gazprom propuso a Libia, sin éxito, comprar todo el petróleo y gas libio no contratado y destinado a la exportación (Katz, 2008:122). Gazprom también expresó su interés en la construcción de un ducto entre Libia y Europa (Buckley, 2008). Esta cooperación rusa con África busca contrarrestar los esfuerzos europeos y estadounidenses para construir ductos alternativos que partan del mar Caspio y eviten su paso por territorio ruso e iraní.

Para la UE, el norte de África es parte de su estrategia de seguridad energética, y su sociedad con Argelia, Egipto y Libia es parte de una cooperación socioeconómica y política más amplia, documentada en el Proceso de Barcelona (Bahgat, 2009:163). La paradoja es que el conflicto en Libia obligó a Italia a cerrar su gasoducto, lo que incrementó la demanda europea de gas de otros lugares, incluyendo a Rusia (Orttung & Overland, 2011:54).

El conflicto libio juega un papel importantísimo en esta compleja *troika* de intereses petroleros y gaseros Unión Europea-Libia-Rusia, porque desde 2001, Rusia tomó el liderazgo en el desarrollo del Foro de Países Exportadores de Gas (GECF, por sus siglas en inglés), organización que permite a los exportadores de gas el intercambio de información y consejo sobre políticas.

Una de las finalidades del foro podría ser la creación de un cartel de gas similar a la OPEP. Algunos modelos predicen que un posible cartel del gas podría reducir las cantidades totales de gas y aumentar el precio en 22% para los importadores (Orttung & Overland, 2011:53). Robert Orttung e Indra Overland (2011:57) reconocen que el hipotético cartel traería ciertos costos aparejados. Puesto que las reservas de gas están concentradas en un menor número de países que las de petróleo, sería más fácil controlarlas: Rusia, Irán y Qatar controlan 53% de las reservas globales. En el caso del petróleo, Arabia Saudita, Venezuela e Irán suman 43% de los recursos. Pese a esto, Orttung y Overland (2011) sostienen que es poco probable que se materialice un cartel, es difícil lograr que un grupo de países sincronicen sus intereses.

Más allá de la concreción o no del cartel gasero, lo importante para este trabajo es:

1. reconocer que los intereses cambiantes y no siempre compatibles de los Estados ayudan a explicar la conducta estatal ante ciertos escenarios de crisis de mejor forma que algunos enfoques normativos;
2. entender que las alianzas internacionales no son producto de un núcleo de valores comunes, sino pasajeras, sujetas a revisión, matrimonios de conveniencia.

3.2. Los intereses rusos en Libia

Los intereses de las grandes potencias en Libia no son nuevos. Bajo Gadafi se nacionalizaron empresas que estaban en manos extranjeras, lo que complicó las relaciones de Libia con las potencias (ElWarfally, 1998). En el caso estadounidense, se suspendió la venta de aviones de transporte y sistemas de defensa aéreo al gobierno libio. En respuesta, Libia adoptó una política exterior hostil hacia Occidente. Incluso interrumpió el suministro de petróleo a Estados Unidos. Con la Unión Soviética, asegura De Alba (2011), Libia limitó la relación a la compra de armas. Con Europa, mantenía relaciones comerciales de exportación de petróleo y recepción de tecnología.

La Rusia de Yeltsin, por su peso secundario en el orden internacional tras el fin de la Guerra Fría, redujo sustancialmente sus relaciones comerciales con otros países. Eso cambió durante las dos primeras administraciones de Vladimir Putin, quien desde el año 2000 ha tenido cuatro objetivos en el Medio Oriente (Freedman, 2011):

a) restaurar el estatus de Rusia como gran potencia y terminar, como consecuencia, con el unilateralismo estadounidense. Esto parece en perfecta concordancia con los documentos fundacionales de la política exterior rusa aquí analizados;
b) desarrollar la economía rusa, particularmente en la esfera de la alta tecnología. Para ese fin, no basta vender armamento sofisticado, sino también se piensa en reactores nucleares. Este objetivo también está en línea con la Estrategia de Seguridad Nacional hasta el año 2020;
c) como resultado del costo creciente en la explotación de petróleo y gas rusos, busca socios energéticos en la región. Tanto en el Concepto de Política Exterior como en la Estrategia de Seguridad Nacional, se hace referencia a la importancia de los energéticos;
d) comprometer diplomáticamente a los Estados de la región para minimizar la ayuda a los insurgentes en el Cáucaso. Este objetivo está en línea con la Doctrina Militar, que considera amenaza militar cualquier intento de socavar la soberanía rusa y la violación de su unidad y su integridad territorial.

A diferencia de Túnez y Egipto, Libia representa intereses fuertes y diversos: armamento, bases militares, ferrocarriles, electricidad, petróleo y gas, así como la negociación de la deuda contraída por Libia con la extinta Unión Soviética.

En el sector armamentista, Freedman (2011) asegura que Rusia firmó con Gadafi un contrato de armas por 2 mil millones de dólares y estaba en negociación otro de 1.8 mil millones de dólares. Sólo en armas, Rusia podría perder casi 4 mil millones de dólares. Stephen Blank y Carol Saivetz (2012:4) reportan que en octubre de 2009 Libia firmó cinco contratos con Rosoboronexsport, que incluían equipo y refacciones para la armada y la naval. La venta de armas de Rusia a Libia no estaba aislada de otros intereses y metas. Análisis recientes, además de calcular que los intereses militares rusos en Libia están valuados en 4 mil millones de dólares, destacan que la política del Kremlin parece condicionar la venta de armas al establecimiento de bases militares (Blank & Saivtez, 2012:4). Por ejemplo, en 2008 el gobierno ruso condonó 4.5 mil millones de dólares al firmar un contrato por 300 millones de dólares para la venta de refacciones, mantenimiento y modernización de compras anteriores. A cambio de condiciones tan favorables, Libia ofreció a Rusia una base naval en Bengasi (Bugajski, 2009:48-50).

Entre los acuerdos alcanzados durante la visita de Putin a Libia en 2008, como en el caso armamentista, la cancelación de la deuda libia fue condicionada, entre otros, al otorgamiento de un contrato para que la empresa Ferrocarriles Rusos construyera una línea férrea de 554 kilómetros, de Sirte a Bengasi, así como un memorándum de entendimiento entre Gazprom y la Compañía Nacional de Petróleo Libia. El costo de la línea férrea sería de 2.2 mil millones de euros, de los que la mitad contaría para fines de reducción de la deuda libia (Katz, 2008:124).

Los mayores intereses económicos y estratégicos de Rusia en Libia están en el sector de los energéticos. Más allá de la exploración y la producción, son prioritarios en la estrategia energética rusa por las posibilidades-efectos que pudieran tener en su principal mercado energético: el europeo.

Blank y Saivetz (2012:5) afirman que Gazprom necesita del gas de Asia Central para cubrir la demanda doméstica rusa y precisa del norafricano para reforzarse como proveedor en Europa. De esta forma, Lukoil tiene intereses en Egipto, Gazprom realiza importantes inversiones en Argelia y Tatneft hizo lo propio en Libia. Como señalan Blank y Saivetz (2012), las inversiones en Libia fueron vistas como un sustituto ante la falta de cooperación de Argelia. En diciembre de 2006, Tatneft y Gazprom ganaron licitaciones para el desarrollo de cuatro de los catorce bloques que Libia había puesto en oferta (Katz, 2008). Además, Gazprom obtuvo un contrato adicional en diciembre de 2007. La gigante gasera rusa tiene tres grandes intereses en Libia:

1. permutar acciones propias en Rusia, por acciones libias en ENI de Italia;
2. participar en ductos que lleven energéticos de Libia a Europa;

3. establecer una empresa conjunta ruso-libia para la construcción en Libia de una planta generadora de energía eléctrica (Katz, 2008:125).

Rusia, como se mencionó, también tenía como interés la participación libia para el fortalecimiento del GECF. "Algunos analistas describen los movimientos de Gazprom en el norte de África como un ataque en forma de pinzas sobre Europa. Dicen que si Gazprom tiene éxito en Libia y Argelia, en donde ya compite por contratos, podría terminar dominando las rutas de aprovisionamiento al sur de Europa" (Dempsey, 2008:1).

Por su parte, Vladimir Socor de la Fundación Jamestown, asegura que para Gazprom "la estrategia busca engullir la producción de gas y las exportaciones desde Medio Oriente y África, así como desde los países del Caspio y vender ese gas en Europa y América del Norte por medio de Gazprom" (2008).

Por el lugar que ocupa Libia como productor de energéticos, difícilmente podrían entenderse los intereses rusos en Libia; sin embargo, se puede comprender por su posición geográfica dentro del mercado energético y agregar la observación de Sergei Demidenko, del Instituto de Evaluación y Análisis Estratégico para esclarecer los intereses en juego: "El mercado libio no es tan grande. Sin embargo, es una pieza de valor para las grandes compañías petroleras y gaseras de Reino Unido, Francia, Italia, etc. Sería extraño que Occidente permitiera la participación rusa. Será un lugar muy limitado, aún sin Rusia" (citado en Balmasov, 2011).

Si bien el mercado petrolero libio representa sólo entre 2% y 3% de la producción mundial, Demidenko destaca que sólo una tercera parte del mapa geológico del país ha sido explorada. No es la producción actual, sino la potencial producción a futuro lo que le da su significado a Libia (citado en Balmasov, 2011).

De acuerdo con Ellen Barry (2011), durante la primavera de 2011, un alto oficial ruso aseguraba que si Gadafi dejaba el poder, Rusia perdería unos 4 mil millones de dólares, por lo que no era sencillo para el Estado ruso traicionar los intereses de sus empresas. Lyudmila Alexandrova (2011), de la agencia noticiosa rusa ITAR-TASS estimaba que Rusia podría perder hasta 10 mil millones de dólares en negocios si el nuevo liderazgo libio desafiaba la legalidad de los contratos firmados por Gadafi.

En este momento, es prematuro vaticinar sobre lo que pasará con los contratos libios firmados en la era Gadafi y con la adjudicación de contratos posteriores. Lo que se puede hacer es dar cuenta de las pérdidas reales. La empresa Ferrocarriles Rusos, que en 2010 comenzó la construcción de la vía Sirte-Bengasi, para inicios de 2012 había perdido cerca de 67.7 millones de dólares (Filatova, 2012). Tatneft, que ganó una concesión de exploración en el país, tuvo pérdidas por alrededor de 100 millones de dólares en 2011 (Filatova, 2012). Por su parte, Rosoboronexsport perdió aproximadamente 4 mil millones de dólares en contratos después del embargo que impuso el CSNU a Libia en marzo de 2011. También se encuentran en peligro contratos de Gazprom, que entre 2006 y 2011 invirtió cerca de 200 millones de dólares en exploración (Balmforth, 2011).

Al momento de escribir el presente trabajo (junio de 2012), semanas antes de las elecciones, aún se revisan los contratos firmados por Gadafi, muchos de los cuales involucran intereses rusos. Ante la incertidumbre siempre aparejada a la revisión de contratos, el primer ministro libio, Abdul Abdurrahim El-Keib, confirmó que todos los contratos firmados con Gazprom y Tatneft permanecerían vigentes y podrían reanudar labores. Por lo que respecta a los contratos con Rusia vencidos en 2011, el primer ministro observó que serían revisados meticulosamente antes de tomar una decisión (Filatova, 2012).

Esta decisión, contraria a los temores de Vladimir Isayev (Filatova, 2012), en el sentido de que Libia buscaría el apoyo de proveedores europeos, puede en gran parte ser una respuesta lógica a las limitantes estructurales de la economía libia. Después de todo, como advierte Dmitri Alexandrov, analista del Grupo Univer-Capital: "En la actualidad Libia sólo puede ofrecer petróleo y gas. Todos estos son proyectos intensivos en capital, y las grandes compañías, que fácilmente pueden obtener financiamiento, están listas para involucrarse en estos proyectos" (citado en: Dibizheva, 2011).

Esta realidad, contraria a los juicios normativos que harían esperar un favorecimiento en automático para aquellos que han ayudado a traer el evangelio de la democracia, da fuerza a las consideraciones realistas, en las que se da prioridad a los cálculos que ayuden a promover el interés nacional, más allá de quién lo determine. En la misma disyuntiva que parece enfrentar el nuevo gobierno libio, Rusia enfrentó el dilema del reconocimiento del Consejo Nacional de Transición (CNT) libio. Por un lado, a pesar de no haber obstaculizado las resoluciones del CSNU, el Estado ruso consideraba que la intervención occidental se había extralimitado en el mandato. Por otro lado, a pesar de la incertidumbre sobre los contratos firmados con el régimen de Gadafi, para Rusia es importante mantener los espacios de inversión en Libia, sobre todo a raíz de que apostó a la mencionada cancelación de deuda.

El entendimiento de los intereses recíprocos entre Rusia y Libia es un buen ejemplo de cómo la política internacional sigue condicionada por los dictados de la *Realpolitik*, que tiene al interés nacional y al poder en el centro. Contrario a la lógica de la teoría de la paz democrática, el CNT libio, que tuvo su origen y razón de ser en la necesidad de defenestrar el régimen dictatorial de Gadafi, busca encontrar acomodo con Rusia, cuyo régimen, según los estándares occidentales (como los de Freedom House, 2012) no es una democracia. Para el CNT, ante la realidad de una economía monoexportadora *de facto* y los severos problemas financieros en Europa, si el nuevo régimen libio desea fortalecerse, sobrevivir y evitar una nueva guerra civil, debe incrementar su poder, tal vez no pensando en el escenario internacional —como lo haría Mearsheimer— sino domésticamente.

Rusia y el conjunto de los BRICS, a diferencia de otras economías industrializadas, se caracterizan por contar con importantes excedentes productivos que pueden ser canalizados para la inversión allende sus fronteras. Por lo que a Rusia corresponde, es importante destacar que en el caso libio ha podido actuar como un Estado unitario y autónomo de los intereses particulares de la jurisdicción rusa.

Si la lógica pluralista reinara sobre la lógica del Estado unitario y racional, no podría entenderse por qué cuando 10 mil millones de dólares de compañías rusas están en juego en primer lugar, Rusia decidió no obstaculizar la intervención de la OTAN, pieza clave en el derrocamiento de Gadafi y la liquidación de su régimen; tampoco se podría entender por qué el gobierno ruso decidió reconocer al CNT antes que se garantizaran sus intereses en Libia. Rusia tardó meses en reconocer al CNT, pero lo hizo el 1 de septiembre de 2011, porque al controlar éste la mayoría del país, temió perder miles de millones de dólares en contratos de energía, defensa e infraestructura. Eso muestra lo efímero de las alianzas y las rivalidades interestatales y lo tambaleantes que resultan los principios ideológicos.

4. LA ASERTIVIDAD RUSA ANTE LA CRISIS EN SIRIA

Durante los intentos de solución de la crisis Siria en las Naciones Unidas durante el 2012, Rusia y China se convirtieron en los principales obstáculos para la intervención de la OTAN en aquellos países, autorizada por el CSNU. Llaman la atención dos temas: estos países decidieron no obstaculizar la intervención en Libia, pese a no votar a favor de las resoluciones 1970 y 1973 del CSNU; y tanto el régimen de Gadafi en Libia, como el de Bashar-al-Assad en Siria reprimieron a los rebeldes y a la población civil.

4.1. El cambio en la postura rusa en el caso de la crisis en Siria

Desde luego, existen elementos que pueden ayudar a interpretar el endurecimiento de la postura rusa:

1. la experiencia de intervenciones anteriores (por medio o fuera del CSNU);
2. los intereses rusos en cada uno de los países;

3. la importancia geoestratégica que dentro de los documentos fundacionales rusos se le asigna a los países o regiones del mundo;
4. las implicaciones para la estabilidad y/o la supervivencia del propio régimen ruso.

El presente trabajo argumenta que no existe evidencia que permita entender la postura rusa ante Libia y Siria desde la lógica de teorías alternas al realismo político.

La experiencia con las intervenciones previas de la OTAN es el primer elemento para comprender el cambio en el actuar ruso. Como menciona Pavel Baev (2011), la mentalidad de Putin ha sido moldeada y quizá traumatizada en buena medida por la crisis de Kosovo en 1999, cuando a pesar de las fuertes objeciones rusas, la OTAN lanzó una intervención militar bajo la bandera de la protección de los civiles. Kosovo se convirtió en un Estado bajo el auspicio de Occidente, a pesar del no reconocimiento ruso. Esta campaña fue posible porque en la era de Yeltsin el Estado ruso no tenía la fortaleza y asertividad que hoy tiene la Rusia de Putin.

Dentro de este primer elemento, está claro que las intervenciones occidentales con motivo de la "primavera árabe" son selectivas. Es innegable la existencia de dobles estándares en Washington y en diversas capitales europeas. Por un lado, se mantiene una sociedad estratégica con Arabia Saudita; y por otro, se condena la supresión de la revolución en Baréin, país que ha sido pacificado de forma artificial, porque de invocarse las mismas libertades que en Túnez, Egipto, Libia, Yemen y Siria, se tendría un foco democrático adicional.

Como último punto de este primer elemento explicativo y como ha sido mencionado, la OTAN se extralimitó en el mandato recibido del CSNU en sus resoluciones 1970 y 1973. De hecho, un comentario de Paul Saunders, director ejecutivo del Centro para el Interés Nacional en Washington, lo ilustra y ayuda a comprender la actual postura rusa en Siria: "Los líderes rusos sienten que han sido engañados una y otra vez por Estados Unidos en el Consejo de Seguridad [...] Citarán el ejemplo de Irak por supuesto, pero se remonta a la ex

Yugoslavia, a la OTAN liderando una campaña de bombardeo ahí sin la aprobación de la ONU" (citado en: LaFranchi, 2011. Traducción propia).

En cuanto al segundo elemento, los intereses rusos en Siria, Blank y Saivetz (2012) consideran que ante el éxito de la OTAN y las posibles pérdidas rusas en Libia, Putin temía que la intervención pudiera replicarse en Siria u otro país de la región. Para Marwan Kabalan (2012), la oposición rusa a las políticas occidentales en Siria puede ser vista como una queja por la intromisión en la esfera estratégica rusa y por ignorar sus intereses nacionales en muchas otras áreas del mundo, especialmente en Libia.

Blank y Saivetz (2012:4) advierten que de muchas formas, Siria es más central que Libia en las consideraciones estratégicas regionales rusas. Siria es uno de los mercados principales de armas para Rusia. En este rubro, los contratos entre ambas naciones están valuados en al menos, 3 mil millones de dólares. De acuerdo con AVN, agencia noticiosa del ejército ruso, Siria representa hasta 10% de las exportaciones de la industria de la defensa rusa y en el caso de algunas compañías rusas, es un socio esencial (Blank & Saivetz, 2012:5). Por su parte, Fiodor Lukyanov (2011) argumenta que el complejo militar-industrial ya está enojado por la cancelación de los contratos con Irán, resultado de la presión occidental, así como por las pérdidas por el derrocamiento de Gadafi. Cuando el CSNU aprobó la resolución 1970, el 26 de febrero de 2011, que establecía el embargo de armas a Libia y prohibía a los dirigentes del país —es decir, a Gadafi y su círculo interno— realizar viajes al extranjero, además de congelar sus activos (United Nations [UN], 2011), los contratos rusos se vieron seriamente afectados. Se debe mencionar que en Siria los intereses rusos afectados no se limitan al sector militar; compañías energéticas como Stroitransgaz y Tatneft exportan más de 1.1 mil millones de dólares en equipo de construcción y gas (Blank & Saivetz, 2012:5).

No menos importante resulta el tercer elemento, la importancia geoestratégica que los documentos fundacionales rusos asignan a los países y regiones del mundo. A pesar de que tampoco está considerada en la "zona roja de alarma", no es un Estado del "cercano extranjero", ni es un productor importante de energéticos (CIA, 2011), Siria tiene un valor militar y político mucho más importante para Rusia que el que tiene Libia.

A diferencia de otras potencias, Rusia no tiene interés directo en las provisiones petroleras del Golfo; sin embargo, según explica Baev (2011), se beneficia con el incremento del precio del petróleo en el mercado internacional. Adicionalmente, su reputación como proveedor confiable de energéticos se fortalece en la medida en que se debilita el Golfo. Por tanto, pese a que los recursos del Golfo Pérsico, en apariencia, no aumentarían de forma directa el beneficio ruso, la inestabilidad en Siria y en la región incrementan su poder relativo, al debilitar a los Estados necesitados de un Golfo Pérsico estable.

La salida a los mares cálidos es un factor fundamental del pensamiento y la estrategia defensiva global rusa. Rusia, aunque posee gigantescos litorales, tiene acceso limitado a mares navegables todo el año. Eso mantiene a Rusia dispuesta a luchar por su base naval en Tartus, Siria, elemento que impacta directamente en su capacidad militar. Así, en 2011 envió tres barcos a dicha base, maniobra que Zamakhina (2011) considera una señal de advertencia para Occidente y una muestra de la oposición que presentará Rusia a toda interferencia extranjera.

Desde luego, no podría completarse este análisis, sin tomar en cuenta el cuarto y último elemento: las implicaciones para la estabilidad y la supervivencia del propio régimen ruso. Para Baev (2011), las revoluciones tienden a extenderse en oleadas. En este momento, se ignora si la ola de la "primavera árabe" se detendrá en las fronteras de Irán o se extenderá hasta el Cáucaso y Asia Central. Mucho se rumoró sobre un posible contagio a Rusia. Baev (2011) advierte que, si bien las consecuencias económicas de la "primavera árabe" pueden ser benéficas para Rusia, no lo son el desorden y las demandas políticas que implica. En meses recientes, se ha podido observar que, incluso, posterior al inicio de la tercera presidencia de Putin, se mantienen las protestas contra su régimen, lo que para algunos promotores de la democracia es un signo de que la "primavera árabe" puede trascender su espacio geográfico originario. Esto desde luego, tendría consecuencias intolerables para el Estado ruso.

4.2. ¿Por qué el realismo explica la conducta del Estado ruso?

Después de adoptar una postura semiconciliadora en el caso libio, Rusia y China han mostrado posturas inflexibles en la posibilidad de aplicar sanciones similares a Siria. Se ha tratado de argumentar que los principios de la *Realpolitik* explican esta conducta diferenciada para dos situaciones aparentemente análogas. La pasividad de ambas potencias en un caso y la asertividad en el otro puede ser explicada con base en consideraciones de poder: cuando los costos de la acción y los riesgos son mayores que los beneficios derivados, es mejor plegarse; cuando una situación amenaza con reducir el poderío latente (su base socioeconómica) o militar, puede esperarse que el Estado se alce en contra.

Hans-Inge Langø (2012) dice sobre la postura china: los actores buscan mantener la estabilidad, lo que no es nuevo, si se considera que su política exterior está anclada en la *Realpolitik.* Advierte que, aunque en este caso se apoye el *statu quo*, esto no quiere decir que China y Rusia lo hagan siempre. Para Langø, China —y se argumenta, en el caso ruso— en Libia pareció apoyar el *statu quo* por dos razones: primero, la alternativa hubiera sido peor; segundo, no tenía los medios para cambiar el sistema.

Para Langø (2012), quien en buena medida se basa en el pensamiento de Mearsheimer, China simplemente aguarda el momento en que su poder crezca para moldear a su gusto el sistema internacional. Por lo que toca a Rusia, ni el tamaño de su población ni el de su economía permiten pronosticarle un papel hegemónico global; sin embargo, intentará convertirse en una hegemonía subregional en lo que denomina su "cercano extranjero".

Rusia sólo puede lograr esa hegemonía por medio del fortalecimiento de su economía, como lo reconoce la Estrategia de Seguridad Nacional para 2020. Más aún, toda vez que los multimillonarios contratos rusos en Libia están en riesgo —y ya se han registrado cuantiosas pérdidas, el mercado sirio es importante para las exportaciones rusas. Desde la lógica de Mearsheimer (2001), el poder está basado en las capacidades materiales que un Estado posee. Siguiendo esta línea de análisis, es de esperarse que si la economía rusa sufre a consecuencia de la inestabilidad que generan las revoluciones democráticas, su Estado actúe para garantizar la estabilidad de los regímenes afines, aunque, a decir verdad, en estos momentos es incierto que la negativa a una intervención en Siria genere mayor estabilidad en ese país y en la región. Esta incertidumbre parece ser una apuesta constante y el precio que han de pagar los regímenes que actúan apegados a los designios de la *Realpolitik*.

Desde esta perspectiva (Mearsheimer, 2001:32), la conducta de todo Estado sea democrático, dictatorial, autoritario, liberal, comunista, populista, etcétera, está condicionada por el miedo, eso hace que los Estados se traten con sospecha. Estos temores quedan expuestos de manera clara en la ambivalente postura rusa, en las crisis en Libia y Siria. Se ve así que en el caso libio, originalmente, las resoluciones y el mandato del CSNU fueron para garantizar la seguridad y la vida de la población. Sin embargo, como nota Hannah VanHoose (2011), del Centro para el Progreso Estadounidense, las preocupaciones que Moscú parece tener sobre la legitimidad, son exacerbadas por posturas que, con razón, despiertan sospechas entre los círculos de poder rusos, como las de John Cornyn, influyente senador republicano por Texas, quien ha propuesto hacer del cambio de régimen "la política explícita de Estados Unidos". Para VanHoose (2011), la postura de Cornyn no hace sino complicar la autorización del CSNU para intervenciones humanitarias. Originalmente, las resoluciones y el mandato otorgado por dicho Consejo no tenía como fin el cambio de régimen, sino la protección de la población civil. Blank y Saivetz (2012:6) advierten que, mientras la operación de la OTAN en Libia continuaba, Rusia temía que Estados Unidos y la OTAN se convirtieran en actores impredecibles que sólo respetaron sus intereses nacionales, ignorando los rusos y el derecho internacional. Entonces esto genera desconfianza de las "verdaderas intenciones" de los países de la OTAN en Libia y en otros casos similares. La dificultad para garantizar los fines perseguidos por las otras potencias llevó a que Putin declarara: "lo que sucede en Libia en la actualidad demuestra una vez más que lo que estamos haciendo para reforzar las capacidades defensivas rusas es lo correcto" (Putin, 2011).

Los principios humanitarios con los que se justificó la campaña en Libia han sido puestos en tela de juicio. Aleksandr Reutov (2011) asegura que existe el rumor de que, previo al inicio de las hostilidades, los rebeldes libios habían negociado un acuerdo con Francia para que, a cambio de una tercera parte del petróleo libio, les otorgara su apoyo contra el régimen de Gadafi. En caso de que esto sea cierto, se fortalece la capacidad explicativa del realismo político, específicamente de que los Estados nunca pueden estar seguros de las intenciones de sus pares. Bajo esta lógica realista, no podría hablarse de Estados buenos y malos, sino de Estados que, con variaciones de tamaño y poder, actúan con un mismo fin: aumentar su poder. Después de todo, el realismo de Mearsheimer explica bien el egoísmo prevaleciente en la política internacional: "Paga bien ser egoísta en un mundo basado en la autoayuda" (2001:33).

4.3. *Perspectivas para la política exterior rusa*

Como se ha podido ver, no existe una ruta inflexible o determinista que guíe la política exterior de los Estados. Cada situación amerita posturas y acciones diferentes, independientemente de la similitud en las condiciones originarias.

En el caso analizado, la postura rusa ante el conflicto libio y, en menor medida, ante el sirio, la siguiente combinación de consideraciones parece dar una explicación racional sobre la pasividad seguida en el primer caso y la asertividad en el segundo:

1. la experiencia con la intervenciones humanitarias o democráticas pasadas;
2. los intereses rusos en cada uno de los países;
3. la importancia geoestratégica otorgada a cada Estado y a cada región en los documentos fundacionales rusos;
4. las implicaciones para la estabilidad o la supervivencia del régimen ruso, o en casos extremos, del propio Estado.

Por lo que toca a las intervenciones anteriores de la OTAN, han llevado a la creación de nuevos Estados y a cambios de régimen que no coinciden con los objetivos iniciales de dichas misiones. Esta divergencia entre mandato y resultados hace que el Estado ruso comience a desconfiar sistemáticamente de las cruzadas democráticas occidentales. Esa incertidumbre por las intenciones de otras potencias, incluidas las de China, su actual aliada en Siria, no debe sorprender. La proclividad a mentir y ocultar las verdaderas intenciones de los Estados, muy presente en la obra de Mearsheimer (2011), no es privativa de los regímenes dictatoriales o autoritarios; de hecho, a juicio del autor, es mayor en las democracias occidentales.

En cuanto a los puntos segundo y tercero, los intereses rusos parecen ser más significativos en el caso sirio que en el libio. Sin embargo, la importancia estratégica es un elemento medular para entender la diferencia en la postura rusa. La racionalidad y los cálculos de mayor cercanía geográfica de Siria, así como que éste es importante aliado de Irán, hacen que Rusia apoye con mayor celo la soberanía, la integridad territorial y la estabilidad. El posible bloqueo de la salida rusa al mediterráneo también podría significar mayores costos y, en consecuencia, disminuir su poder militar.

Por último, el cuarto punto: al considerar la supervivencia, quizá no del Estado ruso pero sí de su actual régimen, la posibilidad de contagio de las demandas democráticas es mayor desde Siria que desde Libia. La relativa cercanía siria a tres Estados clave del cercano extranjero ruso —Georgia, Armenia y Azerbaiyán—, dentro de las consideraciones energéticas, hacen peligroso que los movimientos pro democráticos pudieran extenderse a los Estados ribereños del mar Caspio.

En el futuro de la política exterior del Estado ruso se puede esperar lo siguiente:

1. la racionalidad, entendida en términos de costo-beneficio de la acción-inacción de cada conflicto dará la pauta para plegarse o alzarse;
2. su actuación estará condicionada por los cálculos sobre el poder propio y el impacto en la ganancia o pérdida de éste en las otras potencias;
3. las acciones rusas en Siria, probablemente también en otras latitudes, tendrán como criterio de acción-inacción la supervivencia del actual régimen.

A diferencia de la era Yeltsin, cuya meta era la supervivencia del naciente Estado ruso, hay una relativa seguridad de que éste es lo suficientemente fuerte para desechar temores existenciales; no puede decirse lo mismo del régimen, ya que el móvil de las revoluciones de colores en el "cercano extranjero" y de la "primavera árabe" ha sido precisamente el cambio de regímenes, no el cuestionamiento de los Estados.

CONCLUSIONES

Después de analizar las perspectivas de la política exterior rusa, a partir de las coyunturas regionales, es preciso enlistar algunas reflexiones finales.

Derivado de la conducta y las acciones rusas en las crisis en Libia y Siria, puede observarse lo siguiente:

1. en apego a las consideraciones realistas, la conducta de los Estados no está basada en consideraciones morales;
2. las alianzas entre regímenes se dan y se rompen o cambian en situaciones concretas;

3. la postura ante dos fenómenos aparentemente iguales puede ser incluso contradictoria, lo que no es señal de mutación de la identidad o de los intereses de un Estado (como podrían pensar los constructivistas), sino la conducta esperada de actores racionales que actúan por consideraciones de poder;
4. la incertidumbre ante las intenciones de las otras potencias, las mentiras y los dobles estándares son parte integral de las estrategias de cualquier Estado, democrático o autoritario, por lo que la prudencia y la alerta permanente son conductas racionales para cualquier potencia;
5. a pesar de que los enfoques teóricos alternativos sostienen, incluso con estudios empíricos, la imposibilidad de guerra entre las democracias liberales y de libre mercado (Russett, 1993), en realidad, aunque las potencias no se enfrentan directamente, confrontan sus intereses en "patio ajeno". Desde luego, la fachada de la teoría de la paz democrática no reconoce esto, tiende a explicar estos roces en "patio ajeno" como el producto esperado de la pre o antimodernidad de las "canchas" en las que se presentan estos conflictos indirectos.

Las consideraciones anteriores muestran que no existe una disyuntiva auténtica entre el realismo defensivo (limitación del poder que es deseable tener) y el ofensivo (búsqueda ilimitada de poder) que tantos debates académicos ha suscitado. En realidad, un Estado, puede optar con capacidades similares por una u otra conducta según le resulte conveniente para conservar o aumentar su poder. La postura rusa, aparentemente defensiva en el conflicto libio, resulta ser más asertiva en el caso sirio. Si el contagio de los levantamientos alcanzara a alguno de los Estados del "cercano extranjero," no podría descartarse una postura ofensiva rusa, porque el costo de la inacción probablemente sería mayor que el de la acción. Georgia en 2008, ejemplifica cómo un realismo defensivo puede convertirse en ofensivo.

Hay un par de elementos, derivados del análisis de Mearsheimer y Zakaria que ayudan a completar las opciones reales porque, como ambos reconocen, las potencias no actúan (en ofensiva o defensiva) contra intenciones, sino contra capacidades. Tampoco actúan según sus preferencias sino, antes que nada, de acuerdo a sus capacidades. Por lo tanto, si la economía rusa mantiene su crecimiento será más probable una postura asertiva y de bloqueo de futuras intervenciones de la OTAN; sin embargo, incluso ante un escenario de crecimiento económico sostenido, no se puede asegurar una postura asertiva. Entre más cercano el conflicto a los Estados miembros de la OTSC, la OCS o la CEI, más alta será la probabilidad de una postura rusa fuerte, incluso posibles acciones ofensivas, como sucedió durante agosto de 2008 en Georgia, aunque las causas de la intervención rusa fueron diferentes. Aun con su economía en expansión, no parece viable que Rusia comande ofensivas o bloquee nuevas intervenciones occidentales si éstas buscan cambiar regímenes en Estados estratégicamente secundarios o irrelevantes que no comprometan el crecimiento de dicha economía. Después de todo, para el Estado y para el régimen ruso es prioritaria la consolidación y el robustecimiento del poder nacional (brazo económico del poderío estatal) y, en segundo lugar, siguiendo a Zakaria, la consolidación del poder estatal (entendido como el brazo político) que puede aprovechar y canalizar estratégicamente los recursos derivados del poder nacional. En la medida en que ambos poderes sean fuertes, se podrá hablar de un crecimiento de las capacidades rusas.

En el análisis del impacto sistémico del conflicto en Libia, se aprecian elementos medulares tanto del realismo defensivo como del ofensivo: del primero puede verse que, a pesar de su pasividad ante el conflicto libio, y de no bloquear la acción emprendida primordialmente por las potencias europeas, Rusia apoyó tácitamente una acción para lograr un equilibrio de poder frente al actor más fuerte, Estados Unidos. Si se analiza a través del prisma del realismo ofensivo, también se pueden ver algunos elementos del *buck-passing*: en lugar de tratar de frenar la posible expansión estadounidense (no territorial, desde luego), pasó el costo de la confrontación a las potencias europeas. Después de todo, los intereses energéticos estadounidenses y los de los países europeos no son idénticos y, ante la inestabilidad en Medio Oriente, el norte de África puede ser una arena de intereses encontrados entre Estados tradicional y formalmente aliados. El que los europeos hayan liderado la campaña militar en Libia —no los estadounidenses—, ayuda al interés ruso por fortalecer un mundo multipolar. Así, el aumento, la disminución o la conservación del poder representa la mejor evaluación de la política exterior de los Estados y permite analizar las perspectivas de la política exterior, sobre todo si se trata de una gran potencia. Los futuros cálculos de poder determinarán la postura y las acciones de los Estados ante los conflictos internacionales.

Se puede concluir, que para los Estados es difícil, incluso estéril, optar de forma tajante por una aproximación defensiva u ofensiva, puesto que como señala Waltz (2004:6), el realismo, en principio, no es ofensivo o defensivo. Los Estados usan una amplia gama de medios para preservar su existencia. El que se opte por una estrategia ofensiva o defensiva será determinado por el contexto específico y por el estado que guarden los poderes nacional y estatal.

FUENTES

Alexandrova, L. (29.08.2011). Russia should recognise [sic] new Libya govt not to lose billions-experts. *ITAR-TASS*. Recuperado el 27 de julio de 2012, de: http://bit.ly/1aRY1pt

Añorve, D. (2011). *El reposicionamiento de la Federación Rusa: retos y alternativas geoestratégicas*. México: CEIICH-UNAM.

Baev, P. (2011). Russia's Counter-Revolutionary Stance toward the Arab Spring. *Insight Turkey, 13*(1), 11-19.

Bahgat, G. (2009). North Africa and Europe: Energy Partnership. *OPEC Energy Review*, *33*(3), 155-169.

Balmasov, S. (25.10.2011). The West wants Russia out of Libya. *Pravda*. Recuperado el 4 de abril de 2012, de: http://bit.ly/tOayJ5

Balmforth, T. (5.09.2011). Russia set to lose billions in Libya. *Oilprice.com*. Recuperado el 4 de junio de 2012, de: http://bit.ly/15IRtSU

Barry, E. (27.05.2011). In shift, Russia agrees to try to talk Qaddafi into leaving. *The New York Times*. Recuperado el 1 de marzo de 2012, de: http://nyti.ms/12WDVkN

Blank, S. & Saivetz, C. R. (2012). Playing to lose? Russia and the "Arab Spring". *Problems of Post-Communism, 59*(1), 3-14.

Buckley, N. (17.04.2008). Gazprom signs fuel supply deal with Libya. *Financial Times*. Recuperado el 6 de marzo de 2012, de abril, de: http://on.ft.com/16KwVZI

Bugajski, J. (2009). *Dismantling the West: Russia's Atlantic Agenda*. Washington, D.C.: Potomac Books.

Carnegie Endowment for International Peace (2010). *The Military Doctrine of the Russian Federation*. Recuperado el 6 de abril de 2012, de: http://bit.ly/1dG4W0V

Central Intelligence Agency (2011). *The World Factbook*. Recuperado el 3 de marzo de 2012, de: http://1.usa.gov/akOFIK

Consejo de Seguridad de la Federación Rusa (12.05.2009). *Estrategia de Seguridad Nacional de la Federación Rusa hasta el 2020* [documento original en ruso]. Recuperado el 26 de julio de 2012, de: http://bit.ly/aVMLvy.

Dabashi, H. (2012). *The Arab Spring: Delayed Defiance and the End of Postcolonialism*. London: Zed Books.

De Alba, J. (10.2011). *El conflicto de Libia desde el Neorrealismo*. Conferencia presentada en XXV Congreso AMEI. 25 años de análisis de la realidad internacional. Quintana Roo.

De Haas, M. (2009). Medvedev's Security Policy: A Provisional Assessment. *Russian Analytical Digest, 62*, 2-5.

Dempsey, J. (10.04.2008). Gazprom and ENI to pipe gas from Libya: some fear Russia making 'pincer' move on European supplies. *International Herald Tribune*. Recuperado el 6 de marzo de 2012, de: http://bit.ly/15nUlVv

Dibizheva, A. (28.12.2011). Russia gains access to Libya's oil. *The Voice of Russia*. Recuperado el 4 de junio de 2012, de: http://bit.ly/uDGeHZ

ElWarfally, M. (1988). *Imagery and Ideology in U.S. Policy Toward Libya 1969-1982*. Pittsburgh: University of Pittsburgh Press.

European Commission (2008a). *Second Strategic Energy Review: an EU Energy Security And Solidarity Action Plan*. COM(2008) 781 final. Brussels.

European Commission (2008b). *Europe's Current and Future Energy Position*. SEC(2008) 2871. Brussels.

Feng, L. & Ruizhuang, Z. (2006). The typologies of realism. *Chinese Journal of International Politics, 1*, 109-134.

Filatova, I. (12.03.2012). Libyans weighing contract options. *The Moscow Times*. Recuperado el 10 de abril de 2012, de: http://bit.ly/wALvdV

Finnemore, M. & Sikkink, K. (2001). Taking Stock: The Constructivist Research Program in International Relations and Comparative Politics. *Annual Review of Political Science, 4*, 391-416.

Freedman, R. (2011). The Arab Spring's challenge to Moscow. *The Journal of International Security Studies, 21.*

Freedom House (2012). *Russia.* Recuperado el 9 de junio de 2012, de: http://bit.ly/Oz4KGX

Gause III, G. (2011). Why Middle East Studies Missed the Arab Spring? The Myth of Authoritarian Stability. *Foreign Affairs, 90*(4) 81-90.

Herz, J. (1950). Idealist internationalism and the security dilemma. *World Politics, 2*(2), 157-180.

Kabalan, M. (03.02.2012). Russia defending interests in Mideast. *Gulfnews.com.* Recuperado el 22 de mayo de 2012, de: http://bit.ly/yme0h9

Katz, M. (2008). The Russian-Libyan rapprochement: what has Moscow gained? *Middle East Policy, 15*(3), 122-128.

Keohane, R. & Nye, J. (2011). *Power and interdependence* (4ª. ed.). New York: Pearson.

LaFranchi, H. (17.06.2011). As West labors in Libya and Syria, Russia seizes an opportunity. *The Christian Science Monitor.* Recuperado el 10 de abril de 2012, de: http://bit.ly/iNdf7T

Langø, H. (29.02.2012). Multipolarity, Syria and a new concert. Mensaje publicado en: http://bit.ly/zRHlvJ

Lukyanov, F. (21.11.2011). Why Russia is opposing pressure on Syria. *Johnson's Russia List.* Recuperado el 30 de mayo de 2012, de: http://bit.ly/1atF60p.

McDermott, R. (2009). Russia's National Security Strategy. *Eurasia Daily Monitor, 6*(96).

Mearsheimer, J. (2001). *The tragedy of great power politics.* New York: W.W. Norton & Company.

Mearsheimer, J. (2009). Reckless states and realism. *International Relations, 23*(2), 241-256.

Mearsheimer, J. (2011). *Why leaders lie: the truth about lying in international politics.* New York: Oxford University Press.

Ministry of Foreign Affairs of the Russian Federation (2011) *Russia's Position at the 66th Session of the UN General Assembly.* Recuperado el 9 de mayo de 2012, de: http://bit.ly/10ZsX0u

Orttung, R. & Overland, I. (2011). Russia and the formation of a gas cartel. *Problems of Post-Communism, 58*(3), 53-66.

Permanent Mission of the Russian Federation to the European Union (2009). *Russia's Position at the 64th Session of the UN General Assembly.* Recuperado el 9 de mayo de 2012, de: http://bit.ly/15ISLgO.

President of Russia (2008). *The Foreign Policy Concept of the Russian Federation.* Recuperado el 25 de julio de 2012, de: http://bit.ly/IZR03l

Putin, V. (2007). Security for all. Discurso presentado en: *43ª Conferencia de Múnich sobre Políticas de Seguridad*. Recuperado el 25 de julio de 2012, de: http://bit.ly/13PNGaW

Putin, V. (21.03.2011). Prime Minister Vladimir Putin comments on the situation in Libya during a meeting with workers at the Votkinsk plant in Udmurtia. *Gobierno de la Federación Rusa*. Recuperado el 25 de julio de 2012, de: http://bit.ly/16KxuT9.

Reutov, A. (2.09.2011). Libyan oil being divided three ways. *Kommersant.*

RIA *Novosti* (31.08.2008). Medvded outlines five main points of future foreign policy. Recuperado el 26 de julio de 2012, de: http://bit.ly/11YxXVC

Ruehl, C. (2008). *BP Statistical Review of World Energy 2008.* Madrid: British Petroleum.

Russett, B. (1993). *Grasping the democratic peace: principles for a post Cold-War World.* New Jersey: Princeton University Press.

Schroder, H. (2009). Russia's National Security Strategy to 2020. *Russian Analytical Digest, 62*, 6-10.

Socor, V. (14.07.2008). Gazprom on a shopping spree for gas. *Jamestown Foundation Eurasia Daily Monitor*. Recuperado el 2 de marzo de 2012, de: http://bit.ly/1atFpsf

Stanger, A. (2009). *One nation under contract: the outsourcing of American power and the future of foreign policy.* New Haven: Yale University Press.

United Nations Security Council (26.02.2011). Resolution 1970 (2011). [S/RES/1970(2011)]. Recuperado el 4 de abril de 2012, de: http://bit.ly/RQO0dy

Van Renssen, S. (23.02.2012). New: the EU budget - it has never been so Green. *European Energy Review.* Recuperado el 4 de abril de 2012, de: http://bit.ly/wGdEop

VanHoose, H. (17.03.2011). Understanding the Russian response to the intervention on Libya. *Center for American Progress*. Recuperado el 23 de mayo de 2012, de: http://bit.ly/eeYfH5.

Waltz, K. N. (2004). Neo-realism: confusions and criticisms. *Journal of Politics and Society, 15*, 2-6.

Zakaria, F. (1999). *From wealth to power: the unusual origins of America's world role*. Princeton: Princeton University Press.

Zamakhina, T. (22.11.2011). Will Russia fight for Damascus? *Moskovskii Komsomolets.*

Capítulo 4

EL CONFLICTO EN LIBIA VISTO DESDE LA TEORÍA DE JUEGOS

KAREN BIALOSTOZKY AZSES
LAURA A. MADRID
JAVIER MARTÍNEZ MENDOZA

Este capítulo explica los resultados de la revolución libia de 2011 a partir de la teoría de juegos. En el primer apartado se presenta una descripción de las teorías realista, de elección racional y de juegos. El segundo apartado narra la historia moderna de Libia hasta el inicio del levantamiento contra Gadafi. Por último, se presenta el estudio de caso.

1. REALISMO Y ELECCIÓN RACIONAL: BASES DE LA TEORÍA DE JUEGOS

Las Relaciones Internacionales, en su campo de investigación, buscan responder a preguntas como ¿por qué ocurren las guerras?, ¿cómo evitar que ocurran?, ¿cómo se puede alcanzar estabilidad o paz internacional?, ¿por qué hay tanto desequilibrio económico y social en las regiones del mundo? (Viotti & Kauppi, 1999).

Las relaciones entre Estados se desarrollan sin la presencia de un gobierno mundial. Para los realistas, esto significa que el sistema internacional es anárquico. Por ello, el realismo (véase capítulos 1, 2 y 3 de este libro) estudia la lucha por el poder entre las naciones y ha desarrollado e investigado las características principales del sistema internacional mediante temas como la soberanía y la supervivencia del Estado, siempre permeado bajo el papel de la lucha por el poder (Chan & Moore, 2006).

1.1. El realismo y sus principales conceptos

Desde el fin de la Segunda Guerra Mundial, la teoría realista ha tenido una posición dominante en el estudio de las Relaciones Internacionales. En el centro de la teoría clásica se encuentran varios supuestos clave:

1. los Estados son los actores principales del sistema internacional;
2. la política internacional es por esencia conflictiva, la lucha por el poder en un entorno anárquico inevitablemente se basa en las capacidades de los Estados para asegurar su supervivencia;
3. los Estados existen en una condición de soberanía legal en la que hay clasificaciones sobre sus capacidades y donde hay Estados más poderosos que otros;
4. los Estados son actores unitarios, la política interior puede estar separada de la política exterior;
5. los Estados son actores racionales caracterizados por un proceso de toma de decisiones que conduce a acciones basadas en el interés nacional;
6. el poder es el concepto más importante para explicar y predecir el comportamiento de un Estado (Dougherty & Pfaltzgraff, 2001:63-64).

La lucha de poder en política internacional lleva a que los Estados más poderosos del sistema influyan en las decisiones de otros, haciendo que ejecuten acciones que bajo otras circunstancias no habrían llevado a cabo. En caso de que se intente modificar la distribución de poder, los Estados entrarán en conflicto y las decisiones que tomen estarán encaminadas a satisfacer sus metas. Por lo tanto, serán consideradas como racionales sin importar si están apegadas al derecho o son moralmente correctas.

A continuación se aborda la teoría de elección racional, que provee un marco para entender la racionalidad de los actores.

1.2. La teoría de elección racional

La teoría de elección racional ha sido uno de los enfoques en Relaciones Internacionales más importantes para el estudio de la posguerra. Ha ayudado a definir los debates teóricos contemporáneos sobre política internacional y ha acelerado el entendimiento en tópicos como las implicaciones de la anarquía y las posibilidades de cooperación internacional. Esta teoría tiene un enfoque poderoso y reflexivo, su análisis tiende a enfatizar elementos como el proceso de toma de decisión y las motivaciones que impulsan las acciones de los actores. Su mayor reto es ampliar su rango de profundidad en la aplicación empírica (Snidal, 2002:73-74).

En este sentido, la teoría de elección racional no analiza el contenido de las metas ni su moralidad. Se interesa en saber cómo los seres humanos razonan ordenadamente con objeto de alcanzar ciertas metas. El enfoque asume que cuando los seres humanos toman decisiones, categorizan sus metas de acuerdo a sus preferencias. Además, supone que los seres humanos tienen diferentes métodos para obtener esas metas y analizan los costos y beneficios de cada uno (Sterling-Folker, 2006:94).

Esta teoría es percibida como un enfoque metodológico que explica los resultados individuales, colectivos o sociales en términos de la búsqueda individual de metas bajo ciertas especificaciones. Esta búsqueda presume la explicación de cómo proceder en términos de relevancia para los actores, las metas que buscan y su habilidad para obtenerlas. A la vez, es utilizada como teoría normativa para evaluar cómo los actores se comportan en la práctica e indicar si el comportamiento fue adecuado para obtener los resultados (Snidal, 2002:75).

En esta línea de pensamiento, actuar de manera racional se refiere a elegir la mejor alternativa. El rango de opciones depende de la meta. Así, la racionalidad no puede ser separada de las metas que dirigen las decisiones. En este sentido, los actores políticos tienen todo tipo de metas. En la medida en que las alcancen de la manera más eficiente y efectiva, estarán siendo racionales. Así, la presunción del comportamiento racional es una herramienta muy útil para generar hipótesis dentro de un conjunto de supuestos. Por su estructura deductiva, los modelos de elección racional permiten diferenciar las mejores estrategias de las peores, así como analizar los diferentes supuestos dentro de un modelo (Brams, 1985).

1.3. La teoría de juegos

En Relaciones Internacionales, la teoría de juegos se ha utilizado para analizar conflictos de todo tipo. Es una teoría basada en decisiones racionales que pretende demostrar que los acontecimientos y las decisiones humanas son entendidas de mejor manera si se observan bajo la perspectiva de juegos estratégicos y análisis matemáticos (Del Arenal, 1993:295).

La teoría de juegos es percibida como un enfoque complementario para los teóricos realistas y liberales. La diferencia reside en que se ocupa de la toma de decisiones del Estado, más que de la totalidad de la política global. Esta teoría ha sido utilizada por ambos paradigmas para explorar el conflicto y la cooperación; particularmente para el estudio de la disuasión y la formación de alianzas (Sterling-Folker, 2006:93).

La teoría de juegos es relevante en toda interacción estratégica. Puede ser aplicada a temas diversos: carrera armamentista, negociación comercial, crisis y resolución de conflictos, formación y mantenimiento de organizaciones internacionales, alianzas de seguridad, regímenes internacionales, etcétera. Ha recibido gran atención en el área de conflicto internacional y guerra, porque los modelos han servido para demostrar que el conflicto bélico puede ocurrir cuando dos Estados estiman que los beneficios del uso de la fuerza superan los costos esperados (Steling-Folker, 2006:95).

Es una metodología versátil y una herramienta que permite el análisis político en diversas formas. Se utiliza particularmente para la construcción de teorías generales de interacción política. También puede ser utilizada como aparato normativo para evaluar la prescripción de políticas y como ayuda empírica para la construcción de casos de estudio (Quackenbush & Zagare, 2006:111).

Este enfoque centra su importancia en el proceso de toma de decisiones de los actores. Está basado en decisiones racionales y pretende demostrar que los acontecimientos y las decisiones humanas son entendidas de mejor manera si se observan bajo la perspectiva de juegos estratégicos y análisis matemáticos[1]. Simplifica y conceptualiza la toma de decisiones. Se basa en un análisis de costo-beneficio que permitirá a los actores tomar la decisión que maximice su utilidad (función de la utilidad), según sus metas, preferencias e intensidad (Sterling-Folker, 2006:94).

La teoría de juegos es una forma particular de elección racional que estudia la interacción estratégica de dos o más actores para maximizar su función de utilidad. Utiliza las matemáticas para especificar qué pasaría en una situación en la que los actores, con ciertas estrategias y metas, van a preferir *x* resultados en una forma de juego (citado en Sterling-Folker, 2006:94). Parte del supuesto de que los actores llevan a cabo acciones que maximizan su utilidad al centrar su atención en las interacciones estratégicas, cuyas decisiones son interdependientes. Así, quienes toman las decisiones interactúan y responden a las decisiones del otro actor (Sterling-Folker, 2006:94). Los teóricos examinan las alternativas estratégicas e intentan entender las motivaciones y cálculos del oponente.

Se ha desarrollado un amplio rango de juegos para analizar las situaciones estratégicas en Relaciones Internacionales. Todos responden a dos preguntas principales: ¿cómo deben comportarse los jugadores? y ¿cuál es o debería ser el resultado final del juego? (Del Arenal, 1993:296).

---

1 John Von Neumann fue el primer teórico en aplicar esta teoría al campo de las ciencias sociales, en su obra *Theory of Games and Economic Behavior* de 1944 (Morgenstern & Von Neumann, 2004).

Los elementos que conforman el juego son:

a) la existencia de dos o más jugadores que pretenden tener el mejor resultado individual o el mejor para los participantes;
b) el conjunto de estrategias y valores es distinto para cada jugador por la diferencia en sus objetivos;
c) las reglas serán determinadas por la naturaleza del juego;
d) las decisiones de los jugadores pueden ser modificadas por las acciones del otro jugador y por la información sobre las acciones que realizará el adversario (Del Arenal, 1993).

Sobre las reglas a seguir, Kenneth Waltz (2001:205) establece que en la arena internacional, los juegos se distinguen por dos factores: primero, los riesgos que se toman son de vital importancia; segundo, en la política internacional no se excluye el uso de la fuerza para obtener el resultado preferible.

Tradicionalmente, los juegos se clasifican como juegos de suma cero y de suma variable o positiva. Si bien ambos incluyen metas conflictivas o competencia, en los de suma cero la ganancia de un actor es la pérdida automática del otro; en los de suma variable, ambos oponentes pueden ganar o perder de manera desigual en la interacción (Sterling-Folker, 2006:94).

Para entender la aplicación de la teoría de juegos a un estudio de caso, es necesario ahondar en conceptos específicos.

a) Definición de conceptos

Juego. Situación en la que dos o más partes pueden afectar un evento y cada una busca un objetivo específico. Alcanzar dichos objetivos puede traer retos particulares. Ninguna de las partes tiene control absoluto sobre los eventos pero todas toman en cuenta las posibles acciones de las demás (Bennett, 2001:20).

Diversos modelos de juego son utilizados para proveer una guía analítica. Asimismo, hay varias formas de representar un juego. Las más comunes son matrices o árboles de movimientos, donde cada rama o movida está bajo el control de un jugador en particular y el resto de los movimientos disponibles depende de los realizados con anterioridad (Bennett, 2001:21). El nodo inicial es la primera acción del juego. Cada jugador elegirá sus siguientes acciones; cada punto en el que se elige una acción es un nodo. El último nodo corresponde al resultado final del juego. Dentro de un juego pueden existir subjuegos: conjunto de nodos y ramas conectados que descienden únicamente de un nodo.

Jugadores. Conjunto específico de tomadores de decisiones. Cada uno tiene cierta colección de recursos a su disposición, cierta visión de líneas alternativas de acción (incluyendo intentos de comunicación y colaboración) y cierto sistema inherente de preferencias o de utilidad referente a los posibles resultados (Shubik, 1992:25). Se presume que los jugadores toman decisiones que, acompañadas por las de otros, conducen a resultados específicos (Quackenbush & Zagare, 2006:98). Siempre se asume que son tomadores de decisiones racionales y conscientes, con objetivos bien definidos, que ejercen la libertad de elección dentro de los límites prescritos. El jugador es, por fuerza, la unidad de decisiones básicas del juego (Shubik, 1992:25-26).

Los jugadores se sirven de estrategias para obtener resultados. Gran parte de la teoría de juegos se basa en la noción de Von Neumann de estrategia, receta de acciones, que especifica qué se hará en cada posible circunstancia.

Incertidumbre. Serie de estrategias que tiene cada jugador ante la falta de información sobre las acciones del otro (Bennett, 2001:22).

Es necesario describir la motivación de los jugadores, no limitarse a decir qué les gusta ganar y qué les desagrada perder. Para tal fin, los economistas adoptaron la idea de utilidad, que permite a los jugadores asignar un valor numérico a cada posible resultado del juego.

Utilidad. Maximización del valor. Es una función matemática (curva) que representa la aversión o afecto al riesgo de los tomadores de decisiones. Las ganancias se miden por medio de valores de utilidad y describen la importancia de un resultado. Los valores de utilidad se determinan mediante ajustes arbitrarios de dos valores basados en los resultados y luego se determina la escala entre ellos. Generalmente la escala va de cero a uno, donde cero corresponde al último resultado preferible y uno es el mejor resultado que se puede obtener. La función de utilidad permite medir la preferencia del tomador de decisiones para cualquier cantidad o valor dado. Mientras más alta sea la preferencia por el valor, más alta será su utilidad (Skinner, 2001:228). Cuando un jugador actúa de manera coherente, se está comportando como si intentase maximizar su utilidad. No tiene que estar correlacionado con una ganancia económica, sino con el objetivo de cada uno de los jugadores (Binmore, 2009:17-19).

David Skinner (2001:233-25) explica así los cinco axiomas o reglas que describen las preferencias de los actores ante los riesgos:

1. Probabilidad. Cualquier secuencia y número de oportunidades puede ser reducido a una única oportunidad. Esto significa que para quien toma las decisiones, las oportunidades no tienen distinto valor que los resultados. El tomador de decisiones será indiferente a cualquier alternativa, siempre que los resultados y sus probabilidades sean iguales frente a cualquier alternativa.
2. Orden. Los resultados se pueden jerarquizar de mejor a peor.
3. Equivalencia. Frente a dos oportunidades, en las que una de ellas garantiza el resultado y la otra tiene dos posibles resultados, hay una probabilidad de que la oportunidad incierta y la oportunidad que garantiza el resultado sean equivalentes.
4. Sustitución. Si no se está dispuesto a dejar el resultado garantizado por un resultado incierto, la probabilidad que se dio a las oportunidades es incorrecta y se debe cambiar.
5. Elección. Si hay dos o más oportunidades con el mismo conjunto de resultados, se debe elegir la oportunidad con la probabilidad más alta de obtener el mejor resultado.

Si se utilizan estos axiomas, se puede describir la función de utilidad como una ganancia mayor al pago que se prefiere.

Resultado (outcome). Objetivo del juego: poder, influencia, cambiar el *statu quo* o preservarlo. Los resultados dependen de las alternativas elegidas por quien toma las decisiones para determinar cómo finaliza el juego (Skinner, 2001:11). Los jugadores le dan un valor —una utilidad— a cada posible resultado. Aquel que maximice la utilidad, será por lo general el resultado que cada jugador busque obtener. El valor ordinal que se le asigna a cada resultado es el pago (*payoff*).

Decisión racional. El análisis de la toma de decisiones explica lo que se requiere para tomar una decisión racional. Cuando las decisiones se toman con base en los axiomas del pensamiento racional, se puede evaluar tanto cuantitativamente como de manera efectiva aquellas que involucran incertidumbre. Estos axiomas (verdades evidentes) proveen las bases del pensamiento racional y han sido aceptados como lógicos y bien establecidos.

Disuasión. Es el componente que puede evitar que una de las partes inicie un enfrentamiento bélico. Significa que una de las partes utiliza una amenaza —explícita o no— para convencer a la contraparte de no alterar el *statu quo*. La teoría establece que, para disuadir un ataque, el Estado debe persuadir al potencial atacante de que:

1. tiene una capacidad militar efectiva;
2. puede imponer costos inaceptables al atacante;
3. la amenaza será realizada si es atacado.

Los teóricos[2] explican la disuasión por medio de varios elementos: hay un conflicto severo, los actores son racionales, tienen capacidad de respuesta a un ataque, el daño que se generará es inaceptable, la amenaza tiene que ser creíble (Quackenbush, 2011:741).

Hay dos teorías sobre la disuasión, la clásica y la perfecta. La primera tiene su base en la idea de que la distribución asimétrica de poder incrementa el potencial de agresiones exitosas y que las guerras

---

2 Algunos teóricos de la disuasión: Frank C. Zagare, Stephen L. Quackenbush, Thomas Schelling y Oskar Morgenstern.

son minimizadas cuando hay mayor equilibrio en la distribución de poder entre los Estados. También considera las consecuencias de la guerra en la era nuclear. Esta teoría, a su vez, tiene dos enfoques: la disuasión estructural y la teoría de la decisión de la disuasión. La estructural argumenta que el equilibrio de poder trae paz y que si dos Estados son iguales en cuanto a poder, ambos serán disuadidos porque ninguno obtendría ganancias ni ventajas. Posteriormente, argumenta que la disuasión nuclear es inherentemente estable (Quackenbush, 2011:743; Zagare, 1996:368). La segunda vertiente utiliza el concepto de utilidad esperada y la teoría de juegos para construir modelos de disuasión. Toma la idea de que la guerra nuclear es irracional y asume que el conflicto es siempre el peor resultado (Quackenbush, 2011:743).

Por otro lado, la teoría de disuasión perfecta asume que los jugadores siempre son racionales y egoístas; por tanto ante un ataque directo, no se asume que el conflicto acabará en una guerra. Existe la posibilidad de que el actor que recibió la agresión no contraataque. Los únicos facultados para realizar una amenaza de disuasión son los Estados, no otras fuerzas impersonales, porque son la única fuente de riesgo. Sólo se pueden realizar amenazas si se tiene capacidad para llevarlas a cabo. Los jugadores pueden preferir no realizar una amenaza de disuasión, en tanto no sea creíble que se tiene la capacidad o la intención de realizar el ataque (Zagare, 2004:118).

Equilibrio de Nash. John F. Nash diferenció entre los juegos de no cooperación, en los que no hay posibilidad de tener acuerdos vinculantes y los de cooperación, en los que eso es posible. Para los primeros, desarrolló un equilibrio (John F. Nash, s.f.; Nobelprice.org, 2013). Éste es un conjunto de estrategias, una por jugador, para que ningún participante tenga incentivo para modificar de manera unilateral sus acciones. Cada jugador da la mejor respuesta posible ante una acción o situación, tomando en cuenta sus creencias y la información disponible. En este tipo de equilibrio no hay arrepentimientos de los jugadores, porque cada uno dio su mejor respuesta a la mejor respuesta del otro jugador. El equilibrio se pierde si un cambio en la estrategia de alguno los llevara a perder más que si permanecieran con la misma estrategia. Así, "un equilibrio de Nash dentro de un juego es un acuerdo que ninguna de las partes puede romper a discreción sin perder" (Monsalve, 2003:140).

Si una de las partes se retirara, perdería y la ganancia obtenida sería menor a la que hubiese obtenido de haber permanecido en el juego. La acción de uno afectará la acción del otro, sucesivamente. En ocasiones, este equilibrio no es necesariamente la mejor respuesta ante una situación (Game Theory.net, 2005; Monsalve, 2003:140; Polak, 2008a, 2008b).

En algunos casos, en lugar de sólo elegir una acción, los jugadores pueden elegir un conjunto de acciones disponibles. Esto se conoce como estrategia mixta. Para que se dé un equilibrio de Nash con este tipo de estrategia, es necesario que el perfil de acción mixto tenga una ganancia mayor que la retirada o el cambio de estrategia (Sethi, 2007).

b) Juego de suma cero

Aquí se presenta un modelo muy sencillo de juego para observar los elementos necesarios y ejemplificar los conceptos descritos.

Si se toma a dos actores y se establece que únicamente tienen dos opciones, cooperar o desertar (ver figura 1), resultan cuatro opciones como posibles resultados. Las preferencias del jugador respetan el siguiente orden: primero, un jugador deserta y el otro coopera (DC), lo que hace que el primero obtenga ventaja sobre el otro; segundo, ambos jugadores cooperan (CC); tercero, los dos desertan (DD); el peor resultado sería para el jugador que coopera si el otro deserta (CD), porque podría ser explotado. Incluso si los jugadores eligen CC o DD (cada uno, enterado de la preferencia del otro), el resultado puede ser DD porque cada uno esperaría obtener la primera opción, en la que uno puede explotar al otro (DC). El miedo surge por la idea de que si coopera, el otro lo puede explotar (CD) (Jervis, 1988:319).

La decisión racional sería que los dos jugadores cooperaran. Así, el resultado sería cero, que es mejor a que fuera un resultado negativo.

Figura 1
Juego de suma cero

		Jugador A	
		Cooperar	Desertar
Jugador B	Cooperar	C (0) / C (0)	C (-1) / D (+1)
	Desertar	D (+1) / C (-1)	D (-1) / D (-1)

Fuente: Watson, 2002:105.

Lo explicado anteriormente, será de utilidad para la explicación del conflicto libio, sobre todo el análisis de las decisiones y acciones de cada actor. Del realismo se rescatan los conceptos de lucha de poder, interés nacional, supervivencia y equilibrio de poder, traducido como mantener o modificar el *statu quo*. De la elección racional se privilegia el análisis de costo-beneficio para comprender el comportamiento de los jugadores, sus motivaciones, decisiones y acciones. La teoría de juegos hará la síntesis para analizar las opciones de los jugadores y las decisiones maximizadoras encaminadas a satisfacer sus intereses.

2. HISTORIA DE LIBIA

La composición geográfica de Libia, cuya superficie es mayoritariamente desértica, ha resultado en el establecimiento de diferentes poblaciones esparcidas dentro del territorio (CIA, 2011; Columbia University, 2010). Libia ha experimentado una turbulenta historia de confrontación y dominación extranjera: la dominación otomana, la colonización italiana y, por último, el protectorado de Reino Unido y Francia. En la época de la Guerra Fría, fue centro de atención mundial, especialmente por su importancia como país productor de petróleo y por su agresiva política exterior (CIA, 2011; History, 2011). En la época contemporánea, lo sigue siendo igualmente por sus hidrocarburos y por los resultados de los levantamientos populares contemporáneos.

Al estallar la Segunda Guerra Mundial, un grupo de nacionalistas libios gestionó en Egipto, con apoyo británico, un movimiento para expulsar a los italianos, lo que se materializó en 1947 con el tratado de París (Italian Occupation, 2006; Libya, 2007). Dos años después, la Asamblea General de Naciones Unidas votó una resolución que estableció que Libia sería preparada para su independencia bajo tutela de dicho organismo. Para ello, se nombró al neerlandés Adrian Pelt como Comisionado de Naciones Unidas en Libia. La labor de Pelt fue buscar la formación de un gobierno independiente, la formulación de una Constitución, la conciliación de los intereses de los grupos sociales, el impulso al mejoramiento económico y social y la mediación entre la Misión de Apoyo de las Naciones Unidas en Libia y las administraciones británica y francesa, incluyendo a la población libia en el proceso de transición y protegiendo sus intereses de las maniobras de los Estados occidentales que aún querían el control estratégico del territorio (Simons, 2003:22-25).

Libia se estableció como una monarquía. Entre 1959 y 1969 ocurrieron cambios dramáticos al interior del país. A la par, surgió un nacionalismo árabe que, junto con la inconformidad por el establecimiento del Estado de Israel y con el gobierno (Metz, 1987a), llevó al levantamiento de un grupo de militares conocido como el Movimiento de los Oficiales Libres. Inició un golpe de Estado en Bengasi cuando el grupo de militares se apoderó de las estaciones de radio, el departamento de policía y la oficina de correos, además de capturar a miembros de la familia real, oficiales del ejército y funcionarios del gobierno (Aliprandini, 2011; Simons, 1996:178).

El apoyo popular al golpe de Estado fue inmenso, sobre todo entre los jóvenes. En pocos días los insurrectos lograron asumir el control de Trípoli y otras poblaciones. Se depuso a la monarquía sin combate prolongado o violento. Los Oficiales Libres designaron al Consejo Revolucionario de Comando (CRC) como órgano supremo en la toma de decisiones, sus doce miembros eran liderados por Muammar Gadafi, cabeza de la rebelión[3]. (Aliprandini, 2011; *History*, 2011). El reconocimiento internacional al nuevo gobierno fue rápido y extenso (Metz, 1987b). El régimen implementó una ideología de corte socialista con un apego total a los preceptos del Islam, por medio de la "Revolución Cultural". El gobierno libio nacionalizó las instalaciones petroleras pertenecientes a empresas europeas y estadounidenses. Las acciones de este tipo fueron el inicio de la tensa relación entre el gobierno de Washington y el régimen de Gadafi (Nmoma, 2009).

En la década de los setenta, Gadafi reforzó sus relaciones con Siria, Túnez y Sudán, y apoyó abiertamente la causa palestina. Su gobierno, respaldado en la bonanza petrolera, comenzó a financiar, entrenar y armar movimientos de liberación y grupos terroristas, con el argumento de que la ayuda iba dirigida a personas que luchaban contra el colonialismo y la dominación extranjera. A su vez, ejerció una política hostil hacia Occidente (Aliprandini, 2011; Nmoma, 2009).

---

3 Muammar Gadafi, quien gobernó Libia durante 42 años, nació en 1942 en la ciudad de Sirte, al norte del país. Provenía de una familia nómada de pastores beduinos de ascendencia bereber y árabe. Muchos de los integrantes de su familia participaron en combates contra la ocupación italiana. En 1956, mientras el joven Gadafi estudiaba el bachillerato, el mundo árabe sufrió vertiginosos cambios y fue escenario de conflictos como la crisis del Canal de Suez. Ello motivó el inicio de la participación de Gadafi en manifestaciones contra la intervención de países occidentales y del Estado de Israel en asuntos del mundo árabe (Aliprandini, 2011).

La década de los ochenta fue compleja para Libia: obtuvo enorme notoriedad en el escenario internacional por su creciente enfrentamiento ideológico con Occidente, particularmente con Estados Unidos y se vio involucrado en actos de terrorismo, lo que motivó el rompimiento de relaciones con el gobierno británico (Gallego, 1984; Nmoma, 2009).

En sus más de cuarenta años de gobierno, Gadafi proyectó internacionalmente a su país como resultado de una política exterior agresiva y la posesión de excedentes petroleros que le garantizaban autonomía financiera. Las grandes reservas petroleras en el golfo de Sidra fueron usadas como elemento de poder para proyectar su influencia mundial mediante alianzas, financiar intervenciones militares en otros países y patrocinar grupos rebeldes. Sin embargo, en la década de los noventa el apoyo de Gadafi a movimientos rebeldes o terroristas disminuyó drásticamente. Al iniciar la primera década del siglo XXI, flexibilizó su política y reanudó sus lazos comerciales con Estados Unidos y Reino Unido. Finalmente, alrededor de 2009, Libia fue reincorporada a la comunidad internacional (Aliprandini, 2011; Columbia University, 2010; Ghosh *et al.*, 2011; Nmoma, 2009; Zoubir, 2009).

El año 2011 fue de agitación en el mundo árabe. Estallaron movimientos populares a lo largo de Medio Oriente y el Norte de África. Aunque todos exigieron la renuncia de sus gobernantes, no es posible hablar de un fenómeno homogéneo. Cada movimiento presentó características y condiciones particulares. El caso libio fue diferente a los de Yemen y Túnez, pues Gadafi respondió mediante el ejercicio de la fuerza armada (Anderson, 2011a). La revuelta contra Gadafi inició en febrero de 2011 en la ciudad de Bengasi[4]. Los rebeldes se hicieron del control de esa ciudad y de Sirte. El gobierno de Trípoli envío he-

4 La conformación del grupo rebelde fue muy variada. Era posible encontrar estudiantes universitarios, gente de clase media, comerciantes, desempleados e incluso a soldados desertores del ejército libio. A pesar de lo diverso del grupo, un símbolo unificador fue la bandera tricolor roja, verde y negra que era usada antes de la llegada de Gadafi al poder (Anderson, 2011b).

licópteros y efectivos del ejército, quienes abrieron fuego contra los rebeldes para desarticular el movimiento (Aliprandini, 2011).

3. ANÁLISIS DEL CONFLICTO LIBIO CON LA TEORÍA DE JUEGOS

El régimen de Gadafi generó desigualdad e inconformidad entre la población libia. El resultado de sus políticas arbitrarias fue el levantamiento de los rebeldes. El siguiente árbol de movimientos (figura 2) ilustra los tres momentos (nodos) en los que los jugadores se vieron obligados a tomar decisiones y los posibles resultados de éstas.

Figura 2
Árbol de decisiones en Libia

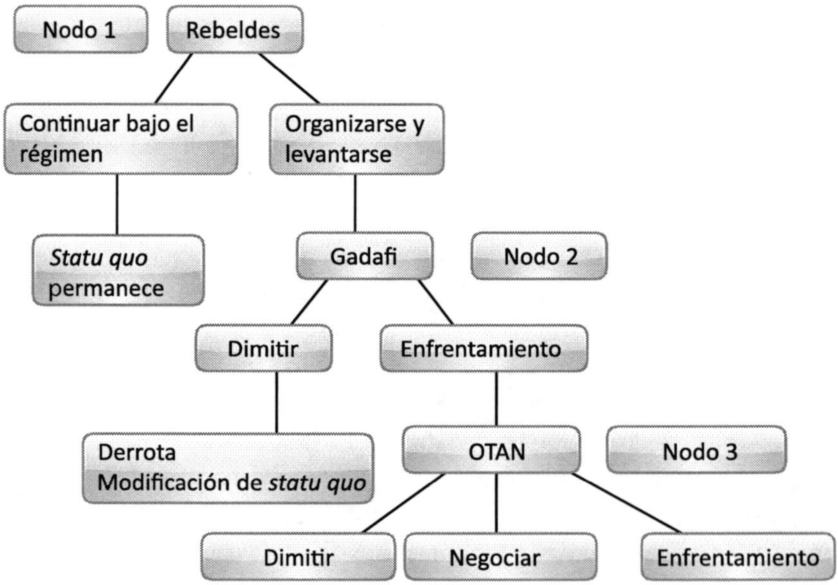

Fuente: Elaboración de los autores.

3.1. Las decisiones de los jugadores

Como se muestra en el primer nodo (figura 3), los rebeldes tenían las opciones de continuar bajo el régimen y así perpetuar el *statu quo* o bien, de organizarse y levantarse. El 16 de febrero, aproximadamente 200 manifestantes se levantaron en la ciudad de Bengasi para demostrar su apoyo al activista de derechos humanos Fathi Terbil. Varios fueron arrestados. El 18 de febrero, en Trípoli, simpatizantes de Gadafi llevaron a cabo manifestaciones de apoyo al gobierno. En Bengasi, los grupos de derechos humanos atacaron las fuerzas de seguridad del gobierno, que respondieron abriendo fuego. Los dos días siguientes las revueltas continuaron y escaló la violencia por parte del gobierno.

Figura 3
Nodo 1: Opciones de los rebeldes

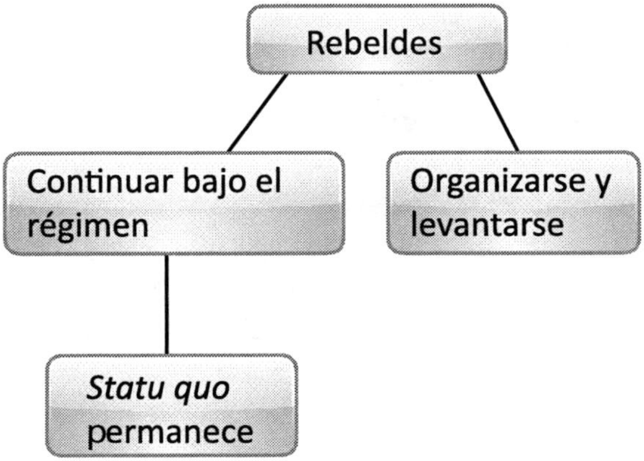

Fuente: Elaboración de los autores.

El enfrentamiento continuó. Al mismo tiempo, en la ciudad de Bayda, al este de Libia, comenzó a formarse un gobierno provisional con líderes opositores a Gadafi. Es importante hacer énfasis en por qué los rebeldes —pese a la amenaza de que el conflicto se convirtiera en una guerra civil—, no frenaron los ataques.

Lo anterior se puede responder con el fundamento de racionalidad. El objetivo de los rebeldes era modificar el *statu quo*, eliminar el régimen de Gadafi para establecer un nuevo gobierno. Si se retoma el axioma de orden, que establece que los resultados se pueden categorizar de mejor a peor, continuar el conflicto y derrocar a Gadafi era el mejor resultado. El peor resultado era el *statu quo,* que el régimen de Gadafi continuara. Ceder ante las fuerzas del gobierno representaba el peor resultado, por ende, una decisión irracional. Instaurar un nuevo gobierno sería el resultado más alto.

Los axiomas ayudan a describir el peso de las preferencias en cualquier posible resultado y pueden trazar el parámetro de tolerancia al riesgo, así como la actitud frente a éste (Skinner, 2001:233). La preferencia ante cualquier resultado, en este caso, corresponde a instaurar un nuevo gobierno; el parámetro de la tolerancia al riesgo es muy alto, puesto que los rebeldes no se dejaron amedrentar ante la actitud bélica del gobierno y decidieron continuar luchando. No hubo aversión al riesgo.

Más adelante, el 26 de febrero, el Consejo de Seguridad de Naciones Unidas aprobó la resolución 1970, que condenó los actos de violencia y estableció un embargo de armas al régimen de Trípoli. Asimismo, prohibió a los dirigentes libios realizar viajes al extranjero y congeló sus activos. Un día después, el presidente estadounidense, Barack Obama, instó a Gadafi a dimitir. El 28 de febrero, la Unión Europea aprobó una serie de sanciones económicas contra el régimen de Trípoli. Estas acciones de la comunidad internacional fueron un intento de disuasión pacífica (Redacción Internacional, 2011).

En este punto, Gadafi tenía dos opciones: cese al fuego para negociar con los rebeldes o continuar el enfrentamiento armado. El resultado más alto para Gadafi, era mantenerse en el poder. Su preferencia ante cualquier resultado era mantener el *statu quo*. Su decisión de continuar el conflicto indica que la tolerancia al riesgo era muy alta y que las consecuencias eran menos importantes que el objetivo. La decisión racional para Gadafi era continuar luchando hasta derrotar a los rebeldes.

A partir de las decisiones anteriores, el conflicto se enmarca como un juego de suma cero: si los rebeldes obtienen el poder, Gadafi pierde y viceversa. A continuación, se presenta una matriz (figura 4) para ilustrar la primera fase del conflicto. Ambos jugadores pueden: desertar (D) o continuar el enfrentamiento (E). Cada uno evalúa sus posibles acciones mediante la comparación de las ganancias en cada columna, para saber qué acción es preferible.

Cada celda de la matriz da un pago por cada combinación de acciones. Los pagos de los rebeldes son los primeros números de cada par, los de Gadafi son los segundos. La función de utilidad es igual para cada parte. Los valores para cada función de utilidad son los siguientes:

Figura 4
Matriz Gadafi-rebeldes

Enfrentamiento: 5

Desertar: 2

		Gadafi	
		E	D
Rebeldes	E	5,5	5,2
	D	2,5	2,2

Fuente: Elaboración de los autores.

Si Gadafi deserta, los rebeldes obtienen 5 y él 2 y viceversa. El mejor pago para ambos sería el enfrentamiento (5,5). El enfrentamiento es la opción que maximiza la utilidad, sin importar cuál sea la decisión del opositor. Si los rebeldes se enfrentan y Gadafi deserta, obtienen un pago de 5; si ambos se enfrentan, obtienen 5. Para Gadafi, los resultados serían iguales. Cualquier acción que sea superior a las posibles acciones del oponente, es el mejor pago.

Es necesario regresar en la cronología para entender las opciones de Gadafi. El 21 de febrero, el hijo de Gadafi, Saif al-Islam, apareció en la televisión para advertir a los manifestantes que si no cesaban las revueltas, Libia caería en una guerra civil. Ese día, los rebeldes tomaron el control de Bengasi (Ynetnews, 2011). Este evento fue el catalizador que intensificó el conflicto que culminó con la intervención de la OTAN y la muerte de Gadafi.

El 22 de febrero, Gadafi declaró: "No voy a dejar esta tierra. Moriré aquí, como mártir, me quedaré aquí, desafiante" (Meikle, 2011). Esta declaración muestra a Gadafi dispuesto a continuar el conflicto armado hasta el final: prefiere morir antes que alterar el *statu quo*. Frente a esta decisión, la comunidad internacional decidió intervenir. Las opciones de Gadafi se muestran en el nodo 2 (figura 5).

Figura 5
Nodo 2: Opciones de Gadafi

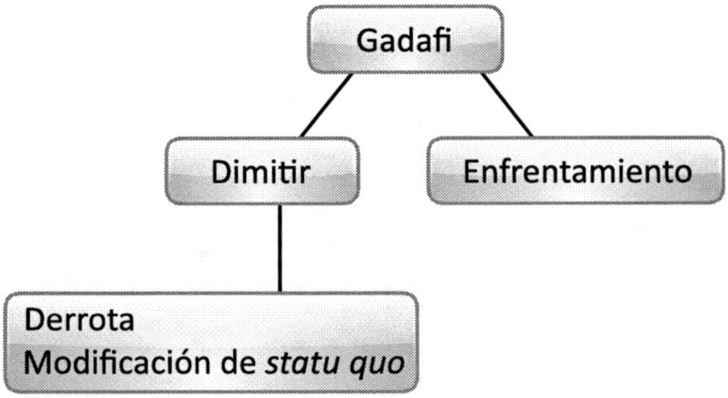

Fuente: Elaboración de los autores.

Para entender la posición de Gadafi, se toma en consideración la larga duración de su régimen, cuarenta años; la lealtad que aún tenía de parte de su Guardia Revolucionaria; su habilidad para hacerse de mercenarios subsaharianos; su costumbre de valerse de las tribus dividiéndolas; y la carencia por parte de los rebeldes de un liderazgo capaz de enfrentar al régimen (Aquilino, 2011).

Así, el primero de marzo las fuerzas de Gadafi llevaron a cabo pequeños ataques a los rebeldes en distintas ciudades. En Zawiyah el ataque fue intenso y los rebeldes capturaron la ciudad después de una noche de combate. Continuaron los esfuerzos por frenar a los rebeldes. En la ciudad de Brega se realizaron ataques aéreos y terrestres. Nuevamente, los rebeldes derrotaron a las fuerzas de Gadafi. Para el 3 de marzo, las naciones occidentales ya discutían la intervención mediante el uso de la fuerza. El 13 de marzo, las fuerzas del gobierno recapturaron Brega (Lee, 2011).

El 17 de marzo, el Consejo de Seguridad de Naciones Unidas (CSNU) estableció una zona de prohibición de vuelos en territorio libio. Un día después, en respuesta a esa resolución, se declaró el cese al fuego. Sin embargo, el ejército continuó atacando las posiciones de los rebeldes (Lee, 2011). La figura 6 muestra el nodo 3, momento de decisión de la OTAN.

Figura 6
Nodo 3: Opciones de la OTAN

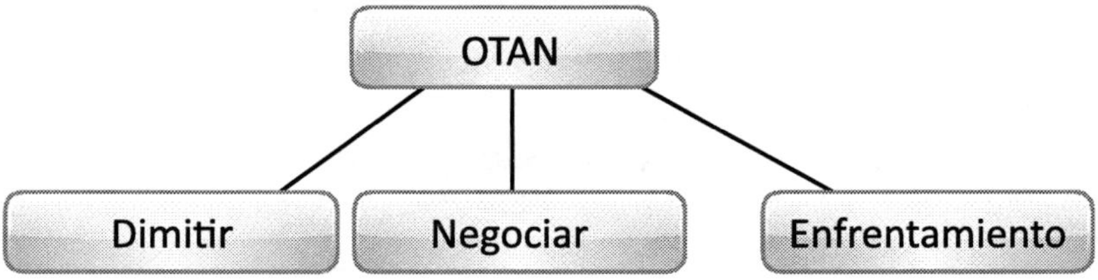

Fuente: Elaboración de los autores.

El 27 de marzo de 2011, tras los esfuerzos conjuntos de Francia, Reino Unido y Estados Unidos, la OTAN tomó el control de la campaña militar sobre Libia, *Operación Protector Unificado*. Intervino con base en el mandato de la resolución 1973 del Consejo de Seguridad de Naciones Unidas y como parte de sus esfuerzos de cooperación con países de la región (North Atlantic Treaty Organization [NATO], 2011; Business Monitor International, 2011).

3.2. Los intereses de los jugadores

Aquí se explican las posturas de Francia, Reino Unido y Estados Unidos, principales promotores de la intervención a cargo de la OTAN.

El primer ministro británico, David Cameron, dijo que la acción militar contra Gadafi era necesaria, legal y correcta: "Es correcto, porque no considero que debemos mantenernos apartados cuando un dictador asesina a su propia gente". Por su parte, el presidente francés, Nicolás Sarkozy, dijo: "Si intervenimos en las naciones árabes es por una conciencia universal de que no se pueden tolerar esos crímenes". Sin embargo, esta retórica no explica el por qué de la intervención (citado en Elliot, 2011).

Reino Unido no fue tan agresivo para presionar la intervención en Libia, pero sí uno de los principales promotores de la coalición. Cameron, recordando el largo historial de Gadafi de apoyo al terrorismo y la violencia, declaró también que, de permitir el éxito de sus ataques, Libia se convertiría nuevamente en un "Estado paria", fuente de inestabilidad que exportaría conflictos a su alrededor y pondría en peligro a Europa y a Reino Unido; situó así la intervención dentro del "interés nacional" británico (citado en Black, 2011).

Para Reino Unido el componente de la política interna no era tan fuerte como el interés energético. En 2007, la compañía British Petroleum (BP) firmó un tratado para extraer petróleo libio. En 2009, fecha en la que inició formalmente la extracción, BP anunció que tenía planeado invertir 20 mil millones de dólares en Libia para la producción de petróleo durante 20 años. Londres podría obtener más beneficios con el derrocamiento de Gadafi, con un nuevo liderazgo (Stratfor, 2011).

Otra motivación de Reino Unido era la reconstrucción de Libia. Las autoridades británicas insinuaban las intenciones de su gobierno cuando anunciaban que asegurarían los contratos de sus compañías, con miras a la reconstrucción del país (*Press TV*, 2012). En el ámbito comercial, las exportaciones de bienes de Reino Unido a Libia fueron de 423 millones de libras en 2009, mientras que en 2008 la exportación de servicios había sido de 244 millones de libras. Además, cerca de 150 compañías británicas operaban en el país africano (*Channel 4 News*, 2010).

Por su parte, Francia fue el principal promotor de la intervención en Libia, puso en marcha la coalición internacional y fue el primero en reconocer la legitimidad de los rebeldes en Bengasi. El interés francés en Libia se puede dividir en dos categorías: política interna y relaciones intraeuropeas.

Según el reporte realizado por *Stratfor Global Intelligence* (2011), los motivos internos se debieron, en primera instancia, al deseo de que el gobierno de Sarkozy recuperara credibilidad después de que saliera a la luz que la ministra de Relaciones Exteriores aprovechaba su puesto para hacer negocios en Libia. En segunda instancia, Francia cuenta con una minoría importante de población musulmana[5] proveniente de Túnez, que mostró su inconformidad al gobierno francés frente a su postura en la rebelión de dicho país. Sarkozy siempre utilizó la política exterior agresiva para obtener popularidad al interior.

Así, la popularidad y el tema de la migración musulmana determinaron el apoyo del gobierno de Sarkozy a la causa libia. Para cuando Francia mostró su apoyo a los rebeldes libios, las encuestas perfilaban a Sarkozy como el presidente menos popular de la V República Francesa. Por lo tanto, esperaba que los esfuerzos en Libia elevaran su prestigio entre los electores, dado que posicionaría a Francia al centro de la escena internacional y reivindicaría la idea gaullista de una "Francia con un destino excepcional" (Kern, 2011).

---

5 Se estima que hay alrededor de 6 millones de musulmanes en Francia (cifras de 2010). No se puede tener un registro fidedigno, debido a que las leyes francesas prohíben, desde 1872, preguntar por la religión en los censos efectuados por los organismos públicos. A este respecto, consultar la ley del 6 de enero de 1978, artículo 8 (Vampouille, 2011). Las estimaciones de la población francesa total son de 62´814,233 (CIA, 2013).

El tema de la migración musulmana se volvió más relevante cuando Marine Le Pen, líder de la extrema derecha francesa, se perfiló como potencial rival para Sarkozy en las elecciones presidenciales de 2012. Le Pen apeló a las clases medias y manifestó el descontento hacia las propuestas de los partidos convencionales sobre la migración musulmana, llevando este tema —aunado al de la identidad francesa— a la cumbre de la agenda política del país. De hecho, Gadafi ya había augurado una ola de migración africana hacia Europa (Kern, 2011).

En cuanto a los intereses en Libia, Francia tenía muchos. La compañía petrolera francesa Total SA estaba involucrada en Libia —aunque no con la misma intensidad que la italiana ENI o la Wintershall alemana. Ante las vastas reservas de energía en Libia, se pensó que las compañías energéticas francesas se beneficiarían si los rebeldes tomaban el poder. Pero el beneficio real fue la venta de armamento. Desde 2004, cuando la Unión Europea levantó el embargo de armas a Libia, Trípoli le había comprado más armas a Francia que a cualquier otro país europeo (Stratfor, 2011).

En los motivos económicos, para finales de 2010 Francia encabezaba la inversión extranjera en Libia con 18.7% del total. Con su apoyo a la revolución y el reconocimiento del CNT, Francia tenía la intención de construir una relación especial con la Libia posterior a Gadafi, por ejemplo, al incrementar la presencia de compañías francesas por medio de la reconstrucción del país (Cousins, 2012).

Francia también aspiraba reposicionarse como el principal proveedor de armas de Libia al ayudar en la reconstrucción de capacidad militar y entrenamiento de sus efectivos, especialmente de la fuerza aérea (World Finance, s/f).

Adicionalmente, la intervención internacional acercó a Francia y a Reino Unido, que se habían pronunciado a favor de fortalecer sus lazos militares. Ambas potencias realizaron contratos militares para apoyar al CNT (World Finance, s/f).

Por otro lado, la participación de Estados Unidos, según la declaración del embajador estadounidense de Naciones Unidas, John

Bolton, se basaba en que Gadafi no había recibido castigo por los actos terroristas en contra de estadounidenses; en que una victoria de Gadafi o una prolongada guerra civil, podrían convertir a Libia en base para el terrorismo nuevamente; finalmente, según Bolton, en el escenario en el que Gadafi prevaleciera, habría posibilidades de que reiniciara su programa de armas de destrucción masiva (citado en Halper, 2011).

En la declaración anterior destaca el interés de Estados Unidos por derrocar al régimen de Gadafi primordialmente para proteger su seguridad nacional.

Con respecto a la presencia de Estados Unidos en la industria petrolera libia, Exxon Mobil había regresado en 2005 al país norafricano, tras una ausencia de 25 años. En 2010 su filial en Libia había iniciado perforaciones en aguas profundas. Igualmente, Occidental Petroleum Corporation consiguió en 2008 un acuerdo para el desarrollo de la región más productiva del país, la Cuenca de Sirte, e invertiría 5 mil millones de dólares en los siguientes cinco años. Por su parte, Chevron Texaco había regresado a Libia, luego de 28 años de ausencia, con la adjudicación de la primera ronda de licitaciones del país (Channel 4 News, 2010).

Pero los intereses estadounidenses para la intervención en Libia se pueden remontar a la búsqueda de estabilidad global. Estados Unidos experimentaba una frágil recuperación económica, amenazada por alzas en el precio del petróleo y la inflación. El caos en Libia y las amenazas de Gadafi sobre bombardear sus yacimientos petroleros y una ola de migración hacia Europa, hubieran sido peligrosos (Peek, 2011).

Una muestra de la racionalidad de todos los actores implicados se encuentra en sus declaraciones. Con la referencia del discurso de Tony Blair, en el que declaró que la "inacción es una decisión, una política con consecuencias" (citado en Elliot, 2011), haber establecido condenas contra las acciones del régimen de Gadafi obligaba a los actores a actuar en consecuencia e intervenir. De lo contrario, mostraban irracionalidad, incongruencia y debilidad.

Los intereses enunciados demuestran que las naciones de la OTAN se beneficiaban con el fin del conflicto en Libia, con o sin Gadafi. Sin embargo, seguir congruentemente el sentido de sus condenas y las oportunidades de una Libia sin Gadafi, ofrecía mayores ganancias.

3.3. *Opciones de los jugadores*

La matriz OTAN *vs.* Gadafi (figura 7) explica las opciones de los jugadores —cooperar, atacar, dimitir o abstenerse— y el resultado del juego. Se analizan en tres partes: primero, los mejores y peores escenarios para cada jugador; segundo, las demás opciones; tercero, el resultado. Debe leerse de la siguiente manera: C=cooperar, A=atacar, D=dimitir, AB=abstención. Para localizar una coordenada, primero se toma el eje de la OTAN (horizontal) y después el de Gadafi (vertical). El primer número de cada coordenada representa el pago de la OTAN; el segundo, el de Gadafi.

Figura 7
Matriz: OTAN vs. Gadafi

	GADAFI			
OTAN	Cooperar	Atacar	Dimitir	Abstención
Cooperar	5,2	-1,4	4,-2	4,1
Atacar	3,2	3,5	3,-3	3,-2
Dimitir	-2,3	-2,5	-1,-3	-1,-2
Abstención	-1,2	-2,4	3,-3	0,-1

Fuente: Elaboración de los autores.

a) Mejores y peores escenarios para los jugadores

Tomando en cuenta que ambos jugadores tenían un perfil definido de estrategia, el mejor escenario o resultado para cada uno de ellos, según la estrategia dominante, sería el siguiente: para Gadafi, la coordenada D, A (-2,5); para la OTAN, la A, D (3,-3); de esta manera, cada uno obtendría el pago más alto, maximizaría ganancias, minimizaría perdidas y mantendría su principal interés.

Gadafi mantendría su estrategia dominante y continuaría con la preservación del *statu quo*, a pesar de que la probabilidad de que lo lograra era de 90-10 en relación con los rebeldes. Mientras que los miembros de la OTAN, además de terminar con el conflicto libio, lograrían en conjunto con los rebeldes, un cambio de régimen. Francia y Reino Unido podrían negociar nuevos acuerdos comerciales y obtener mejores concesiones. Estados Unidos podría igualmente negociar nuevos acuerdos comerciales, prevenir el desarrollo de un programa nuclear y evitar que Libia fuera cuna de terroristas que pudieran atentar en contra de su país.

En cuanto al peor resultado o escenario para los jugadores, el de Gadafi era dimitir. Por la parte de los intereses, no cumplía con el principio de racionalidad, debido a que su interés era que el *statu quo* prevaleciera. Por la parte de los pagos, habría obtenido los más bajos, sin importar la acción de la OTAN. En el caso de la OTAN, el peor resultado era la abstención, no intervenir en el conflicto. Al no intervenir —y Gadafi resultar ganador—, las pérdidas serían mayores, pues se podría deteriorar la situación comercial con y en Libia. A su vez, aumentaría el riesgo en la seguridad nacional de los países occidentales, porque Gadafi podría continuar financiando grupos terroristas.

b) Opciones alternas de los jugadores

Tanto la OTAN como Gadafi pudieron haber optado por otras decisiones. Por ejemplo, la opción de cooperar le hubiera permitido a la OTAN satisfacer, aunque no del todo, los intereses de sus promotores, indistintamente de las motivaciones que tenía cada uno. Mientras que Gadafi hubiera podido evitar maximizar sus pérdidas, a pesar de ir en contra de su principal interés.

Si alguno de los jugadores hubiese optado por las opciones mencionadas, a la larga, alguno de los dos presentaría arrepentimiento, porque a pesar de que las pérdidas serían minimizadas, no satisfacerían su interés principal, ni obtendrían el mejor pago, ni estarían dando su mejor respuesta. Por ello, la matriz muestra que el ataque es el mejor resultado del juego.

c) Resultado del juego

La coordenada A, A (3,5) representa el equilibrio de Nash y la conclusión del juego. Es la mejor decisión y respuesta que los jugadores podían dar ante las acciones presentes. En el momento que Gadafi decidió atacar, siguiendo su racionalidad, la mejor respuesta de la OTAN era replicar. A pesar de que no recibió el pago más alto, no tuvo ningún arrepentimiento de su decisión, porque fue la mejor respuesta que pudo dar ante la mejor acción de Gadafi y viceversa; si la OTAN decidía atacar, lo mejor que Gadafi podía hacer era responder al ataque, independientemente del resultado final, en este caso, su muerte.

Para encontrar el equilibrio de Nash, se debe hacer lo siguiente: primero, se elige un jugador, en este caso, Gadafi; posteriormente, se elige una acción (columna) —por ejemplo, cooperar— y se busca la mejor respuesta, es decir, el pago más alto para esa columna, y se circula; después, se hace lo mismo con las demás acciones del jugador elegido. Finalizado el primer jugador, se toma al segundo jugador, la OTAN, se elige una acción (fila) y se circula la mejor respuesta para cada una de las acciones del otro jugador, es decir, para cada fila. El equilibrio de Nash se encuentra donde confluyen los dos círculos, uno para cada jugador, la mejor respuesta frente a la mejor acción. Aunque en algunos casos se puede encontrar más de un equilibrio de Nash, aquí no es posible porque los intereses de las partes son polos opuestos.

Lo anterior demuestra que este conflicto fue un juego de suma cero. Al final, la pérdida de un oponente representó la ganancia inmediata del otro. Si Gadafi ganaba, la OTAN perdía y viceversa. Pese a que las opciones de cooperar o abstenerse existían, no era racional utilizarlas, porque no hubieran satisfecho los intereses y como muestra la matriz, los pagos no hubieran sido buenos.

CONCLUSIONES

La intervención de la OTAN marcó la pauta para el resultado final. Si los rebeldes no hubieran obtenido el apoyo de la OTAN, el resultado podría haber sido distinto, debido a que contaban con menor capacidad militar. Gadafi se enfrentaba a dos oponentes, uno interno y otro internacional. Aunque el enfrentamiento pudiera parecer una decisión irracional para Gadafi —las fuerzas enemigas eran mayores que las suyas—, no eran viables las opciones de compartir el poder o dimitir. Al estar dispuesto a morir, la única opción racional era el enfrentamiento armado hasta ganar o perder. Karen Mingst e Ivan Arreguín-Toft (2004) establecen que las características personales de los tomadores de decisiones en situaciones de crisis tienen mayor relevancia que en determinaciones rutinarias. La renuencia de Gadafi a dimitir o a compartir el poder, demostró que su única opción para resolver el conflicto era enfrentarse a la OTAN.

Como se vio, la teoría de juegos sirve para explorar la cooperación, los conflictos y, particularmente, la formación de alianzas y la disuasión (Sterling-Folker, 2006:93). En el caso analizado, un ejemplo de alianza es la que se formó entre la OTAN y los rebeldes. Aunque no fue el caso, pudo haber servido como elemento de disuasión para que Gadafi detuviera el enfrentamiento.

También puede destacarse la alianza entre las potencias de la OTAN, aunque cada una tuviese intereses diferentes, en aras del mismo resultado. La razón de su alianza fue la alineación de sus intereses.

Esta teoría puede ser utilizada para un enfoque realista, es decir, como un juego en el que se presume que la cooperación no es una opción viable para satisfacer los intereses, como la postura de Gadafi. O con un enfoque liberal, en el que los actores cooperan para obtener mejores resultados que si actuaran solos, o para evitar las consecuencias de un conflicto armado.

Este análisis utilizó la perspectiva realista, con énfasis en la lucha por el poder que determinó las decisiones de los actores. Esta perspectiva permite entender el poder de múltiples formas: control sobre Libia —para Gadafi y los rebeldes— conservación de la estabilidad regional y la búsqueda de nuevas oportunidades en Libia —para las potencias— o, de acuerdo con la teoría de juegos, cualquier resultado que maximice los beneficios de un actor. Con el estudio de caso se pudo explicar por qué, aunque había una forma distinta de resolver el conflicto por medio de la cooperación, la solución se alcanzó mediante el uso de la fuerza. Una vez que se tuvo conocimiento de los intereses de los distintos jugadores y las decisiones de cada uno, se pudo determinar que los pagos más altos se obtendrían con un enfrentamiento, por lo que la decisión racional versaba sobre esta alternativa. Por lo tanto, puede afirmarse que muchas veces los jugadores toman decisiones condicionadas por las decisiones de los otros. La OTAN encontraba ganancias en la negociación, pero dado el comportamiento de Gadafi, optó por otra alternativa, que aunque no representaba el mayor pago era la mejor respuesta a las acciones del dictador.

Puesto que la racionalidad se determina según los objetivos, la decisión de los rebeldes de comenzar el enfrentamiento, la de Gadafi de luchar contra los rebeldes y, después contra ellos y la OTAN, así como la intervención militar de las potencias extranjeras, eran las opciones más racionales para alcanzar sus objetivos y satisfacer sus intereses. En este capítulo se consideró que la intervención de la OTAN en apoyo a los rebeldes para derrocar el régimen de Gadafi podía ser explicada mediante un juego de suma cero. Si los rebeldes obtenían el poder habría un cambio de régimen y Gadafi perdería. Si Gadafi permanecía en el poder y los rebeldes no lograban derrocar el régimen, éstos perderían. Al hacer el análisis, se constató que existía la opción de cooperar. Si se llegaba a un acuerdo, Gadafi y los rebeldes podrían compartir el poder. Pero las decisiones de ambos actores hicieron que esa opción no fuera factible.

Los intereses de las potencias extranjeras se hubieran satisfecho mediante un acuerdo. Sin embargo, la búsqueda de su seguridad nacional, de la estabilidad regional y de las oportunidades materiales que ofrecía un cambio de régimen, hicieron preferible maximizar sus ganancias por medio del conflicto armado.

En cualquier conflicto internacional, esta teoría facilita la toma de decisiones, porque permite formular escenarios, comprender las motivaciones detrás de las conductas y aclarar las preferencias al realizar el análisis de costo-beneficio. Así, la teoría de juegos es capaz de demostrar que el comportamiento de los jugadores puede ser explicado, comprendido y, en muchas ocasiones, esperado.

FUENTES

Aliprandini, M. (2011). *Muammar Qaddafi*: Great Neck Publishing.

Anderson, L. (2011b). Who are the rebels? *New Yorker, 87*(7), 21-22.

Anderson, L. (2011a). Demystifying the Arab Spring. *Foreign Affairs, 90*(3), 2-7.

Aquilino, W. (2011). Military Intervention in Libya Serves No U.S. Interest. A briefing by Dirk Vandewalle. *Middle East Forum*. Recuperado el 20 de enero de 2013, de: http://bit.ly/dKV0lr.

Barbé, E. (1990). *Escritos sobre política internacional. Hans J. Morgenthau*. España: TECNOS.

Bennett, P. (2001). Modeling decisions in International relations: Game Theory and beyond. *International Studies Quarterly, 39*(1), 19-34.

Binmore, K. (2009). *La teoría de juegos. Una breve introducción*. Madrid: Alianza Editorial.

Black, A. (18.03.2011). David Cameron: Libya action in 'national interest'. BBC. Recuperado el 7 de enero de 2013, de: http://bbc.in/hruJJ4.

Brams, S. (1985) *Rational Politics. Decisions, Games, and Strategy*. New York: Academic Press.

Business Monitor International. (2011). Western Intervention in Libya? Challenges Assessed. *United Kingdom Defence & Security Report,* (3), 24-26.

Carr, E. H. (2006). The Beginnings of Science. En Chan, S. & Moore, C. (ed.). *Approaches to International Relations: Realism, I* (1-9). London: Sage Publications.

Central Intelligence Agency. (2012). Libya. *The World Factbook*. Recuperado el 17 de enero de 2012, de: http://1.usa.gov/3z3aXz

CIA (2013). France. *The World Factbook*, en: http://1.usa.gov/Nl5ms.

Chan, S. & Moore, C. (2009). Editors' Introduction: Volume I. En Chan, S & Moore, C. (eds.). *Approaches to International Relations: Realism,* I (XXXV-XXXVII). London: Sage Publications.

Channel 4 News. Libyan oil: Where does it go? (22.07.2010). Recuperado el 10 de enero de 2013, de: http://bit.ly/15nVYm3

Columbia University. (2010). Libya. *Columbia Electronic Encyclopedia*,(6th ed.), 1-4.

Cousin, M. (04.04.2012). France plans to build a lasting relationship en *Libya Herald*. Recuperado el 24 de enero de 2013, de: http://bit.ly/13lbrEP

Del Arenal, C. (1993). *Introducción a las Relaciones Internacionales*. México: Rei México.

Dougherty, J. E. & Pfaltzgraff Jr., R. L. (2001). *Contending Theories of International Relations. A comprehensive survey*. New York: Addison Wesley Longman, Inc.

Elliot, M. (19.03.2011). Viewpoint: How Libya Became a French and British War. *Time*. Recuperado el 26 de agosto de 2011, de: http://ti.me/fXibuQ

Gallego-Díaz, S. (18.04.1984). La policía cerca la Embajada libia en Londres tras dispararse desde ella contra un grupo anti-Gadafi. *El País*. Recuperado el 13 de agosto de 2011, de: http://bit.ly/1dG6aJz

Game Theory Net. (2005). Nash Equilibrium. Recuperado el 10 de enero de 2013, de: http://bit.ly/14g9Ce9

Ghosh, B., Walt, V., Hauslohner, A., Harrell, E., Perry, A., Scherer, M. & Calabresi, M. (2011). Gaddafi's Last Stand. *Time, 177*(9), 24-29.

Griffiths, M., Roach, S. C. & Solomon, M. S. (2009). *Fifty Key Thinkers in International Relations*. New York: Routledge.

Halper, D. (14.03.2011). America's Interests in Libya. *The Weekly Standard*. Recuperado el 23 de febrero de 2012, de: http://bit.ly/ebT5p5

History (2011). *Libya Country Review*, 6-8.

Go.galegroup. Italian Occupation of Libya (2006). *Encyclopedia of Invasions and Conquests: From Ancient Times to the Present*. Recuperado el 15 de agosto de 2011, de: http://bit.ly/15IUQJM

Jervis, R. (1988). Realism, Game Theory and Cooperation. *World Politics, 40*(3), 317-349.

John F. Nash (s.f.). *Eumed.net. Enciclopedia y Biblioteca Virtual*. Recuperado el 15 de enero de 2012, de: http://bit.ly/bp56si

Kern, S. (23.03.2011). Why France Was So Keen to Attack Libya? *Gatestone Institute*. Recuperado el 18 de diciembre de 2012, de: http://bit.ly/GUoL9P

Lee, R. A. (2011). Political Unrest in Libya Timeline. *History Guy Media*. Recuperado el 18 de febrero de 2012, de: http://bit.ly/pVlAYi

Meikle, J. (2011). Maummar Gaddafi says he will die a martyr rather than quit. *The Guardian*. Recuperado el 26 de agosto de 2011, de: http://bit.ly/erJMty

Metz, H. C. (1987a). *A Country Study: Libya*. Recuperado el 20 de agosto de 2011, de: http://1.usa.gov/1aOlvfb

Metz, H. C. (1987b). *A Country Study: Libya*. Recuperado el 20 de agosto de 2011, de: http://1.usa.gov/15O3cC7
Mingst, K. & Arreguín-Toft, I. (2004). *Essentials of International Relations*. Publisher: W. W. Norton & Company.
Monslave, S. (2003). John Nash y la Teoría de Juegos. *Lecturas Matemáticas,* 24, 137-149.
Morgenstern, O. & Von Neumann, J. (2004). *Theory of Games and Economic Behavior*. Princeton, N.J.: Princeton University.
Morgenthau, H. (1963). *La Lucha por el poder y por la paz*. Buenos Aires: Editorial Sudamericana.
Morgenthau, H. (1973). *Politics Among Nations. The Struggle for Power and Peace*. New York: A. A. Knopf.
Morgenthau, H. (1994a). El poder político. Teoría realista de la política internacional. En Vásquez, J. A. (ed.). *Relaciones Internacionales. El pensamiento de los clásicos* (53-57). México: Limusa.
Morgenthau, H. (1994b). Otro "gran debate": el interés nacional de los Estados Unidos. En Vásquez, J. A. (ed.). *Relaciones Internacionales. El pensamiento de los clásicos* (167-170). México: Limusa.
Nmoma, V. (2009). Power and Force: Libya's Relations with the United States. *Journal of Third World Studies, 26*(2), 137-159.
Nobelprice.org (2013). *John F. Nash, Jr.* Recuperado el 10 de enero de 2013, de: http://bit.ly/GPIhka
North Atlantic Treaty Organization [NATO] (22.08.2011). Statement by the NATO Secretary General on the situation in Libya. *North Atlantic Treaty Organization News*. Recuperado el 26 de agosto de 2011, de: http://bit.ly/12MKa9Q
Organski, A. F. K. (1968). *World Politics*. New York: A. A. Knopf.
Peek, L. (30.03.2011). Libya: What's Really Behind the U.S. Action. *The Fiscal Times*. Recuperado el 7 de enero de 2013, de: http://bit.ly/15nWDnG
Polak, B. (2008a). *Lecture 4- Best responses in soccer and business partnerships* [video]. Recuperado el 9 enero 2013 de Open Yale Courses, de: http://oyc.yale.edu/economics/econ-159/lecture-4.
Polak, B. (2008b). *Lecture 5- Nash Equilibrium: Bad Fashion and Bank Runs* [video]. Recuperado el 9 enero 2013 de Open Yale Courses, de: http://bit.ly/JaWtqx
Quackenbush, S. L. (2011). Deterrence theory: where do we stand? *Review of International Studies, 37*(2), 741-762.
Quackenbush, S. L. & Zagare, F. C. (2006). Game Theory: Modeling Interstate Conflict. En Sterling-Folker, J. A. (ed.). *Making Sense of International Relations Theory* (98-112). Boulder: Lynee Rienner Publishers.

Redacción Internacional (22.08.2011). ¿Quién después del dictador? *El Espectador.* Recuperado el 26 de agosto de 2011, de: http://bit.ly/15O6c1n

Review of International Studies (2011). 37, 741-7622010 British International Studies Association. Publicado el 26 de agosto de 2010, en: http://bit.ly/13lczbp

Sethi, R. (2007). Nash Equilibrium. En Darity, W. (ed.). *International Encyclopedia of The Social Sciences,* 8 (2nd ed.), 540-542. Detroit: McMillan Reference.

Shubik, M. (1992). *Teoría de juegos en las Ciencias Sociales. Conceptos y soluciones.* México: Fondo de Cultura Económica.

Simons, G. L. (1996). *Libya: the struggle for survival.* Recuperado el 20 de agosto de 2011, de: http://bit.ly/1bKcKk7

Simons, G. L. (2003). *Libya and the West: from Independence to Lockerbie.* London: Centre for Libyan Studies.

Snidal, D. (2002). Rational Choice and International Relations. En Carlsneas, W., Risse, T. & Simmons, B. A. (eds.). *Handbook of International Relations* (73-94). London: Sage Publications.

Skinner, D. (2001). *Decision Analysis.* United States: Probabilistic.

Stanford University (1997). *Standford Encyclopedia of Phylosofy: Game Theory.* Recuperado el 15 de enero de 2012, de: http://stanford.io/eHxM1

Stratfor. (29.03.2011). France, U. K. Have Differing Motives For Intervening in Libya. *Forbes.* Recuperado el 13 de diciembre de 2012, de: http://onforb.es/qztSRP

Sterling-Folker, J. A. (2006). Game Theory. En Sterling-Folker, J. A. (ed.). *Making Sense of International Relations Theory* (93-97). Boulder: Lynee Rienner Publishers.

Press TV. UK companies pursue Libya oil interests (15.05.2012). Recuperado el 7 de enero de 2013, de: http://bit.ly/JE1HL2

Vampouille, T. (05.04.2011). France : comment est évalué le nombre de musulmans, *Le Figaro.fr*, en : http://bit.ly/eEDKMK.

Viotti, P. R. & Kauppi, V. R. (1999). *International Relations Theory: Realism, Pluralism, Globalism and Beyond.* United States: Longman Publishers.

Waltz, K. (2001). *Man, the State and War. A Theoretical Analysis.* New York: Columbia University Press.

Watson, J. (2002). *Strategy: An Introduction to Game Theory.* New York: W. W. Norton & Company.

World Finance. French interest in Libya remains strong. (s/f). Recuperado el 24 de enero de 2013, de: http://bit.ly/12WFXBx

Worldmark Encyclopedia of the Nations. Libya (2007). Recuperado en agosto 21 de 2011, de: http://bit.ly/111cHMk

Ynetnews (21.02.2011). Gaddafi's son warns of civil war in Libya. Recuperado el 23 de febrero de 2012, de: http://bit.ly/hLqwJG

Zagare, F. C. (1996). Classical deterrence theory: A critical Assessment. *International Interactions, 21*(4), 365-387.

Zagare, F. C. (2004) Reconciling Rationality with Deterrence: A Re-Examination of the Logical Foundations of Deterrence Theory. *Journal of Theoretical Politics, 16*(2), 107-141.

Zoubir, Y. H. (2009). Qaddafi's Libya in World Politics. *Middle Eastern Studies, 45*(4), 685-687.

Capítulo 5

ANÁLISIS DE LA PARTICIPACIÓN DE FRANCIA EN LA GUERRA EN LIBIA DESDE LA SOCIOLOGÍA INTERNACIONAL

Marie-Odette Colin

La imagen de modernos aviones franceses bombardeando instalaciones y tropas libias, a finales de marzo de 2011, ocupó las pantallas de televisión de todo el mundo y generó desde gritos de celebración, hasta cuestionamientos sobre la legitimidad de estas acciones.

Con este análisis se contribuirá al entendimiento de los criterios utilizados por Francia para la formulación de su política exterior y su conducta en la guerra de Libia[1].

La hipótesis que guía el texto es que la tradición intervencionista de la política exterior francesa se exacerba en la guerra de Libia, como respuesta a factores internos y externos. Para ello, se mencionarán actores franceses favorables a la intervención y se explicará el contexto doctrinario relativo a conceptos como la intervención humanitaria, la seguridad humana y la responsabilidad de proteger.

Se inicia con un breve resumen del abordaje de la sociología internacional. Luego, para entender el peso de la historia, el trabajo se remonta a las relaciones franco-libias durante los mandatos de los tres presidentes anteriores a Nicolás Sarkozy, para explicar después el proceso de acercamiento que se produce entre 2007 y 2010.

---

1 A lo largo del texto, se habla de Francia para hacer referencia al gobierno de Francia, a sabiendas que dentro del país existen muchas fuerzas que no necesariamente concuerdan con la posición del gobierno.

El alzamiento rebelde en Libia se sitúa en el contexto del auge de los procesos de las "revoluciones árabes", o "primavera árabe"[2], vistos como componentes de la creciente violencia internacional, una de las vertientes complejas de la globalización o mundialización[3]. Para explicar la respuesta de la comunidad internacional ante los nuevos dramas humanitarios ocasionados por la violencia, se presentarán brevemente las doctrinas que conducen a la responsabilidad de proteger, para evaluar si la participación de Francia en la coalición de la Organización del Tratado del Atlántico Norte (OTAN) constituye una interpretación particular y ambigua de las doctrinas.

Finalmente, se tratará de explicar el cambio radical en la postura de Francia durante los siete meses de intervención militar en Libia. En esta parte se propone una lectura crítica de la acción bélica francesa y se señalan los peligros de exacerbación de la violencia internacional en otros países. La espiral de violencia ascendente hace cada vez más compleja la viabilidad de que los regímenes autoritarios tengan transiciones pacíficas a la democracia mediante la asistencia o la imposición exterior. Por lo tanto, se plantean las siguientes preguntas: ¿Cómo explicar la participación de Francia en la intervención de 2011 a partir de una comprensión histórica y sociológica de los procesos internos en Francia y del contexto internacional? ¿Cuáles serían las contradicciones entre el discurso humanitario y demócrata del gobierno francés y la cruda realidad de los intereses personales y empresariales subyacentes en esta beligerancia?

---

2 Estos términos han sido cuestionados, pero se utilizan en el presente trabajo para aludir a los procesos que surgen en Túnez a fines de 2010, hasta las siguientes movilizaciones en países del Norte de África y Medio Oriente.

3 Trasciende el objeto del artículo ahondar sobre las diferencias entre estos conceptos, que han suscitado interesantes debates desde hace veinte años. Se utilizarán de manera indiferente los dos términos, aclarando, sin embargo, que no se considera a la globalización como un fenómeno de expansión del modelo estadounidense, sino como una intensificación de múltiples interconexiones, facilitada principalmente por el aceleramiento de las transformaciones tecnológicas a fines de los años ochenta.

1. MARCO CONCEPTUAL Y ANTECEDENTES

Para explicar la selección del marco conceptual, se indican a continuación los autores utilizados para analizar la guerra de Libia; se presentan luego las características de la relación bilateral Francia-Libia a lo largo de periodo 1969-2007 y del acercamiento entre 2007 y 2011. Otros antecedentes serán el análisis del fenómeno de la violencia mundial y de las respuestas aportadas por la comunidad internacional desde los años 1980.

1.1. Abordaje conceptual

Entre los autores de la sociología internacional, se usarán principalmente los de la escuela francesa: Raymond Aron, fundador de la sociología histórica, Marcel Merle y Bertrand Badie, principalmente.

Como el tema central es una guerra, se abordará como una lucha por el poder a partir de dos definiciones de Aron en su obra fundacional, *Paz y guerra entre las naciones*: "El poder es la capacidad de hacer, producir o destruir", cuya explicación es que "la potencia en la esfera internacional es la capacidad de una unidad política para imponer su voluntad a las otras unidades. En resumidas cuentas, el poder político no es un absoluto, sino una relación humana" (Aron, 1985:79). La originalidad de este enfoque radica en que se distancia de la visión de Hans Morgenthau que se centra en los elementos de poder (Morgenthau, 1986). Este aporte permitirá entender los aspectos materiales, geopolíticos y económicos, así como la compleja relación humana entre los dos protagonistas: el presidente Sarkozy y el coronel Muammar Gadafi.

Los matices y las distinciones que establece Aron sobre el constante binomio del manejo de la diplomacia y del recurso a la fuerza, servirán para entender la compleja combinación de negociaciones, presiones, ofertas, promesas, amenazas, sanciones, castigos y ataques. La explicación del uso combinado de la "fuerza potencial" y la "fuerza actual" (Aron, 1985:80) permite ver las oscilaciones que han marcado las relaciones entre los dos países. Sobre el comportamiento diplomático-estratégico, dice Aron que "el embajador y el soldado viven y simbolizan las Relaciones Internacionales que, en tanto que interestatales, [...] llevan a la diplomacia y a la guerra. Las relaciones interestatales presentan una característica original que las distingue de cualesquiera otras relaciones sociales: se desarrollan a la sombra de la guerra o, para emplear una expresión más rigurosa, las relaciones entre los Estados llevan consigo, por esencia, la alternativa de la guerra o de la paz" (Aron, 1963:24).

Clausewitz consideraba que la guerra era la continuación de la política por otros medios. Para Aron, ambas esferas del comportamiento de los actores, guerra y política, están imbricadas y en permanente proceso de articulación. Plantea también una diferencia interesante entre la "potencia defensiva" y la "potencia ofensiva", a partir de la que se puede decir que a lo largo de la Guerra Fría, Francia fue una potencia defensiva frente a sus socios europeos y Estados Unidos y frente a la Unión Soviética (URSS). Por el contrario, en sus relaciones con los países africanos y de Medio Oriente que estaban dentro de su área de influencia utilizó una potencia ofensiva para tratar de maximizar su control. Francia ha tratado de ampliar su área de influencia hacia regiones y países, como Libia, que no pertenecían directamente a la misma por razones históricas, pero que podían resultar aliados o socios. A partir del ascenso al poder de Gadafi, la política exterior de Francia combinó de manera compleja, las acciones de disuasión, imposición y gestión de acercamiento.

En *Política comparada* (1993), Badie y Hermet hacen una crítica al universalismo y muestran que ha producido una serie de "dinámicas huérfanas" en países que carecen de referentes seguros para la construcción de su Estado nación. En diferentes trabajos, Badie insiste en que la transferencia mecánica de fórmulas de gobierno de un país desarrollado a otro en vías de desarrollo resulta inoperante y constituye un proceso de "occidentalización" (Badie, 1992). Si se aplica esta noción, se puede decir que la política post-colonial de Francia ha consolidado el trasplante de modelos y mecanismos de tipo occidental, en particular francés, para la formación de los nuevos Estados (excolonias), bajo la lógica de un "Estado importado".

A pesar de las reorientaciones que trató de aportar en su momento el presidente Francois Mitterrand en la relación de Francia con los países africanos y del Magreb, permanece en los formuladores de la política exterior la convicción de que el modelo occidental de representación política es superior y por lo tanto, adaptable a cualquier contexto social. Esto es lo que la sociología internacional cuestiona mediante ejemplos de las distorsiones presentes en estas operaciones de trasplante. Francia ha tenido una fuerte tradición de mesianismo cultural, disimulado bajo el discurso de los valores compartidos y la cooperación con los países de su área de influencia.

Sin profundizar en las características del Estado libio de Gadafi, ya que otros capítulos de esta obra lo abordan, es importante notar que en éste se observa una combinación ecléctica de ideas provenientes del modelo socialista, así como ideas liberales de modernización y apertura que se articulan con la justificación de un poder centralizado. Libia era un Estado fuertemente controlador que no toleraba formas de expresión disidentes. Estas características caben dentro de lo que Aron calificaba como "totalitarismo" (Aron, 1963), por la ausencia de mecanismos liberales de canalización de diferentes posturas en la competencia política.

Como aparato conceptual para abordar la formulación de la política exterior, se acudirá a Marcel Merle (1984), que suministra herramientas útiles para entender las vinculaciones entre la esfera interna y la esfera externa. También se apoyará en su análisis sobre el recurso de las armas, la alternancia democrática y el peso relativo de los elementos internos y externos para la toma de decisión.

Para explicar la espiral ascendente de fenómenos de violencia internacional dentro de la mundialización, se usará la visión de Bertrand Badie que ahonda en los orígenes de la violencia y muestra las dificultades a las que los gobiernos se enfrentan para comprender los fenómenos y atenderlos. En particular, interesa usar sus conceptos para categorizar la combinación entre la "diplomacia de potencia" que actúa con "colusión" (Badie, 2011) y la fuerza de los actores "intrusos" (Badie, 2008).

1.2. El peso de la historia: Relaciones Francia-Libia 1969-2007[4]

A pesar de que el proceso de independencia de las colonias francesas data de más de medio siglo, Francia persistió en autodefinirse y comportarse como potencia durante toda la Guerra Fría, tratando de encontrar un espacio propio, afirmando su poder y participando activamente en la construcción europea. Su esfuerzo por imponer su voluntad y tener relevancia (*rayonnement*) en la escena internacional ha sido una constante.

Para analizar la posición de Francia —que no repetirá en Libia la relativa pasividad con la que procesó las revoluciones de principios de 2011 en Túnez y en Egipto—, debe preguntarse, ¿por qué Sarkozy involucra a su país tan rápida y directamente en la crisis libia? Es necesario recordar la naturaleza específica de la relación del gobierno francés con Libia desde 1969 hasta marzo de 2011, analizando cada periodo presidencial.

a) La presidencia de Georges Pompidou (1969-1974)

La presidencia de Georges Pompidou (de junio de 1969 a mayo de 1974) coincide con la primera fase de la revolución libia, durante la que Francia se involucra suministrando aviones de caza Mirage e impulsando la creación de la Cámara de Comercio Franco-Libia. En 1973 y 1976 se producen varios encuentros entre Pompidou y el coronel Gadafi.

---

[4] Fuentes oficiales francesas usadas en forma combinada para esta parte. Página del Senado: www.senat.fr; Página de la Asamblea Nacional: www.assemblee-nationale.fr; Página del Ministerio de Asuntos Exteriores y Europeos de Francia: www.diplomatie.gouv.fr; Página de la Presidencia de la República: www.elysee.gouv.fr y Direction de l'information légale et administrative, 2011.

En esos años, las relaciones entre Libia y Francia tienen como eje el involucramiento de ambos países en el vecino Chad (Direction de l'information légale et administrative, 2011; Mouric, 1984; Global Security, 2013). Mientras el gobierno libio apoya al Frente de Liberación Nacional del Chad (FROLINAT), en el marco de su política de solidaridad con movimientos de liberación, en particular en países vecinos, el gobierno francés otorga fuerte apoyo al gobierno de Chad, encabezado por Tombalbaye.

Pompidou instaura en 1973 el mecanismo de las Cumbres Franco-africanas, que pretende regular desde París las relaciones con los socios africanos, ante el peligro por los movimientos de liberación nacional, intensificado a partir de la guerra de Angola en 1976. Francia impulsa la creación de una fuerza de intervención africana, respaldada por su contundente cooperación militar.

b) La presidencia de Valéry Giscard d'Estaing (1974-1981)

Durante la presidencia de Valéry Giscard d'Estaing (de mayo de 1974 a mayo de 1981), la agenda está marcada por la acción de la guerrilla de Chad, que había tomado como rehenes a un grupo de antropólogos dirigidos por Françoise Claustre, en abril de 1974. Durante esta fase, se registran situaciones complicadas, con muertes y tensiones que terminan con la negociación entre el primer ministro, Jacques Chirac y Gadafi, que influye en los rebeldes chadianos para liberar a los últimos rehenes en enero de 1977. Finalizadas las hostilidades, a pesar de su apoyo al gobierno de Chad, presiona por la reconciliación y cooperación mediante la integración de los rebeldes al gobierno[5].

En este conflicto, la gran preocupación de la política exterior de Francia es el predominio de Libia, que privilegia su apoyo a un sector de los rebeldes del norte sobre cualquier negociación. El papel de

---

5 Esta fórmula impuesta por un país occidental, o por una OIG, va a ser planteada después en muchos otros conflictos, por ejemplo en Angola.

Francia alternó su apoyo entre diferentes facciones rebeldes en Chad. La pretensión francesa de imponer y controlar el tipo de gobierno que iba a surgir de la reconciliación en Chad, agudiza las hostilidades. Finalmente, Francia contribuye a facilitar las rondas de negociación entre las partes en conflicto y los acuerdos de Lagos en agosto de 1979, que le permiten a Goukouni asumir la presidencia e instalar un gobierno de unidad nacional. A pesar de que había sido el hombre más cercano a Libia, Goukouni aceptó una solución de compromiso entre norte y sur, distanciándose de dicho país. No logró un gobierno estable.

A principio de 1980, Francia replica a una acción armada de Libia en Túnez y da apoyo armado al presidente tunecino, Habib Bourguiba. Una manifestación de protesta incendia la embajada de Francia en Libia. En respuesta, Francia llama de regreso a su embajador en Trípoli. La tensión dura pocos meses. Tras el retiro de las tropas francesas de Chad, se normalizan las relaciones. Aunque Libia condena la política francesa en los países africanos, acepta firmarle contratos de suministro petrolero a largo plazo. La relación con Gadafi es tensa: desde 1979 no hay nuevos contratos de venta de armas; sólo se reporta la entrega de repuestos en cumplimiento de contratos previos.

En enero de 1981, Gadafi lanza el proyecto de fusionar Chad con Libia. Francia se opone tajantemente, argumentando que alteraría completamente el equilibrio entre los países soberanos de la región[6].

c) La presidencia de François Mitterrand (1981-1995)

Durante la presidencia de François Mitterrand (de mayo de 1981 a mayo de 1995), Francia busca un entendimiento con Libia mediante una solución regional para lograr el retiro de las tropas libias —unos 12,000 soldados— que controlan el norte de Chad. Desde la cumbre de Cancún, México, en octubre de 1981, Mitterrand llama a

6 Francia invocó los acuerdos de Lagos de 1979 que delimitaban claramente las fronteras.

la conformación de una fuerza panafricana de mantenimiento de la paz, en el marco de la Organización para la Unidad Africana (OUA), para tratar de estabilizar Chad.

Durante los siguientes años ocurren incidentes y continúa el conflicto en Chad con la presencia militar de Francia y de Libia. Esto no impide que en marzo de 1983 se establezca la Comisión Mixta de Cooperación que acuerda las entregas de petróleo y el reinicio de las exportaciones francesas. Los negocios siguen prósperos.

Los atentados simultáneos del grupo palestino de Abu Nidal, apoyado por Libia, contra la aerolínea israelí EL AL en diciembre de 1985, en Roma y Viena, provocan la reacción del presidente estadounidense, Ronald Reagan, que llama a todos los países a boicotear a Libia. A continuación, Francia responde con la operación Épervie para respaldar a Goukouni en Chad, ante la nueva violación de frontera por parte de Libia. Tras las declaraciones de hostilidad de Gadafi hacia Occidente, la Comunidad Económica Europea (CEE, ahora Unión Europea-UE) adopta medidas contra Libia.

Como réplica al atentado de la discoteca *La Belle* en Alemania, atribuido a Libia y en contra de Estados Unidos, éste lanza un ataque aéreo contra Libia en abril de 1986 (Frontline, s/f). Gadafi responde con el lanzamiento de misiles hacia la isla italiana de Lampedusa, a unos 300 kilómetros de Trípoli y con la expulsión de diplomáticos europeos. Esta crisis es la más fuerte del periodo y trasciende la información de una operación encubierta de Estados Unidos para derrocar a Gadafi. Los países occidentales, aunque no todos de acuerdo con la política de Reagan, endurecen su relación con Gadafi.

La tensión entre Francia y Libia crece a mediados de 1987, cuando el grupo Al Fatah secuestra frente a las costas de Gaza una embarcación israelí que tenía entre sus pasajeros a una ciudadana francesa. La libertad de los pasajeros en 1990 coincide con entregas de aviones franceses a Libia, lo que reitera los vínculos entre suministros franceses y negociaciones.

Para finalizar el conflicto de Chad, Francia juega una vez más, en dos tableros: refuerza su cooperación militar con el gobierno de

Chad y apoya las gestiones de la OUA para el arreglo del conflicto, lo que ocurre a fines de 1987. Es relevante destacar que Francia oscila entre la acción diplomática y militar directa, por un lado, y el recurso de las instancias multilaterales para reforzar su poder, por el otro.

Dos atentados son motivo de tensión con los países occidentales: en diciembre de 1988 contra una nave de PanAm, en Lockerbie, Escocia y en septiembre de 1989 contra una de UTA en Níger. Estos ataques debilitan las relaciones de Estados Unidos, Francia y Reino Unido con Libia, que niega toda responsabilidad. Hasta los años 2000 continúan largos reclamos por indemnizaciones. El recurso multilateral es la Organización de las Naciones Unidas (ONU), con la resolución CS/UN 748 de 1992, que sanciona a Libia y le pide entregar a los responsables de los atentados para ser juzgados.

En las tensiones entre Francia y Libia desde la llegada de Gadafi al poder, los temas evolucionan: del control territorial en Chad y las tomas de rehenes, a los juicios por los atentados a los aviones. En todos estos conflictos se observa el binomio que evoca Aron, el soldado y el diplomático alternándose para ejercer poder sobre otro actor.

Durante su largo periodo presidencial, Mitterrand intenta modificar la relación que une a Francia con los países africanos mediante un paso crucial. En la cumbre de La Baule, en junio de 1990, se instaura una especie de "premio a la democratización" para los países que inicien procesos de transición democrática.

En 1991, Francia participa en la guerra del Golfo contra Irak bajo el mandato de la ONU, sigue preocupada por el tema de las crisis en África y busca adecuar las respuestas a los nuevos tiempos de la post guerra fría, teniendo en cuenta los fracasos de su política exterior y de la ONU en la crisis de Ruanda. En la conferencia de jefes de Estado francés y africanos de noviembre de 1994, Francia propone la creación de una fuerza de intervención africana permanente para atender las crisis en África.

d) La presidencia de Jacques Chirac (1995-2007)

Durante la presidencia de Jacques Chirac (de mayo de 1995 a mayo de 2007) se producen mejoras en la relación. En 1995, la CEE establece el mecanismo de Asociación Euromediterránea (conocido como Proceso de Barcelona), sin considerar a Libia. Las relaciones económicas entre Francia y Libia mejoran a partir de 1998 con la creciente diversificación de esferas de cooperación.

La política exterior de Estados Unidos impacta en las relaciones franco-libias a raíz de los atentados del 11 de septiembre de 2001. El gobierno de George W. Bush reclama apoyo incondicional a su guerra contra el terrorismo internacional. Francia incita a Libia a participar en esa lucha. Poco a poco, en la parte visible de su política exterior, el gobierno libio acepta los acuerdos para otorgar indemnizaciones. Destaca la coordinación entre las diplomacias de Francia, Reino Unido y Estados Unidos para presionar a Libia.

La decisión de Francia de no participar en la guerra de Irak en 2003 es una excepción en la trayectoria de la política exterior francesa, respaldada entonces por Alemania. En esta ocasión, se produce una confluencia de posición con Libia: Gadafi es partidario de Saddam Hussein y se opone —como la mayoría de los países árabes— a la intervención de la coalición *ad hoc* liderada por Estados Unidos con el apoyo de Reino Unido y otros países occidentales, pero sin mandato de la ONU. Cabe destacar aquí una similitud: Irak y Libia son muy buenos compradores de armas francesas. La tónica antiestadounidense del momento coincide con lo que requiere Libia para acercarse más al gobierno francés.

El siguiente paso que facilita la modificación de relaciones entre Occidente y Libia es la ratificación del Tratado de No Proliferación de Armas Nucleares (TNP) en enero de 2004. De manera natural, progresan las relaciones entre Francia y Libia en las esferas de la cooperación y de los negocios, en paralelo con acercamientos similares con Estados Unidos y Reino Unido. Miembros del gobierno libio empiezan a ser recibidos en las capitales europeas. En abril de 2004,

Gadafi visita la sede de la UE en Bruselas y discute la participación de Libia en el proceso euro-mediterráneo.

En mayo de 2004, se empañan de nuevo las relaciones de Libia con Occidente a raíz del arresto y condena a muerte de cinco enfermeras búlgaras y un médico palestino en Libia, acusados de inocular el SIDA a niños en Bengasi. No obstante, en octubre del mismo año, la UE levanta el embargo de armas hacia Libia. Tras visitas de altos funcionarios de ambos países y varios acuerdos, el presidente Chirac realiza una visita oficial a Libia en noviembre y expresa la voluntad de Francia de tener un diálogo político y consolidar las relaciones económicas. La ministra de Defensa de Francia, Michèle Alliot-Marie, también viaja a Libia y concreta acuerdos de cooperación en los que interviene su pareja, Patrick Ollier, desde el grupo de amistad entre Francia y Libia que había fundado en 2003.

En 2005, a raíz del incremento de flujos migratorios desde África, se incorpora un nuevo tema a la agenda: la cooperación de Libia para frenar la inmigración clandestina hacia los países europeos. El apoyo de Gadafi se logra mediante la ayuda de Francia. Sarkozy es ministro del Interior.

e) Lo que está en juego para Francia

Después de treinta y siete años de relaciones agitadas y complejas, la síntesis de los cuestionamientos del gobierno francés a su similar libio es la participación militar directa en la guerra civil en Chad, el apoyo a atentados terroristas fuera de sus fronteras y la participación en toma de rehenes y secuestro como mecanismos de castigo y presión.

Prevalecen dos tipos de argumentos que justifican la política exterior francesa hacia Libia: primero, el respeto a la soberanía nacional para el caso de Chad, que resulta paradójico, porque Francia interviene continuamente en ese territorio y en otros países de su área de influencia; segundo, la defensa de las víctimas inocentes en el caso de secuestrados, rehenes y víctimas de atentados, lo que hace a Francia pedir la liberación y las reparaciones.

En esta etapa, la diversidad de intereses de las dos partes, principalmente en el ámbito económico, sirve como telón de fondo para ofrecer y concretar negociaciones políticas. Ambos países operan de manera similar, con agresiones, reacciones y negociaciones. El gobierno de Francia tiene grandes dificultades para prever y responder a las actuaciones de Gadafi y recurre al uso de la fuerza potencial con sus amenazas y a la fuerza actual con acciones en Chad. Cuando combina negociaciones secretas, amenazas, chantajes y violencia directa contra Libia y sus aliados, Francia demuestra mayor capacidad para activar mecanismos multilaterales, por su peso a nivel europeo y africano. En este patrón de negociaciones, se puede observar que el gobierno francés es principalmente reactivo, mientras que Gadafi logra sorprender y tomar acciones proactivas.

1.3. Los pasos del acercamiento

Al abordar la gestión presidencial de Nicolás Sarkozy se debe hacer referencia, en primer lugar, al periodo de acercamiento que va de mayo de 2007 a principios de 2011.

a) La presidencia de Sarkozy (2007-2012)

Desde su campaña presidencial, Sarkozy había anunciado sus intenciones de profundizar una línea atlantista y diversificada de las relaciones exteriores de Francia. La combinación de las acciones internacionales con las internas es una constante hacia Libia.

Con el propósito de consolidar rápidamente la relación con Libia, Sarkozy alterna una acción humanitaria y un golpe mediático. A fines de julio, logra la liberación del personal médico condenado en Libia, con dos misiones de la primera dama, Cecilia Sarkozy, junto con el secretario general de la presidencia, Claude Guéant, y con apoyo de las autoridades de la UE y del Emir de Qatar. La gestión humanitaria pierde su encanto cuando se conoce que, a cambio, Francia estableció un acuerdo-marco con Libia que permitió concretar proyectos de inversión y de cooperación económica, como el apoyo para el tratamiento de los niños libios con sida.

La relación Francia-Libia adquiere una dinámica distinta, acorde con la visión de Sarkozy sobre el papel de su país en el escenario regional. También se inicia la negociación de un eventual acuerdo entre la UE y Libia.

A inicios de agosto sale a la luz otro acuerdo secreto, cuando el hijo de Gadafi, Seif al-Islam, asegura que la firma de contratos militares fue a cambio de la mencionada liberación. El ministro de Asuntos Exteriores, B. Kouchner, lo desmiente. El mismo día se hacen públicas estas compras, lo que sucita la protesta del grupo socialista en la Asamblea Nacional.

Las presiones de las empresas petroleras y armamentistas interesadas por seguir con sus lucrativos negocios son los factores internos más favorables al acercamiento con Gadafi. En este plano, el papel de varios legisladores y de altos funcionarios del gobierno francés es crucial para el logro de las buenas relaciones.

En el grupo parlamentario de amistad entre Francia y Libia, es relevante la participación de Olivier Dassault, empresario de la industria aeronáutica, así como de Patrick Ollier, pareja de la ministra de Defensa Michèle Alliot-Marie (Vadrot, 2011). Posteriormente, como ministro encargado de las relaciones con el parlamento, Ollier participa activamente en las negociaciones de venta de armas y contratos diversos con Libia, con el apoyo de su compañera sentimental.

Más allá de la *petite histoire* de las invitaciones que disfrutó la pareja, tanto en Túnez como en Libia, que condujeron en febrero de 2011 a la remoción de la ministra, es claro que dentro de la política del Estado francés y a nivel parlamentario, desde la presidencia de Chirac, existía un creciente peso del sector empresarial y de intermediarios que promueven y obtienen lucrativos negocios.

Es cierto que existe un interés de Francia por el petróleo de Libia, donde participa la empresa Total, principalmente en la región este del país —donde surgió el movimiento rebelde. Sin embargo, hay que relativizar la dependencia del petróleo y el gas porque Francia abastece más de la mitad de su consumo eléctrico con recursos propios e importa gas y petróleo de países europeos, de Rusia y de Argelia (Zvereva, 2011). Por ello, será importante considerar el papel que jugaron otras motivaciones propias de Sarkozy y la interacción con factores de orden internacional para llevarlo a buscar posicionar mejor a Francia frente a los otros países occidentales.

Después de la visita oficial de Sarkozy a Libia, justo después de la liberación de las enfermeras, la relación personal llega al punto culminante en diciembre de 2007, cuando Gadafi es recibido en visita oficial en París[7]. Esa estadía se caracteriza por los gestos de cordialidad entre los estadistas, la hospitalidad y el elevado protocolo, todo ampliamente difundido por los medios de comunicación de ambos países.

El despliegue de grandeza que le otorga el gobierno francés a Gadafi irrita a la oposición, que se expresa con manifestaciones, sobre todo porque paradójicamente, la visita coincide con el Día Mundial de los Derechos Humanos. La opinión pública denuncia el carácter autoritario y represivo del régimen libio. Incluso el propio ministro del MAEE, Bernard Kouchner, expresa reservas hacia Gadafi.

Uno de los resultados de la visita es la firma de un acuerdo de cooperación en el ámbito de la energía nuclear con fines civiles. La crítica apodó la diplomacia de Sarkozy como "diplomacia Areva", por el nombre de la empresa francesa.

A pesar de las críticas, a lo largo de estas negociaciones el gobierno francés no planteó el tema de la democracia ni el de los derechos humanos. El periodista Daniel Vernet (2008) calificó esta política exterior de "esquizofrénica". No se observa una posición de principios por parte del gobierno francés ni tampoco referencias a una intención de Gadafi por flexibilizar su política interna. En 2010 se firman acuerdos de asociación económica en los ámbitos petrolero y económico, para mejorar el déficit comercial de Francia con Libia.

---

7 Solamente había efectuado una visita oficial en 1973.

El primero importaba del segundo aproximadamente 2 millones de euros por año en petróleo y gas, mientras que Libia sólo importaba 700,000 euros de productos franceses (AfricaTimes, 2010)[8].

En el contexto mundial, Francia no acepta la hegemonía estadounidense y quiere mayor poder dentro de Europa. Esto se pone de manifiesto cuando Sarkozy usa como plataforma su periodo como presidente de la UE, de julio a diciembre de 2008, para proyectar su liderazgo. Luego de varias iniciativas, Sarkozy logra modificar el mecanismo de Asociación Euromediterránea iniciado durante la presidencia de Chirac, para sustituirlo en julio de 2008 por un proyecto más adaptado a su visión: la Unión por el Mediterráneo (UPM). Sarkozy quería incorporar como miembro pleno a Libia, pero Gadafi no acepta el ingreso completo y queda como observador. Una vez más, en sus relaciones con Gadafi, Francia vive situaciones desconcertantes que obligan a continuas adaptaciones.

Entre las metas del proyecto UPM figuran apoyos para los países ribereños del Mediterráneo que son expulsores de mano de obra o países de tránsito —como Libia— para la migración a Europa, donde Francia es el mayor país receptor. La UE y el gobierno de Gadafi consideran la posibilidad de suscribir un acuerdo marco similar a los establecidos con los demás socios de África del Norte y Medio Oriente, pero este proceso será interrumpido en febrero de 2011. Los vínculos políticos, diplomáticos, de cooperación, empresariales y comerciales en el ámbito bilateral se alteran también cuando surge el levantamiento.

---

8 Si bien es cierto que durante el régimen de Gadafi se produjeron muchas operaciones poco transparentes, este tipo de actividad continuó durante y después de la guerra, al extremo de suscitar en 2012 una investigación por parte de las autoridades estadounidenses, donde resulta involucrada la empresa petrolera Total. Se menciona que: "Les autorités américaines et libyennes enquêtent sur les liens entre des compagnies pétrolières —parmi lesquelles Total— et le régime déchu de Mouammar Kadhafi. Une enquête qui pourrait troubler les ambitions de la compagnie dans ce pays, principale réserve pétrolière d'Afrique, note le Wall Street Journal" (Le Monde, 2012).

b) Interpretación de la formulación de la política exterior

En *Sociología de las Relaciones Internacionales* (1974), Marcel Merle aporta la noción de fuerzas transnacionales. Posteriormente, en *Politique étrangère* (1984), propone un esquema (ver figura 1) para analizar la combinación de factores de orden interno y orden externo entre los ámbitos "reservados" (1 y 2) y "mixtos" (3) de un país A y un país B. Esto se analiza a continuación.

Figura 1
Esquema de interacción en las relaciones entre dos Estados

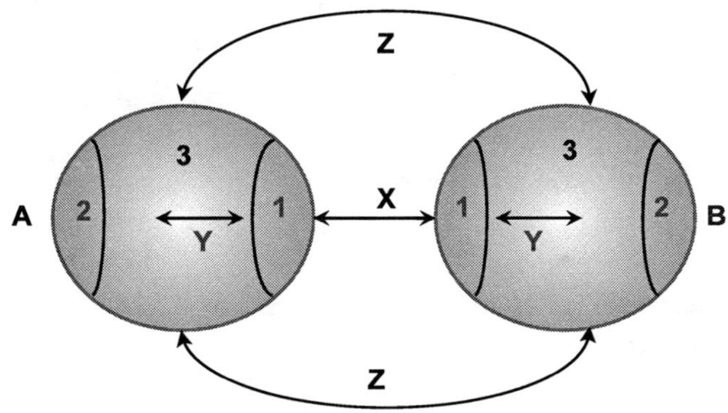

Leyenda:
1. Ámbito "reservado" para la política exterior
2. Ámbito "reservado" para la política interna
3. Ámbito "mixto"
X. Relaciones directas entre los gobiernes de A y B
Y. Relaciones "internas" entre los ámbitos 1 y 3 (en A y B)
Z. Relaciones "externas" entre los ámbitos 3 de A y B

Fuente: Merle, 1984: 169.

Los factores internos

Entre los factores internos, Merle menciona los "factores extrainstitucionales que intervienen en la elaboración de la política exterior" (1984), es decir, aquellos que no pertenecen al ámbito reservado de la presidencia y la cancillería, pero ejercen considerable influencia: partidos, grupos de presión y opinión pública.

Sobre los partidos, Merle compara su peso según el tipo de régimen político: multipartidismo, que en el sistema francés permite coaliciones; bipartidismo, como en Reino Unido y en Estados Unidos y regímenes de partido único. Con el fenómeno de la mundialización, la exclusividad de la política exterior en manos del ejecutivo ha disminuido y existen mayores posicionamientos de los partidos sobre la política exterior. Los primeros temas que les conciernen son los europeos, pero las relaciones con otras regiones ocupan un lugar creciente en su agenda. Esta ampliación de las preocupaciones de lo local y regional a lo mundial ocurre igual en el ámbito empresarial, conforme se amplía la competencia.

El autor se pregunta si la alternancia democrática tiene algún impacto sobre el curso de la política exterior y concluye que hay poco impacto, a partir del ejemplo del continuismo del presidente De Gaulle con relación a la IV República. Menciona que, a veces, los gobernantes usan la política exterior para reforzar su legitimidad, como la primer ministra inglesa Margaret Thatcher en las elecciones de 1983, gracias al éxito en la Guerra de las Malvinas, además de su firmeza contra los sindicatos.

Así, Merle se refiere a la decisión del general De Gaulle de retirarse del Comando militar de la OTAN en 1966: "Esta iniciativa se volvió un dogma que ningún miembro de la clase política francesa se atrevería a cuestionar hoy en día" (1984:179). Sin embargo, el autor menciona que puede existir continuidad o discontinuidad. En efecto, el curso de la política exterior francesa después de la Guerra Fría, tuvo una discontinuidad porque diez años después, participó en las alianzas con Estados Unidos en la Guerra del Golfo de 1991 y en la invasión a Afganistán de 2001; en 2003, el presidente Chirac retornó a la política gaullista y se opuso a la invasión a Irak. Sin embargo, al final de su mandato, dio varios pasos hacia la reincorporación de Francia al comando militar de la OTAN, que Sarkozy concretaría en 2009, en concordancia con su visión atlantista.

Sarkozy califica este retorno como un giro en la tradición de política exterior francesa. Entre sus justificaciones, alude al hecho de que Francia ya había colaborado en acciones con la OTAN en Kosovo en 1999 y que al ser miembro pleno del comando militar podría participar en la formulación de la política, no ser un mero ejecutor. Se ratifica su ambición de fortalecer a Francia como potencia mediante una participación contundente en calidad de par con Estados Unidos, para compartir las funciones de mantenimiento del orden mundial.

En esta etapa, Sarkozy cuenta con amplia mayoría a su favor en las dos cámaras, lo que amplía su margen de acción, además de la tradicional relevancia del papel presidencial en la formulación de la política exterior. Sin embargo, los partidos de izquierda cuestionan muchos aspectos de la relación con Libia, en particular después de la liberación de las enfermeras. Varios parlamentarios parte del gobierno conformado en 2012, pidieron una investigación parlamentaria sobre los acuerdos establecidos con Libia a cambio de dicha liberación (Assamblée Nationale, 2007). La inconformidad entre estos parlamentarios creció a partir de la visita de Gadafi en 2007.

Merle (1984) clasifica a los grupos de presión en tres categorías: grupos de interés, grupos ideológicos y administraciones (sectores de la burocracia con intereses propios). Entre los grupos de interés, ya se mencionó a los empresariales y su vínculo con el poder, en particular para las ventas de armas. El autor deplora el carácter "moralmente discutible y políticamente peligroso" de estas actividades porque, así como permiten consolidar un área de influencia, "también pueden reforzar la posición de potenciales adversarios en caso de cambio de régimen" (172), como el uso de armas francesas por Libia, refiriéndose a las acciones hostiles de ésta para los intereses de Francia en Chad. Finalmente, explica que la justificación fundamental de las actividades armamentistas corresponde al ámbito de la política interna, porque las guerras repercuten favorablemente en este sector industrial al propiciar más exportaciones de armas.

En cuanto a los grupos ideológicos, a partir de 2007 se hace sentir la crítica de los grupos que cuestionan las violaciones a los derechos humanos y el autoritarismo de Gadafi. Por último, dentro de los sectores de la administración pública, se producen interacciones que generan acuerdos pero también contradicciones y presiones que generalmente no llegan a la opinión pública. Se pueden mencionar quejas que se expresaron en los medios de comunicación franceses y tuvieron bastante visibilidad. En junio de 2008, surge una protesta presentada por altos militares (Surcouf, 2008). El informe analiza con dureza las acciones militares de Francia y muestra que había excesiva dispersión y poca claridad para definir las intervenciones militares antes y durante la presidencia de Sarkozy. Los militares reclaman mayor apoyo financiero y equipamiento pero critican que Francia quiera participar un poco en todas partes y disperse sus esfuerzos con pocos resultados. Dicho diagnóstico augura en parte lo que sucedería en la guerra de 2011.

El otro ejemplo es la carta abierta de algunos diplomáticos franceses reunidos en el grupo Marly, que analiza el curso de la política exterior liderada por Sarkozy y lanza acusaciones contra el centralismo excesivo de las decisiones del presidente que "no toma en cuenta las instituciones del Estado, hacia las cuales expresa su desprecio y a las cuales trata de achacar los fracasos de su política"; "es poco serio, impulsivo y quiere tener un impacto mediático a corto plazo"; "carece de coherencia" (Marly, 2011)[9].

No se han encontrado posteriores pronunciamientos de estos grupos durante la guerra de Libia. Sin embargo es relevante señalar que en dos ministerios no hay consenso sobre la forma en la que se define y lleva a cabo la política exterior.

En cuanto a la opinión pública dentro de Francia, el antecedente de mayor peso sobre un tema similar, tiene que ver con la coalición que lanzó Estados Unidos para invadir a Irak en el año 2003. El distanciamiento de Chirac había reflejado el sentir de grandes sectores de la opinión pública francesa que tienen un profundo recelo frente a Estados Unidos y lo perciben como un rival incómodo y se oponen

---

9 Incluye también una crítica a los errores diplomáticos cometidos por Francia en su relación con México en alusión al caso Florence Cassez.

a una confrontación que podría irritar al mundo árabe. Para Sarkozy, el objetivo visible desde el inicio de su mandato, es el acercamiento con dicho país.

El presidente Sarkozy llega al poder con altos niveles de popularidad, pero para el año 2010 el respaldo decrece por los efectos de la crisis económica y de las políticas de austeridad. El sondeo de septiembre 2010 del Instituto Francés de Opinión Pública muestra que 64% de los encuestados desaprueba la acción del Presidente (IFOP, 2010). Esto permite plantear que la intervención de 2011 no es ajena a un esfuerzo de Sarkozy por ganar apoyo interno, en función de la elección presidencial de 2012.

Sarkozy aprovecha la gran influencia de los medios de comunicación para difundir sus logros en la ampliación y diversificación de las relaciones económicas de Francia con Libia[10]. Una ventaja de la globalización es la diversidad creciente de flujos de información que llegan a los ciudadanos sobre la falta de libertades y los abusos contra los derechos humanos. En este contexto, es comprensible que la argumentación a favor de una intervención humanitaria haya tenido tanto éxito en Francia.

Los factores externos

Marcel Merle definió el concepto de fuerzas transnacionales como "los movimientos y las corrientes de solidaridad de origen privado que tratan de establecerse a través de las fronteras y que tienden a hacer valer o a imponer su punto de vista en el sistema internacional" (1986:337).

Se puede identificar una serie de fuerzas transnacionales que presionan para mejorar las relaciones de Occidente con Libia, aportando ideas y sugiriendo medidas concretas. Merle enfatiza el papel de

---

10 La sociología internacional toma a los medios de comunicación como actores cruciales, aunque aún no eran tan relevantes en 1974, cuando Merle publicó su obra.

las firmas transnacionales y las Organizaciones No Gubernamentales (ONG); aquí se añaden las Organizaciones Intergubernamentales (OIG), cruciales para la intervención militar.

La fuerza de las grandes empresas transnacionales de otros países es relevante, ya que compiten con las empresas francesas a partir de la reincorporación progresiva de Libia entre los países occidentales a lo largo de los años 2000. Las firmas de Estados Unidos, de varios países europeos —principalmente de Reino Unido, Francia e Italia—, de Rusia y de algunos países asiáticos exacerban su lucha por concretar más inversiones y relaciones comerciales con el país africano.

En paralelo, existe creciente preocupación por parte de grupos y ONG internacionales que se pueden llamar fuerzas pro democratización, porque presionan por el establecimiento de mayores libertades civiles en los países autoritarios. Estos actores generan flujos de ideas y análisis que desde el inicio de las revoluciones en Túnez, Egipto y otros países expresan su apoyo. Estos grupos muestran creciente preocupación por la represión del gobierno libio contra la oposición, razón por la que apoyarán la intervención extranjera en nombre de la defensa de los derechos humanos de la población libia.

La interpretación de este trabajo reafirma plenamente la visión de Merle (1984:169), según la cual no existe una separación tajante entre los ámbitos interno y externo en las relaciones entre dos países, sino que se produce una intensa circulación, lo que es más evidente durante la guerra de 2011. La relación político-diplomática y de negocios en esta fase se sintetiza en la figura 2.

Figura 2
Acercamiento entre Francia y Libia en los años 2000

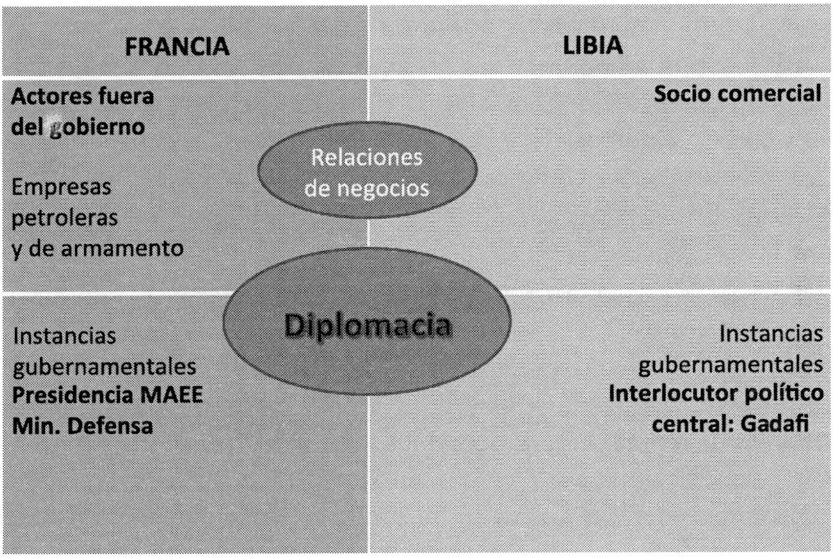

Fuente: Elaboración de la autora con base en Merle, 1984.

1.4. Violencia internacional y respuestas de la comunidad internacional

Para abordar las acciones llevadas a cabo por Francia y otros actores de las Relaciones Internacionales en Libia, se recurre a la explicación que aportan varios autores sobre los fenómenos de violencia después de la Guerra Fría y se presenta la evolución de las doctrinas sobre la intervención externa para atender los fenómenos violentos que surgen dentro de ciertos Estados.

a) El concepto de "violencia social internacional"

La irrupción de lo social a nivel mundial genera nuevos fenómenos de violencia que la sociología internacional aborda con una perspectiva totalmente diferente a la del realismo y del neorrealismo, pues su objeto central de estudio es la sociedad internacional. Esta visión se acerca al enfoque de Maryann Cusimano (2000), quien considera que la globalización provoca paradojas y fenómenos nuevos, en particular, una serie de flujos descontrolados.

La atención se pone en los fenómenos de sociedad que cruzan las fronteras o se expresan de manera similar en diferentes partes del mundo; la autora los llama problemas "transoberanos", por su carácter transgresor con relación a la soberanía de los Estados. Tres aperturas propias de la globalización facilitan el auge de estos problemas: la social, la económica y la tecnológica (Cusimano, 2000:15-23).

En cuanto a la apertura social, que incluye los aspectos políticos y sociales, Cusimano señala que durante las olas democratizadoras nuevas ideas penetraron a través de los países, proceso que se acelera una vez finalizada la Guerra Fría. Hay cierta influencia de los procesos de rebeldía social ocurridos a fines del año 2010 en los dos países vecinos de Túnez y Egipto. Entre ellos, la pérdida del miedo a confrontarse con el poder del Estado, en particular entre los jóvenes.

El sentimiento de frustración y humillación que analiza Badie (2010) cobra relevancia en Libia, pero parte de condiciones sociales y económicas diferentes a nivel interno —como se aborda en otros capítulos del presente libro. Dichas condiciones son consideradas por los grupos sociales a través de nuevos esquemas de referencia, debido a las ideas que circulan tanto en los medios de comunicación tradicionales como en las redes sociales a través de fronteras porosas para este tipo de flujo. La gran diferencia en comparación con sus dos vecinos, es que el Estado libio reacciona con una dureza inaudita. Por otra parte, su apertura económica se produce de manera paulatina, principalmente a partir del aumento de las relaciones con empresas transnacionales que operan en el sector petrolero y en otros sectores.

Por último, el fenómeno de apertura tecnológica es facilitado por el menor costo de acceso a las tecnologías, que les sirve a los Estados, a las empresas y a la sociedad. A diferencia de los movimientos sociales en los vecinos de Libia, en los cuales el fácil acceso a las tecnologías de la información para los opositores contribuyó a una movilización rápida y masiva entre los jóvenes —que tampoco ha sido comprobada—, parece que estos medios tuvieron menos relevancia en el caso libio.

Estas tres aperturas se articulan en forma específica según la sociedad y contribuyen a explicar los impactos positivos de la globalización y los nuevos problemas, entre los que figura la irrupción de los fenómenos de violencia social. En definitiva, Cusimano (2000:32) concluye que el nuevo dilema de seguridad es principalmente político y militar. Eso se comprueba en Libia: ante la falta de mecanismos de solución política, predominó la acción militar para abrir paso a una solución política interna después del fin de la guerra.

Las preguntas son: ¿por qué la protesta de la revolución de febrero 2011 trasciende las anteriores expresiones de descontento en la sociedad libia?, ¿por qué adquiere una dimensión tan violenta y se internacionaliza tan rápidamente? Para entender las particularidades de esta protesta, es de gran utilidad la mención de Badie (2004) a la violencia social internacional como uno de los más graves fenómenos que se agudizan en la sociedad mundializada. Las causas de esta violencia son muchas y diversas, según el lugar. El autor evita generalizar y cuestiona las explicaciones que pretenden ser universalistas. Sin embargo, menciona que una causa importante de la expresión violenta del descontento radica en la violencia del Estado; en muchos países, la conducta del Estado incita a mayor violencia social por parte de los descontentos. Se produce una banalización del uso de la violencia por parte de los gobiernos, de los grupos sociales y de los individuos.

A partir de la ya expuesta noción de "Estado importado", se derivan varias reacciones de "revancha" que recurren a la violencia por falta de otros canales de expresión. Badie plantea que las diversas pertenencias identitarias de los ciudadanos se exacerban en el mundo global y que los flujos que circulan entre las sociedades contribuyen a que afloren múltiples formas de expresión. En Libia se observa cómo desde el exterior se refuerza la protesta interna con acciones de simpatía y apoyo mediático y, posteriormente, con el respaldo político y militar que da una legitimidad internacional creciente a los rebeldes.

Badie (2000) también indica que con la mundialización el Estado es un actor entre varios, porque ya no ejerce el monopolio de las Relaciones Internacionales. En este sentido, el Estado francés ha tenido una fuerte redefinición de su concepto de soberanía y se ve obligado a concertar la política exterior con una gran cantidad de actores internos e internacionales.

Badie también cuestiona las insuficiencias de los enfoques positivistas, tanto derivados del marxismo como de la teoría de la modernización y considera que hay una crisis del universalismo porque las explicaciones unilineales ya no bastan para abordar la complejidad de las Relaciones Internacionales en la mundialización. Para compensar esta laguna, plantea que "una pluralidad de racionalidades" (Laender, 1997:147) coexisten en los movimientos sociales y las confrontaciones posteriores a la Guerra Fría. En particular, los malestares y fracturas sociales que se internacionalizan (Badie, 2008) de manera que hay conexiones entre conflictos vecinos, lo que se comprueba totalmente en la crisis libia.

b) Las respuestas de la comunidad internacional

Para entender los cambios en las percepciones y posiciones del gobierno francés sobre el gobierno de Gadafi, cabe recordar la considerable evolución de las doctrinas relativas al derecho de injerencia a lo largo de casi dos décadas, para llegar al concepto de responsabilidad de proteger, invocado para justificar la intervención en Libia.

El origen del concepto de intervención humanitaria y de su puesta en práctica fue reivindicado por Bernard Kouchner cuando dirigía la ONG francesa Médicos sin Fronteras, que se volvió famosa por su actuación en varias guerras civiles de los años 1980 y planteó un aporte novedoso para proteger los derechos humanos y salvar vidas de civiles: el "deber de injerencia humanitaria"[11].

---

[11] Bernard Kouchner, proveniente de la izquierda, había ocupado varios cargos públicos en el gobierno de Mitterrand; es Ministro del MAEE, durante la primera mitad de la presidencia de Sarkozy.

En la evolución de las doctrinas sobre el derecho humanitario y la seguridad colectiva, el gobierno de Francia fue partícipe y receptor, al mismo tiempo, de una serie de "flujos transnacionales"[12] —según el concepto de Badie, que modifica levemente el concepto de "fuerzas transnacionales" de Merle.

Desde la Comisión Palme que esbozó la idea de seguridad colectiva en 1982, en la última fase de hostilidades de la Guerra Fría, inaugurada con la Doctrina Reagan, hasta la responsabilidad de proteger, adoptada en 2005, hay un largo recorrido de reflexiones colectivas entre personajes y países interesados por el tema. Dentro de varios ministerios de relaciones exteriores en países occidentales y en amplios sectores de la sociedad, se fue consolidando la convicción de que era importante atender los dramas humanitarios (Saxer, 2008). En Francia se extendió la convicción de que la injerencia era "una práctica no sólo admisible y recomendada, sino banalizada, e incluso solicitada por los Estados deficitarios" (Badie, 2004:239).

La idea se registra como elemento doctrinario importante durante el segundo mandato de Mitterrand, cuando el gobierno participa en la propuesta de resolución adoptada en la Asamblea General de diciembre de 1988, AG/43/131 (1988), relativa a la "Asistencia humanitaria a las víctimas de catástrofes naturales y situaciones de emergencia similares". Posteriormente, la resolución AG/45/100 de diciembre de 1990, establece el mecanismo de "corredores de socorro para la distribución de ayuda médica y alimentaria de emergencia". A partir de estos avances, el Consejo de Seguridad exhorta a la aplicación de estas medidas, por primera vez, en abril de 1991, cuando lanza la operación conjunta en el norte de Irak para ayudar a las víctimas kurdas de la represión del gobierno de Saddam Hussein. Haciendo un balance de dicho evento, Kouchner (1991) declaró: "Estamos inventando el gran movimiento humanitario que le hacía falta al mundo para remplazar el marxismo". Con esta reflexión, reconoce

---

12 Como flujo se van a considerar a continuación las ideas y propuestas que generan una evolución de estas doctrinas.

que no sólo entiende la acción humanitaria como acción política, sino que la eleva a nivel doctrinario.

La ONU ejecutó varias Operaciones de Mantenimiento de la Paz (OMP) que reflejan su creciente voluntad de atender las catástrofes humanitarias y la disposición de los países de Occidente de usar este instrumento para enfrentar los nuevos conflictos. Francia dirigió la operación Turquesa de 1994 en Ruanda, con muchas dificultades. A lo largo de estos años hubo diferentes modificaciones de las OMP hasta llegar al informe Brahimi (2000) y a la repercusión de los atentados del 11/S, que provocan la tendencia a priorizar la imposición de la paz (*peace enforcement*), sobre los otros tipos de misiones encargadas de la construcción institucional (*institution building*) y de la supervisión electoral en los países en procesos de transición democrática.

Para regresar al papel de Kouchner, es relevante mencionar que fue el Alto Comisionado de Naciones Unidas en Kosovo de 1999 a 2001 y, ante el fracaso de las pláticas de Rambouillet, fue partidario entusiasta de la intervención de la OTAN para la creación de un Kosovo independiente. Después, Kouchner dirigió la Misión Interina de Naciones Unidas en Kosovo (MINUK, s.f.) para apoyar a las nuevas autoridades. Dicha misión, a trece años de la intervención, permanece activa. La primera acción de la OTAN que le antecedió en el terreno es un giro importante tanto a nivel doctrinario como para la práctica militar, bajo el argumento de proteger a los civiles.

Para interpretar el aumento de acciones militares de la comunidad internacional en los últimos veinte años, hay que recordar que muchos autores de diversas corrientes teóricas coinciden en observar que en la fase global hay menos conflictos interestatales y más conflictos de tipo interno. Como ejemplos, se ha visto en la implosión de Yugoslavia, la región de los Grandes Lagos en África, Sierra Leona y otros casos en los que se llevaron a cabo OMP. Al mismo tiempo, se debe considerar que hubo considerables fracasos que conducen a lo que Badie llama "la impotencia diplomática" (Badie, 2004:143).

Al analizar estas intervenciones, Badie (2004:9) recurre a la metáfora del gladiador para ilustrar el papel de Estados Unidos como actor que busca consolidar una función que otros califican de "gendarme"[13]: aprovecha la oposición de Rusia al papel beligerante de la ONU en Kosovo y logra, por primera vez en la historia, desplegar una intervención directa de la OTAN, en la que prevalece su control. Eso facilita el desarrollo de una estrategia similar en el caso de Afganistán en 2001. No sucede lo mismo en el caso de Irak en 2003, por la ya mencionada ausencia de Francia. Durante estas guerras, la actividad esencial de las fuerzas intervencionistas fue llevar a cabo bombardeos contra blancos militares de gobiernos acusados de genocidio o de atentar contra la seguridad internacional, con el fuerte argumento de proteger a la población civil. Pero también hubo apoyos financieros y logísticos a grupos de oposición armados y de la sociedad.

Un punto común en las guerras de Afganistán y de Irak es que la rapidez de sus etapas iniciales permitieron la caída del régimen talibán en un mes y el derrocamiento de Saddam Hussein en cuarenta días. Sin embargo, las fases posteriores de reconstrucción del Estado y de instauración de la democracia fueron mucho más complejas y largas. Esto lleva a cuestionar la eficacia estructural de dichas intervenciones.

Badie resalta que el uso de mecanismos multilaterales es bastante ficticio porque se transita de las OMP de carácter multilateral al mecanismo de "*coalition of the willing*", que reúne a las potencias con la voluntad y los recursos para actuar con determinación. Badie critica el predominio de Estados Unidos como una especie de "caballero solitario entrampado" (Badie, 2004:188). Esta noción se puede aplicar a la situación de Francia al finalizar la guerra de Libia: Sarkozy no

---

13 Metáfora de Badie que alude al papel extremadamente beligerante de Estados Unidos a partir de la doctrina Bush, que coloca la lucha anti-terrorista y contra el eje del mal en el centro de toda su política exterior.

logra reelegirse en 2012, presa de su excesivo personalismo y de sus propias contradicciones.

El autor augura un mayor predominio del multilateralismo y cita vertientes de las Relaciones Internacionales en las que los mecanismos multilaterales mundiales y regionales ganan credibilidad. También expresa que a veces las potencias actúan en "la frontera del multilateralismo" (Badie, 2004:242) mediante mecanismos que les permiten modelar o desviar el sentido de lo acordado en el organismo multilateral o regional para imponer una globalización de la seguridad a su favor. Este texto de Badie es anterior a la adopción de la doctrina de responsabilidad de proteger que marcará un esfuerzo mayor por fortalecer la injerencia (Badie, 2011:246).

La argumentación de salvar y cuidar a los civiles se formaliza a partir de la iniciativa canadiense aprobada en la cumbre de 2005 de la ONU (Saxer, 2008), pero es utilizada también por otros actores. Esta doctrina pretende conciliar posiciones divergentes de los países partidarios de la injerencia a nombre del derecho humanitario y de los países que defienden el respeto a la soberanía de los Estados. Se justifica la acción colectiva recurriendo a la fuerza, no sólo por parte de los gobiernos y actores intergubernamentales que intervienen, sino también asociando otros actores transnacionales, como algunas ONG que comparten la misma visión. Las operaciones coordinadas por la OTAN en Libia serán justificadas por este marco doctrinario y Francia tomará parte en nombre de la responsabilidad de proteger.

Otro factor externo que incide en la modificación de la postura de Francia es el impacto de la crisis financiera de 2008. El gobierno percibió una situación de mayor vulnerabilidad en el escenario internacional, e intensificó su coordinación de políticas con sus socios europeos y con el presidente Obama. En esta esfera, fue muy importante la alianza con Alemania. De pronto, las revoluciones árabes trastornaron la agenda internacional. La respuesta de Francia fue muy diferente.

2. LA LUCHA DEL "GLADIADOR" PARA IMPONER SU AGENDA

Desde el 4 de marzo de 2011 la fuerza aérea francesa había iniciado vuelos de exploración para observar el progreso de las fuerzas de Gadafi (RFI/AFP, 2011), de manera unilateral y sin esperar la resolución 1973 del Consejo de Seguridad de la ONU del 17 de marzo.

Tras una serie de contactos, se constituye muy rápidamente una coalición a partir de los tres principales actores: Francia, Reino Unido y Estados Unidos, que logran agrupar a otros once países. Dos días después de la aprobación de la resolución, se producen oficialmente las acciones militares de Estados Unidos, Francia y Reino Unido, que piden la acción de la OTAN, primero para el control naval y luego para asumir el mando de la operación a partir del 31 de marzo. Esta intervención se respalda con una interpretación forzada del texto de la resolución, que en su artículo 4: "Autoriza a los Estados Miembros que (...) adopten todas las medidas necesarias (...) para proteger a los civiles y las zonas pobladas por civiles que estén bajo amenaza de ataque en la Jamahiriya Árabe Libia, incluida Bengasi" (ONU, 2011).

El hilo conductor de esta parte del capítulo se sitúa en la combinación de lo militar y lo diplomático, de acuerdo con el binomio de Aron. Sarkozy mantiene su conducta de actuar, al mismo tiempo, en los ámbitos externo e interno, a fin de consolidar su poder.

En la tabla 1 se presenta la cronología de los pasos seguidos por Francia a lo largo de los siete meses. Vincula por una parte, las iniciativas diplomáticas del país con Libia y en el ámbito multilateral y por otra, el avance de las acciones militares. Esto muestra el comportamiento de los actores políticos franceses en la esfera externa e interna.

Tabla 1
Acciones diplomáticas y militares de Francia en la Guerra de Libia

FECHAS (año 2011)	**Diplomacia de Francia con actores libios: Gadafi y Consejo Nacional de Transición (CNT)**	**Diplomacia de Francia en el ámbito multilateral**	**Acciones militares**
De febrero a 18 de marzo	Regreso del embajador Gouyette Reconocimiento del CNT Inicio de proto-diplomacia Gadafi suspende relación con Francia	G-8 Debate Liga Árabe pide sanciones ONU: 2 resoluciones UE: sanciones	Preparativos de fuerza aérea francesa Concertación con fuerzas de países aliados
19 de marzo a 28 de mayo	MAEE expulsa a diplomáticos libios 20 de abril: Reunión CNT-Sarkozy	OTAN: participa y coordina lo militar a partir del 31 de marzo Grupo de contacto: líder político de la operación	19 de marzo: Inicia Operación Odisea del Amanecer (Estados Unidos) Protector Unificado (OTAN) Harmattan (Francia) ELLAMY (Reino Unido) Envío de consejeros militares al CNT
Junio y julio	Sigue la proto-diplomacia muy activa	Grupo de contacto da apoyo político y financiero a rebeldes CPI emite orden de arresto contra Gadafi y dos dirigentes	Intensificación de la acción militar de los rebeldes en tierra Entregas de armas francesas (en Nefoussa) Más acción de Francia y la coalición, por aire y mar
Agosto	Se intensifica la proto-diplomacia Reunión CNT-Sarkozy 29: Reabre embajada Francesa en Trípoli con embajador Sivan	Fracasa negociación entre representantes del CNT y de Gadafi	Aumenta la presión militar de la coalición 12: Sarkozy visita el portaviones De Gaulle 22: Los rebeldes entran a Trípoli

FECHAS (año 2011)	Diplomacia de Francia con actores libios: Gadafi y Consejo Nacional de Transición (CNT)	Diplomacia de Francia en el ámbito multilateral	Acciones militares
Septiembre	Francia descongela fondos libios embargados 16: Sarkozy y Cameron visitan Libia	1: Grupo de contacto se convierte en Grupo de Amigos de Libia 3: Países de la UE descongelan fondos libios 9: Interpol emite orden de aprehensión contra Gadafi 16: ONU otorga a asiento de Libia al CNT y aprueba misión UNSMIL	4: Los rebeldes inician la persecución de Gadafi y su círculo cercano
Octubre	Más respaldo al CNT	Grupo de Amigos fortalece el apoyo al CNT	20: Los rebeldes matan a Gadafi 3: Se retiran las fuerzas de la coalición

Fuente: Elaboración de la autora, a partir de medios informativos.

2.1. El manejo internacional

La política exterior de Francia incluye acciones diplomáticas en el ámbito multilateral con tres OIG principales: la ONU, la OTAN y la Liga Árabe, así como varias iniciativas dentro del G-8 (Alemania, Canadá, Estados Unidos, Francia, Italia, Japón, Reino Unido y Rusia) y de la UE.

El primer foro es la reunión del G-8 en París el 15 de febrero de 2011, en la que Francia manifiesta su interés por impulsar alguna acción de la ONU, pero los demás miembros no comparten esa necesidad. La siguiente instancia es el Consejo de Seguridad de la ONU (CSNU) con la aprobación de la resolución 1970 del 26 de febrero y la Resolución 1973 del 17 de marzo.

La concordancia con la Liga Árabe se produce tras el llamado de esta organización a la ONU para la creación de la zona de exclusión aérea el 13 de marzo. Se acentúan las divergencias entre sus miembros; algunos rechazan el curso de la intervención.

Dentro de la UE no existe consenso sobre el tema de Libia, como tampoco lo hubo en las anteriores guerras, pero a iniciativa de Francia y de Reino Unido, la UE aprueba sanciones el 3 de marzo.

a) ¿Por qué la OTAN y Reino Unido?

El regreso de Francia al comando militar de la OTAN se legitimó por las consideraciones de tipo militar en la crisis libia y porque la coalición refleja una identidad occidental, en coincidencia con la doctrina que Sarkozy había presentado en marzo de 2009, lo que produce las siguientes afirmaciones: "La Alianza Atlántica también es un símbolo de la comunidad de valores e intereses transatlánticos. El propio General de Gaulle definía nuestra Alianza en 1966 como 'la de los pueblos libres de Occidente'". En aquella época, la noción de "pueblos libres" se contraponía con el comunismo, después de la Guerra Fría los valores occidentales se contraponen al terrorismo y a todas las formas de organización política y social diferente a las que predominan en los países occidentales. Sarkozy considera que su decisión es solamente una modificación en el método, y que le permitirá a la OTAN ser "más reactiva y más eficaz" (Sarkozy, 2009).

Esta visión de Sarkozy muestra la clara voluntad de ser partícipe de la función de gendarme internacional que la OTAN ha pretendido cumplir desde 1999, cuando amplió sus funciones. Este protagonismo es atractivo para Sarkozy, que conoce las limitaciones de su país para actuar solo en un escenario que no controla a cabalidad. No es el caso de los países del África subsahariana, donde Francia ha impuesto su agenda y sus decisiones, como en Costa de Marfil, donde lleva su intervención en paralelo con la guerra de Libia[14].

---

14 Esta intervención se desarrolló al amparo de la ONU. Se hará referencia a la misma más adelante.

Como al inicio de las anteriores misiones de la OTAN en Kosovo y en Afganistán, se destaca la rapidez de la acción armada en Libia: según las evaluaciones de la OTAN, Gadafi fue derrotado en siete meses, con un costo relativamente bajo y prácticamente sin bajas entre los efectivos militares de la coalición. La decisión de recurrir a la OTAN es continuación lógica de las doctrinas de intervención humanitaria y responsabilidad de proteger, pero el mandato de la resolución 1973 no conduce al establecimiento de una OMP, sino que autoriza que los países miembros "adopten todas las medidas necesarias", dejando autonomía parcial a cada participante y sin excluir una ofensiva militar.

Lo anterior consolida el carácter atlantista de la política exterior francesa, que ya había aumentado durante las acciones conjuntas con la OTAN. En efecto, antes del reingreso de Francia al mando militar en 2009, la mitad de las tropas francesas participantes en operaciones a internacionales están incorporadas bajo mando de la OTAN; 30% corresponde a operaciones netamente francesas; 9% con la ONU, y solamente 5% con la UE (Venesson, 2012). Francia también legitima esta participación a partir de la estrategia oficial de defensa del país que incluye, desde 1996, el objetivo de "conservar su influencia en las alianzas y coaliciones, lo cual supone que Francia disponga de una capacidad de "nación líder" (*nation cadre*). El texto oficial precisa que este liderazgo consiste en agrupar a otros miembros para llevar a cabo acciones, incluso en el ámbito militar (France diplomatie, 2012).

En términos de las teorías de Relaciones Internacionales, se podría explicar este acercamiento desde una visión realista: Sarkozy espera aumentar el poder de Europa bajo el liderazgo de dos actores militarmente fuertes frente al gigante estadounidense, en la búsqueda de un nuevo balance de poder dentro de la OTAN.

En cambio, en términos de la sociología internacional se afirma que se complementan las visiones franco-británicas a partir de los actores sociales preponderantes de ambos países: las principales firmas británicas y francesas productoras de armamento y otras empresas están ávidas de maximizar sus negocios fuera de Europa. También influyen las percepciones de importantes sectores de la población que tienen sentimientos hostiles contra los países árabes y afines con las doctrinas expresadas por Cameron y Sarkozy. Estos dirigentes comparten una visión sobre el papel de Estados Unidos, al que perciben como aliado poderoso e imprescindible, pero con el que quisieran tener una relación entre iguales, lo que no es posible porque sus fuerzas no pueden actuar solas.

En algunos análisis sobre la participación de la OTAN, como el de Daalder y Stavridis (2012) y sobre todo, en los planteamientos del Secretario General de la OTAN, Anders Fogh Rasmussen, se enfatiza que los europeos dependen de los recursos estadounidenses para el reabastecimiento en vuelo, la parte de inteligencia y de *surveillance* y el financiamiento principalmente por Estados Unidos (Rasmussen, 2011). Afirman también que Europa y Estados Unidos deben "ayudar a los países a transitar hacia sistemas más democráticos" (Rasmussen, 2011:5). Es una visión típicamente occidental y neo-conservadora que remite, en términos de las teorías de Relaciones Internacionales, a la interpretación neo-realista que reivindica la importancia del poder duro. El discurso oficial de la OTAN y de sus miembros tiende a minimizar las divergencias dentro de la organización y a presentar una versión armónica que enfatiza mucho el aspecto humanitario pero esconde la toma de posición a favor de los rebeldes dentro de la guerra civil (Arteaga, 2011).

Es preocupante que un año después de la intervención varios analistas (Daalder & Stavridis, 2012; Dorman, 2012) propongan consolidar a la OTAN con énfasis armamentista, basándose en el supuesto "éxito" de la operación en Libia según la medición de los resultados en términos cuantitativos y triunfalistas. Cuando alaban como positiva la participación de países no miembros de la OTAN que dieron mayor legitimidad a la operación, se acercan al posicionamiento del secretario general, quien calificó a la OTAN como "actor encargado del mantenimiento del orden global" (Rasmussen, 2012)[15].

---

15 En su discurso del 4 de julio de 2012 en Londres, Rasmussen declaró: "Today all we need is an Alliance that is globally aware, globally connected. And glo-

La OTAN le permitió a Estados Unidos asumir un liderazgo no evidente, de acuerdo al principio de *"leading from behind"*[16], lo que le permitió al presidente Obama no arriesgarse a críticas fuertes por una acción bélica con poco respaldo interno en la coyuntura electoral de 2012. El tema de la reelección es similar en los dos países y cada presidente maneja de forma distinta su imagen y liderazgo en la preparación de su plataforma.

Es cierto que en la coalición participan catorce miembros de la OTAN y cuatro países no miembros (tres árabes y Suecia, que a pesar de su neutralidad, se solidariza con la coalición), pero la parte ofensiva recae sobre los tres grandes aliados: Estados Unidos, Reino Unido y Francia, los demás se ocupan principalmente del control marítimo y de la zona de exclusión aérea.

En cuanto al estrechamiento de relaciones entre Reino Unido y Francia, la visión del primer ministro británico en el ámbito político-militar europeo descansaba en una concepción elitista y racista del problema migratorio, expresada justo antes de la intervención militar en Libia de marzo de 2011 en la 47ª Conferencia de Seguridad de Múnich (Nueva Europa-Nueva Eurabia, 2011). Al carecer del apoyo de Alemania, Sarkozy supone que la alianza con Cameron le permitiría reforzar su posición atlantista.

La inclusión de Qatar, Jordania y los Emiratos Árabes Unidos dentro de la coalición también necesita una interpretación. Estos miembros de la Liga Árabe tienen diferencias con otros integrantes que eran aliados de Gadafi, pero presentan su alianza con la OTAN como un elemento adicional para legitimar la intervención. Se debe emitir una fuerte crítica sobre esta participación, pues ninguno de ellos puede jactarse de ser democrático. Más bien, su alianza con

---

bally capable. That is my vision for NATO. [...] NATO remains the indispensable Alliance" (Rasmussen, 2012).

16 No es una doctrina expresada por Obama, sino por uno de sus asesores (Lizza, 2011).

Occidente refleja la voluntad de evitar que se cuestionen sus propias estructuras políticas.

Desde el inicio del conflicto, el Emir de Qatar, Hamad ben Jalifa Al Thani, se involucra en la coalición y a fines de marzo la empresa pública Qatar Petroleum establece un acuerdo con el CNT para comercializar la totalidad del petróleo producido en las zonas bajo control de los rebeldes y colocar en una cuenta especial el producto de las ventas (Euronews, 2011a).

b) Los argumentos de Francia para intervenir

La justificación del gobierno francés y los demás actores es en primer lugar salvar vidas y auxiliar a la población civil en nombre de la responsabilidad de proteger y de la promoción de la democracia y el buen gobierno. Es un argumento falaz porque antes de la acción militar, Francia ya había reconocido al CNT y cuestionado la legitimidad de los actos de represión ejercidos por Gadafi.

Es cierto que se llevan a cabo actividades de auxilio humanitario en los campamentos de refugiados para socorrer a las personas que habían huido por las fronteras porosas hacia los países vecinos, empujadas por la necesidad de salvar sus vidas o por las perspectivas de una vida mejor. Francia financia y da recursos para diferentes instalaciones sanitarias y de auxilio a la población civil, en las que se involucran con buena voluntad y eficacia diversos actores privados e internacionales, en particular el Alto Comisionado de las Naciones Unidas para Refugiados (UNHCR) y la Cruz Roja. Pero con el pretexto de la asistencia humanitaria, las operaciones militares fortalecen la capacidad de acción de los rebeldes, a partir de las zonas que controlan.

c) Una guerra civil internacionalizada

El enfoque de la sociología internacional permite calificar el conflicto libio de guerra civil, porque a partir del alzamiento del 17 de febrero se trata de una lucha por controlar el poder entre partes desiguales, que adquiere rápidamente características de guerra civil, en la medida en que se extiende la protesta a la zona que se confronta con el poder de Trípoli y aspira al derrocamiento del régimen.

La correlación de fuerzas inicialmente era desfavorable para la oposición y la implacable represión del régimen suscita en el movimiento social libio el uso de la fuerza. Ante la espiral de violencia y el agotamiento de toda posibilidad de negociación interna, Francia y los demás actores de la OTAN toman posición de apoyo a los rebeldes. Esto produce un vuelco decisivo en la correlación de fuerzas a favor de los rebeldes, que propicia el derrumbe del régimen de Gadafi. Francia se convierte en actor preponderante para la victoria de las fuerzas representadas por el CNT y en cómplice de la persecución, prácticamente cacería, que un mes después finaliza con la muerte de Gadafi.

También se debe mencionar que tras haberse abstenido en la votación de la resolución 1973 del Consejo de Seguridad de la ONU, Rusia y China no participan en la guerra, pero la primera emite declaraciones críticas contra la intervención de la OTAN. Otros actores sostienen políticamente a Gadafi a lo largo de la guerra y proponen diversas iniciativas, entre ellas ofrecerle asilo o mecanismos de mediación, pero no toman parte activa en las operaciones militares, lo que contribuye a explicar la rapidez del avance de los rebeldes apoyados por la OTAN, hasta la caída de Trípoli el 22 de agosto, a cuatro meses del inicio de los ataques.

Para explicar las razones del apoyo de la coalición a los rebeldes con armas, recursos financieros e información de inteligencia, la sociología internacional aporta el concepto de "capacidad de acción colectiva", que usa Aron para referirse a la Resistencia contra la ocupación nazi durante la Segunda Guerra Mundial y a las luchas de liberación nacional (Aron, 1985:87).

Este concepto muestra que a partir de una cierta cohesión grupal, se pueden conjugar acciones para lograr una fuerte presión contra el poder o a favor de él, recurriendo a diferentes formas de violencia potencial o real. Desde el momento en que la capacidad de acción colectiva de los rebeldes en Libia es directamente atacada por la represión del gobierno de Gadafi, lo que ocasiona las primeras víctimas civiles de febrero 2011, Francia y los aliados tienen un argumento para montar la operación militar bajo la doctrina de responsabilidad de proteger. Francia se plantea diferentes medios para reforzar esta capacidad; primero, la ayuda política en las pláticas informales con los líderes de oposición; segundo, el reconocimiento diplomático del CNT como "representante legítimo del pueblo libio" el 10 de marzo; finalmente, con su respaldo militar, a partir del 19 de marzo.

La velocidad y complementariedad de las tres vertientes coinciden con el concepto de diplomacia total de Raymond Aron, "que trae consigo el uso de procedimientos económicos, políticos y psicológicos, y de medios violentos y semi-violentos" (1985:92). En la relación con Libia, algunos de estos recursos ya se habían usado en años anteriores: el embargo sobre armas, las sanciones económicas, el congelamiento de los haberes de Gadafi y su grupo, los exhortos hechos a Gadafi para abrir negociaciones, etcétera. Durante la guerra aumenta la presión de Francia, en coordinación con los otros miembros de la coalición, para forzar a Gadafi a abandonar el poder, recurriendo al uso de medios violentos —acciones de tipo aéreo y naval—, semiviolentos —suministro de apoyo logístico a los rebeldes— y económicos —respaldo a la aprobación de la comercialización del petróleo por medio de Qatar (Kadhafi, 2011).

d) Del grupo de contacto hasta los países amigos de Libia

La modalidad de utilizar grupos de países para efectuar una mediación o una presión en el escenario mundial se ha difundido ampliamente desde los años 1980 y sobre todo, después de la Guerra Fría, como fruto de la mayor diversificación de actores y de la complejidad creciente de los conflictos. Esta fórmula se inserta en el contexto internacional marcado a principios de los años noventa por el inicio de unipolaridad estadounidense que desemboca en la situación de "apolaridad" que propicia el regreso a una "diplomacia de concierto" o de concertación (Badie, 2011:82)[17], relevante en las negociaciones tras el desmembramiento de la ex Yugoslavia y en relación al conflicto Israel-Palestina. Badie (2011) explica que los mecanismos de concertación entre un número selecto de países se fortalece tras el impacto de la crisis financiera de 2008 que suscita mayor protagonismo del G-8 y procesos de consolidación del G-20 y de otros grupos (124).

Sarkozy, es muy activo cuando preside la UE, y facilita la inserción de Francia como un actor relevante dentro de un "juego oligárquico". Entre los actores que ejercen estas concertaciones, combinación de la diplomacia secreta y la pública y para reforzar su poder y asegurar el control entre varios "grandes", se produce una complicidad que Badie nombra "colusión" (2011:124).

No debe sorprender que Francia, con sus antecedentes de participación en grupos de países para otras crisis, haya promovido la fórmula del Grupo de Contacto para ampliar su acción y legitimar el carácter impositivo y bélico en ésta. Sarkozy y Cameron declararon, la víspera de su conformación en Londres, que con este grupo esperaban "que toda la comunidad internacional tenga la oportunidad de expresar su apoyo al pueblo libio en su lucha orientada a derrocar una dictadura violenta y a crear las condiciones propicias que le permitan decidir sobre su propio futuro". La declaración incluso reconoce el "papel pionero" del CNT y la apertura de un "proceso de transición a la democracia" (France Diplomatie, 2011a).

Para ilustrar los vínculos que teje la oposición libia, se ha modificado el esquema de interacción en las relaciones entre dos Estados (figura 1) de Marcel Merle para mostrar cómo el CNT surge en la esfera calificada como "mixta" en Libia y se dirige a las esferas del

---

17 Se refiere a la noción de Concierto Europeo, que Badie aborda indicando que se regresa a mecanismos similares al Concierto Europeo después de 1994. Lo atribuye a las limitaciones de las acciones de la ONU y al hecho de que EE.UU. no logra imponer un mundo unipolar, por ello se configura un sistema internacional "apolar y fragmentado".

"ámbito reservado" y "mixta" de Francia, suscitando los vínculos que se califican como proto-diplomacia, al tiempo que la relación entre los dos Estados está marcada por la guerra (ver figura 3).

Figura 3
La proto-diplomacia

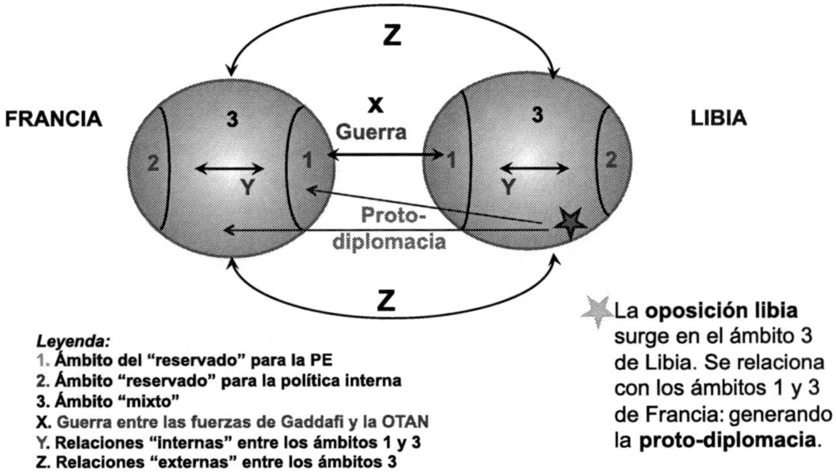

Fuente: Elaboración de la autora con base en Merle, 1984.

Por otro lado, los diferentes niveles de interacción entre los actores de Francia y de Libia se muestran en la figura 4.

Figura 4
Relaciones Francia-Libia en 2011

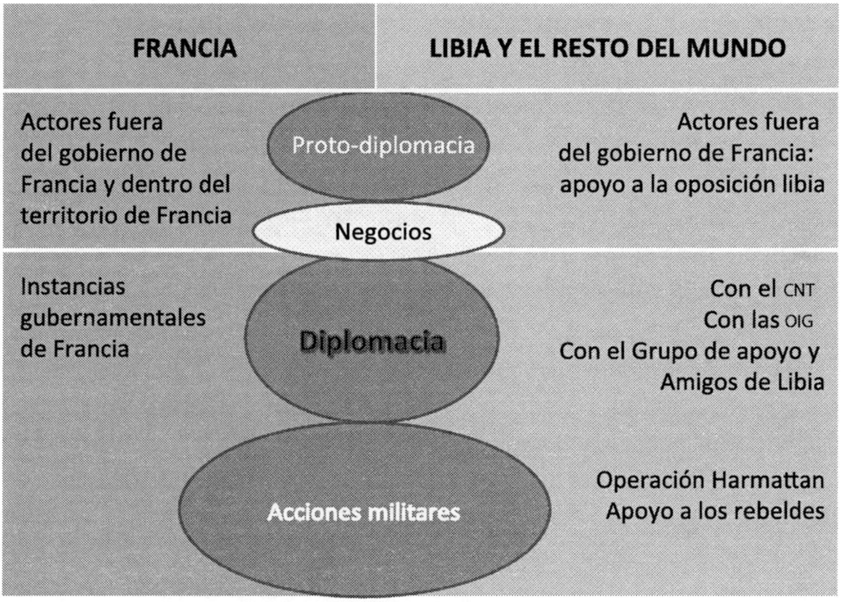

Fuente: Elaboración de la autora con base en Merle, 1984.

e) La proto-diplomacia con el CNT

A lo largo del conflicto se desarrolla la proto-diplomacia paralela y conectada con las acciones anteriores. A diferencia del concepto para-diplomacia, muy utilizado en la disciplina de las Relaciones Internacionales para referirse a las relaciones a nivel de entidades sub-estatales, proto-diplomacia define las relaciones entre un grupo opositor a un gobierno, que puede tener frente militar o no, y actores oficiales reconocidos dentro de la diplomacia y la política.

El objetivo de los contactos que llevan a cabo grupos de avanzada proto-diplomáticos, es obtener legitimidad y preparar su ascenso al poder. Sus integrantes pueden cubrir papeles similares al de un embajador no oficial: enlaces políticos, financieros, de inteligencia y de logística militar, según el caso.

En este caso, el ejemplo es el acuerdo secreto en el que el CNT se compromete a otorgar el 35% de petróleo libio a Francia después de la toma del poder, como agradecimiento por el apoyo (De Filippis, 2011).

La proto-diplomacia no está necesariamente marcada por la guerra o las acciones encubiertas. Por el contrario, en una visión sociológica, es una forma de expresión de sectores políticos y sociales cuyas propuestas, reivindicaciones e ideas no se pueden canalizar por medio de la libre expresión dentro de su país, por lo que se ven forzados a recurrir a la caja de resonancia que constituyen los interlocutores externos.

La validación de luchas en otras sociedades por parte de actores gubernamentales franceses y partidos políticos, sindicatos, ONG, asociaciones, comités de solidaridad, etcétera, refleja una pluralidad que disfruta de la amplia posibilidad de expresión en Francia. En particular, desde las crisis y catástrofes humanitarias de las últimas dos décadas, en la sociedad francesa ha aumentado la simpatía por las causas de los derechos humanos, de la que se hacen partícipes varios medios masivos de comunicación y las redes sociales. Muchas personas intervienen: de forma no visible o con mayor protagonismo. Por ejemplo, el filósofo y escritor francés Bernard-Henri Lévy juega un papel destacado en la intermediación entre el CNT y diversas autoridades francesas, a partir de lo que elabora una película (Lévy, 2012). Algunos medios califican su intermediación de "diplomacia paralela", lo que el ministro Alain Juppé minimiza abruptamente en una entrevista (Harté & Lucet, 2011)[18].

El CNT libio se nutre de exiliados políticos[19], desertores del régimen y opositores de toda índole que empiezan los contactos proto-

---

18 Cuando un periodista le preguntó si no había sentido molestia por la "diplomatie parallèle" de Bernard-Henri Lévy, Juppé contestó: "Non. Les intellectuels ont leur rôle à jouer, déclaratoire, et les diplomates travaillent dans le réel".

19 La caracterización del CNT y de sus líderes no corresponde al propósito de este capítulo; ésta se aborda en el capítulo 8 de este libro.

diplomáticos con un amplio abanico de sectores políticos en Francia y en otros países para ejercer presión a favor de la causa rebelde. Sus actividades logran difusión mediática que los legitima o los descalifica. La progresión de sus contactos es veloz y se traduce en el rápido reconocimiento oficial del CNT por Francia que facilita sus apoyos públicos y la operación Harmattan, tan solo nueve días después.

Sarkozy asume el respaldo político francés al CNT y a los rebeldes como jefe de Estado y de manera personal.

Además de Francia, los más de cuarenta países y organizaciones del Grupo de Contacto creado el 29 de marzo tienen como interlocutor privilegiado al CNT, con el que se forja una relación de protodiplomacia que se internacionaliza, hasta la caída del régimen y el cambio de gobierno.

2.2. El manejo interno de la guerra

En su libro *La Politique Étrangère*, Marcel Merle (1984) hace un análisis comparativo de los procesos de formulación y ejecución de política exterior de varios países y profundiza sobre el caso francés. El autor menciona varios cambios relevantes posteriores a la Segunda Guerra Mundial que modificaron el escenario en la mayoría de los países, como la creciente influencia externa en la política exterior. Para este análisis, se debe reflexionar sobre el papel del poder legislativo y del ejecutivo, de las empresas, de los medios masivos de comunicación y de la opinión pública.

a) El papel del poder legislativo

Merle observaba en muchos países una participación bastante baja del poder legislativo en la formulación de la política exterior, con excepción de Estados Unidos. Sin embargo, el nivel de participación en países como Reino Unido, España o Canadá, es más activo que en Francia y de manera general se puede decir que hoy en día, la mayoría de los legisladores del mundo están cada vez más atentos al uso de mecanismos de control *a priori* o *a posteriori*, para incidir en la política exterior.

En Francia se puede usar la moción de censura y las preguntas escritas y orales, lo que no es muy usual en temas de política exterior. Sin embargo, con base en el artículo 35, párrafo 2, de la Constitución de 1958, el gobierno debe informar al Parlamento (conformado por la Asamblea Nacional y el Senado) y pedir autorización cuando una operación militar se prolonga por más de cuatro meses[20]. Se trata por lo tanto de un control *a posteriori* que refleja el carácter semipresidencial del régimen, donde la política exterior forma parte del dominio reservado para el presidente, objeto de muchas críticas por parte de varios parlamentarios.

Desde la promulgación de esta Constitución, Francia nunca ha hecho declaración de guerra contra un país, porque siempre llamó sus intervenciones armadas de otra manera. Merle señala nombres como: "operación de mantenimiento del orden", "operativo policíaco", "activación de un acuerdo de defensa", "apoyo para salvar un gobierno que pide ayuda". Eso sucedió mucho en las últimas dos décadas con las OMP o coaliciones *ad hoc* organizadas con otros gobiernos intervencionistas, en las que participó Francia. Pero también es una tradición en política exterior de Francia, que ha realizado unas cincuenta intervenciones desde las independencias de sus colonias africanas, sin que se puedan calificar como "guerras justas" (Galy, 2012; Micheletti, 2011).

---

20 En la Constitución de 1958, el artículo 35, reformado en julio de 2008, se refiere así a la participación del Parlamento (Senado y Asamblea Nacional), en el tema de la guerra: "La déclaration de guerre est autorisée par le Parlement. Le Gouvernement informe le Parlement de sa décision de faire intervenir les forces armées à l'étranger, au plus tard trois jours après le début de l'intervention. Il précise les objectifs poursuivis. Cette information peut donner lieu à un débat qui n'est suivi d'aucun vote. Lorsque la durée de l'intervention excède quatre mois, le Gouvernement soumet sa prolongation à l'autorisation du Parlement. Il peut demander à l'Assemblée nationale de décider en dernier ressort. Si le Parlement n'est pas en session à l'expiration du délai de quatre mois, il se prononce à l'ouverture de la session suivante" (Constitution, 1958).

A tres días de iniciada la intervención armada francesa en Libia, el 22 de marzo 2011, se cumple con el informe del primer ministro François Fillon para reportar la situación al poder legislativo. A pesar de que no era necesario ningún pronunciamiento ni aval de la Asamblea Nacional, se suscita un debate muy interesante.

El cuestionamiento más fuerte ocurre en el Senado (Sénat, 2011), cuando el grupo parlamentario encabezado por Michel Billout, miembro de la oposición del grupo comunista republicano y ciudadano, solicita al primer ministro un debate antes de la aprobación que tendrá que dar la Asamblea Nacional para la prolongación de la participación militar en Libia. La denuncia del senador Billout es que en la práctica se había modificado el marco y el objetivo de la resolución 1973, llegando a considerar incluso la eliminación de Gadafi. A partir del cuestionamiento sobre el sentido de la intervención, se recomienda un cese al fuego y una solución política al conflicto. En el debate, las fuertes críticas de varios senadores reflejan el malestar creciente de ciertos sectores de la opinión pública francesa.

La discusión para la renovación de la participación de tropas francesas tras cuatro meses en el conflicto[21] tuvo lugar el 12 de julio de 2011 en la Asamblea Nacional. El mismo día se ratificaba en el Senado un acuerdo de cooperación entre Francia y los Emiratos Árabes Unidos, a propósito de la primera base militar francesa en Medio Oriente, inaugurada por Sarkozy en 2009 (DPA, 2009).

En la Asamblea, la posición del primer ministro, de los parlamentarios de la Unión por un Movimiento Popular (UMP) y de sus aliados centristas, reitera la convicción del correcto apoyo francés al CNT y del buen curso de las operaciones militares, mientras que la oposición critica lo contradictorio de la posición de Sarkozy y de la UMP, que habían favorecido la alianza con Gadafi desde 2007 y posteriormente le hicieron la guerra. Sobre este punto, ninguna personalidad rebate la crítica, simplemente ignoran el tema. Este silencio

---

21 Se aplicó por primera vez en 2008, para prolongar la participación militar de Francia en Afganistán.

manifiesta una debilidad evidente en la posición francesa. El debate concluye con una votación de 482 a favor y 27 en contra. Con esta oposición minoritaria, el presidente se sentirá libre de ignorar los cuestionamientos.

b) El papel del poder ejecutivo

Merle constata la creciente tecnificación de los asuntos internacionales que suscita la participación de muchas dependencias ministeriales en la política exterior, junto con las cancillerías o de manera adicional, suscitándose entonces un proceso de creciente "densidad en las Relaciones Internacionales". Este concepto, que se distancia claramente de los enfoques realistas y neorrealistas, es más adecuado porque hoy es aún mayor el entrelazamiento de los temas en el ámbito internacional y menor la separación entre las esferas interna y externa de las políticas gubernamentales.

En la guerra de Libia, además del presidente, los dos ministerios relevantes son el de Defensa y el de Asuntos Exteriores y Europeos (MAEE). En lo relativo al primero, la tradición de presencia militar francesa ha sido permanente a lo largo de la Guerra Fría. Al llegar a la presidencia Sarkozy, existían tres bases francesas en Djibouti y N'Djamena, en Chad y Libreville, en Gabón, más la base en los Emiratos Árabes Unidos. Estas fuerzas aéreas y navales operan bajo la dirección del ministro de Defensa, en estrecha coordinación con los miembros de la OTAN.

En el MAEE, el escándalo y el deterioro de la imagen de la ministro Michèle Alliot-Marie por sus actividades y las de su pareja tanto en Libia como en Túnez[22], provoca su renuncia. Es determinante el papel de Patrick Ollier —cuyos apodos "*l'Africain*" y "*Monsieur Libye*" o "el corredor de fondos libios" reflejan su vinculación turbia con el

---

22 *Le Canard Enchaîné* (www.lecanardenchaine.fr), entre el 1 y el 15 de febrero de 2011, revela los nexos de la Ministro, de su compañero Patrick Ollier, e incluso sus padres, con los regímenes de Ben Ali y de Gadafi. Estas informaciones son ampliamente difundidas en medios franceses.

régimen de Gadafi. Ya se mencionó cómo Ollier había aprovechado desde 2002 sus diferentes cargos en la administración pública y como parlamentario para intervenir en las relaciones entre el Eliseo y Gadafi, haciendo lobby a favor de varias empresas y facilitando la celebración de innumerables contratos. También viajó por lo menos diez veces para visitar a Gadafi entre 2003 y 2007 (Roger, 2011). El periódico en línea *Mediapart* criticó la intervención desde sus inicios y reveló mucha información sobre los vínculos de Sarkozy y sus allegados con el régimen de Gadafi. Los escándalos de la pareja Ollier-Alliot-Marie produjeron la renuncia de ésta, pero Ollier conserva su cargo hasta el final del mandato de Sarkozy.

La llegada de Alain Juppé al MAEE se produce el 27 de febrero de 2011. Se trata de un funcionario público con mayor talento diplomático que su antecesora, que juega un papel que algunos han calificado de secundario durante la guerra de Libia. Es cierto que su lenguaje y presencia es más discreta y más moderada que la de Sarkozy y la del primer ministro F. Fillon, pero cumplirá a cabalidad su papel de jefe de la diplomacia. Juppé coordina de manera cercana su acción con el ministro de Defensa, Gérard Longuet, sin evidenciar desacuerdos públicos con el presidente Sarkozy, a quien incluso respaldará políticamente en toda su estrategia. El ministro del MAEE justifica el apoyo político e incluso militar a la coalición y a los rebeldes libios, como necesario para "la autodefensa de los civiles" (AFP, 2011). La guerra contra Libia es el primer escenario en el que el sistema de defensa francés pretende coronar con gloria los cambios que Sarkozy había logrado en la OTAN.

Dentro del MAEE, además de los diplomáticos con cargos de representación ante las OIG y del personal de la sede, interviene el Centro de Crisis para organizar la asistencia humanitaria y los vínculos con las ONG y las empresas francesas. Su origen se remonta al año 1985 pero inicia su funcionamiento como tal en julio de 2008, cuando Bernard Kouchner era ministro. Este centro aplica la doctrina del derecho de injerencia humanitaria y, al igual que sus equivalentes en la mayoría de los países de Occidente, cuenta con personal militar, diplomático y especialistas para prever crisis, sugerir cursos de acción y enviar personal para atenderlas. Su principal tarea para Libia es apoyar a los franceses y las entidades francesas, pero también a algunos libios con asistencia humanitaria. En este sentido, se relaciona con organismos públicos internacionales, así como con las ONG y las empresas francesas.

En cuanto al papel del presidente de Francia, resalta que es el gran protagonista en esta guerra, más allá del mandato constitucional y de la tradición histórica del país, por su trayectoria y sus características personales. Sin detenerse en la evidente contradicción de que se había involucrado personalmente en la rehabilitación de Gadafi, Sarkozy se consagró a dirigir las acciones con la misma obstinación y virulencia.

El mismo día de la adopción de la resolución 1973, 17 de marzo, el hijo de Gadafi, Saif al-Islam hace público que el gobierno libio había otorgado financiamiento para la campaña electoral de Sarkozy y lo califica de "payaso" (Euronews, 2011b). El 3 de mayo, Baghdadi Ali al-Mahmoudi, ex primer ministro libio preso en Túnez, confirma el dato y señala el monto de 50 millones de euros (La Dépêche.fr, 2012). En las réplicas de Sarkozy a esta acusación se percibe una profunda molestia contra Gadafi y su familia, lo que explica la beligerancia del presidente, de la élite empresarial y del gobierno que habían participado en la consolidación de fuertes relaciones de negocios con Libia. Esta pertinaz venganza se manifiesta claramente en su evidente determinación por destruir el régimen libio y la figura de Gadafi.

A nivel militar, el aumento de la acción de la fuerza aérea francesa evidencia una coordinación estratégica con los rebeldes que actúan en el terreno. Las operaciones aéreas y los desplazamientos de las tropas revolucionarias suceden coordinadamente para ampliar el área controlada por la oposición y la toma de puntos neurálgicos. Los resultados de esta nueva fase permiten culminar con éxito la ofensiva final sobre Trípoli.

Otro elemento usado por Sarkozy para maximizar su triunfo en la aplicación de la doctrina de la injerencia es que paralelo a la intervención en Libia, los soldados franceses de la operación Licorne estaban defendiendo una causa similar en Costa de Marfil[23]. La culminación de esta intervención en mayo de 2011 suscita el entusiasmo del presidente, que aprovecha esta victoria para justificar y reforzar la acción militar en Libia.

El auge en las acciones militares es continuo y celebrado públicamente, como lo hace Sarkozy cuando visita el portaviones Charles de Gaulle de regreso a Francia. Al mismo tiempo, fracasan los intentos de negociación entre representantes del gobierno de Gadafi y el CNT y se intensifica la ofensiva militar hasta la caída de Trípoli el 22 de agosto. Una semana después, Francia envía al embajador Antoine Sivan como su nuevo representante diplomático en Trípoli. El 1 de septiembre, Sarkozy es anfitrión de la Conferencia del Grupo de Contacto que formaliza todos los apoyos materiales y políticos para la construcción del nuevo gobierno libio. El siguiente paso para legitimar a las nuevas autoridades es la visita del presidente francés y David Cameron a las ciudades liberadas de Trípoli y Bengasi, el 15 de septiembre. Los medios informativos difunden ampliamente este acontecimiento.

Esto ayuda a definir dos decisiones relevantes en la ONU: el otorgamiento al CNT del asiento de Libia y la conformación de la Misión de Apoyo de Naciones Unidas en Libia (UNSMIL, por las siglas en inglés). Según el representante de Francia ante la ONU, Gérard Araud, el mandato de esta misión es ayudar a construir los procesos, mecanismos e instituciones de un "Estado libre y democrático, respetuoso de los derechos humanos y de la justicia, tal y como se comprome-

---

23 Desde el 2002 Francia tenía una operación armada, Licorne, en Costa de Marfil, junto con la misión de la ONU (ONUCI). Tras la agravación del conflicto post electoral de noviembre 2010 por la negativa del Presidente Gbagbo a reconocer la victoria de Alassane Ouattara, Francia logra la aprobación unánime de la resolución 1975 sobre Costa de Marfil, parecida a la resolución 1973, que desemboca en una solución más rápida que en Libia, tras la acción de la operación Licorne en apoyo a las fuerzas que defendían a Ouattara, para ayudarlo a asumir la presidencia en mayo de 2011.

tieron a hacerlo los representantes de la nueva Libia" (France Diplomatie, 2011b). Es un paso más para legitimar los procesos de cambio y la construcción de un nuevo sistema político afín a las expectativas de los países de la coalición. En paralelo, los rebeldes consolidan su presencia militar en el país, siguen apoyados por acciones en aire y mar por parte de la OTAN, y logran capturar y ejecutar a Gadafi el 20 de octubre, haciendo caso omiso de la orden de arresto emitida por la Corte Penal Internacional (CPI) el 9 de septiembre.

El cierre de la operación Harmattan es un acto poco heroico y más bien sospechoso, pues contradice, por un lado, el derecho de guerra que preserva la vida de los prisioneros y, por otro, las afirmaciones anteriores de los miembros de la coalición sobre la eventualidad de un juicio a Gadafi, similar a los que se hicieron para los genocidas después de guerras civiles como la de Ruanda y Yugoslavia. Las justificaciones fueron pobres y poco convincentes, como se podrá concluir al final de este capítulo.

c) El papel de las empresas

Durante la guerra, las empresas francesas juegan un papel fundamental y esperan reiniciar sus operaciones con facilidades tras el cambio de régimen; saben que hay tratos secretos con el CNT que las favorecerán. No sólo se trata de las empresas de la aeronáutica como Dassault Aviation, que iba a suministrar el famoso avión de combate Rafale, Thalès y MBDA, la empresa diseñadora y fabricante de misiles (Bourassi, 2011), sino de la petrolera Total y otras como Alcatel, Nexans, Airbus y Alstom (Commission des affaires étrangères, 2011).

Cabe recordar que cuando empezaba la represión contra las manifestaciones en Bengasi —el 17 de marzo de 2011—, el todavía ministro Patrick Ollier defendía y elogiaba a Gadafi en declaraciones dadas a conocer en los medios franceses[24].

---

24 Ollier decía en 2006: "Les anglo-saxons savent mettre leur diplomatie au service de leurs entreprises. Nos fonctionnaires en son loin". Y en 2007, en la me-

d) El papel de los medios

Los medios de comunicación masiva tuvieron considerable participación al difundir informaciones y análisis extremadamente diversos sobre Libia.

Al inicio de las revueltas, los medios indicaban que Gadafi había desplegado aviones caza para bombardear estos movimientos. Tiempo después se supo que ni un solo avión del régimen había bombardeado manifestaciones y que los incendios en las calles eran producto de las bombas molotov de los manifestantes. Los medios se escudaron en la falta de corresponsales. Posteriormente, algunos medios televisivos como iTele, France Télévision y TF1, que cuestionaban al gobierno francés, entraban de manera clandestina a la ciudad de Bengasi para informar cómo era la Libia de Gadafi, dando a entender que había que ponerle fin al régimen.

El acceso vía internet a las más plurales fuentes de información y de opinión, permitió que muchos franceses dispusieran de un amplio abanico de referentes que progresivamente maduraron en la conciencia ciudadana, primero a favor de la intervención pero posteriormente con una visión más crítica.

e) El papel de la opinión pública

En general, los autores de la sociología internacional otorgan bastante peso al papel de la opinión pública. Badie (2004) se refiere a ella como una fuerza creciente que pretende ejercer cierto control sobre la potencia del actor estatal e influir en temas internacionales. Dicho autor distingue dos formas de canalización del sentir de la sociedad: la opinión pública internacional y la opinión pública acerca de lo internacional. Además, observa el creciente peso de la opinión

---

jor fase de las relaciones con el líder libio, Ollier se expresaba así: "Le colonel Kadhafi (...) possède des capacités d'analyse et de décision qui sont stupéfiantes. Contrairement à ce que l'on croit, ce n'est pas un personnage fantasque" (Laurent, 2011).

pública internacional, que a veces quiere arrogarse el calificativo de "sociedad civil internacional", pero advierte que no es un actor que se pueda calificar de democrático ni de mayoritario, por lo que es necesario valorarla con prudencia (269-274).

La opinión pública francesa sobre el tema de Libia es uno de los componentes que podría influir en las decisiones del gobierno francés; recibe flujos de la opinión pública internacional mediante las ONG internacionales, las personalidades y los medios masivos de comunicación, que expresaron puntos de vista a favor y en contra de la intervención militar.

Se debe señalar la importancia de la opinión pública francesa con los sondeos del IFOP (2011) sobre el nivel de aprobación hacia el presidente. Entre el 29 y el 31 de marzo de 2011, 66% de las personas interrogadas declaran que están a favor de la intervención, entre las cuales 21% apoya el uso de la fuerza. Al inicio de la operación, entre el 21 y 22 de marzo de 2011, el apoyo era de 23%.

El nivel de respaldo sube 30%. El IFOP atribuye justamente este rápido cambio a que los medios enfatizaban la violencia de las acciones de las fuerzas de Gadafi y subrayaban que la intervención no arriesgaba la pérdida de efectivos militares franceses y porque no involucraba la presencia de soldados en tierra. El sondeo destaca que las personas que rechazan la intervención se sitúan en los dos polos del espectro político francés: la extrema derecha y la extrema izquierda (IFOP, 2011).

En relación al uso interno de la política exterior, Sarkozy trató de usar su beligerancia contra Gadafi como herramienta para consolidar su liderazgo y ser reelecto en 2012. La retórica del presidente enfatizaba que se trataba de una guerra "justa" orientada por dos propósitos loables: proteger a las víctimas —de acuerdo a la doctrina de la responsabilidad de proteger— y democratizar a Libia. Pero la opinión pública francesa no podía olvidar tan rápidamente las estrechas relaciones que había desarrollado Sarkozy en los primeros años de su mandato.

Finalmente. se debe reflexionar sobre otro flujo que es desdeñado por Sarkozy: las informaciones críticas de las ONG sobre los costos humanos de la guerra de Libia. International Human Rights Watch (HRW) monitoreó desde el inicio las constantes violaciones a los derechos humanos, denunció los crímenes perpetrados por órdenes de Gadafi e hizo un seguimiento detallado de todos los eventos. En su balance final, establece que "las acciones aéreas de la OTAN en Libia ocasionaron víctimas civiles", también demostró la muerte de 72, personas entre las cuales estaban 20 mujeres y 24 niños (HRW, 2011; HRW, 2012).

Amnistía Internacional (AI) también monitoreó puntualmente los costos humanos a lo largo de la guerra y criticó tanto al régimen como a los rebeldes por violar derechos humanos y cometer crímenes de guerra, con registros objetivos. Excede el propósito de este capítulo detallar las denuncias, pero es útil observar que los informes publicados al finalizar la guerra y meses después confirman la evaluación crítica de esta intervención. La posición de AI es que el CNT debe llevar a cabo investigaciones para castigar a los culpables (Amnesty International, 2012).

Los informes de estas dos ONG antes, durante y después de la intervención muestran el considerable nivel de violación a los derechos humanos: al inicio por parte de las fuerzas del régimen de Gadafi y posteriormente por las fuerzas que dependen del CNT.

Instancias como el Alto Comisionado de la ONU para los Derechos Humanos y la Cruz Roja atendieron el problema de los refugiados y desplazados, coordinadas con varias ONG de Francia y del mundo. Se estima que más de 900,000 personas extranjeras y más de 660,000 libios huyeron de Libia, además de 200,000 desplazados internos (UNHCR, 2012), cifras altas si se considera que Libia tenía, aproximadamente, 6 millones de habitantes. Se podría evaluar estos costos humanos como relativamente bajos si se comparan con guerras más largas y dolorosas. Sin embargo, el balance principal no es cuantitativo, sino político. A continuación se sintetiza el análisis de la política exterior de Francia con Libia mediante un esquema final (ver figura 5).

Figura 5
Política exterior de Francia con Libia 2011

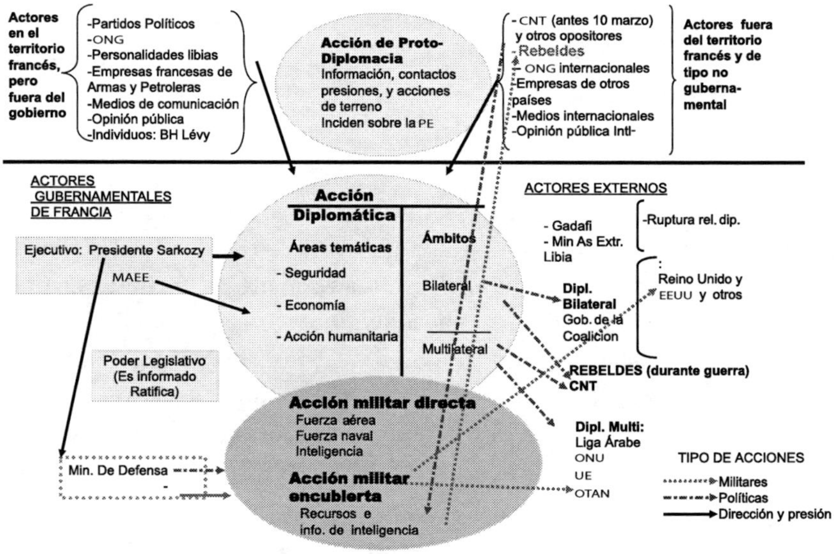

Fuente: Elaboración de la autora con base en Merle, 1984.

La figura 5 no pretende ser exhaustiva, sino ilustrar las combinaciones suscitadas en dos grandes grupos de actores: las entidades gubernamentales, en la parte central de la figura y los actores no gubernamentales en la parte superior. Destacan en ambas esferas los diferentes niveles de relación durante el conflicto: la proto-diplomacia, la diplomacia y las acciones militares directas y encubiertas.

En cada nivel se observa la diversidad y complejidad de las interacciones analizadas a lo largo de este capítulo y los entrecruzamientos entre actores, temas y recursos movilizados. Esto permite afirmar que es imposible aportar una explicación única pero es posible resaltar la simultaneidad de los procesos articulados de la acción diplomática y militar.

CONCLUSIONES

Este capítulo concluye con un balance negativo sobre la intervención de Francia en Libia, por varias razones.

La apuesta de Sarkozy por consolidar su poder y demostrar liderazgo y fortaleza a nivel interno terminó en fracasó. El resultado desfavorable en la elección presidencial de abril/mayo 2012 constituye una especie de revancha del electorado decepcionado y contrariado por la esquizofrenia de la política exterior francesa.

La mayoría de las decisiones tomadas por la coalición corresponden a una diplomacia de colusión entre potencias que, cuando deciden justificar el uso de la fuerza militar y revertir el proceso de acercamiento con Gadafi, se arrogan el derecho de calificar un umbral de tolerancia *ad hoc* a las violaciones a los derechos humanos. Francia y sus aliados habían sido cómplices durante años del autoritarismo y de la ausencia de libertades políticas en Libia, situaciones que les sirvieron para justificar la intervención de 2011.

Una vez más, se usa una tecnología militar para realizar "operaciones quirúrgicas", en las cuales los países invasores no arriesgan muchas pérdidas humanas, pero la guerra termina siendo un laboratorio para probar artefactos bélicos de alta tecnología y generar mayor demanda por parte de los países compradores.

Las empresas partícipes de los negocios con Libia forjan una compleja red de intereses utilitarios; en un vaivén cínico, facilitan y apoyan el acercamiento político-diplomático con el régimen de Gadafi y posteriormente son cómplices de un juego de reversión de alianzas, apostando a sacar mayores ganancias.

En una concepción liberal de la política, los dos objetivos fundamentados que esgrimen los países occidentales —Francia en particular—, son la búsqueda de un avance democrático y la protección de los derechos humanos. Ninguno de los dos se ha logrado en Libia. Lo que demuestra que la justificación del "auxilio" desde el exterior para apoyar la transición democrática y asegurar mayores libertades políticas a una sociedad oprimida es un argumento dudoso. Los primeros pasos de la transición política han sido lentos e inciertos y aún no queda claro cómo se va a cumplir esta esperanza democrática. El ataque del 11 de septiembre de 2012 al consulado estadounidense en Bengasi, con la muerte del embajador Christopher Stevens, y la inestabilidad de las nuevas autoridades libias demuestran que la intervención militar no conduce a un mejor sistema de representación política o de equilibrio social.

El segundo argumento, la responsabilidad de proteger, tampoco justifica esta guerra: no se ha logrado proteger la totalidad de los derechos humanos de los habitantes de Libia, pues las partes en conflicto han ejercido violencia y todavía quedan muchas acciones no esclarecidas y víctimas sin reparación.

Finalmente, las herramientas teóricas y metodológicas de la sociología internacional permiten una interpretación moderada y sensible de los más complejos escenarios de la mundialización. Frente a la densidad de las interacciones y los elementos imprevisibles que surgen constantemente, es necesario ampliar el abanico de los niveles de análisis en las Relaciones Internacionales para observar la pluralidad y diversidad de actores que, ciertas veces, suscitan flujos orientados sorpresivamente, pero en otros casos repiten tendencias históricas.

Este abordaje ayuda a encontrar explicaciones al entramado de los procesos sociales, políticos económicos y militares. Por último, de las Relaciones Internacionales deben surgir voces que contribuyan a la búsqueda de soluciones no violentas a los conflictos para prever y atender las demandas y contradicciones de la sociedad global.

FUENTES

AFP (01.07.2011). Libye: La France n'a livré que des armes d'autodéfensa aux rebelles, affirme Alain Juppé. *20minutes.fr*, en: http://bit.ly/15BaqY3.

Africa Times. (23.10.2010). La Libye et la France s'accordent sur un partenariat stratégique. *Africa Times News*. Recuperado el 23 de octubre de 2010, de: http://bit.ly/bNopwB

Amnesty International (2012). *Rapport annuel 2012 –tour d'horizon depuis le 1er janvier 2012*. Recuperado el 11 de enero de 2012, en: http://bit.ly/16Kz33w

Aron, R. (1963). *Paz y Guerra entre las naciones*. Madrid: Alianza Editorial.

Aron, R. (1985). *Paz y Guerra entre las naciones*. Madrid: Alianza Editorial.

Assamblée Nationale. (2007). *Informe 273*. Recuperado el 20 de julio de 2012, de: http://bit.ly/18mSNRr

Arteaga, F. (21.06.2011). La OTAN en Libia (ARI). *Real Instituto Elcano*, en: http://bit.ly/12GIUGH

Badie, B. (1992). *L'État importé. Essai sur l'occidentalisation de l'ordre politique*. Paris: Fayard.

Badie, B. & Hermet, G. (1993). *Política comparada*. México: FCE.

Badie, B. (2000). The nation state, one player among many, an interview with Bertrand Badie. *Label France 38*.

Badie, B. (2004). *L'impuissance de la puissance*. Paris: Fayard.

Badie, B. (2008). *Le diplomate et l'intrus*. Paris: Fayard.

Badie, B. (2011). *La diplomatie de connivence*. Paris: La Découverte.

Henry Levy, B. (01.06.2012). "Arrêter un massacre, c'est juste". *Euronews*, Recuperado el 11 de enero de 2013, de: http://bit.ly/16Kz5sb

Bourassi, N. (22.02.2011). Et si la France avait vendu le Rafale à Kadhafi? *Easy-Bourse*. Recuperado el 11 de enero de 2013, de: http://bit.ly/eHEFJy

Charillon, F. (2002). *Politique étrangère, nouveaux regards*. Paris: Presse de Sciences Po.

Commission des Affaires Étrangères (2011). *Audition de M. François Gouyette, ambassadeur de France en Libye, sur les événements en Libye*. Recuperado el 11 de enero de 2013, de: http://bit.ly/15IW7jW

Legifrance (1958). Constitution de la République Française, du 4 octobre 1958. Recuperado el 18 de julio de 2012, de: http://bit.ly/12xNqXY

Cusimano, M. (2000). *Beyond Sovereignity, the rise of transsovereign problems*. New York: St. Martin's Press.

Daalder, I. & Stavridis, J. (2012). NATO's Victory in Libya: The Right Way to Run an Intervention. *Foreign Affairs, 91*(2), 2-7.

De Filippis, V. (01.09.2011). Pétrole: l'accord secret entre le CNT et la France. *Libération*. Recuperado el 20 de julio de 2012, de: http://bit.ly/nkH5LT

Direction de l'information légale et administrative (21.10.2011). France-Libye: 40 ans de relations tumultueuses. Recuperado el 11 de enero de 2013, de: http://bit.ly/16IsVJd

Dorman, A. (2012). NATO's Chicago Summit: a chance to ignore the issues once again? *International Affairs, 88*(2), 301-312.

El Mundo (26.05.2009). Sarkozy establece una base militar francesa en la región del Golfo. Recuperado el 11 de enero de 2013, de: http://mun.do/13ldc4H

Euronews (28.03.2011a). Pétrole libyen: le Qatar va commercialiser le brut des rebelles. Recuperado el 20 de julio de 2012, de: http://bit.ly/1945Cjf

Euronews. Kadhafi, S. A. I. (2011b). Ce clown de Sarkozy [video], en: http://bit.ly/nxjw79

France Diplomatie (2011a). Déclaration conjointe de Nicolas Sarkozy, Président de la république française et de David Cameron Premier ministre du Royaume-Uni (28 mars 2011). Recuperado el 11 de enero de 2013, de: http://bit.ly/1bqn9CY

France Diplomatie (2011b). Libye -Conseil de sécurité- Intervention du représentant permanent de la France auprès des Nations Unies (16 septiembre 2011). Recuperado el 11 de enero de 2013, de: http://bit.ly/13ldhpf

France Diplomatie (2012). Défense et sécurité. La doctrine française. Recuperado el 11 de enero de 2013, de: http://bit.ly/15nXk0h

Frontline (s.f.). Target America: Timeline. *Frontline*. Recuperado el 18 de julio de 2013, de: http://www.pbs.org/wgbh/pages/frontline/shows/target/etc/cron.html

Galy, M. (20.06.2012). L'intervention au Mali n'est pas une solution. *Le Monde*. Recuperado el 28 de julio de 2012, de: http://bit.ly/NhvDzk

Global Security (2013). *Libyan intervention in Chad, 1980-Mid-1987*. Recuperado el 11 de enero de 2013, de: http://bit.ly/1dG7eNM

Harté, Y. & Lucet, C. (11.07.2011). Alain Juppé: Je vais aider Nicolas Sarkozy. *Sud-Ouest*. Recuperado el 30 de julio de 2012, de: http://bit.ly/12xNDu7

Human Rights Watch (2011). *Libye: L'Union africaine et divers gouvernements devraient exiger la fin immédiate de la répression meurtrière*. Recuperado el 11 de enero de 2013, de: http://bit.ly/epzwTo

Human Rights Watch (2012). *NATO: Investigate Civilian Deaths in Libya*. Recuperado el 11 de enero de 2013, de: http://bit.ly/JV1mT6

Instituto Francés de Opinión Pública [IFOP]. (2010). *Le tableau de bord politique*, en: http://bit.ly/1aS270O

IFOP (2011). *Sondage: Les français et la légitimité d'une intervention militaire en Libye*. Recuperado el 11 de enero de 2013, de: http://bit.ly/hJtR7X

Kouchner, B. (1991). *Le malheur des autres*. Paris: Editions Odile Jacob.

La Dépêche.fr. (3.05.2012). L'ancien premier ministre libyen confirme les 50 millions de Kadhafi pour Sarkozy. Recuperado el 15 de julio de 2012, de: http://bit.ly/IuGRjB

Laurent, S. (17.02.2011). Les amitiés libyennes de Patrick Ollier. *Le Monde*, en: http://bit.ly/gCvxDr

Le Monde (9.04.2012). Le parquet libyen mène l'enquête sur Total. *Le Monde.fr*. Recuperado el 25 de julio de 2012, de: http://bit.ly/Iuvx4i

Leander, A. (1997). Bertrand Badie: cultural diversity changing international relations? En Neumann, I. B. & Wæver, O. (eds.). *The future of International Relations. Masters in the making* (145-169). London, New York: Routledge.

Lizza, R. (2011). The Consequentialist. How the Arab Spring remade Obama's foreign policy. *The New Yorker.* Recuperado el 28 de julio de 2012, de: http://nyr.kr/h7MVaE

Marly (22.02.2011). La voix de la France a disparu dans le monde. *Le Monde.* Recuperado el 25 de enero de 2011, de: http://bit.ly/gnuXMy

Merle, M. (1986). *Sociología de las relaciones internacionales.* Madrid: Alianza Editorial.

Merle, M. (1984). *La politique étrangère.* Paris: Presses Universitaires de France.

Micheletti, P. (12.2011). Vingt ans de "guerres justes". *Le Monde Diplomatique.* Recuperado el 10.07.2012, de: http://bit.ly/uvDZit

Misión Interina de Naciones Unidas en Kosovo (s.f.). ONU. Recuperado en: http://bit.ly/1bKh7Mc

Morgenthau, H. (1986). *Política entre las naciones, la lucha por el poder y la paz.* Buenos Aires: GEL.

Mouric, N. (1984). La politique tchadienne de la France sous Valéry Giscard d'Estaing. *Politique Africaine, 16*, 86-101. Recuperado el 10 de julio de 2012, de: http://bit.ly/111dbSB

Nueva Europa-Nueva Eurabia (2011). *Conferencia de Seguridad en Múnich: David Cameron, el extremismo musulmán y el fracaso del multiculturalismo.* [Video]. Recuperado el 11 de enero de 2013, de: http://bit.ly/1aS2oAN

Organización de las Naciones Unidas [ONU] (2011). *Resolución 1973*, en: http://bit.ly/1bqnLbF

Rasmussen, A. F. (2011). NATO After Libya: The Atlantic Alliance in Austere Times. *Foreign Affairs 90*(4), 2-6.

Rasmussen, A. F. (2012). *NATO –Delivering security in the 21st century.* Discurso presentado en: Chatham House. Londres. Recuperado el 11 de enero de 2013, de: http://bit.ly/OatweV

RFI/AFP (2011). *Declaración del Primer Ministro F. Fillon, 22 de marzo, ante la Asamblea Nacional.* Recuperado el 18 de julio de 2012, de: http://rfi.my/gIcIqf

Roger, P. (26.02.2011). Patrick Ollier, le "M. Libye" officieux des gouvernements français. *Le Monde.fr*, en: http://bit.ly/15aJMGD.

Sarkozy, N. (2009). *La France, la défense européenne et l'OTAN au XXIème siècle.* Discurso presentado en École militaire, en: http://bit.ly/1945GiQ

Saxer, M. (2.04.2008). The politics of Responsability to Protect. *Dialogue on Globalization*. Fundación Friedrich Ebert Stiftung, FES Briefing Paper. Recuperado el 7 de julio 2012, de: http://bit.ly/1bKhjed

Sénat. (2011). *Situation en Libye*. Recuperado el 11 de enero de 2013, de: http://bit.ly/1bKhmGU

Surcouf (19.06.2008). Livre blanc sur la défense: une espérance déçue. *Le Figaro*. Recuperado el 25 de julio de 2012, de: http://bit.ly/gI9Pwo

United Nations High Commissionner for Refugies (2012). Libye fiche pays. Profil d'opérations 2012. Recuperado el 17 de julio de 2012, de: http://bit.ly/1aS2OHo

Vadrot, C. M. (2011). Patrick Ollier compagnon des Libyens et de Michèle Alliot-Marie. *Politis*, en: http://bit.ly/f7lmDn

Vaillant, G. (21.02.2011). Patrick Ollier, ce très silencieux "Monsieur Libye". *Le JDD*. Recuperado el 11 de enero de 2013, de: http://bit.ly/18m1F6A

Vernet, D. (2008). Une diplomatie schizophrène. *Le Monde*, en: http://bit.ly/12IRV5m

Vennesson (04.2012). Ponencia en el congreso de la International Studies Association, San Diego, resumida por Frédéric Charillon. Recuperado el 7 de julio de 2012, de: http://bit.ly/1945Ruu

Zvereva, T. (2011). Sarkozy vs. Qaddafi. *International Affairs 57*(4), 70-84.

Capítulo 6

EL NEOLIBERALISMO INSTITUCIONAL COMO MEDIO DE ANÁLISIS DEL CONFLICTO EN LIBIA

Almendra Ortiz de Zárate

En el presente capítulo se examinan los elementos del neoliberalismo institucional y la aplicación de la teoría al caso de Libia en el contexto de la crisis que dio origen al derrumbamiento del régimen de Muammar Gadafi en 2011. Para el análisis se considera la participación de la Organización de Naciones Unidas (ONU), la Organización del Tratado del Atlántico Norte (OTAN) y la Unión Africana (UA) como instituciones que facilitaron la disminución de la anarquía internacional por medio de la cooperación mediante la aplicación de la norma de responsabilidad de proteger. Aunque fueron diversos los intereses que motivaron la actuación de cada uno de los organismos seleccionados, este estudio identifica que las instituciones influyen de manera positiva en el sistema internacional y permiten generar resultados favorables en las esferas individual y colectiva.

1. LA TEORÍA: EL NEOLIBERALISMO INSTITUCIONAL

Desde una perspectiva general, la historia de la humanidad se ha escrito a partir de las guerras y los conflictos que se desarrollan en el sistema internacional, sin embargo, un análisis más profundo hace evidente que con el paso de los años, por medio de distintos organismos multilaterales, se ha logrado reducir el conflicto cuantitativamente. En este sentido, de acuerdo con el Heidelberg Institute for International Conflict Research (HIIK, 2012), desde 1992 se ha reflejado un descenso en el número de conflictos de alta intensidad registrados por el barómetro de las conflagraciones mundiales. La excepción es el año 2011, que coincide con las revoluciones del mundo árabe, en particular con el caso de Libia, que aquí será analizado bajo la lupa del neoliberalismo institucional. Cabe mencionar que los conflictos de mediana y baja intensidad han tenido una tendencia creciente en los últimos años.

1.1. Desarrollo del neoliberalismo institucional

A pesar de que las corrientes teóricas realistas aseguran que la *guerra de todos contra todos* es una condición *sine qua non* del sistema internacional contemporáneo, los enfoques liberales consideran que el conflicto puede reducirse a partir de la cooperación y la reciprocidad. La tesis fundamental del neoliberalismo institucional sostiene que bajo la existencia de una sociedad anárquica, las instituciones facilitan las relaciones entre los actores.

El neoliberalismo institucional se origina como respuesta a las transformaciones del sistema internacional contemporáneo. Desde la década de los ochenta, las corrientes pluralistas comienzan a identificar otros actores adicionales al Estado que influyen en los asuntos internacionales, así como el impacto de las instituciones para la toma de decisiones en las Relaciones Internacionales. La corriente neoliberal pretende dejar de lado el negativismo antropológico del neorrealismo, pues considera que en la medida en que las barreras entre los Estados tienden a ser más difusas, se conduce a una mayor interdependencia por parte de los actores y, consecuentemente, surgen intereses comunes que son más factibles de lograr por vía de la acción colectiva.

En este sentido, bajo las premisas neoliberales, se enfatiza la necesidad de contar con instituciones que permitan asegurar los derechos individuales, el constitucionalismo y la democracia. Asimismo se pretende limitar el poder del Estado para trasladar la responsabilidad de su conducción al individuo y a las instituciones (Burchill, 2009:57-85).

El neoliberalismo institucional se fundó bajo la concepción de que el conflicto entre los Estados puede reducirse en la medida en la que existan intereses comunes que puedan brindar beneficios comunes a cada una de las partes. En este contexto, Mitrany (1948), desde la perspectiva funcionalista, asegura que la cooperación generalmente puede alcanzarse en áreas técnicas cuando existe un interés mutuo, no obstante, ésta puede trasladarse a otras áreas que impliquen mayor reto para las partes (citado en Burchill *et al.*, 2009: 64). Aquí las instituciones son entendidas como el conjunto de normas u órdenes de conducta que dirigen la actuación de los Estados.

Aunque de manera natural el neoliberalismo institucional se enfrenta al neorrealismo, es importante mencionar que estas corrientes de pensamiento no se oponen tajantemente, pues comparten elementos como la concepción del Estado como el actor racional preponderante de las Relaciones Internacionales —aunque el neoliberalismo reconoce la relevancia de otros actores con cada vez mayor participación en el sistema internacional, como las organizaciones y los individuos; sin embargo, el neorrealismo asegura que los Estados actúan como actores racionales que anteponen sus intereses particulares a los intereses colectivos, y parte del estatocentrismo para el análisis del sistema internacional.

En este sentido, la corriente neoliberal no niega la existencia de un sistema internacional anárquico y conflictivo. Por el contrario, ofrece la oportunidad de reducir el conflicto a partir de premisas previamente establecidas en un sistema que puede ser perfectible por medio de la creación de instituciones que permitan favorecer los intereses colectivos para fortalecer los lazos entre los diversos actores de la sociedad internacional. Cabe destacar que, aunque existen elementos de coincidencia entre neorrealismo y neoliberalismo, "en el plano ontológico, en lo que concierne al eje individualismo-holismo, el neoliberalismo se decanta por una ontología individualista. En lo que atañe al eje materialismo-idealismo, el neoliberalismo quiere tender hacia la parte idealista del mismo. Es aquí donde pueden producirse las diferencias más sensibles entre ambos" (Sodupe, 2003:118).

Sin embargo, ambos enfoques coinciden en plano epistemológico. En este sentido, el neoliberalismo llega a conclusiones muy distintas a las neorrealistas en cuanto a los resultados que se obtienen a partir de la cooperación, pues difieren en la concepción sobre el interés. Por un lado, los neorrealistas se enfocan en las ganancias relativas, es decir, el beneficio que se obtiene en relación con otro; mientras que los neoliberales se preocupan por las ganancias absolutas, es decir, el beneficio que se obtiene en términos individuales. De esta manera, el neoliberalismo institucional elimina la condición "juego suma cero" (véase capítulo 4) presente en la corriente neorrealista (Burchill, 2009:57-85).

El neoliberalismo reconoce que el conflicto es un factor difícil de eliminar en el sistema internacional, no obstante, con la creación de instituciones y regímenes internacionales, es decir, por medio del conjunto de "principios implícitos o explícitos, normas, reglas y procedimientos de toma de decisiones alrededor de los cuales convergen las expectativas de los actores de un área determinada de las Relaciones Internacionales" (Krasner, 1983), resulta más fácil reducir la anarquía. La cooperación resulta más viable cuando existen intereses coincidentes entre los actores, como el cuidado del medio ambiente, migración o la protección de los derechos humanos. Asimismo, Rosecrance (citado en Burchill *et al.*, 2009:65) reconoce que la interdependencia económica entre los Estados hace que la cooperación se imponga sobre la competencia militar, pues la primera implica mayores beneficios; sin embargo, el conflicto y la cooperación se mantendrán presentes porque existen actores dominantes con mayores capacidades para imponerse. Aun así, el conflicto tiende a ser menor en un sistema institucionalizado.

De acuerdo con el pensamiento liberal, la interdependencia desempeña un papel importante en la configuración del sistema internacional institucionalizado. En la medida en la que los actores o Estados tienden a ser más interdependientes, de manera natural se generan consecuencias recíprocas entre los mismos, lo cual no necesariamente facilita el entendimiento entre éstos, debido a que la desconfianza entorpece el establecimiento de relaciones colaborativas. No obstante, esta condición tampoco implica la ausencia de cooperación por parte de los Estados, pues al convivir y contar con intereses comunes, será necesario ceder en los intereses particulares para obtener objetivos generales (Sterling-Folker, 2010).

En la medida en la que las instituciones muestren mayor transparencia, serán más eficientes en promover relaciones de coincidencia entre los actores. Aun así, Sterling-Folker (2010) señala tres dificultades en el diseño de las instituciones internacionales, relacionadas con los procedimientos de negociación, la defección de los actores y el dilema de la autonomía. Éstas se tomarán como base para el análisis del conflicto de Libia, que permitirá evaluar el papel desempeñado por los organismos internacionales (117-128).

1.2. Organizaciones internacionales

El pensamiento neoliberal centra su análisis en la economía internacional y en los organismos internacionales (OI), es decir, en las organizaciones no gubernamentales y en las organizaciones internacionales interestatales, debido a que son éstas las que logran influir en la toma de decisiones y en los procesos que sostienen al sistema internacional.

Las organizaciones internacionales se han enfocado en el mantenimiento de la paz mediante la diplomacia preventiva y la práctica de principios que promueven el establecimiento de relaciones pacíficas entre los Estados (Kratochwil & Ruggie, 1986:756). También se han preocupado por promover procesos de integración económica que se han convertido en el mecanismo idóneo para alcanzar la cooperación por encima del conflicto; ya que, de manera natural, la integración produce intereses comunes entre los Estados y, por ende, resulta más viable encontrar mecanismos que satisfagan necesidades comunes.

En este sentido, el pensamiento neoliberal considera el proceso de toma de decisiones para medir los resultados que se generan a partir de las negociaciones entre los Estados miembros de una organización, cuando existen intereses distintos (Kratochwil & Ruggie, 1986: 753-762). Ese puede ser el caso de Naciones Unidas durante la intervención en Libia, puesto que los miembros del Consejo de Seguridad tuvieron que negociar para llegar a una solución que generó resultados distintos que beneficiaron en el plano individual a aquellos que apoyaron la intervención, no así a quienes se abstuvieron.

Otro elemento fundamental para el análisis del neoliberalismo institucional se encuentra en la legitimidad y funcionamiento de las instituciones internacionales. El neoinstitucionalismo analiza los procesos de toma de decisiones de las instituciones y la legitimidad de las mismas, pues éstas podrán influir en la configuración del sistema internacional en la medida en que representen los intereses de los Estados —por lo menos de los más poderosos—; de no ser legítimas, difícilmente se podrán alcanzar los resultados esperados, como fue el caso de la Sociedad de Naciones después de la Primera Guerra Mundial.

El neoliberalismo institucional se ha enfocado también en el análisis interno de las organizaciones, pues reconoce que el diseño teórico de éstas difiere del funcionamiento práctico; "los Estados crean OI para servir un propósito en particular, y crean una estructura para seguir dicho propósito, pero es la OI por sí misma, una vez que se ha creado, la que crea sus normas y procedimientos operativos" (Barkin, 2006:35). Esta autonomía es la que le permite operar como actor independiente y generar resultados distintos para cada caso, de manera que cada OI funciona de manera diferente en la práctica.

Así, a lo interno de cada OI podrá percibirse, además, la autonomía de cada uno de los actores que la integran. Entre ellos podrán identificarse orientaciones distintas e incluso incompatibles, pues aunque los Estados se orientan por la vía de la cooperación en las organizaciones, intentan proteger intereses individuales. Es decir, las OI no tienden a homogenizar las políticas de los actores que las conforman, sino que facilitan la negociación y la toma de decisiones comunes.

Keohane y Nye (2001) señalan que "en un mundo en el que existen múltiples vínculos, en el que las coaliciones se forman transnacional y transgubernamentalmente, el rol potencial de las instituciones internacionales ha aumentado enormemente, pues ayudan a establecer la agenda internacional y actúan como catalizadoras para la formación de coaliciones para el establecimiento de iniciativas políticas de los Estados más débiles" (30).

Es decir, las OI permiten que los Estados más pequeños (en términos de poder), puedan definir sus prioridades en la agenda internacional y utilizar estrategias para presionar a los más fuertes. Así, el neoliberalismo institucional facilita la coincidencia y el contacto entre Estados débiles y fuertes.

1.3. Regímenes internacionales

Desde la perspectiva neoliberal, los regímenes internacionales se erigen como el medio que permite la cooperación entre los actores del sistema internacional, aunque esto signifique que los mismos sean impuestos por los actores racionales dominantes para alcanzar sus objetivos particulares. El neoliberalismo no niega que la actuación de los actores se defina en función de sus intereses.

De acuerdo con Keohane y Nye, el neoliberalismo institucional pretende construir una teoría de las instituciones sobre premisas similares a las del realismo, pues parte de un pesimismo antropológico en el que los Estados eligen la cooperación no por motivaciones altruistas, sino por interés (citado en Sodupe, 2003:118-120). En este sentido, se sugiere que los regímenes internacionales se consolidan fundamentando que mitigan la anarquía internacional; sin embargo, en términos prácticos, se convierten en el respaldo de los Estados para imponer y defender sus intereses. No obstante, es innegable que a partir de su establecimiento se facilita la cooperación.

Los regímenes internacionales se reconocen como "conjuntos de principios explícitos o implícitos, normas, reglas y procesos de toma de decisión en torno a los cuales convergen las expectativas de los actores de un área dada de las Relaciones Internacionales. Los principios son creencias de hecho, de causalidad y de rectitud. Las normas son estándares de comportamiento definidos en términos de derechos y obligaciones. Las reglas son prescripciones o prohibiciones específicas de cara a la acción. Los procesos de toma de decisión son las prácticas prevalecientes para la formación y la implementación de las decisiones colectivas" (Krasner, 1982:2. Traducción propia.).

En lo que concierne al análisis de Libia, los principios se reconocen como los imperativos establecidos en la Carta de las Naciones Unidas, las reglas se identifican con las resoluciones adoptadas por este organismo, las normas se vinculan con la responsabilidad de proteger y los procesos de toma de decisiones se analizan con base en la toma de decisiones llevada a cabo por el Consejo de Seguridad, la OTAN y la UA (para la intervención armada y la posterior implementación de mecanismos para el establecimiento y mantenimiento de la paz). De esta manera, las condiciones que definen al sistema en el contexto dado, también definen las acciones que llevan a cabo los actores para la consecución de sus intereses. Los regímenes internacionales permiten reducir la incertidumbre porque se reducen los costos de transacción y, vía la cooperación, se permite el acceso a la información (Sodupe, 2003:118-125).

De acuerdo con Dougherty y Pfalzgraff (2001), los regímenes internacionales pueden ser formales, es decir, que contengan resultados legislados por alguna organización internacional, o informales, producto del consenso entre los actores sobre un tema. En ambos casos, los regímenes se sostienen como el resultado de la buena voluntad y la cooperación entre las partes, aunque en muchas ocasiones derivan de la voluntad de los Estados más poderosos. En cualquiera de los casos, se logra la estabilidad hegemónica o la colaboración entre las partes (419).

En el caso analizado, únicamente se tomarán en cuenta los regímenes formales, que permiten identificar la fuerza o debilidad de los actores que integran las organizaciones internacionales de donde derivan dichos regímenes. En este orden de ideas, debe reconocerse el intercambio de información entre la ONU y la UA durante el proceso de votaciones del Consejo de Seguridad, en el que los Estados africanos, miembros no permanentes del mismo, optaron por la vía de la cooperación, facilitando el monitoreo entre ambas instituciones y la reducción de costos de transacción. Así, se demostró la fortaleza institucional de Naciones Unidas por encima de la Unión Africana. El papel que desempeñan las instituciones internacionales como proveedoras de información, mecanismos de monitoreo o supervisión, de reducción de costos de transacción, etcétera, son algunas de las funciones que se analizarán en este caso de estudio.

2. LAS REVUELTAS DEL MUNDO ÁRABE Y EL CASO DE LIBIA

La "primavera árabe" de 2011 es un término acuñado recientemente por la opinión pública y algunos académicos de las Relaciones Internacionales para hacer referencia al conjunto de manifestaciones y levantamientos de la sociedad civil que se presentaron en el norte de África y el Medio Oriente desde el último trimestre de 2010. Estos levantamientos comenzaron como un reclamo de las poblaciones hacia gobiernos dictatoriales que se habían perpetuado en el poder, en algunos casos —como el de Libia—, desde más de tres décadas atrás, quedando marcados en los Estados como una cicatriz de la Guerra Fría en la región.

El término "primavera árabe" guarda estrecha relación con las llamadas revoluciones o primaveras del siglo XIX que pretendieron dar fin a las monarquías absolutistas e implantar el esquema liberal bajo una serie de reformas políticas para la conducción de la vida del Estado (González-Quijano, 2011). Sin embargo, el movimiento árabe no puede analizarse bajo la misma lupa, ni es comparable en condiciones, contexto, objetivos ni medios. El término "primavera" significaría el inicio de una serie de transformaciones políticas en un espacio geográfico, que no pueden ser reducidas a las protestas civiles que acontecieron en 2011; por lo que merece la pena describir las características de los movimientos populares iniciados en 2010, así como sus contextos.

Un primer elemento para el análisis radica en identificar el modelo económico de los Estados involucrados. Las monarquías y otros regímenes autoritarios de la región del Golfo Pérsico, debido a sus enormes reservas petroleras y de gas natural, se caracterizaron por mantener economías "rentistas" desde principios de la década de los setenta. "Este modelo se basa en los monopolios que los Estados poseen sobre las cuotas o 'rentas' que pagan los extranjeros por el derecho a extraer petróleo en las naciones del Golfo" (Foley, 2012:488-509). Bajo este esquema, los gobiernos de corte dictatorial lograron perpetuarse en el poder sin considerar las demandas sociales ni las necesidades de la población, asegurando únicamente el ingreso proveniente del extranjero para evitar el aumento de los impuestos y a la vez, la rendición de cuentas hacia la ciudadanía.

En este sentido, el modelo rentista resulta económicamente viable en la medida en la que el Estado tenga la capacidad de satisfacer las demandas petroleras de sus principales consumidores. No obstante, Estados como Egipto o Túnez cuyas economías no se sostenían bajo el modelo rentista —por no poseer las mismas capacidades petroleras que los Estados del Golfo Pérsico—, sostuvieron regímenes políticos y sociales similares a los de sus vecinos, es decir, gobiernos autárquicos, represivos y no representativos de la sociedad, los cuales dieron origen a profundas manifestaciones civiles. Esta inconformidad se profundizó tras la crisis económica de 2008 (Foley, 2012:488-509).

Un segundo elemento de análisis es el papel que desempeñaron las redes sociales y los medios masivos de comunicación en la movilización de la sociedad civil, pues en sociedades en las que el uso de tecnologías digitales y medios electrónicos no es reciente, ni representa un alto porcentaje de usuarios, las nuevas tecnologías de la información representaron el medio idóneo para la movilización de los ciudadanos y sirvieron para generar una oleada de manifestaciones desde Marruecos hasta Omán, abarcando prácticamente todo el norte de África y la Península Arábiga. Así, puede asegurarse que los acontecimientos en el "mundo árabe" presentaron un efecto dominó y produjeron importantes cambios en los gobiernos nacionales. En el caso de Libia resulta particular la respuesta de la comunidad internacional para la mediación —aunque por la vía de la fuerza— del conflicto.

La crisis de Libia comenzó a mediados de enero de 2011 con una serie de protestas civiles —de manera similar a Túnez— que exigían a Muammar Gadafi, quien llevaba 41 años en el poder, que abandonara su cargo (Domestici-Met, 2011:861-889). La respuesta del dirigente fue amenazar a población civil, el ataque físico y la represión. Aunque desde 2009-2010, Gadafi se estaba convirtiendo en *persona non grata* para Occidente por el polémico atentado de Lockerbie (Svendsen, 2011), hasta este momento la sociedad internacional identificó los actos del dictador como crímenes de lesa humanidad, es decir, Gadafi había fallado en su responsabilidad de proteger a la población.

Fue rápida la respuesta de la sociedad civil y los organismos internacionales. El 20 de febrero de 2011, 22 organizaciones no gubernamentales hicieron un llamado para "frenar las atrocidades cometidas en Libia" (Domestici-Met, 2011:861-899); para el día 26 del mismo mes, el debate había llegado hasta el Consejo de Seguridad de Naciones Unidas, lo que condujo a la aprobación unánime de la resolución 1970, que promovió la cooperación internacional para la congelación de activos del mandatario, así como el embargo de armamentos. Se abrió la posibilidad de invocar la responsabilidad de proteger como medida de las instituciones internacionales para mitigar la anarquía y alcanzar la seguridad.

2.1. Intentos de las instituciones internacionales para mitigar la anarquía

Aunque en la esfera de la seguridad, la escuela dominante ha sido tradicionalmente la realista, resulta interesante el análisis del esfuerzo realizado por las instituciones internacionales —la Organización de Naciones Unidas, la Organización del Tratado del Atlántico Norte y la Unión Africana— durante la crisis de Libia para mitigar la anarquía internacional.

Cabe señalar que la corriente neoliberal no sostiene que las instituciones importan en todos los casos. La teoría no sugiere que las instituciones actúan independientes de la distribución del poder entre los Estados ni asume que la política de los Estados guiada por el pensamiento neoliberal producirá necesariamente resultados pacíficos (Sterling-Folker, 2010:132). Pero, como ya se dijo, resulta más viable la cooperación en un escenario con instituciones internacionales.

El caso de Libia refleja que el poder no es el único elemento que genera estabilidad en el sistema internacional y que la cooperación se convierte en alternativa viable para responder a los retos del mundo globalizado. Sin embargo, cabe señalar que el sistema se caracteriza por ser cambiante y conflictivo, por lo que la estabilidad no será una condición permanente. Aún así, es necesario recordar que aunque las instituciones cobran un papel importante en el paradigma neoliberal, el Estado no deja de ser el actor racional preponderante del sistema internacional, y puede cooperar para alcanzar objetivos comunes; en este caso, la protección de los derechos humanos de los civiles en Libia con la erradicación del gobierno dictatorial.

En este sentido, resulta necesario reconocer que los Estados no actúan por mero altruismo. Sin embargo, la colaboración facilita la consecución de los intereses particulares, lo que deja en manifiesto la tendencia hacia el eje individualista en cada institución, por encima del holista del neoliberalismo institucional.

Bajo estas premisas, la ONU, la OTAN y la UA eligen la cooperación para resolver el conflicto de Libia, aunque en lo individual cada organismo obtiene un beneficio particular. En el caso de Naciones Unidas, el rescate de la población libia permite poner en práctica la controversial medida de responsabilidad de proteger, formalizada en 2005 como mecanismo para el mantenimiento de la seguridad internacional, pues después de su fallida puesta en marcha en Darfur, era necesaria otra crisis para legitimar los actos de la Organización y fortalecer su imagen como paladín de la seguridad del siglo XXI.

Con respecto a la OTAN, Libia representó la oportunidad de demostrar su capacidad de movilización y organización de recursos, lo que permite asegurar su permanencia en el tiempo y justificar la presencia de una alianza militar que desde que concluyó la Guerra Fría perdió el fundamento de su *raison d'être*. Así como la crisis humanitaria de Kosovo representó la oportunidad para la OTAN de asumir su nueva estrategia bajo la misión de consolidar los valores occidentales, la democracia y el respeto a los derechos humanos en el mundo, el caso de Libia fue la oportunidad para respaldar dichas acciones en el marco de la legalidad, unificar los compromisos con la comunidad internacional y convertirse en el actor por excelencia capaz de dirigir los actos de intervención humanitaria en el sistema y, aunque en Libia fue necesario el uso de la fuerza, la guerra permitió liberar a la población civil del yugo dictatorial.

Por su parte, la UA vio en el conflicto de Libia la oportunidad de legitimar una organización que tuvo como líder a Muammar Gadafi en el año 2009, quien expresó la necesidad de unificar a los Estados africanos para contrarrestar el poderío de las potencias occidentales. Bajo el gobierno de Gadafi, Libia desempeñó un papel importante al aportar alrededor del 15% de los recursos totales de la organización (Sturman, 2012). En este contexto, la UA buscó mantener una participación permanente en el proceso de toma de decisiones para asegurar su permanencia y evolución como organismo capaz de hacer frente a las Naciones Unidas, a la Unión Europea y a la OTAN.

Aunque la Unión Africana reconoció la importancia de atender la situación de Libia, su mayor preocupación fue mantener una participación activa, no de observador, en los conflictos internacionales que se gestan en territorio africano; precisamente, la UA tiene como compromiso la búsqueda de la solución pacífica de las controversias y tres Estados africanos formaron parte del Consejo de Seguridad como miembros no permanentes (Nigeria, Gabón y Sudáfrica). Con el voto de éstos a favor de la resolución 1973 (Marchetti, 2011) la UA buscaba asegurar su participación en la toma de decisiones y el planteamiento estratégico para la resolución de conflictos futuros.

2.2. *Resolución 1973: La responsabilidad de proteger y la* ONU

Desde el fin de la Guerra Fría el sistema internacional ha sufrido importantes amenazas a la seguridad. Sin embargo, hasta antes de 2005, los desafíos a lo interno de un Estado representaban un reto únicamente para los gobiernos estatales y otros actores involucrados de las Relaciones Internacionales. No obstante, el fortalecimiento de las instituciones internacionales motivó al entonces secretario general de Naciones Unidas, Kofi Annan, desde la década de 1990, a buscar un medio para alcanzar la seguridad internacional de manera colectiva, en estricto sentido, promovió la discusión sobre la intervención humanitaria, lo que refleja la importancia de las instituciones internacionales en el siglo XXI.

Annan reconoció las dificultades políticas y sociales por las que atraviesan ciertos grupos sociales, así como la incapacidad de algunos Estados para proteger a su población de crímenes que atentan contra la humanidad, como los casos de Kosovo y Ruanda. Así, en su discurso de apertura del 54º periodo de sesiones de la Asamblea General de Naciones Unidas en el año de 1999, manifestó su preocupación por la intervención humanitaria y expuso la disyuntiva para conciliar los intereses de la comunidad internacional con el respeto a las fronteras de los Estados soberanos y el imperativo universal de detener las violaciones a los derechos humanos (Revilla Montoya, 2007). Un año después, en el Informe del Milenio de Naciones

Unidas del año 2000, Annan insistió en analizar las alternativas para responder de manera colectiva a las amenazas de la comunidad internacional. Como respuesta, el gobierno canadiense estableció una comisión encargada del análisis de la intervención humanitaria como medida para la protección de la población en caso de crisis, y un grupo de alto nivel encargados del análisis de las amenazas en el nuevo milenio.

Los informes redactados por los grupos de trabajo relacionados con la responsabilidad de proteger coincidieron con la comisión canadiense en que los medios pacíficos deben prevalecer para la búsqueda de la paz y la seguridad internacionales. Sin embargo, se aseguró que cuando los Estados no contaran con la capacidad de asumir su soberanía de forma responsable (Revilla Montoya, 2007), los Estados que tuvieran las condiciones de hacerlo deberían actuar de manera colectiva para solucionar las amenazas de seguridad al sistema internacional.

En los informes se estableció la facultad del Consejo de Seguridad para autorizar la intervención y el uso de la fuerza militar cuando los Estados hubiesen fallado en proteger a la población de crímenes de lesa humanidad, genocidio, limpieza étnica y crímenes de guerra.

Con bases en el neoliberalismo institucional, la acción colectiva y las instituciones promueven la buena relación entre los actores, lo que permite la solidez de los acuerdos que se establecen en el marco de las mismas. La ONU genera un ambiente de cooperación que facilita la negociación para la toma de decisiones conjuntas.

La aprobación de la norma de Responsabilidad de Proteger (R2P) dio origen a grandes controversias en el seno de la Asamblea General, pues la no intervención y el respeto a la soberanía nacional generaron importantes dilemas; no obstante, con la aprobación de la resolución A/RES/63/308, que corresponde al Documento Final de la Cumbre Mundial de Naciones Unidas de 2005, quedó aprobada la norma "Responsabilidad de Proteger", así quedaron aceptados los párrafos 138 y 139 que establecen la existencia de esta nueva estrategia multilateral para dotar a la comunidad internacional del derecho de llevar a la práctica la intervención humanitaria cuando un hecho sobrepase la capacidad del Estado para salvaguardar el orden a lo interno de sus fronteras y proteger a los ciudadanos:

> 138. Cada Estado es responsable de proteger a su población del genocidio, los crímenes de guerra, la depuración étnica y los crímenes de lesa humanidad. Esa responsabilidad conlleva la prevención de dichos crímenes, incluida la incitación a su comisión, mediante la adopción de las medidas apropiadas y necesarias. Aceptamos esa responsabilidad y convenimos en obrar en consecuencia. La comunidad internacional debe, según proceda, alentar y ayudar a los Estados a ejercer esa responsabilidad y ayudar a las Naciones Unidas a establecer una capacidad de alerta temprana.
>
> 139. La comunidad internacional, por medio de las Naciones Unidas, tiene también la responsabilidad de utilizar los medios diplomáticos, humanitarios y otros medios pacíficos apropiados, de conformidad con los Capítulos VI y VIII de la Carta, para ayudar a proteger a las poblaciones del genocidio, los crímenes de guerra, la depuración étnica y los crímenes de lesa humanidad. En este contexto, estamos dispuestos a adoptar medidas colectivas, de manera oportuna y decisiva, por medio del Consejo de Seguridad, de conformidad con la Carta, incluido su Capítulo VII, en cada caso concreto y en colaboración con las organizaciones regionales pertinentes cuando proceda, si los medios pacíficos resultan inadecuados y es evidente que las autoridades nacionales no protegen a su población del genocidio, los crímenes de guerra, la depuración étnica y los crímenes de lesa humanidad. Destacamos la necesidad de que la Asamblea General siga examinando la responsabilidad de proteger a las poblaciones del genocidio, los crímenes de guerra, la depuración étnica y los crímenes de lesa humanidad, así como sus consecuencias, teniendo en cuenta los principios de la Carta y el derecho internacional. También tenemos intención de comprometernos, cuando sea necesario y apropiado, a ayudar a los Estados a crear capacidad para proteger a su población del genocidio, los crímenes de guerra, la depuración étnica y los crímenes de lesa humanidad, y a prestar asistencia a los que se encuentren en situaciones de tensión antes de que estallen las crisis y los conflictos (Naciones Unidas, 2005).

Aunque la resolución fue aprobada desde el año 2005, fue en 2009 cuando el nuevo Secretario General de las Naciones Unidas, Ban Ki-moon, presentó un reporte relacionado con la "Implementación de la Responsabilidad de Proteger", con el que se lograron resolver las disyuntivas. En este documento se enfatiza que la Responsabilidad de Proteger es una medida que debe tomarse como última instancia cuando los mecanismos anteriores han fallado. Asimismo, se establecen tres pilares para la implementación de la norma: la Responsabilidad de Proteger del Estado, la capacidad de construir y de asistencia internacional, y la respuesta decisiva y en tiempo. En este sentido, el informe regula los párrafos 138 y 139 del Documento Final de la Cumbre de Naciones Unidas de 2005.

El informe de implementación reconoce que la Responsabilidad de Proteger no se interpone con la soberanía de los Estados, sino que se crea para fortalecerla (2009), además, puntualiza que la norma únicamente se podrá invocar cuando los Estados hayan incurrido en alguno de los cuatro casos expresamente establecidos: genocidio, crímenes de guerra, crímenes de lesa humanidad y limpieza étnica. En el mismo sentido, se menciona la responsabilidad del Estado para proteger a la población, así como la de la comunidad internacional para asegurar su cumplimiento. El documento esclarece que la Responsabilidad de Proteger no resulta una medida para intervenir de manera unilateral en un Estado, sino un mecanismo de cooperación que fortalece la soberanía nacional y favorece el desarrollo de los pueblos.

Dos años después de la redacción del informe, en 2011, la ONU se convirtió en un actor activo de las Relaciones Internacionales al implementar la Responsabilidad de Proteger en Libia, lo que demostró la capacidad del sistema internacional para actuar de manera colectiva en la resolución de conflictos globales.

Cuando iniciaron las protestas sociales en Libia en febrero de 2011, la sociedad internacional calificó los hechos como un problema de carácter interno que se gestaba como consecuencia del hartazgo de una población que vivía bajo el yugo del dominio dictatorial desde 1969.

Antes de implementar la intervención armada, el Consejo de Seguridad de Naciones Unidas aprobó la resolución 1970 el 26 de febrero de 2011, que al reconocer la violencia y violación a los derechos humanos de la población civil en Libia, tomó como primera medida la congelación de activos del gobierno de Gadafi. Asimismo, se consideró que la violencia en contra de la población podía encuadrarse en los crímenes de lesa humanidad, por lo que se remitió el caso a la

Corte Penal Internacional y se solicitó a los Estados miembros de la Organización no permitir el tránsito ni acceso de dieciséis personas libias involucradas en el problema (Naciones Unidas, 2011b). En el mismo sentido, se solicitó a las fuerzas de Gadafi dar fin a la violencia en contra de la población.

El neoliberalismo institucional reconoce que la negociación resulta fundamental para la toma de decisiones y que las instituciones facilitan el procedimiento a partir de la existencia de normas previamente aceptadas por los miembros. En este sentido, la aprobación de la resolución 1970 facilitó que; ante la negativa de las fuerzas libias y el incumplimiento de la Resolución, el Consejo de Seguridad de Naciones Unidas aprobara la resolución 1973, que significó la implementación de la medida de Responsabilidad de Proteger de Naciones Unidas:

> *Autoriza* a los Estados Miembros que hayan notificado previamente al Secretario General a que, actuando a título nacional o por conducto de organizaciones o acuerdos regionales y en cooperación con el Secretario General, adopten todas las medidas necesarias, pese a lo dispuesto en el párrafo 9 de la resolución 1970 (2011), para proteger a los civiles y las zonas pobladas por civiles que estén bajo amenaza de ataque en la Jamahiriya Árabe Libia, incluida Bengasi, aunque excluyendo el uso de una fuerza de ocupación extranjera de cualquier clase en cualquier parte del territorio libio, y *solicita* a los Estados Miembros interesados que informen al Secretario General de inmediato de las medidas que adopten en virtud de la autorización otorgada en este párrafo, que serán transmitidas inmediatamente al Consejo de Seguridad (Naciones Unidas, 2011b).

Aquí se aprecia la capacidad de las instituciones internacionales de adoptar medidas que benefician los intereses comunes del sistema internacional. La resolución 1973 refleja el proceso de toma de decisiones y la amplia trayectoria de la responsabilidad de proteger antes de ser aceptada. En este sentido, Naciones Unidas se convierte en un órgano capaz de difundir los valores de seguridad del nuevo milenio a partir del principio de seguridad colectiva. Así, se refleja un interés general por encima de los intereses particulares del Estado, beneficiando a la comunidad de actores.

Por otro lado, la adopción de la norma implicó un cambio en la agenda de seguridad internacional, en la medida en que el Consejo de Seguridad aprueba una resolución que no necesariamente favorece los intereses particulares de los Estados miembros. El caso de Libia escaló rápidamente para convertirse en un tema prioritario de la agenda internacional a pesar de no tener otro significado para las potencias occidentales (de acuerdo con la agenda de Naciones Unidas), que a la protección de la población civil y el respeto a sus derechos humanos; la declaración de Gadafi de tener que acabar con "las cucarachas" (sus opositores), no pasó inadvertida ante los ojos de la comunidad internacional (De Vega, 2011). Asimismo, significó la posibilidad de demostrar la viabilidad de una norma que implica la reconfiguración de la agenda internacional en materia de seguridad; en lo sucesivo, los Estados deberán responder en el mismo sentido ante las crisis que pongan en riesgo la estabilidad del sistema.

La implementación de la Responsabilidad de Proteger permitió, además, reforzar la credibilidad de Naciones Unidas y del Consejo de Seguridad como organismos encargados de favorecer los intereses comunes por encima de las potencias del sistema internacional, que se habían percibido como órganos desgastados y poco representativos de los intereses de la colectividad de Estados durante y después de la Guerra Fría.

Aunque en la votación de la resolución 1973 no hubo ningún voto en contrario, miembros permanentes, como Rusia y China, y no permanentes del Consejo de Seguridad como Alemania, Brasil e India, prefirieron abstenerse en la votación. En el caso de los miembros permanentes, al no utilizar su derecho de veto, aprobaron implícitamente la decisión de sus homólogos.

La participación de Rusia en el proceso de votaciones en el Consejo de Seguridad, demostró la posibilidad que otorgan las instituciones de cooperar y favorecer los intereses individuales de manera simultánea, defendida por la perspectiva neoliberal. Con la abstención en su votación, Rusia aseguró la ambivalencia en su política exterior, la cual pretende, por un lado, mantener una buena relación con el mundo occidental al no utilizar su derecho de veto y, autorizar la intervención militar en Libia y, por otro, asegurar sus intereses petroleros en un Estado que representa 3.5% de las reservas mundiales de crudo, y con el que en el año 2000 firmó un acuerdo en materia de energía (Sánchez, 2011). Además, como resultado de la cooperación técnico y militar mantenido desde entonces, se han generado importantes dividendos por la exportación de material bélico a Libia.

La abstención de China no tuvo motivos muy distintos, pues Beijing también sostiene importantes inversiones petroleras en territorio libio. Por otro lado, la utilización de su derecho de veto en un caso de violación de derechos humanos hubiese puesto en la mira al gobierno chino que se ha caracterizado por la censura y la nula participación ciudadana en asuntos políticos. Resultó más conveniente seguir con la tradicional postura de abstenerse en asuntos relacionados con la intervención en los Estados soberanos.

El caso alemán responde al individualismo que rescata el neoliberalismo institucional, al asegurar que los actores responden a sus intereses individuales bajo el racionalismo que distingue a los Estados. Alemania no descalificó la intervención, pero, por intereses electorales, el gobierno de Angela Merkel consideró favorable no involucrarse en un conflicto que a lo interno pudo desencadenar el descontento de su población.

India y Brasil, que también se abstuvieron en favor de sus intereses individuales, no contaban con derecho de veto. Sin embargo, al no votar en contra, favorecieron la estabilidad de sus inversiones económicas en los Estados africanos.

Si bien el proceso de toma de decisiones con respecto a la resolución 1973 demostró el deseo colectivo de actuar a través de las instituciones internacionales, fue evidente que los motivos de cada Estado para avalar o no la Responsabilidad de Proteger fueron distintos, lo que condujo a la adopción de una decisión común con resultados particulares para cada uno de los involucrados.

2.3. *El papel de la* OTAN

Desde el año 2010 la OTAN buscó rediseñar sus objetivos estratégicos para enfrentar los retos del mundo contemporáneo en materia de seguridad. Su participación en Kosovo sirvió como antecedente para demostrar al mundo "su nueva estrategia", sin embargo, el unilateralismo y su actuación al margen de la legalidad, la llevaron a un replanteamiento de sus mecanismos.

El gobierno de Estados Unidos apoyó la norma de responsabilidad de proteger y, a partir del 19 de marzo, dirigió una intervención en contra de las fuerzas libias, con la que logró rescatar a los civiles de Bengasi, eliminar el sistema de defensa aérea de Libia y desplegar buques de guerra para fortalecer la resolución de Naciones Unidas. A partir de entonces, el presidente Barack Obama buscó la participación de la OTAN para coordinar la acción militar de dieciocho Estados bajo un comando unificado (Dadler, 2012:2-7).

La decisión del gobierno estadounidense de repartir la responsabilidad en Libia y conferir a la Alianza el mandato de las fuerzas, responde al interés individual del mandatario por disminuir el protagonismo de la potencia como actor bélico, cuya participación en los conflictos armados tradicionalmente responde al imperialismo que tiñe su política exterior. Al transferir la responsabilidad a la OTAN, Obama aumentó la credibilidad de la comunidad internacional en la tarea de proteger a la población Libia y, al mismo tiempo, logró mejorar la imagen en política exterior de su administración después de Irak.

La crisis de Libia mostró a los Estados europeos la necesidad de cooperar en materia de seguridad con un organismo que cuenta con las capacidades de fuerza, organización y medios económicos para la implementación de la norma, en un momento en el que ni el gobierno de Estados Unidos ni la Unión Europea de manera individual hubiesen podido responder con la misma prontitud y eficiencia.

A partir del 23 de marzo de 2011 inició la operación "protector unificado", que, desde una visión neoliberal, evidenció los intereses racionales de la OTAN. El despliegue militar en Libia permitió a la alianza demostrar su capacidad de erigirse como el único actor internacional con capacidades de fuerza y organización suficientes para frenar las atrocidades cometidas en los Estados que no coinciden con los principios ni con valores occidentales. En ese contexto, la OTAN contaba con el beneplácito de la comunidad internacional.

Las votaciones en el Consejo de Seguridad favorecieron los intereses de la Organización, y le dieron la oportunidad para demostrar que las instituciones internacionales y la acción multilateral son los medios idóneos para proteger los derechos humanos y los valores democráticos en el siglo XXI.

El caso de Libia representa el favorecimiento de los intereses individuales enmarcados en la OTAN bajo la percepción de intereses colectivos, pues la intervención, además de dar solución a las demandas sociales de la población libia, responde también a la necesidad de dar fin a un régimen que desde tiempo atrás había sido identificado como contrario a los intereses occidentales. En este sentido, vale la pena señalar que dentro del contexto de los levantamientos populares del mundo árabe, los casos de Egipto y Túnez; Estados que tienen capacidades petroleras mucho menores a las libias, se resolvieron de manera distinta sin invocar la norma de Responsabilidad de Proteger.

La intervención vía OTAN permitió reducir los costos de transacción, los que se miden, de acuerdo con el neoliberalismo institucional "en términos de los beneficios relativos de trabajar a través de instituciones internacionales *versus* otras alternativas" (Kay, 2006:62), es decir, la Alianza no hubiera podido actuar dentro del marco de la legalidad de no haber sido por las votaciones del Consejo de Seguridad, hubiera atravesado por las mismas críticas que en 1999 por actuar bajo el principio del unilateralismo.

Al cooperar con Naciones Unidas, el acceso a la información y la planeación para la implementación de las operaciones militares reducen la incertidumbre y provocan que la asertividad sea mayor y que la comunidad internacional favorezca la participación de la

OTAN en la solución de los conflictos internacionales. El acceso a la información permitió que la operación pudiera llevarse a cabo a tan sólo unos días de la aprobación de la resolución 1973.

Por otro lado, la operación demostró la necesidad de cooperación permanente entre los países de la Unión Europea y la OTAN, así como la importancia del acceso a la información entre los miembros de ambas organizaciones, pues la crisis por la que atraviesa la Unión no ha permitido elevar el presupuesto en materia de seguridad y, de no mantener la comunicación abierta con Norteamérica, los problemas económicos podrían repercutir en el mantenimiento de la seguridad (Rasmussen, 2011). En este sentido, la operación favorece los intereses de la OTAN en materia de financiamiento.

Aunque la intervención por parte de la OTAN obtuvo el reconocimiento de la mayoría de los Estados desde el inicio, el proceso de toma de decisiones se vio alterado por uno de los principales desertores, la Unión Africana, organización que pretende generar un contrapeso para los Estados occidentales con el fin de que las disputas del continente africano puedan resolverse en el marco de la negociación entre los Estados que conforman la Unión.

2.4. El dilema de la Unión Africana

En 2002 surgió la Unión Africana como resultado del esfuerzo realizado por 53 Estados africanos para constituir una institución supranacional orientada a promover la cooperación entre sus miembros, defender la soberanía nacional y salvaguardar la estabilidad continental a partir de la integración socioeconómica de los países que la conforman.

En este contexto, bajo la lente del neoliberalismo institucional, el análisis de la UA en el caso de Libia resulta fundamental para identificar el papel de las organizaciones en el desarrollo de los conflictos armados, así como los casos de defección tras la toma de decisiones y la autonomía de los Estados frente a los organismos supranacionales.

Después del comienzo de las revueltas en los Estados árabes a finales de 2010, no sólo Naciones Unidas mostró su preocupación. La UA, de manera simultánea, se encargó de analizar los hechos y procuró mediar los conflictos de manera diplomática. El caso de Libia resulta particular debido a que tres Estados miembros de la UA participaron en la toma de decisiones como miembros no permanentes del Consejo de Seguridad para la aprobación 1973 y actuaron de manera contraria a los intereses de la UA, lo que demuestra falta de cohesión a lo interno de la Organización.

La resolución apoyada por Nigeria, Gabón y Sudáfrica refleja la autonomía de dichos Estados para la toma de decisiones por encima de los intereses comunes de los miembros de la Unión. En este sentido, es importante mencionar que la UA mostraba un legítimo interés por evitar la violación masiva de los derechos humanos de la población libia, lo que se evidenció con la preparación de una Hoja de Ruta en marzo de 2011 que integraba un plan para alcanzar la paz en Libia (Marchetti, 2011). La UA necesitaba aprovechar el contexto social para demostrar su alcance, así como su capacidad para resolver los conflictos continentales sin la participación de las potencias occidentales.

Desde el momento en el que las protestas sociales se hicieron presentes en el continente africano, la UA demostró su preocupación mediante la creación de grupos de trabajo encargados del análisis del conflicto libio. Mantuvo un esquema de comunicación abierta con el Consejo de Seguridad y, mediante el intercambio de información, manifestó su interés por llevar a cabo medidas que permitieran dar fin al conflicto a partir de la negociación y el entendimiento entre las partes. Era fundamental para los intereses de la Unión que el conflicto se resolviera a partir de iniciativas propuestas por los Estados miembros y que las acciones se restringieran a las llevadas a cabo por países africanos.

La cooperación y el intercambio de información entre Naciones Unidas y la Unión Africana resultan viables debido a que ésta última sostiene un legítimo interés en demostrar al Consejo de Seguridad su capacidad para la resolución del conflicto. Por su parte, el Consejo de Seguridad decidió cooperar con la Unión Africana para analizar las alternativas y perspectivas de los Estados africanos.

La UA buscaba una solución negociada, mientras que el Consejo de Seguridad sostenía el interés de aplicar la norma de Responsabilidad de Proteger, lo que llevó a la Unión a crear un grupo *ad hoc* de alto nivel sobre Libia, mismo que expresó su desacuerdo tan pronto comenzaron las intervenciones militares en Libia (Xinhua, AFP y Notimex, 2011), pues la Hoja de Ruta preparada con anterioridad contenía alternativas más mesuradas para alcanzar la paz.

La falta de entendimiento entre la UA y el Consejo de Seguridad, condujeron a que ésta manifestara su desacuerdo con Naciones Unidas y cuestionara los intereses de la OTAN en la región, pues llevaba a cabo intervenciones que se restringían solo a aquellos Estados cuya riqueza petrolera amenazaba los intereses imperialistas de las potencias occidentales. En este contexto, mediante la 17ª Cumbre de Jefes de Estado de la Unión Africana, el presidente de la Unión convocó a los Estados miembros a mantener una postura sólida y representativa de los intereses africanos ante los organismos internacionales, como el Consejo de Seguridad de Naciones Unidas, de tal suerte que las decisiones tomadas por Estados africanos en foros internacionales muestren los intereses de una Unión sólida y homogénea (Unión Africana, 2011).

Acto seguido pudo percibirse un claro ejemplo de defección identificado por el neoliberalismo institucional. La postura de Sudáfrica fue bastante discutida por la comunidad internacional, debido a que en marzo de 2011 votó a favor de la resolución 1973 que proponía tomar "todas las medidas necesarias" en Libia, en el mes de junio, manifestó su desacuerdo ante los actos de la OTAN por considerar que superaban lo establecido en la resolución. Sudáfrica modificó su postura y cuando se le presentó una nueva oportunidad para representar los intereses africanos —en la votación del caso de Siria en julio de 2012—, decidió abstenerse en su voto, lo que demuestra que los intereses particulares de los Estados se manifiestan a partir de decisiones autónomas que toman por encima de los intereses colectivos de las instituciones internacionales.

La UA fracasó en su intento por solucionar el conflicto de Libia a partir de sus propuestas, que específicamente perseguían el fin a las hostilidades, la protección a los extranjeros, la negociación entre el gobierno de Gadafi y los rebeldes, la asistencia humanitaria y el establecimiento de reformas políticas que permitieran una transición política paulatina para evitar la desestabilización del Estado y la afectación a los intereses de la población civil.

La falta de cohesión entre los integrantes de la UA, es decir, la ausencia de objetivos comunes con respecto a Libia y, sobre todo, la falta de una política exterior uniforme por parte de los países miembros, llevó a que tres Estados africanos aprobaran una resolución que favoreció los intereses particulares sobre los colectivos, lo que refleja que la UA aún tiene un camino muy largo por recorrer para posicionarse como un organismo de peso en las decisiones colectivas.

REFLEXIONES FINALES

El neoliberalismo institucional establece que las instituciones internacionales promueven la cooperación entre los actores del sistema internacional, lo que reduce la anarquía internacional y facilita la consecución de objetivos individuales a partir del establecimiento de regímenes internacionales que conducen al establecimiento de normas que facilitan la relación entre los Estados, haciendo de la arena global un escenario cada vez más estable para la totalidad de los actores.

Los actores conviven reconociendo la existencia de intereses particulares. Es decir, el neoliberalismo tiende hacia el eje individualista por encima del holista y asegura que aunque las instituciones benefician la cooperación, no se elimina por completo el conflicto, empero, la toma de decisiones reporta mayores beneficios en lo particular cuando, por medio de la negociación existe transparencia e intercambio de información entre los actores involucrados en un determinado acontecimiento.

El estudio del caso de Libia en el marco de los levantamientos populares en 2011 y el análisis del papel que desempeñaron las Naciones Unidas, la OTAN y la Unión Africana facilitan el reconocimiento del papel que juegan las instituciones internacionales en el sistema internacional, su principales limitantes y el proceso de toma de decisiones, negociación y defección de los actores.

En los tres casos se identifica el intercambio de información entre los actores dentro de un contexto de transparencia y apertura. Sin embargo, también se percibe que en las negociaciones los actores no ceden a favor de los intereses colectivos, sino que buscan asegurar sus intereses particulares a través de las instituciones. Naciones Unidas implementa la norma de responsabilidad de proteger; la OTAN demuestra su capacidad para llevar a cabo una intervención militar bajo el nombre de intervención humanitaria, lo que permite consolidar su nuevo papel estratégico; por último, la UA logra presionar a Sudáfrica lo suficiente para que se abstenga de votar en el caso de Siria —la UA es el actor que en este caso logra menos beneficios particulares—, y que los Estados miembros no permanentes del Consejo de Seguridad tomen decisiones representativas de los Estados africanos.

El neoliberalismo institucional parte de la premisa de que aunque los actores cuenten con objetivos distintos, la existencia de instituciones afecta positivamente los resultados que se obtienen a través de las relaciones colectivas que se generan bajo la existencia de regímenes internacionales. El caso de Liba permite identificar que aunque los tres actores analizados mostraban intereses muy distintos, tras el balance de los resultados, se identifica un beneficio para la población libia.

El régimen de Gadafi llegó a su fin y con ello se logró derrotar a una de las dictaduras con mayor permanencia en el tiempo. La población civil se encuentra en un periodo de transición hacia un gobierno más democrático. La comunidad internacional ha establecido un precedente para perseguir y castigar casos de crímenes de guerra, crímenes de lesa humanidad, genocidio y limpieza étnica, y quedó demostrada la capacidad de las instituciones internacionales para actuar de manera eficiente y resolver las crisis del sistema internacional.

FUENTES

Barkin, J. S. (2006). *International Organization*. New York: Palgrave Macmillan.

Burchill, S., Devetak, R., Donnelly, J., Linklater, A., Nardin, T., Patterson, M., Reus-Smit, C. & True, J. (2009). *Theories of International Relations* (4th ed.). New York: Palgrave MacMillan.

Dadler, I. H. & Stavridis, J. G. (2012). NATOS's Victory in Libya. *Foreign Affairs, 91*, 2-7.

Dagher, S. (21.06.2011). Libya City Torn by tribal Feud. Ethnic Hatred Rooted in Battle for Misrata Underlines Challenges the Nation Faces After Gadhafi. *The Wall Street Journal*, en: http://on.wsj.com/ltJt5k

De Vega, L. (2011). La oposición libia crea un Consejo Nacional de Unidad en todo el país. *ABC*. Recuperado del 28 de octubre de 2012, http://bit.ly/1aS4d0H

Domestici-Met, M. J. (2011). Protecting in Libya on Behalf of the International Community. *Goettingen Journal of International Law, 3*, 861-889.

Dougherty, J. E. & Pfaltzgraff, R. L. (2001). *Contending theories of international relations*. USA: Longman Pub Group.

Foley, S. (2012). Los Estados del Golfo y la primavera árabe de 2011. *Foro Internacional, LII*, 488-509.

González-Quijano, Y. (2011). Las revueltas árabes en tiempos de transición digital. Mitos y realidades. *Revista Nueva Sociedad*, 235. Recuperado el 18 de noviembre de 2012, de: http://bit.ly/18m2exk

Heidelberg Institute for International Conflict Research [HIIK] (2012). Konfliktbarometer. Recuperado el 22 de septiembre de 2012, de: http://bit.ly/YtB7yT

Human rights investigations (07.07.2011a). Libyan rebel ethnic cleansing and lynching of black people, en: http://bit.ly/nFOhEC

Human rights investigations (07.07.2011b). Lynching in Benghazi, en: http://bit.ly/pH6kfF

Kay, S. (2006). Neoliberalism: Institutions at war. En Sterling-Folker, J. A. (ed.). *Making sense of International Relations Theory*. USA: Lynne Rienner Publishers.

Keohane & Nye (2001). *Power and Interdependence*. USA: Pearson Education.
Krasner, S. (1983). *International Regimes*. USA: Cornell University Press.
Kratochwil, F. & Ruggie, J. (1986). International Organization: A State of the Art on an Art of the State. *International Organization, 40*(4), 753-775.
La Jornada (2011). Acepta Kadafi no participar en negociación sobre el conflicto en Libia: Unión Africana. Recuperado el 25 de octubre de 2012, de: http://bit.ly/1946rZ6
Linklater, A. (2000). *International Relations. Critical concepts in political science*. London: Routledge.
Marchetti, A. (2011). *La Unión Africana frente al conflicto libio: ¿nuevas expectativas?* Recuperado el 18 de noviembre de 2012, de: http://www.catedrarrii.com.ar /docs/La%20UA%20frente%20al%20conflicto%20libio.pdf
Naciones Unidas. *Documento final de la Cumbre Mundial 2005* (2005). Recuperado el 2 de agosto de 2012, de: http://bit.ly/1bqpL3E
Naciones Unidas (2011a). *Resolución 1970*. Recuperado el 2 de agosto de 2012, de: http://bit.ly/1bqnLbF
Naciones Unidas.(2011b). *Resolución 1973*. Recuperado el 2 de agosto de 2012, de: http://bit.ly/18uHh3c
Rasmussen, A. F. (2011). NATO after Libya: the Atlantic alliance in austere times. *Foreign Affairs, 90*, 2-6.
Revilla Montoya, P. C. (2007). Hacia la responsabilidad de proteger. Bases jurídicas para una respuesta colectiva ante crisis humanitarias, en *Anuario Mexicano de Derecho Internacional, II*, 643-673.
Sánchez, A. (2011). *Rusia y la guerra en Libia*. Recuperado el 26 de septiembre de 2012, de: http://bit.ly/12WI9cd
Sinclair, T. J. (2004). *Global Governance: critical concepts in political science*. Oxford: Taylor & Francis.
Sinco, L. (23.03.2011). Journalists visit prisoners held by rebels in Libya. *Los Angeles Times*, en: http://lat.ms/fWHIRt
Sodupe, K. (2003). *La teoría de las Relaciones Internacionales a comienzos del siglo XXI*. España: Universidad del País Vasco.
Sterling-Folker, J. (2010). Neoliberalism. En Dunne, Kurki & Smith. (eds.). *International Relations Theories. Discipline and Diversity* (2nd ed., 116-133). New York: Oxford University Press.
Sturman, K. (2012). *Instituto per gli studi di politica internazionale*. Recuperado el 23 de octubre de 2012, de: http://bit.ly/JHMxTH
Svendsen, A. (2011). NATO; Libya Operations and Intelligence Co Operation -a Step Forward? *Baltic Security and Defence Review, 13*(2).

Unión Africana (2011). Declaración de la unión africana sobre Libia al Consejo de Seguridad. *VoltaireNet*. Recuperado el 12 de agosto de 2012, de: http://bit.ly/111enWk

Capítulo 7

LA ACTUACIÓN DE LA UNIÓN EUROPEA EN LA CRISIS LIBIA DESDE EL CONSTRUCTIVISMO SOCIAL

CHRISTEL BADE

En el presente capítulo se analiza la actuación de la Unión Europea (UE) en la crisis de Libia desde el enfoque del constructivismo social y, en concreto, desde su vertiente convencional; esto es, desde el punto de vista que examina el papel de las normas en la formación de identidades, intereses y estructuras sociales que determinan a las Relaciones Internacionales. Así, primero se presentan los principios fundamentales del constructivismo social para después observar la política exterior de la UE hacia Libia antes de la crisis de 2011, partiendo de un análisis sobre la construcción de la identidad de política exterior europea. Finalmente, se analiza la actuación de la Unión en la crisis libia y las implicaciones de ésta para la identidad de política exterior europea.

1. PRINCIPIOS FUNDAMENTALES DEL CONSTRUCTIVISMO SOCIAL

El constructivismo social es un enfoque teórico relativamente nuevo que busca proporcionar una explicación de las Relaciones Internacionales más allá de lo puramente material, al tomar en cuenta el papel de las ideas y las identidades e intereses de los actores y hacer énfasis en la importancia que tiene la interpretación o la percepción social en las relaciones entre Estados.

Los antecedentes teóricos de este enfoque se encuentran en fuentes muy diversas: los escritos filosóficos de Giambattista Vico en el siglo XVIII, la filosofía kantiana, las investigaciones lingüísticas de Martin Heidegger y Ludwig Wittgenstein, las visiones más radicales de Jacques Derrida y Michel Foucault, las teorías de Jürgen Habermas y el pensamiento político de Karl Deutsch, entre otros (Galariotis, 2008:4).

En la década de los ochenta, el constructivismo se empezó a utilizar como enfoque teórico en las Relaciones Internacionales, pero hasta 1989 Nicolas Onuf adoptó el término "constructivismo social" para referirse al mismo (Sterling-Folker, 2006:116).

El constructivismo se popularizó con el fin de la Guerra Fría, cuando se hizo evidente que las teorías dominantes en las Relaciones Internacionales (principalmente el neorrealismo) eran insuficientes para explicar los grandes cambios mundiales —sobre todo el fin de la Guerra Fría y el desmoronamiento de la Unión Soviética. El constructivismo prometía demostrar que el mundo de las Relaciones Internacionales no es como el mundo natural y que las reglas del sistema internacional no son exógenas a la interacción de los Estados, sino que se desarrollan de acuerdo a las prácticas sociales y a las situaciones que se presentan (Guzzini, 2000:151,155; Wendt, 1992:391-393).

1.1. Formación de identidades e intereses

En su artículo "Anarchy is what states make of it: the social construction of power politics", Alexander Wendt (1992:391-395) explica cómo se forman las identidades e intereses estatales a partir de una crítica al principio neorrealista de que la anarquía que existe en el sistema internacional inevitablemente conduce a un estado de autoayuda imposible de superar. Wendt afirma que esto no se puede determinar *a priori*; el estado de autoayuda no está dado de manera exógena por la estructura del sistema internacional, sino por el proceso (prácticas), es decir, que la anarquía es una construcción social que se define a partir de las identidades y los intereses de los Estados:

"la anarquía es lo que los Estados hacen de ella"[1]. Las estructuras sociales se construyen por medio de prácticas; de la existencia de entendimientos compartidos, recursos materiales y actos sociales (Wendt, 1995:73-74).

De acuerdo con Wendt (1992:396-398), las identidades de los actores del sistema internacional se forman por medio de la participación en significados colectivos (interacciones), que llevan a una comprensión intersubjetiva (entendimiento común) de algo; es decir, los actores del sistema internacional no existen independientes de su entorno social (Karacasulu & Uzgören, 2007). Stefano Guzzini (2000:164) hace una analogía con el lenguaje para explicar el concepto de comprensión intersubjetiva: el lenguaje no existe independiente de su uso, sino como resultado del significado que le dan sus usuarios, y se desarrolla y se mantiene por medio de la práctica social y de reglas compartidas. El lenguaje no se puede reducir a un materialismo objetivo, tampoco a un individualismo subjetivo; es, por lo tanto, intersubjetivo. Un individuo no puede cambiar el lenguaje por sí solo, su transformación se da a partir de prácticas intersubjetivas.

Las identidades sirven como base para la formación de intereses que, igualmente, se determinan por medio de la interacción, cuando los actores se hallan en el proceso de definir las situaciones en las que se encuentran (Wendt, 1992:398). Es decir, los intereses de los actores se derivan de la interacción social, son intersubjetivos, no están dados de manera exógena; una vez que los actores interactúan para definir su identidad, formulan sus intereses y actúan de acuerdo con ellos.

---

1 Wendt (1992) identifica tres tipos ideales de anarquía: *hobbesiana*, que se refiere a una lucha de todos contra todos y que predominó en el sistema internacional hasta el siglo XVII; *lockeana*, identificable después de que los Estados tomaron conciencia del significado de la paz de Westfalia de 1648, implica que existen rivalidades pero los Estados se contienen; y *kantiana*, que surgió después de la Segunda Guerra Mundial en Occidente y significa que los Estados son aliados.

1.2. El papel de las capacidades materiales

El constructivismo no rechaza el materialismo o la importancia de las capacidades materiales de los Estados, pero cuestiona que éstas por sí solas tengan un significado. Según Wendt las capacidades materiales únicamente adquieren un significado cuando se encuentran dentro de la estructura de entendimientos compartidos —cuando fueron interpretadas por los actores. Para ilustrar este punto, el mismo Wendt da un ejemplo: "500 armas nucleares británicas son menos amenazantes para Estados Unidos que 5 armas nucleares norcoreanas, porque los británicos son amigos de Estados Unidos y los norcoreanos no, y la amistad o enemistad es una función de entendimientos compartidos" (Wendt, 1995:73. Traducción propia).

Dicho de otro modo, la amistad o enemistad es una relación social, no material (Wendt, 1996:50). El mundo no se puede construir prescindiendo de las prácticas sociales, ya que las estructuras internacionales que se forman son resultado de una construcción interpretativa del mundo. Es decir, si bien es innegable que existen hechos naturales, algunos lo son únicamente porque, como resultado de la interacción de diferentes actores, se les dio un significado (Guzzini, 2000:159-160).

Como argumenta Ted Hopf (1998:187), si las capacidades materiales o la distribución de poder fueran las únicas que determinan el comportamiento de los Estados y la estructura que rige el sistema internacional, entonces no se podría explicar, por ejemplo, lo que sucedió al finalizar la Segunda Guerra Mundial con el sistema de alianzas ya que, con base en un análisis puramente material, los Estados europeos deberían haber buscado equilibrar en contra de Estados Unidos y no de la Unión Soviética. El motivo por el que esto no ocurrió es que europeos y estadounidenses tenían un entendimiento común basado en las identidades e intereses, no en el poder; es decir, los europeos se identificaron de forma positiva con Estados Unidos y de forma negativa con la Unión Soviética, por eso se acercaron al primero y se alejaron del segundo.

1.3. Los actos sociales

El último elemento que Wendt identifica como necesario para la construcción de estructuras sociales es el acto social, que define como un "proceso de emisión de señales, interpretación y respuesta" (1992:405. Traducción propia) en el que se crea un conocimiento compartido, o un significado intersubjetivo. Por ejemplo, un Estado *A* con identidad e intereses propios define una situación y actúa de acuerdo con esa definición. El Estado *B*, también con identidad e intereses propios, interpreta la acción de *A* y define, a su vez, la situación, actuando conforme a esa definición y provocando al Estado *A* a definir la nueva situación, y así sucesivamente, basado siempre en el entendimiento intersubjetivo de *A* y *B* (Wendt, 1992:405-406)[2]. Por lo anterior, se puede decir que las acciones de los Estados no son causadas por estructuras sociales ni son resultado de elecciones individuales; las sociedades y los Estados se constituyen mutuamente (Dunne, 1995:372).

Los actos sociales contribuyen a reducir la incertidumbre en el sistema internacional y en las relaciones entre Estados debido a que en ellos las identidades de los actores cumplen una triple función esencial: te dicen quién eres, le dicen a los demás quién eres y te dicen quién es el otro (Hopf, 1998:173-175). Por medio de las prácticas sociales se crea una estructura intersubjetiva que eventualmente trae predictibilidad —con base en sus identidades, los actores esperan ciertas acciones de otros y de sí mismos. Hopf (1998:178) ilustra este

---

2 En este punto es importante mencionar que los constructivistas aceptan que los Estados, antes de interactuar con otros, tienen una identidad o intereses. Wendt lo explica utilizando el concepto de *corporate identity*, que se refiere a "cualidades intrínsecas que constituyen la individualidad del actor". Esta identidad lleva a los Estados a generar algunos intereses que se pueden considerar como básicos, tales como seguridad física o seguridad ontológica (buscan tener relaciones predecibles). Estos intereses son los que llevan a los Estados a actuar; sin embargo, la forma en que los definen y los satisfacen depende, ya en la interacción, de la manera en que los Estados se perciben a sí mismos en relación con los demás (Wendt, 1996:50-51).

punto con el ejemplo de la intervención estadounidense en Vietnam, afirmando que si un grupo de Estados le atribuía a Estados Unidos una identidad imperialista, ésta se mostró con su intervención militar.

Por medio de los actos sociales, las identidades e intereses de los Estados se desarrollan y, con una interacción repetida, se mantienen estables. Así se crean las estructuras sociales y se establecen normas internacionales que, además de regular el comportamiento de los actores, también constituyen sus intereses y la forma en que vinculan sus preferencias con decisiones políticas —los medios e instrumentos que pueden utilizar para alcanzar sus objetivos (Kowert & Legro, 1996:462-465).

1.4. La construcción de normas internacionales

Según la perspectiva de Onuf, una norma es "una afirmación que le dice a la gente qué debería hacer. El 'qué' en cuestión es un estándar para el comportamiento de la gente [...]. El 'debería' nos dice que nuestro comportamiento tendría que coincidir con ese estándar" (1998:59. Traducción propia). En palabras de Peter Katzenstein (1996:5), las normas se utilizan para "describir expectativas colectivas sobre el comportamiento correcto de actores con una identidad dada". Las normas internacionales tienen su origen en tres procesos diferentes: ecológicos, que se refieren a las relaciones de los actores con su entorno[3]; sociales, que surgen de las relaciones entre los mismos actores; e internos, que se derivan de las características internas de los actores. Los dos primeros procesos son sistémicos, lo que significa que las normas se crean en el ámbito internacional y luego se

---

3 En este caso las normas se crean, se perpetúan o cambian dependiendo de lo que ocurra en el sistema internacional. Kowert y Legro (1996:3) mencionan que un shock al sistema político internacional (o interno) puede llevar a los Estados a reconocer la necesidad de conducir su política de manera diferente. Por ejemplo, lo que ocurrió con los países árabes después de la primera Guerra del Golfo Pérsico.

internalizan, pero también puede ocurrir lo contrario, las normas se crean al interior de los actores y, si bien no operan a nivel internacional, pueden tener efectos perceptibles en él (Kowert & Legro, 1996:470-478).

Además de los diferentes orígenes que puede tener una norma internacional, también se identifican dos tipos de normas, regulativas y constitutivas. Las primeras tienen efectos causales, porque regulan una actividad previamente existente —son medios de control social. Las normas constitutivas "definen un conjunto de prácticas que constituyen una actividad social particular conscientemente organizada [...] especifican qué cuenta como esa actividad" —son medios de construcción social y la base de toda actividad humana (Ruggie, 1998:871-873; Onuf, 1998:68). J. G. Ruggie (1998:871) cita a John Searle para explicar lo anterior: la norma que indica de qué lado de la calle se debe conducir es regulativa, ya que la actividad de conducir existía antes, mientras que las normas del ajedrez crean la misma posibilidad de jugar ajedrez, constituyen el juego mismo. Si se toma un ejemplo del ámbito de las Relaciones Internacionales, según Ruggie (1998:872), "el sistema de Estados moderno se volvió concebible sólo cuando la norma constitutiva de soberanía recíproca se afianzó". En resumen, las normas tienen efectos constitutivos cuando definen las identidades de los actores y tienen efectos regulativos cuando funcionan como estándares de comportamiento deseable o propio.

De acuerdo con Henning Boekle, Volker Rittberger y Wolfgang Wagner (2000:1), el comportamiento de los Estados en su política exterior se explica a partir de la llamada "lógica de lo apropiado" (*logic of appropriateness*), que identifica a las normas como expectativas intersubjetivas y compartidas sobre el comportamiento apropiado de los actores, y que son capaces de "dar forma a las identidades y preferencias de los mismos, de definir objetivos colectivos y prescribir o proscribir el comportamiento" (Traducción propia).

Onuf (1998:67-68) identifica tres tipos de normas que contribuyen a definir la política exterior de los Estados: normas de instrucción, que proveen a los actores de información útil sobre su relación con el mundo y le dicen qué hacer con ella; normas directivas, que le dicen a los actores lo que deben hacer (imperativos) y en ocasiones le informan sobre las consecuencias de no cumplir con la norma; y normas de compromiso, que son promesas que los actores se hacen uno al otro y normalmente incluyen una serie de derechos (beneficios) y obligaciones para cada uno. La influencia que una norma puede tener sobre el comportamiento de política exterior de los actores depende de la fuerza de la misma, que, a su vez, depende de qué tan específica y qué tan común es la norma, cuántos actores la comparten (Boekle *et al.*, 2000:6-7). También, depende de si la norma es compartida o colectiva. Según Jepperson, Wendt y Katzenstein (1996), una norma es compartida cuando es comúnmente aceptada —realmente internalizada por los actores— y colectiva cuando es sólo una característica del sistema —está institucionalizada o es prominente, pero no todos la comparten.

Martha Finnemore y Kathryn Sikkink (1998:895) explican el proceso por el que una norma se vuelve colectiva. En primer lugar está el surgimiento de la norma, cuando un grupo de actores trata de convencer a un número representativo de Estados para adoptar nuevas normas. En segundo lugar, la difusión de la norma, que ocurre cuando los líderes de los Estados buscan que otros actores la sigan. Por último se encuentra la internalización de la norma, cuando ésta se vuelve habitual y ya nadie la debate o cuestiona. Lo importante es que las normas, creadas por medio de prácticas sociales, contribuyen a formar las identidades e intereses de los actores y su comportamiento en el ámbito internacional.

Una vez que se encuentran establecidas, es sumamente difícil transformar las identidades de los actores, pero no es imposible. Hopf (1998:180-181) argumenta que el cambio es especialmente complicado una vez que se efectúa el poder constructivista[4], sin embargo, afirma que el hecho de que en el mundo existan Estados con iden-

---

[4] Hopf (1998:180) define el poder constructivista como la capacidad para controlar los entendimientos intersubjetivos, dependiendo también de las capa-

tidades diferentes y recursos materiales suficientes hace posible una transformación, es decir, mientras haya diferencias entre los actores, existe el potencial de cambiar.

Por su parte, Wendt (citado en Zehfuss, 2001:322-323) afirma que la transformación es posible siempre y cuando exista un aprendizaje social. Por ejemplo, un actor puede llevar a cabo un esfuerzo consciente para cambiar su identidad si pasa por un proceso de autocrítica y decide adoptar nuevas prácticas, cambiar su comportamiento en la interacción con otros. Como los actores actúan en respuesta a las señales que les envían otros, si uno cambia su actitud, los otros también modificarán su comportamiento. De esta forma, el actor que en un principio quiso cambiar no transforma únicamente su comportamiento, también su identidad, y lo mismo ocurre con el otro involucrado en la interacción, será inducido a adoptar una nueva identidad. Wendt agrega que esta transformación sólo tiene efecto si existe reciprocidad, es decir, si el otro reconoce el cambio adquiriendo un nuevo papel. Como se verá más adelante, esto ocurrió con Libia en la década de los noventa, pero sobre todo después de la invasión estadounidense a Irak en 2003.

En resumen, el constructivismo social es un enfoque que busca "desnaturalizar" el mundo social, con el argumento de que éste es una construcción social que se crea por medio de normas que rigen el comportamiento de los Estados y que son intersubjetivas, no individuales (Guzzini, 2000:155). En palabras de Wendt (1995:76) el constructivismo "trata de mostrar cómo la estructura social del sistema hace posibles las acciones, constituyendo actores con ciertas identidades e intereses, y con capacidades materiales que tienen un cierto significado".

cidades económicas y materiales de los actores. Una característica del poder constructivista es que se encarga de reproducir, disciplinar y vigilar.

2. LA CONSTRUCCIÓN DE LA IDENTIDAD DE POLÍTICA EXTERIOR EUROPEA

Para entender la política exterior de la UE hacia Libia —y hacia cualquier otro Estado del sistema internacional—, es necesario entender cómo se formó y en qué consiste la identidad de política exterior europea[5], sobre todo porque, debido al carácter *sui generis* de la UE, lo primero que se debe preguntar es si es posible hablar de la existencia de una identidad europea en política exterior[6].

Si se le preguntara lo anterior a un neorrealista, su respuesta será un contundente "no", ya que la UE no es un Estado, sino un conjunto de ellos y es imposible que ese ente intergubernamental pueda adquirir una identidad propia —lo que cuenta aquí son las identidades de los Estados que la componen. Si se le pregunta a un constructivista social, la respuesta será un "sí", porque se estudia la integración europea como un proceso, la UE definitivamente tiene una identidad de política exterior propia, basada en los entendimientos intersubjetivos de los Estados que la componen y que, por medio de la práctica social, han llevado a la adopción de normas internacionales (europeas) que constituyen la identidad de la UE y que al mismo tiempo son internalizadas por los Estados miembros después de que se lleva a cabo un proceso de difusión de la norma. Con base en esta afirmación, entonces ¿cómo surgió la identidad de política exterior europea?, ¿qué tipo de identidad es?

---

5 Si bien es evidente que el término "europeo" no es sinónimo de Comunidad o Unión Europea, los conceptos "política exterior europea" y "política exterior de la Comunidad/Unión Europea" se utilizarán indistintamente a lo largo de este capítulo para referirse a la política exterior de la UE.

6 No es un Estado y no es una organización internacional, aunque tiene características de ambos. En 1985 Jacques Delors se refirió a la UE como un Objeto Político No Identificado (OPNI) al advertir sobre la necesidad de establecer un objetivo claro para la integración europea (citado en Manners, 2011); sin embargo, en la actualidad efectivamente se considera a la Unión como un OPNI, porque no se sabe cuál es su finalidad política.

La identidad de política exterior europea se ha desarrollado prácticamente desde la creación de la Comunidad Europea del Carbón y el Acero (CECA) en 1952. Después de la Segunda Guerra Mundial y años de divisiones y conflictos que dejaron a Europa devastada, súbitamente los Estados europeos se encontraron cooperando entre ellos. Existen varias explicaciones para este fenómeno, entre las que se identifican la idea de cooperación como antídoto a las tradicionales tensiones intraeuropeas —interés por mantener la paz—; factores políticos como la división del continente europeo tras el inicio de la Guerra Fría y el nuevo equilibrio internacional de poderes, que vio a Estados Unidos y a la Unión Soviética convertirse en las principales potencias; factores económicos como la creación del sistema de Bretton Woods y la negociación del Acuerdo General sobre Aranceles Aduaneros y Comercio (GATT, por sus siglas en inglés), que llevaron a los Estados europeos a temer la pérdida de la posición económica con la que contaron antes de la Guerra y, por último, el programa de recuperación europea, el Plan Marshall, que indicaba que para recibir la ayuda, los Estados tenían que promover una mayor cooperación entre ellos (Nugent, 2003:3-17; Urwin, 2008:14-18).

Los primeros años de funcionamiento de la CECA significaron un importante éxito económico para los seis miembros fundadores (Alemania, Bélgica, Francia, Italia, Luxemburgo y Países Bajos), quienes aceptaron la idea de que por medios pacíficos —cooperación— se podían obtener mejores resultados en las Relaciones Internacionales. De esa manera, en 1957 decidieron profundizar la integración con la creación de la Comunidad Económica Europea (CEE), bajo la idea de que unir los recursos de los Estados miembros contribuiría a la solidaridad europea, además de preservar y reforzar la paz y la libertad en Europa (Preámbulo del Tratado CEE).

En 1970, los Estados miembros crearon la Cooperación Política Europea (CPE) como respuesta a la necesidad de "hablar con una sola voz" en sus Relaciones Internacionales para reforzar el creciente poder económico que estaban adquiriendo, mantener su seguridad y contribuir al sistema internacional de manera "acorde con sus tradiciones" —respeto a la libertad y los Derechos Humanos (Reporte Davignon, 1970). La CPE consistía únicamente de consultas entre los Estados miembros para tratar de alcanzar posiciones comunes en temas específicos[7]. Estos esfuerzos contribuyeron a consolidar una identidad entre los Estados miembros, quienes, por medio de estas interacciones constantes, empezaron a formar intereses comunes, una especie de identidad colectiva basada en principios comunes como la solidaridad (Smith, 2003:8-9).

Esta primera expresión de identidad de política exterior se vio reforzada en el Documento de Identidad Europea de 1974, en la Declaración Solemne sobre una Unión Europea de 1983 y en el Acta Única Europea (AUE) de 1987 (Tonra, 2003:747). En esta última se reconoció a la CPE dándosele una base legal y, en el preámbulo del tratado, se incluyó un párrafo que hablaba de la responsabilidad de los europeos de actuar con cohesión y solidaridad para proteger sus intereses y reafirmar los principios de la democracia, el respeto del Derecho y los Derechos Humanos para contribuir al mantenimiento de la paz y la seguridad internacionales (Preámbulo del AUE, 1987).

Con el fin de la Guerra Fría y la caída del comunismo, la reunificación de Alemania, la primera Guerra del Golfo Pérsico y la disolución de Yugoslavia, los Estados miembros de la UE reconocieron la necesidad de ser más proactivos en el sistema internacional y participar de manera más asertiva y efectiva en las Relaciones Internacionales. De esta manera, en el Tratado de Maastricht de 1992 los Estados miembros crearon la Política Exterior y de Seguridad Común (PESC) de la Unión. Con ella se institucionalizó la identidad de política exterior de la UE, pues se establecieron las normas sobre la imagen que la UE buscaría proyectar al resto del mundo y que la ayudarían a ser reconocida como actor internacional importante. En el artículo B del

---

7 Tuvieron éxito en algunos temas importantes de la agenda internacional, por ejemplo, lograron adoptar varias posiciones comunes con relación a Medio Oriente y, en específico, al conflicto palestino-israelí.

Tratado, se menciona que la UE buscará afirmar su identidad en el escenario internacional por medio de la PESC. Las bases de esa identidad se encuentran en el artículo J.1 (Título V. Tratado de la Unión Europea, 1992), que establece los objetivos de política exterior de la UE, mismos que reflejan la identidad que busca tener en el ámbito internacional:

- Salvaguardar los valores comunes, intereses fundamentales e independencia de la Unión;
- Reforzar la seguridad de la Unión y sus Estados miembros;
- Preservar la paz y reforzar la seguridad internacional, con base en los principios de la Carta de Naciones Unidas y los principios del Acta Final de Helsinki y los objetivos de la Carta de París[8];
- Promover la cooperación internacional;
- Desarrollar y consolidar la democracia, el Estado de Derecho y el respeto a los Derechos Humanos y las libertades fundamentales.

Esta identidad creada por el Tratado de Maastricht —gracias a que existía un entendimiento compartido entre los Estados miembros, derivado de constantes interacciones en todos los niveles políticos— se siguió desarrollando en los siguientes años debido a una continua y creciente institucionalización de la política exterior (con las reformas de Ámsterdam, Niza y Lisboa al Tratado) y a una cada vez más intensa coordinación entre los actores. Así, los temas de la agenda de política exterior se incrementaron, y los instrumentos a disposición de la Unión, que antes de la adopción de Maastricht

8 El Acta Final de Helsinki, firmada en 1975 por 35 Estados europeos (incluida la Unión Soviética), es el documento que guía las relaciones entre los Estados participantes en la Conferencia sobre la Seguridad y la Cooperación en Europa. La Carta de París, firmada en 1990, sienta las bases para la creación de la Organización para la Seguridad y la Cooperación en Europa (OSCE), instrumento de negociación, prevención de conflictos y manejo de crisis en Europa. Véase: www.osce.org.

se reducían a diplomacia y mecanismos económicos y comerciales, también se diversificaron (Tonra, 2003:732-733). En junio de 1992, por ejemplo, los Estados miembros aprobaron las llamadas Misiones de Petersberg, que significaban la participación de la Unión Europea Occidental (UEO) en misiones humanitarias y de rescate, mantenimiento de la paz y manejo de crisis, incluyendo pacificación (Smith, 2003:40)[9].

Los valores comunes mencionados en el primer objetivo de la PESC son precisamente los que, en la actualidad, la UE busca promover en el resto del mundo, haciendo de ellos parte importante de su identidad de política exterior (Tonra, 2003:748). Los valores concretos fueron incorporados al Tratado en la reforma de Ámsterdam de 1997[10], pero desde 1992 (incluso desde 1970) ya se reconocían algunos de ellos. Con la reforma de Lisboa de 2007, los valores de la Unión finalmente quedaron definidos en el artículo 2 como:

> respeto de la dignidad humana, libertad, democracia, igualdad, Estado de Derecho y respeto de los Derechos Humanos, incluidos los derechos de las personas pertenecientes a minorías. Estos valores son comunes a los Estados miembros en una sociedad caracterizada por el pluralismo, la no discriminación, la tolerancia, la justicia y la igualdad entre hombres y mujeres (Tratado de Lisboa, 2007).

Quizás el cambio más significativo y que más contribuyó a reforzar la identidad de política exterior europea fue el que ocurrió después de los atentados terroristas del 11 de septiembre de 2001 ya que, como resultado de los mismos, los Estados de la UE redefinieron aspectos importantes de su política exterior. En 2003 adoptaron la

---

9 La UEO se creó en 1954 tras la modificación del Tratado de Bruselas de 1948 (para incluir a Alemania) con el objetivo de establecer la base de un sistema de seguridad (defensa mutua) para Europa. Debido a que en la práctica la seguridad del continente europeo estuvo a cargo de la OTAN, la UEO empezó a caer en el olvido hasta que fue reactivada a finales de la década de los ochenta y, en la década de los noventa, incluida en el sistema de la UE. Véase: www.weu.int.

10 La Unión se basa en los principios de libertad, democracia, respeto a los derechos humanos y libertades fundamentales, así como el estado de derecho (Tratado de Ámsterdam, 1999).

Estrategia Europea de Seguridad (EES) *A secure Europe in a better world*, documento en el que, como afirma Anastasia Chebakova, se articula perfectamente el concepto de Europa y se indica lo que la UE piensa de sí misma, de su entorno y de otros actores; es decir, el concepto señalado en la EES "refleja la visión del mundo de la UE como un sujeto colectivo de las Relaciones Internacionales, que aspira a actuar globalmente". Respecto a lo que la UE piensa de sí misma, se ve como una "entidad colectiva", un actor "inevitablemente global, creíble y eficaz", responsable de "construir un mundo mejor", que reconoce "los complejos problemas actuales". En cuanto a su entorno, la UE reconoce los nuevos retos internacionales y afirma que le proveen la oportunidad de "construir un multilateralismo efectivo[11] y una nueva cultura estratégica[12], así como reforzar instituciones existentes y crear nuevas". Por lo que se refiere a otros actores, la UE trata de establecer relaciones de cooperación con ellos, de incluirlos en su espacio de influencia (Chebakova, 2008:6-8).

En resumen, la UE prácticamente ha construido una identidad de política exterior para sí misma —por medio de las interacciones y las prácticas de los Estados miembros y la adopción de normas internacionales europeas— y en los últimos años ha tratado de que se identifique como tal. Sin embargo, muchos actores no la reconocen porque para ellos simplemente no existe una identidad de política exterior europea, debido a que no es una política única (no está completamente unificada en el ámbito supranacional)[13]. El hecho de que los Estados mantengan sus propias identidades significa que

---

11 Por multilateralismo efectivo la UE se refiere al "desarrollo de una sociedad internacional más fuerte, el buen funcionamiento de las instituciones internacionales y un orden internacional basado en reglas" (EES, 2003:10).

12 Por cultura estratégica la UE se refiere a la necesidad de adoptar políticas dinámicas que contribuyan a fomentar intervenciones más efectivas para el manejo de crisis y la prevención de conflictos y que incluyan todos los instrumentos a disposición de la Unión —actividades políticas, diplomáticas, militares y civiles, comerciales y de desarrollo (EES, 2003:11).

13 De hecho en el artículo 4.2. del Tratado de Lisboa se señala que la Unión respetará la identidad nacional de los Estados miembros.

las normas europeas en realidad son colectivas y no compartidas; basta observar los fracasos de la política exterior europea en los casos de Yugoslavia e Irak para sostener lo anterior[14]. Quizás quien mejor resume las críticas anteriores es Christopher Hill, quien en un artículo de 1993 afirmó que el problema de la UE es que existe una brecha prácticamente insalvable entre su capacidad para actuar (por el grado de integración que existe en este rubro) y las expectativas que se tienen de ella en el sistema internacional (lo que los demás actores esperan de la Unión). Hill afirma que la única forma en que la Unión puede mejorar su capacidad de actuación es, entre otras cosas, logrando una mayor cohesión en su política, lo que traducido al lenguaje constructivista significaría tener una identidad realmente europea[15].

Pese a lo anterior, existe evidencia de que las normas europeas sí están constituyendo una comunidad epistémica, y que lo han hecho prácticamente desde la creación de la CPE. Tonra (2003) menciona un estudio de Simon Nutall de 1992 en el que se comprobó la existencia de una práctica automática, casi instintiva, de consultar con los demás Estados miembros antes de definir cualquier posición nacional en materia de política exterior. Esto sugiere que los actores europeos continuamente buscan internalizar las visiones de los demás para asegurarse de que sean complementarias, lo que significa que los intereses nacionales se están redefiniendo en un contexto europeizado, hacia un esfuerzo colectivo (Tonra, 2003:739-740). En otras palabras, se puede afirmar que la identidad de política exterior europea se basa en una constitución mutua, entre la identidad que se

---

14 En ambos casos la UE fue incapaz de actuar en conjunto debido a diferencias de opinión entre los Estados miembros, lo que la hizo objeto de fuertes críticas del resto de la comunidad internacional (principalmente de Estados Unidos).

15 En su análisis, Hill argumenta que la otra opción que le queda a la Unión es reducir las expectativas que se tienen de ella como actor internacional, lo que implicaría, en primer lugar, que la Unión tendría que reducir sus ambiciones internacionales y, en segundo lugar, que tendría que comunicar esto a los demás actores internacionales.

encuentra en las normas europeas y las identidades de los Estados, que en la interacción normalmente logran "adoptar una sola identidad" (Galariotis, 2008:24); los Estados miembros suelen sujetarse a la "lógica de lo apropiado" y asumen la identidad que se quiere que tengan —la cuestión moral o de lo que es correcto tiene un papel muy importante en la Unión Europea (Johansson-Nogués, 2008)[16]. Visto en la práctica, desde 1993 la UE ha adoptado más de 1,000 estrategias comunes, posiciones comunes o acciones conjuntas dentro de la PESC[17]; entre 1995 y 2008 ha habido más de 2,000 declaraciones de política exterior del Consejo de la UE; y desde 2003 la Unión ha llevado a cabo 25 misiones civiles y militares (Risse, 2012:1).

Finalmente, el que la identidad europea está basada en la promoción de valores y que históricamente la política exterior europea se ha manejado por medio de herramientas como la diplomacia o medidas comerciales, ha dado pie a un extenso debate sobre el tipo de actor que la UE es —o debería ser— en las Relaciones Internacio-

---

16 Si bien este argumento se considera completamente válido, no en todos los casos aplica. Hay problemas cuando las identidades estatales están muy arraigadas, cuando los Estados miembros tienen relaciones especiales con otros, o cuando surge un *shock* en el sistema internacional que interrumpe la dinámica de interacción al interior de la Unión (Tonra, 2003).

17 La Posición Común fue diseñada para hacer la cooperación más sistemática y mejorar la coordinación entre los Estados miembros, quienes tienen que cumplir con las posiciones adoptadas por unanimidad en el Consejo. Las estrategias comunes (introducidas en Ámsterdam) se adoptan en áreas donde los Estados miembros tienen intereses comunes; en concreto, una estrategia común establece los objetivos, medios y tiempo que la UE pone a disposición de los Estados. Las acciones conjuntas son acciones coordinadas de los Estados miembros por las que recursos humanos, *know-how*, financiamiento, etcétera se movilizan para lograr un objetivo específico del Consejo. Véase: http://europa.eu.

nales: potencia civil[18], potencia blanda[19], potencia militar o potencia normativa, entre otros. El calificativo que más se apega a la identidad europea, dadas las características mencionadas, es el de potencia normativa, ya que no se trata solamente de los medios que la UE utiliza en su política exterior, sino de lo que su utilización significa. Tomando como referencia el artículo de Ian Manners, "Normative Power Europe: A Contradiction in Terms?", la UE es una potencia normativa porque la base normativa sobre la que está construida la lleva a actuar de esa manera en las Relaciones Internacionales: lo que define su papel internacional "no es lo que hace o lo que dice, sino lo que es" (2002:252). Así, continúa Manners, la UE puede ser conceptualizada como un actor que cambia las normas del sistema internacional y que actúa para difundir sus propias normas en el mismo. Esto lo logra de seis maneras (Manners, 2002:244-245):

a) Contagio, de una difusión no intencionada por parte de la UE, por ejemplo, la manera en que su experimento de integración ha sido copiado por otros;
b) Difusión informativa, de sus comunicaciones estratégicas;
c) Difusión procesal, cuando institucionaliza su relación con un tercero por medio de un acuerdo internacional;
d) Transferencia, del intercambio de beneficios con un tercero: comercio, asistencia técnica, etcétera;

---

18 Duchêne fue uno de los primeros en referirse a la UE como una potencia civil, afirmando que esto significaba que poseía gran poder económico y poco poder militar. Twitchett y Maull por su parte afirman que una potencia civil cumple tres características: le da prioridad a la cooperación diplomática para resolver problemas internacionales, utiliza su poder económico para alcanzar objetivos nacionales, está dispuesta a utilizar instituciones supranacionales para lograr un progreso internacional (citados en Manners, 2002).

19 Por potencia blanda, Tommaso Padoa-Schioppa se refería al poder de las instituciones de la UE que es y ha sido ejercido sin la violencia de instrumentos militares o policiales y que más bien se lleva a cabo por medio del estado de derecho y la democracia (Citado en Manners, 2002).

e) Difusión abierta, cuando tiene presencia física en otro Estado u organización internacional: las embajadas en terceros países;
f) Filtro cultural, que llevan a cabo los sujetos de la difusión de la norma[20].

Es importante mencionar aquí que no todos los actores del sistema internacional concuerdan con la identidad que la UE proyecta. Si eso ocurre, entonces el poder normativo de la Unión no sirve de nada —si el otro con el que la UE interactúa no reconoce los valores y la identidad que la UE quiere difundir, no se ejerce el poder normativo. Como se verá a continuación, eso es lo que sucedió en la relación de la UE con Libia previa a la crisis de 2011; éste no aceptó el poder normativo de la Unión.

3. LA POLÍTICA EXTERIOR DE LA UE HACIA LIBIA ANTES DE LA CRISIS DE 2011

La relación entre la UE y Libia antes de la crisis de 2011 se puede dividir en tres etapas principales: la primera, de la creación de la CPE en 1970 a la entrada en vigor del Tratado de Maastricht en 1993; la segunda, desde la introducción del Proceso de Barcelona en 1995 hasta 2001/2003; y la tercera, desde la adopción de la EES en 2003 hasta principios de 2011.

---

20 En la práctica es bastante claro observar la difusión procesal y la transferencia en acción: desde la década de los noventa, prácticamente todo acuerdo internacional que la UE celebra incluye la condicionalidad, que se refiere tanto a condicionalidad política ("cláusula democrática", que el otro respete y asuma los valores europeos) como a condicionalidad en términos de los beneficios (mayores ayudas financieras, mejor acceso al mercado europeo, etcétera) que un tercero puede obtener cuando lleva a cabo las reformas y avances que se indican en el acuerdo.

3.1. 1970-1993: De la no-relación a la relación ofensiva

La primera etapa estuvo caracterizada por la ausencia virtual de una relación directa, por varios motivos. Por un lado, desde la llegada de Gadafi al poder en Libia, el régimen se aisló del ámbito internacional para consolidarse al interior, la política exterior buscó la independencia del resto del mundo —bajo la premisa del régimen de que el mundo externo siempre buscaría socavar la libertad árabe (Szabó, 2006:12). Por otro lado, en los primeros años después de la creación de la CPE, como ya se mencionó, la política exterior europea era prácticamente inexistente, apenas se empezaba a buscar una base de entendimiento común, y el primer tema que ocupó a los Estados miembros fue el conflicto en Medio Oriente, para el que se trató de adoptar una Posición Común (Manners, 2004).

En la segunda mitad de la década de los ochenta la relación cambió drásticamente y se convirtió en una ofensiva, principalmente por el cambio en la política exterior libia, que inició su apoyo a organizaciones radicales y se interesó por la obtención de armas de destrucción masiva. Dos eventos en particular marcaron la relación: el bombazo en la discoteca *La Belle* de Berlín en abril de 1986 y el avionazo de Lockerbie en 1988 (Szabó, 2006:12-14).

En el primer incidente, los ministros de relaciones exteriores de los entonces 12 Estados miembros[21], emitieron una declaración condenando los ataques y urgiendo a Libia a actuar dentro de las normas del derecho internacional. Además, decidieron imponer las siguientes sanciones diplomáticas al Estado libio: restricciones a la libre movilidad y reducción del número de personal diplomático libio, y requisitos y procedimientos más estrictos para la obtención de visas por parte de ciudadanos libios. Debido a que en el incidente fallecieron ciudadanos estadounidenses, como represalia, el gobierno de Washington decidió bombardear puntos clave de Trípoli, a lo que la Comunidad Europea se opuso y argumentó que, con el fin de

---

21 Dinamarca, Irlanda y Reino Unido se incorporaron a la Comunidad Europea en 1973; Grecia en 1981 y España y Portugal en 1986.

alcanzar una solución política y evitar un escalamiento de las tensiones, todas las partes debían actuar con prudencia (Hill & Smith, 2000:325).

En el segundo incidente, después de que el Consejo de Seguridad de Naciones Unidas impusiera sanciones al régimen libio por su falta de cooperación en la solución del atentado de Lockerbie (Resolución 748 y 883 de 1992 y 1993, respectivamente), el 14 de abril de 1992 el Consejo de la UE adoptó la Regulación 945/92, por la que prohibió todo tráfico aéreo proveniente de o con destino a Libia (salvo en caso de emergencia humanitaria), la operación de cualquier aerolínea libia y el suministro de cualquier servicio relacionado con la industria aérea. Asimismo, el 29 de noviembre de 1993 adoptó la Regulación 3247/93 (que sustituyó a la anterior), en la que endureció las medidas al prohibir la venta, directa o indirecta, de bienes y servicios relacionados con la industria aeronáutica y la energética[22] (Hill & Smith, 2000:355-356).

Debido a que en el momento en que ocurrieron estos dos incidentes la UE todavía no contaba con instrumentos propios de política exterior (el Tratado de Maastricht por el que se creó la PESC entró en vigor el 1 de noviembre de 1993), utilizó herramientas comunitarias como embargos, sanciones, etcétera, para responder a las provocaciones libias, ajustándose siempre a las directrices de Naciones Unidas. Sin embargo, es interesante notar que, aun cuando todavía no existía la PESC, la identidad de política exterior de la Unión ya era fácilmente identificable: respeto a las normas del derecho internacional, utilización de medidas diplomáticas, condena al uso de la fuerza para resolver la situación y alineación total con Naciones Unidas, que más adelante se reafirmaría como parte del interés por promover un multilateralismo efectivo.

---

22 Aunque incluyó una serie de excepciones por las que los Estados miembros podían seguir proveyendo ciertos bienes y servicios siempre y cuando éstos fueran utilizados para fines diferentes a los que la UE incluyó en la Regulación —por ejemplo, nada que fuera utilizado con fines militares—.

3.2. *1995-2003: El intento por atraer a Libia a la comunidad internacional*

En la segunda etapa de la relación entre la UE y Libia (1995-2003) se notó un cambio paulatino en la interacción de ambos actores, aunque era evidente que su identificación mutua aún era negativa y que prácticamente tenían una no-relación. El cambio se debió a varios motivos. Por un lado, siguiendo la argumentación de Barnett (1996), la primera Guerra del Golfo Pérsico prácticamente significó el fin del panarabismo (por el shock que representó en la región que un Estado árabe tratara de absorber a otro) y el inicio del estatismo que significó que cada uno de los Estados árabes tendría que hacerse responsable de su propia seguridad, lo que los llevó a considerar acercamientos con Occidente.

Por otro lado, con la entrada en vigor del Tratado de Maastricht y el inicio de una nueva etapa para las relaciones exteriores de la Unión —su intento de ser más asertiva por medio de la PESC—, aunado a los sucesos que estaban ocurriendo en el Mediterráneo sur —como la guerra civil en Argelia— que preocupaban a los Estados miembros, en 1994 la UE decidió reforzar su relación con esa región y para ello creó en 1995 la Asociación Euromediterránea (conocida como Proceso de Barcelona)[23]. Libia no fue invitada a participar por encontrarse bajo sanciones del Consejo de Seguridad y porque Francia y Reino Unido se opusieron (Gillespie, 1997:69), pero la situación cambió cuatro años después, en 1999, cuando Libia entregó a los sospechosos de Lockerbie y el Consejo de Seguridad suspendió las sanciones. Ese año la UE le otorgó a Libia el estatus de observador en el Proceso de Barcelona y declaró que el objetivo final era la completa integración

---

[23] La Asociación Euromediterránea estableció un marco de cooperación multilateral entre la UE y 12 Estados del Mediterráneo sur (Argelia, Chipre, Egipto, Israel, Jordania, Líbano, Malta, Marruecos, la Autoridad Palestina, Siria, Túnez y Turquía). La relación se dividió en tres áreas: asuntos políticos y de seguridad, asuntos económicos y financieros y asuntos sociales, culturales y humanos. Véase: http://europa.eu.

de Libia al mismo (Szabó, 2006). Romano Prodi, entonces presidente de la Comisión Europea, invitó a Gadafi a visitar Bruselas, aunque bajo la condición de que Libia adoptara los compromisos incluidos en la Declaración de Barcelona en materia de Derechos Humanos, democracia, estabilidad regional y libre mercado. El régimen libio respondió que en ese momento "no era capaz de cumplir" con las condiciones europeas (Prodi tells Gaddafi..., 2000; Miles, 2008).

3.3. *2003-2010: Buscando institucionalizar la relación bilateral*

La visita ocurrió hasta 2004, dando inicio a la tercera etapa de la relación UE-Libia antes de la crisis de 2011. Después de que en 2003 el régimen libio aceptara compensar a los familiares de las víctimas del ataque a la discoteca de Berlín, que anunciara su renuncia a la producción de armas de destrucción masiva y que el Consejo de Seguridad decidiera levantar efectivamente las sanciones, los contactos políticos con la UE se intensificaron, al grado que se llevó a cabo una procesión de visitas de líderes europeos a Libia (Tony Blair, Silvio Berlusconi, Gerhard Schröder, Jacques Chirac); finalmente, en abril de 2004, Gadafi visitó Bruselas (Youngs, 2005:9). En octubre de ese mismo año, el Consejo de Ministros de Relaciones Exteriores de la Unión decidió levantar las sanciones impuestas a Libia en la década de los noventa y reafirmó su compromiso de insertar completamente a ese Estado al Proceso de Barcelona como parte de su reintegración al sistema internacional (Council of the EU, 2004).

La relación se reforzó en los años siguientes. En 2003, ante la inminencia de la ampliación de la Unión a Europa del Este y los cambios en las fronteras que esto significaría, la Comisión Europea presentó un documento en el que propuso la adopción de una nueva estrategia para conducir la relación de la UE con sus "nuevos vecinos"[24]. Así, en 2004 se adoptó la Política Europea de Vecindad (PEV), con el objetivo

---

24 Si bien los cambios en las fronteras afectaban estrictamente a los vecinos del Noreste de la Unión, los Estados miembros del Mediterráneo expresaron su preocupación de que los vecinos del Mediterráneo sur (los participantes del

concreto de formar un anillo de países amigos alrededor de la UE que compartieran sus valores y objetivos fundamentales, estableciendo una relación mucho más profunda que la simple cooperación al incluir cierta integración económica y política para, de esta manera, incrementar la estabilidad, seguridad y bienestar de todos (European Commission, 2004:5)[25]. En el caso de los países del Mediterráneo sur, la PEV serviría para complementar el Proceso de Barcelona —que en los últimos años había sido prácticamente olvidado— y, en el caso de Libia, curiosamente este Estado que se negaba a aceptar el *acquis*[26] de Barcelona —porque los principios de democracia y Estado de Derecho chocaban con su estructura política interna—[27] fue reconocido como socio de la PEV; el motivo, según varios analistas, es que Libia era el único Estado de la región con el que la UE no tenía ningún tipo de relación institucionalizada; al incluirlo en la PEV se abría la posibilidad de formalizar la relación por medio de un Acuerdo de Asociación independiente sin tener que pasar por Barcelona (Joffé & Paoletti, 2010; Moss, 2008)[28].

Esto fue precisamente lo que a partir de entonces buscaría la Unión en su relación con Libia. En octubre de 2007, después de que

---

Proceso de Barcelona) quedaran en desventaja ante la nueva iniciativa y por ese motivo fueron incluidos (Emerson & Noutcheva, 2005:7).

25 Es importante recordar que en el momento de la adopción de la PEV la Unión ya había redefinido su identidad de política exterior por medio de la EES de 2003.

26 Son todos los derechos y obligaciones que comparten los países que participan en el Proceso de Barcelona. El acervo incluye tratados, normas, declaraciones, acuerdos internacionales, etcétera.

27 Aunque, como menciona Miles (2008), en realidad Gadafi creía también que, dado que Europa es Europa, su relación debía ser con África como región, no sólo con Libia, como mencionó en la cumbre UE-África de diciembre de 2007 en Lisboa: "debemos hablar de cooperación euro-africana y de una vecindad euro-africana".

28 Lo curioso es que la PEV incluía los mismos principios que Barcelona. De hecho, en el caso del primero se llevaba mucho más allá al incluir la condicionalidad como parte básica de cualquier acuerdo. Más adelante se profundiza en este hecho.

Gadafi aceptó liberar al personal médico búlgaro encarcelado en su país desde 1999 por el incidente de Bengasi, la UE y Libia reconocieron la necesidad de adoptar un Acuerdo de Asociación, que incluiría mecanismos para el diálogo político y la cooperación en materia de política exterior y de seguridad; un acuerdo de libre comercio, diálogo y cooperación en asuntos económicos, y cooperación en temas como energía, transporte, turismo, herencia cultural, etcétera; para que el Acuerdo funcionara, la Unión apoyaría a Libia a modernizarse y a realizar los cambios necesarios (por su amplia experiencia en asistir a terceros Estados, por medio de la política de ampliación y la PEV) (European Commission, 2009). Las negociaciones para el Acuerdo iniciaron en noviembre de 2008, aunque no tuvieron avances importantes antes del inicio de la crisis libia en febrero de 2011.

Es interesante notar cómo, en las dos últimas etapas de la relación, la UE, que se encontraba en proceso de definir y reforzar su identidad de política exterior, intentó ejercer su poder normativo sobre Libia partiendo del éxito obtenido con el resto de los países participantes en la Asociación Euromediterránea. Por ejemplo, el Proceso de Barcelona se interpreta como uno donde, por medio de la cooperación en distintas áreas, las normas europeas pueden fluir a los Estados árabes por la exposición que tienen a ellas; una suerte de "democracia por ósmosis", como menciona Youngs (2005:2). Si lo anterior se analiza con base en las categorías de difusión de normas expuestas en el apartado anterior, se identifica que, debido al marco base que existe en el Proceso de Barcelona, la difusión es procesal y de transferencia, porque los Estados participantes firmaron acuerdos con la Unión y se sujetaron a la condicionalidad incluida en los mismos.

Por lo que se refiere a la PEV, el objetivo de la Unión es el mismo: exportar normas y valores a su vecindario debido, entre otras cosas, a que a ellos les funcionó y porque buscan mantener su seguridad

(Papandreou & Patten, 2003)[29]. En este caso se identificarían nuevamente la difusión procesal y de transferencia[30], así como el filtro cultural, ya que un objetivo es que se lleve a cabo un proceso de socialización por medio de la interacción constante de los actores que a su vez lleve a los socios de la UE a "adoptar reformas modeladas en las normas europeas o que se inspiren en ellas" (Emerson & Noutcheva, 2005:13).

En el caso concreto de Libia, quizás es un poco contradictoria la forma en que la UE manejó la relación debido a que Libia nunca se sujetó completamente a las normas de la Unión —no participó en el Proceso de Barcelona— aunque se insistía en integrarla a sus políticas, al grado de reconocerla como socio de la PEV. El acto social en el que Libia y la UE se encontraban inmersos era uno complejo, ya que ambos estaban en proceso de redefinir su identidad de política exterior; Libia, al tratar de reinsertarse en el sistema internacional al tiempo que buscaba mantener una instancia fuerte en cuanto a su independencia para gobernar al interior y la UE, al buscar afirmar su identidad como potencia normativa en el ámbito internacional —como resultado del éxito que esta práctica había tenido al interior de la Unión.

De lo anterior surgen dos cuestiones interesantes: por un lado, Libia apenas empezaba a obtener el reconocimiento de la comunidad internacional respecto a las señales identitarias que enviaba y, por otro lado, el comportamiento de la UE permite inferir que al inicio de la relación no estaba siguiendo correctamente las bases del acto social: si bien reconoció que hubo un cambio en la política exterior libia, al mismo tiempo buscó hacer que este Estado cambiara por medio del ejercicio de su poder normativo, sin "escuchar" completamente lo que Libia "tenía que decir" al respecto. Como se menciona

---

29 Argumento válido dentro del constructivismo social, con base en la idea de *corporate identity* de Wendt.

30 De hecho, de forma mucho más clara que en el Proceso de Barcelona, porque en la PEV la condicionalidad se incluye de manera explícita.

en la primera parte de este capítulo, para que un acto social contribuya a la formación de estructuras sociales, debe haber una interacción en la que, tras las señales que envía un actor, el otro responda de manera correspondiente. En el caso de la UE, sus "respuestas" no correspondían a las "señales" enviadas por Libia, por eso la construcción de entendimientos intersubjetivos fue un proceso tardado —la UE intentó sin mucho éxito ejercer ese poder normativo bajo sus propias condiciones; además de que Libia no aceptó del todo el efecto regulativo de las normas que guiaban su relación con la Unión, porque no se identificaba con ellas.

La crisis libia de 2011 rompió con esta dinámica en la relación.

4. LA ACTUACIÓN DE LA UE EN LA CRISIS LIBIA

La crisis que inició en febrero de 2011 en Libia y que llevó a la caída del régimen de Gadafi significó el inició de una nueva etapa en su relación con la UE. Al inicio de la crisis, la UE fue acusada de inacción, de incapacidad para controlar su propio "patio trasero" y hasta de falta de interés[31]. Es necesario tomar en cuenta que la crisis libia se dio en un momento en que la Unión se enfrentaba a enormes retos internos como resultado de la crisis económica mundial que la afectó desde 2007 y que recrudeció en 2010 con la debacle griega. No obstante, como menciona Biscop (2011), la crisis libia representó "una situación en la que Europa, por medio de la Unión Europea, debió asumir el liderazgo y probar que es un actor que debe ser tomado en cuenta". Partiendo del hecho de que la política exterior europea se basa en una constitución mutua, entre la identidad que se encuentra en las normas europeas y las identidades de los Estados, que en la interacción normalmente logran "adoptar una sola identidad", ¿qué significado tiene la respuesta de la UE a la crisis libia para su identidad de política exterior?

---

31 Como había ocurrido en la década de los noventa con las guerras de los Balcanes que llevaron a la disolución de Yugoslavia y que le ganaron muchas críticas a la UE por su incapacidad de articular una política exterior conjunta efectiva.

4.1. La respuesta de la UE *a los sucesos en Libia*

La extrema represión del régimen de Gadafi a las protestas iniciadas en febrero de 2011 fue condenada por la UE, que urgió al gobierno libio a permitir la libertad de expresión en el país, a actuar con prudencia y a detener la ola de violencia que se había generado. El 20 de febrero, Catherine Ashton, Alta Representante de la Unión para Asuntos Exteriores y Política de Seguridad, emitió una declaración en la que agregaba que las aspiraciones y demandas de los ciudadanos libios por reformas debían ser tomadas en cuenta por medio de un diálogo abierto (Ashton, 2011a). Tres días después, en una reunión sobre Egipto y Túnez, declaró que la UE debía ofrecer ayuda pero no dictar resultados ni imponer soluciones a los Estados del Mediterráneo sur y agregó que los eventos en la región mostraban que la "antigua estabilidad" ya no funcionaba, por lo que había que ayudar a construir una nueva "estabilidad sustentable" —una dirigida a crear una "democracia profunda"[32]; para lograr lo anterior, la propia PEV de la Unión debía ser reformada para hacerla más ambiciosa y más política, con una mayor diferenciación y mayor condicionalidad positiva ("más por más") (Ashton, 2011b)[33].

El 28 de febrero, un día después de que el Consejo de Seguridad adoptara la Resolución 1970, la UE adoptó la Decisión 2011/137/CFSP e impuso medidas restrictivas en contra de las autoridades libias responsables: prohibió la provisión de armas, municiones y materiales

---

32 Para Ashton (2011a), el establecimiento de una "democracia profunda" significa una reforma política, elecciones, construcción de instituciones, lucha contra la corrupción, un poder judicial independiente y apoyo a la sociedad civil.

33 El mismo día que Ashton hizo esta declaración el Presidente del Consejo Europeo, Herman van Rompuy, hizo una muy similar donde afirmó que, si bien la UE no debía ser condescendiente, tampoco podía rehuir de su responsabilidad política y moral debido a su interés en una estabilidad basada en valores democráticos, derechos humanos y libertades fundamentales; y agregó que la Unión adaptaría su PEV para apoyar a Libia en su transición a la democracia (Van Rompuy, 2011).

relacionados y, como complemento a la Resolución, prohibió también el comercio de equipos que pudieran utilizarse para represión interna; además, impuso una prohibición de viaje y congeló los activos de Gadafi y personas allegadas a él (Council of the EU, 2011a). Estas medidas se reforzaron con la Regulación 204/2011 del Consejo —de carácter vinculante y directamente aplicable en todos los Estados miembros de la Unión—, que además incluyó una prohibición para proveer asistencia técnica o financiera a Libia sobre bienes y tecnología militar (Council of the EU, 2011b).

La adopción de las medidas mencionadas no planteó ningún problema para la política exterior de la UE, eran instrumentos que estaban acostumbrados a utilizar desde tiempos anteriores a la creación de la CPE en 1970. Sin embargo, hubo divisiones entre los Estados miembros sobre la posibilidad de adoptar medidas adicionales para detener a Gadafi y, sobre todo, respecto al tipo y grado de involucramiento que la Unión debía tener. Destaca la reticencia del gobierno italiano para condenar al régimen libio por los fuertes lazos comerciales que había entre ambas naciones[34], y la abstención de Alemania en la votación del Consejo de Seguridad para la adopción de la resolución 1973, impulsada por Francia y Reino Unido y apoyada por la UE (Denkler, 2011).

Asimismo, es de notar que el Consejo Europeo se reunió de manera extraordinaria apenas el 11 de marzo para "establecer la dirección política y las prioridades de las acciones futuras de la Unión" en Libia y el Mediterráneo sur (European Council, 2011). En la Declaración que resultó de esta reunión, la UE reiteró su apoyo a la transformación democrática de la región, agregando que el mismo progreso de cada uno de los Estados sería el indicador de la ayuda de la Unión. Para el caso particular de Libia, el Consejo Europeo se sumó a las

---

34 En este caso es de notar la postura adoptada por el Primer Ministro italiano Silvio Berlusconi, quien durante años fue muy cercano a Gadafi y que, en los primeros días después de iniciada la crisis, declaró que dado que la situación libia estaba cambiando, no había hablado con Gadafi porque "no quería molestarlo" (Babington, 2011).

condenas previas a Gadafi e hizo énfasis en que el primer objetivo de la Unión era la protección de los civiles y que trabajaría con Naciones Unidas, la Liga Árabe, la Unión Africana y otros socios internacionales para responder a la crisis; además, reconoció al Consejo Nacional de Transición (CNT) de Bengasi como interlocutor político y afirmó estar preparada para ayudar a Libia a construir un Estado constitucional y desarrollar el Estado de Derecho (European Council, 2011).

Tras la adopción de la Resolución 1973, que autorizó la protección de civiles y estableció una zona de prohibición de vuelos, el Consejo de la Unión afirmó su disposición a endurecer las medidas adoptadas en contra del régimen libio (Decisión 2011/178/CFSP) y su compromiso de proporcionar ayuda humanitaria, agregando que estaba dispuesta a hacerlo por medio de la Política Común de Seguridad y Defensa (PCSD) si existía una solicitud por parte de la Oficina para la Coordinación de Asuntos Humanitarios (OCHA, por sus siglas en inglés) de Naciones Unidas (Council of the EU, 2011c)[35].

Después de que iniciara la campaña militar sobre Libia bajo la responsabilidad de proteger y con el liderazgo de la Organización del Tratado del Atlántico Norte (OTAN), Ashton declaró que, si bien los Estados miembros de la Unión estaban participando en distintos grados, existía unanimidad de los 27 en los temas humanitarios, económicos y políticos relacionados con Libia (Ashton, 2011c)[36].

En este punto es importante distinguir la política exterior de la Unión de la de los Estados miembros para entender a) por qué la UE tardó tanto tiempo en reaccionar y b) por qué los Estados miembros adoptaron diferentes posturas respecto a la intervención militar en Libia.

---

35 Más adelante se verá que este ofrecimiento por parte de la Unión fue muy criticado en el ámbito internacional porque demostró la incapacidad de los Estados miembros para unirse en un tema tan complejo.

36 Austria, Finlandia y Suecia entraron en 1995 a la Unión; en 2004 lo hicieron Chipre, Eslovaquia, Eslovenia, Estonia, Hungría, Letonia, Lituania, Malta, Polonia y República Checa; y en 2007 Bulgaria y Rumania.

Lo que ocurre en Europa es que se tiene una suerte de "dos niveles" de política exterior que no se deben confundir. Por un lado, a nivel supranacional, la política exterior de la Unión está limitada a aquellos aspectos en los que los Estados miembros han cedido soberanía; por el otro, las políticas exteriores individuales de cada Estado tratan los temas más sensibles no integrados a nivel supranacional, como el caso de una intervención militar.

Lo anterior significa que, en temas sensibles de política exterior, en ocasiones pesan más las consideraciones internas de los Estados. ¿Qué significa esto en la práctica? Como se vio en el caso de la abstención alemana en el Consejo de Seguridad, esta postura no se debió a que Alemania no compartiera con sus socios europeos la noción de responsabilidad de proteger ni a que no condenara al régimen de Gadafi. Significó por cuestiones de política interna, en concreto, que desde el fin de la Segunda Guerra Mundial Alemania es considerado un Estado pacifista, no podía apoyar la intervención militar de la ONU. La UE es consciente de que los diferentes intereses e identidades de los Estados miembros pueden ser difíciles de reconciliar, por ello se reconoce en el Tratado de la Unión que no todos los Estados están obligados a participar en todas las acciones internacionales. Es algo complejo dentro de la estructura de la UE, que permite la "abstención constructiva" en un Estado de un tema específico de política exterior o la "cooperación reforzada" de aquellos Estados que quieran actuar en un caso particular, utilizando los medios de la UE para hacerlo[37].

En las siguientes semanas, la UE mantuvo su apoyo a la población civil libia. El 22 de mayo se abrió una oficina de la Unión en Bengasi para apoyar en el control de fronteras y la reforma de seguridad; a la economía, salud y educación, y a la sociedad civil también como "símbolo de la presencia de la UE durante la crisis, y de su perma-

37 Los mecanismos mencionados se crearon con el objetivo de evitar que la necesidad de unanimidad en temas sensibles de política exterior significara la ausencia total de la Unión en situaciones internacionales complejas. De este modo, aunque no participen todos los Estados miembros en alguna acción exterior, se garantiza la presencia de la Unión.

nencia en el lugar" (Ashton, 2011d). Líderes políticos de la Unión continuaron manifestando el apoyo de ésta para la reconstrucción de Libia, ofreciendo su experiencia en transiciones democráticas, apoyo a la organización y supervisión de elecciones libres, la creación de una administración efectiva, la organización de la sociedad civil, la libertad de los medios de comunicación, el diseño de políticas macroeconómicas y en el sector de seguridad, siempre haciendo énfasis en el hecho de que el liderazgo libio era esencial en la definición de prioridades y que todo se haría en un marco de cooperación con otras organizaciones internacionales (Barroso, 2011).

Tras la caída del régimen de Gadafi en agosto de 2011, la UE envió una misión del Servicio Europeo de Acción Exterior para apoyar a las nuevas autoridades libias y declaró que estaba lista para reiniciar las negociaciones del antiguo Acuerdo de Asociación (Council of the EU, 2011d). Después de la muerte de Gadafi, la UE reiteró su apoyo y reconocimiento al CNT como único representante legítimo del Estado libio e incluso mencionó que invitaría a Libia a participar en las reuniones de la Unión por el Mediterráneo (como se renombró al Proceso de Barcelona en 2008) con vistas a que se convirtiera en miembro (Council of the EU, 2011e). En los siguientes meses siguió apoyando la reconstrucción de Libia por medio de la PEV —aunque Libia seguía sin ser miembro de la misma— principalmente para la celebración de las elecciones al Congreso Nacional General del 7 de julio de 2012; en todo momento, la UE habló de la importancia de establecer una relación firme con quien considera un vecino clave (Council of the EU, 2012) por los recursos de que dispone y para mantener la propia seguridad de la Unión.

4.2. La importancia de Libia para la identidad de política exterior europea

Lo anterior es lo que la UE hizo en respuesta a la crisis libia. Sin embargo, como ya se mencionó, la actuación de la Unión fue fuertemente criticada por su falta de coherencia y, en general, por haber sido mucho más débil de lo que se esperaba de ella, sobre todo por su incapacidad para asumir el liderazgo de la situación por encima de los Estados miembros y de las organizaciones internacionales que estuvieron involucradas (Pinafri, 2012). Partiendo de la base de que la política exterior europea es un proceso incompleto y tomando en cuenta los instrumentos que la Unión como tal tiene a su disposición, ¿cómo se puede evaluar la actuación de la Unión en Libia?

Por el lado diplomático, la respuesta de la Unión fue exitosa. Muchos critican el hecho de que, en materia de política exterior, la UE es víctima de su propia estructura institucional: son tantas las voces que pueden hablar en esta área que, normalmente, se produce una cacofonía que hace imposible saber qué dice la Unión, a quién se debe escuchar, etcétera (Smith, 2003). Sin embargo, si se analizan las declaraciones de las diferentes instituciones durante la crisis (alta representante, presidente de la Comisión, presidente del Consejo Europeo), se encuentra que están en armonía, prácticamente, todas dicen lo mismo. Por lo tanto, en este caso se podría decir, tomando prestado el calificativo de Kalypso Nicolaidis, que existió una "polifonía" de voces; esto es, que hubo muchas voces en armonía —la UE nunca va a ser capaz de hablar con una sola voz porque así está estructurada (Knigge, 2010; Koenig, 2011:7-8).

Por lo que se refiere a los instrumentos diplomáticos utilizados por la Unión durante la crisis, la respuesta también se puede considerar positiva. En primer lugar, la aplicación de sanciones basadas en las Resoluciones del Consejo de Seguridad fue inmediata y efectiva. En segundo lugar, la Comisión puso en marcha dos mecanismos de emergencia, también de forma eficiente: el de protección civil y el de asistencia humanitaria; la UE fue el principal donante de ayuda humanitaria durante la crisis, con €152 millones, de los que €80 provinieron del presupuesto comunitario (Council of the EU, 2011f). Por último, después de que los Estados miembros del Mediterráneo expresaran su preocupación ante una inmigración masiva desde el Norte de África, la UE lanzó la operación conjunta Hermes por medio de Frontex[38], que asistiría a los Estados más vulnerables a los flujos migratorios, principalmente Italia (Koenig, 2011:5).

Un problema que se identifica en la respuesta diplomática de la Unión es la falta de cohesión entre la Unión y los Estados miembros, como se vio en los casos de Italia y Alemania. Esto es una debilidad importante que refleja con claridad la complejidad inherente a la política exterior europea debido a la existencia de los dos niveles de identidad que no siempre convergen. Como se explicó, si bien los Estados miembros en todo momento respetan y promueven los valores de la Unión, debido a que la política exterior europea no está completamente integrada, sus intereses particulares y situaciones políticas internas pueden evitar que estén de acuerdo sobre la acción a emprender.

La mayor debilidad de la actuación de la Unión se encuentra en el aspecto militar de la resolución de la crisis. Estas acciones provocaron fuertes críticas a la Unión como actor importante en las Relaciones Internacionales: las divisiones europeas en la votación de la Resolución 1973; la falta de liderazgo en la operación militar destinada a la protección de civiles, que finalmente asumió la OTAN, y el fracaso de la propuesta de llevar a cabo una operación militar en el marco de la PCSD como apoyo a las operaciones de asistencia humanitaria[39]. Para Biscop (2011:2), la acción militar no significa que sea únicamente de la Unión, existen casos en que, si bien la operación está comandada por alguna organización internacional, la estrategia política fue definida por la UE (Kosovo y Líbano, por ejemplo). El autor agrega que esto debió suceder en Libia, la Unión debió asumir el control y la dirección política de todas las acciones, aunque las

---

38 Agencia Europea para la Gestión de la Cooperación Operativa en las Fronteras Exteriores de los Estados miembros de la Unión.

39 El 1 de abril de 2011 el Consejo adoptó una decisión para iniciar la operación EUFOR *Libya* con el objetivo de asegurar la movilidad de las personas desplazadas y apoyar a las agencias humanitarias en Libia, pero sólo a petición de la OCHA. La petición nunca llegó y la Unión tampoco hizo mucho más que la declaración (Koenig, 2011:5-6).

operaciones militares estuvieran bajo el mando de la OTAN, porque, eventualmente, la política europea hacia Libia se va a definir a nivel de la UE —en el marco de la PEV. Por su parte, Brattberg (2011) afirma que Libia demostró la vacilación de la Unión para asumir la responsabilidad en su vecindario, y agrega que ésta no puede depender de la OTAN para su seguridad, por lo que una opción debe ser hacerlo por medio de la propia Unión. Prácticamente todos coinciden en que Libia provocó un sentimiento de *déjà vu*, para muchos, esto significa que la política exterior europea no ha tenido ningún avance sustancial desde la crisis de los Balcanes.

A partir de los argumentos teóricos presentados, la crisis libia reflejó que la identidad de política exterior europea es, hasta cierto punto, esquizofrénica en tanto que se tienen dos niveles de identidad que no siempre convergen porque tanto la UE como su identidad están en construcción. Es cierto que la capacidad de respuesta de la Unión fue lenta porque tuvo que llegar a un entendimiento común al interior antes de salir al exterior —algo que es más fácil de lograr en un Estado tradicional. Sin embargo, después la política exterior empezó a funcionar de manera adecuada y reflejó la identidad europea. Todas las declaraciones, decisiones, regulaciones, etcétera, adoptadas incluyen los valores de la Unión (protección de los derechos humanos, democracia, estado de derecho, no discriminación); además, se puede observar en todo momento el interés europeo de actuar con base en la noción de multilateralismo efectivo: constantemente se hace énfasis en la importancia de cooperar con Naciones Unidas y otras organizaciones internacionales, como la Unión Africana y la Liga Árabe, e incluir a Libia en los mecanismos de cooperación de la región (Unión por el Mediterráneo, PEV).

Asimismo, la Unión ejerció su poder normativo en Libia. De hecho se identifican cinco de las categorías de difusión de normas de Manners. Hubo contagio porque los rebeldes árabes buscaban adoptar un modelo democrático semejante al europeo; hubo difusión informativa por medio de las comunicaciones de la Unión; hubo transferencia por el apoyo en términos de asistencia técnica, ayuda financiera, etcétera; hubo difusión abierta desde el momento en que se abrió una oficina en Bengasi y, más tarde, cuando se abrió una Delegación en Trípoli; hubo filtro cultural porque se establecieron contactos personales, incluso se mencionó que gran parte del apoyo brindado era para que los mismos libios pudieran llevar a cabo las reformas necesarias. La única categoría ausente, la difusión procesal, no se llevó a cabo durante la crisis, pero la Unión retomó el objetivo de adoptar un Acuerdo de Asociación para reiniciar las negociaciones una vez que la situación en Libia lo permitiera. Además, la UE incluyó en todo momento la condicionalidad como elemento clave para cualquier tipo de relación con Libia.

Por lo que se refiere al "fracaso" militar de la Unión, no hay que olvidar que, como dijo Manners, la UE es lo que es. Y es una potencia normativa que no está interesada en convertirse en potencia militar. Por supuesto que los europeos buscan proteger su seguridad y cuidar sus fronteras, por eso quieren que haya estabilidad en su vecindario, pero lo buscan por medio de la difusión de sus valores. Es un hecho que no logró ser más asertiva en el ámbito internacional en el caso de Libia, al no ser capaz de contribuir de manera más directa en la resolución de la crisis, pero se debe reconocer que, cuando se trata de apoyo para la reconstrucción —como ocurre ya en Libia y ocurrió en los Balcanes— la Unión es muy efectiva; es entonces cuando ejerce su poder normativo, muestra su identidad y cumple con sus intereses, porque en este tema las normas de la Unión son compartidas.

Lo anterior no quiere decir que no existen áreas donde la Unión puede reforzar su identidad de política exterior. Si no quiere ser una potencia militar —o no puede, debido a que la política exterior no está del todo desarrollada—, debe mejorar sus mecanismos para actuar como potencia normativa, pero de manera más eficiente y asertiva.

La crisis libia presenta una oportunidad para la UE, en el sentido de permitirle cambiar su lenguaje, comunicarse de forma diferente con Libia (y con otros Estados árabes) y escuchar sus necesidades para que la identificación entre los actores sea mayor y entonces pueda ejercer con éxito ese poder normativo.

La crisis de Libia tiene importantes implicaciones para la identidad de política exterior europea y el futuro de sus Relaciones Internacionales. Sin embargo, dado que la situación es muy reciente, todavía no se pueden identificar del todo los resultados de la participación europea.

FUENTES

Ashton, C. (2011a). *Declaration by the High Representative, Catherine Ashton, on behalf of the European Union on events in Libya* (6795/1/11). Presse 33. Bruselas (20.02.2011).

Ashton, C. (2011b). *Catherine Ashton EU High Representative for Foreign Affairs and Security Policy and Vice President of the European Commission Remarks at the Senior officials' meeting on Egypt and Tunisia*. Speech/11/122, Bruselas (23.02.2011).

Ashton, C. (2011c). *Remarks by High Representative Catherine Ashton ahead of the Foreign Affairs Council.* A116/11. Bruselas (21.03.2011).

Ashton, C. (2011d). *Remarks by EU High Representative Catherine Ashton at the opening of the EU Office in Benghazi.* A198/11. Bengasi (22.05.2011).

Babington, D. (20.02.2011). Berlusconi under fire for not "disturbing" Gaddafi. *Reuters*. Recuperado el 20 de agosto de 2012, de: http://reut.rs/fGTo95

Barnett, M. N. (1996). Identity and Alliances in the Middle East. En Katzenstein, P. J. (ed.). *The Culture of National Security: Norms and Identity in World Politics* (400-447). New York: Columbia University Press.

Barroso, J. M. D. (13.07.2011). *Statement by President Barroso following his meeting with Mahmoud Jibril, Chairman of the Executive Board of the National Transitional Council of Libya*. Speech/11/521. Bruselas.

Biscop, S. (2011). Mayhem in the Mediterranean: Three Strategic Lessons for Europe. *Security Policy Brief, 19*. Egmont-Royal Institute for International Relations.

Boekle, H., Rittberger, V. & Wagner, W. (2000). *Norms and Foreign Policy: Constructivist Foreign Policy Theory. Tübinger Arbeitspapiere zur Internationalen Politik und Friedensforschung, 34th*. Tübingen: Center for International Relations/Peace and Conflict Studies.

Brattberg, E. (2011). Opportunities lost, opportunities seized: the Libya crisis as Europe's perfect storm. *European Policy Centre Policy Brief*. Bruselas.

Chebakova, A. (2008). Theorizing the EU as a global actor: a constructivist approach. *ECSA-Canada Biennial Conference the Maturing European Union.* Edmonton, Alberta.

Council of the European Communities (1992). Council regulation (EEC) No. 945/92 of 14 April 1992 preventing the supply of certain goods and services to Libya. *Official Journal of the European Communities*, L101/53.
Council of the European Union (1993). Council Regulation (EC) No. 3274/93 of 29 November 1993 preventing the supply of certain goods and services to Libya. *Official Journal of the European Communities*, L295.
Council of the European Union (2004). 2609th Council Meeting External Relations. *Press Release* 12770/04 (Presse 276). Luxemburgo.
Council of the European Union (2011a). Council Decision 2011/137/CFSP of 28 February 2011 concerning restrictive measures in view of the situation in Libya. *Official Journal of the European Union*, L58/53.
Council of the European Union (2011b). Council Regulation (EU) No 204/2011 of 2 March 2011 concerning restrictive measures in view of the situation in Libya. *Official Journal of the European Union*, L58/1.
Council of the European Union.(2011c). Council Decision 2011/178/CFSP of 23 March 2011 amending Decision 2011/137 CFSP concerning restrictive measures in view of the situation in Libya. *Official Journal of the European Union*, L78/24.
Council of the European Union (2011d). *Council conclusions on Libya, 3117th Foreign Affairs Council meeting*. Luxemburgo, 10.10.2011.
Council of the European Union (2011e). *Council conclusions on Libya, 3124th Foreign Affairs Council meeting*. Bruselas, 14.11.2011.
Council of the European Union (2011f). *Responding to the Challenge of Stabilisation in post-conflict Libya*. Memo/11/576. Bruselas, 01.09.2011.
Council of the European Union (23.07.2012). *Council conclusions on Libya, 3183rd Foreign Affairs Council meeting*. Bruselas.
Denkler, T. (18.03.2011). Libyen, Westerwelle und Deutschlands Enthaltung. Der Krisen-Profileur. *Süddeutsche Zeitung*. Recuperado el 20 de agosto de 2012, de: http://bit.ly/eBccwA
Dunne, T. (1995). The Social Construction of International Society. *European Journal of International Relations, 1*(3), 367-387.
Emerson, M. & Noutcheva, G. (2005). From Barcelona Process to Neighbourhood Policy. Assessments and Open Issues. *CEPS Working Document, 220* (March).
European Commission (2004). Communication from the Commission: European Neighbourhood Policy. *Strategy Paper*. COM (2004) 373 final. Bruselas.
European Commission (2009). *Libya Strategy paper & National indicative programme 2011-2013*, en: http://bit.ly/paeSfH
European Council (20.04.2011). Extraordinary European Council Meeting, 11 March 2011. European Council Declaration. EUCO 7/1/11 Rev 1. Bruselas.

Finnemore, M. & Sikkink, K. (1998). International Norm Dynamics and Political Change. *International Organization, 52*(4), 887-917.

Galariotis, I. F. (2008). The Theoretical and Empirical Application of Social Constructivism in EU's Foreign and Security Policy. *Cyprus Center of European and International Affairs*, Paper 2008-04.

Gillespie, R. (1997). Northern European Perceptions of the Barcelona Process. *CIDOB d'Affers Internacionals, 37*, 65-75.

Guzzini, S. (2000). A Reconstruction of Constructivism in International Relations. *European Journal of International Relations, 6*(2), 147-182.

Hill, C. (1993). The Capability-Expectations Gap, or Conceptualizing Europe's International Role. *Journal of Common Market Studies, 31*(3), 305-328.

Hill, C. & Smith, K. E. (eds.) (2000). *European Foreign Policy. Key documents* (Taylor & Francis e-library ed.). London: Routledge.

Hopf, T. (1998). The Promise of Constructivism in International Relations Theory. *International Security, 23*(1), 171-199.

Jepperson, R. L., Wendt, A. & Katzenstein, P. J. (1996). Norms, Identity, and Culture in National Security. En Katzenstein, P. J. (ed.). *The Culture of National Security: Norms and Identity in World Politics* (33-78). New York: Columbia University Press.

Joffé, G. & Paoletti, E. (2010). *Libya's foreign policy: drivers and objectives*. Washington D.C.: German Marshall Fund of the United States.

Johansson-Nogués, E. (2008). The construction of an EU foreign policy identity: Identitarian resonance and dissonance in the European Union's relations with the Mediterranean, Northern European and Western Balkan borderlands. (Tesis doctoral no publicada). Barcelona: Universidad Autónoma de Barcelona, Bellaterra.

Karacasulu, N. & Uzgören, E. (2007). Explaining Social Constructivist Contributions to Security Studies. *Perceptions, 12*, 27-48.

Katzenstein, P. J. (1996). Introduction. En Katzenstein, P. J. (ed.). *The Culture of National Security: Norms and Identity in World Politics* (1-32). New York: Columbia University Press.

Knigge, M. (06.07.2010). Should Europe even try to speak with one voice on foreign policy? *Deutsche Welle*. Recuperado el 20 de agosto de 2012, de: http://bit.ly/12xPJdl

Koenig, N. (2011). The EU and the Libyan Crisis: In Quest of Coherence? *Istituto Affari Internazionali* (IAI), Working Paper 11/19.

Kowert, P. & Legro, J. (1996). Norms, Identity, and Their Limits: a Theoretical Reprise. En Katzenstein, P. J. (ed.). *The Culture of National Security: Norms and Identity in World Politics* (451-497). New York: Columbia University Press.

Manners, I. (2002). Normative Power Europe: A Contradiction in Terms? *Journal of Common Market Studies, 40*(2), 235-258.
Manners, I. (2004). Normative Power Europe Reconsidered. CIDEL *Workshop From civilian to military power: the European Union at a crossroads?* Oslo.
Manners, I. (2011). *European communion: political theory of European Union.* Paper prepared for the Biennial Conference of the US European Union, European Studies Association (EUSA). Boston.
Miles, O. (2008). Libyan policy is deliberatively unpredictable. *Middle East Round Table Libya, Europe and Regional Security, 9*(6).
Moss, D. (2008). Radical change will not occur. *Middle East Round Table Libya, Europe and Regional Security, 9*(6).
Nugent, N. (2003). *The Government and Politics of the European Union* (5th ed.). Hampshire: Palgrave Macmillan.
Onuf, N. (1998). Constructivism: A User's manual. En Kubálková, V., Onuf, N. & Kowert, P. (eds.). *International Relations in a Constructed World* (58-78). New York: M. E. Sharpe.
Papandreou, G. A. & Patten, C. (26.05.2003). We will not astonish you. *Haaretz.* Recuperado el 20 de agosto de 2012, de: http://bit.ly/1dG9fJL
Pinafri, M. (2012). The EU in Libya, one year on. *IPRIS Maghreb Bulletin*, 13.
Prodi tells Gaddafi: conditions for visit to Brussels not yet met (2000). *RAPID Press Releases,* IP/00/72. Bruselas.
Risse, T. (2012). Identity Matters: Exploring the Ambivalence of EU Foreign Policy. *Dahrendorf Symposia Series*, Working Paper 2012-09.
Ruggie, J. G. (1998). What makes the world hang together? Neo-Utilitarianism and the Social Constructivist Challenge. *International Organization, 52*(4), 855-885.
Smith, K. E. (2003). *European Union Foreign Policy in a Changing World.* Cambridge: Polity press.
Sterling-Folker, J. (2006). Constructivist Approaches. En Sterling-Folker, J. (ed.). *Making Sense of International Relations Theory* (115-122). Boulder, Colorado: Lynne Rienner Publishers.
Szabó, K. T. (2006). Libya and the EU. *Center for EU Enlargement Studies*. Working Paper 7/06. Budapest: Central European University.
Tonra, B. (2003). Constructing the Common Foreign and Security Policy: The Utility of a Cognitive Approach. *Journal of Common Market Studies, 41*(4), 731-756.
Urwin, D. K. (2008). The European Community: From 1945 to 1985. En Cini, M. (ed.). *European Union Politics* (2nd ed.) (13-29). Oxford: Oxford University Press.

Van Rompuy, H. (23.02.2011). *Statement by Herman Van Rompuy, President of the European Council, on the developments in the EU's Southern neighbourhood*. PCE 048/11. Praga.
Wendt, A. (1992). Anarchy is What States Make of It: The Social Construction of Power Politics. *International Organization, 46*(2), 391-425.
Wendt, A. (1995). Constructing International Politics. *International Security, 20*(1), 71-81.
Wendt, A. (1996). Identity and Structural Change in International Politics. En Lapid, Y. & Kratochwil, F. (eds.). *The Return of Culture and Identity in IR Theory* (47-64). Boulder: Lynne Rienner Publishers.
Youngs, R. (2005). *Ten years of the Barcelona Process: A Model for Supporting Arab Reform?* FRIDE Working Paper 2.
Zehfuss, M. (2001). Constructivism and Identity: A Dangerous Liaison. *European Journal of International Relations, 7*(3), 315-348.

Documentos oficiales *(disponibles en http://europa.eu)*

Tratado de la Comunidad Económica Europea (1957)
Reporte Davignon (1970)
Acta Única Europea (1987)
Tratado de Ámsterdam (1999)
Tratado de la Unión Europea (1992)
Tratado de Lisboa (2007)
European Security Strategy [EES] (2003).

Capítulo 8

LA RESTRUCTURACIÓN INSTITUCIONAL LIBIA: APLICACIÓN DEL CONSTRUCTIVISMO

ALEJANDRO FIGUEROA RODRÍGUEZ

El presente capítulo presenta una corriente del constructivismo diferente a la utilizada en el capítulo anterior. Es un análisis de la formación de estructuras al interior del Estado libio. Para cumplir dicho objetivo, se presenta en primera instancia, un recuento del constructivismo a nivel internacional y una descripción de la variante interna utilizada. En segundo lugar, se describe el proceso de deconstrucción del régimen de Gadafi, explicado con el gobierno de transición y las tribus como agente estructural. Finalmente, se explica cómo se han ido construyendo las estructuras sistemáticas intersubjetivas y se enuncian unas breves conclusiones.

1. EL CONSTRUCTIVISMO

Desde el final de la década de los ochenta y el inicio de los años noventa, cuando el constructivismo fue introducido a las Relaciones Internacionales, los constructivistas encontraron en la escisión entre política exterior y política internacional un importante punto de partida. Los hacedores de política exterior como agente, de un lado, y la estructura del sistema internacional, del otro (Kubálková, 2001:21).

La llegada del constructivismo coincide con lo que se ha conocido como el Tercer Debate en Relaciones Internacionales, sobre los supuestos de la ciencia de los positivistas y su relevancia en los fenómenos sociales.

El constructivismo no es una corriente homogénea, se pueden identificar varias versiones, aunque es posible señalar puntos de acuerdo en el hecho de que el sistema político internacional puede ser construido, deconstruido, reconstruido o modificado por las prácticas de los agentes, Por ejemplo, Adler clasifica así las variantes del constructivismo: *modernista*, *posmodernista*, de *conocimiento narrativo* y de la *versión basada en reglas*; Ruggie, a su vez, clasifica identificando las ramas *neoclásica*, *posmoderna* y *naturalista*; Katzenstein, Keohane y Krasner concuerdan en que el constructivismo se subdivide en las explicaciones *convencionales*, *críticas* y *posmodernas* (citados en: Sánchez, 2010:8)[1].

Para todos los constructivistas la vida internacional es social. Los diferentes fenómenos sociales, es decir, las ideas, las normas, las reglas, las instituciones y el lenguaje, "median, se reproducen mutuamente, permiten y construyen una agencia y una estructura" (Sánchez, 2010:21).

Además, ven el mundo como un proyecto bajo construcción, "convirtiéndose en vez de ser" (Carlsnaes, 2002:96), porque la teoría "parte de una realidad dada" (Zehfuss, 2002:259) que se transforma conforme la sociedad cambia, es decir, construye al mismo tiempo que descubre. En una representación alterna, el constructivismo está en un terreno medio entre el racionalismo y el relativismo porque considera principios de ambos.

Todas las personas son, sin excepción, seres sociales y culturales, y el particular tipo de ser cultural y social que uno es afectará lo que se conoce. Por más duramente que se intente eliminar esa influencia, no podrá lograrse del todo.

La teoría también se caracteriza por resaltar la importancia de las normas y las estructuras materiales (Carlsnaes, 2002:38), aunque el comportamiento de los individuos está influido por lo intersubjetivo,

---

1 No se ahondará en este punto debido a que la lectura que se dará al tema del conflicto político-social en Libia únicamente echará mano de los preceptos generales del constructivismo, que serán mencionados a continuación.

más que por éstas. Los constructivistas argumentan que los recursos materiales sólo adquieren importancia para la acción humana, por medio de una estructura de conocimiento compartido en la que todos están involucrados (Farer, 2004:202).

También proponen construir un nuevo marco que conecte a agentes y estructura a tantos niveles como los primeros decidan al dar estructura a la agencia. Las condiciones estructurales proveen el contexto social en el que los agentes se encuentran y ponen los límites dentro de los que ejercen su juicio.

Será la estructura la que sentará los límites, más que otro marco *a priori*, de lo que es o no racional. El nuevo marco es una estructura social, un espacio abierto a la consideración de los humanos como criaturas sociales complejas con metas múltiples (a veces conflictivas) y una gran variedad de talentos y otros recursos disponibles.

El rasgo característico del constructivismo es mostrar que el sistema internacional no es una realidad dada a los actores del mismo y que el interés nacional no es un conato estático y prefijado independientemente de la interacción de los actores. Por el contrario, el sistema internacional es producto de lo que hacen éstos, y en ese hacer crean rasgos de identidad que definen sus intereses y su posición. "La seguridad de cada Estado dependerá, del esfuerzo por ahondar en los lazos de identidad que permitan una mayor cooperación y estimulen la supervivencia de instituciones eficaces a la hora de dirimir los conflictos" (Wendt citado en Zehfuss, 2002).

En cuanto al Estado, muchos constructivistas cambian el orden de la marcha. En lugar de comenzar con la estructura, que determina el interés del Estado, de la manera en que hacen los neorrealistas y neoliberales, proceden de la identidad al interés y del interés a la estructura. Después del "arreglo" constructivista, la estructura termina en una categoría inclusiva, llamada cultura que, sin embargo, parece estar marcadamente privada de contenido fuera de la identidad que da el Estado a cada uno en sus relaciones (Kubálková, 2001:21).

Además, los agentes se crean los unos a los otros como enemigos, rivales o compañeros y proceden a compartir las interpretaciones de sus respectivas identidades. También actúan de acuerdo a las expectativas mutuas. Si ellos mismos hacen lo que son en conjunto, entonces la "anarquía es", como Wendt observa, "lo que los Estados hacen de ella" (Wendt, 1992) y, partiendo de esto, la política exterior es lo que los Estados hacen de ella.

El constructivismo no asume la anarquía internacional como un hecho dado ni que la prioridad de la política internacional sea la preservación de la integridad territorial del Estado; considera que, gracias a las relaciones de identidad de los elementos del sistema, es posible crear un tipo de seguridad colectiva capaz de preservar los intereses de los actores internacionales. Desde la visión del constructivismo, esto hace referente central de la seguridad a la identidad de grupos, colectividades o instituciones que en el proceso de sus relaciones hayan constituido lazos infranqueables que determinan su posición y papel en el sistema.

A manera de síntesis, se dan los siguientes puntos, mediante los que puede lograrse una mejor comprensión de la teoría constructivista (Kubálková, 2001:23):

Base. Con el uso del verbo "construir", se intenta transmitir el rol activo de los individuos "construyendo" la realidad. A diferencia de algunas teorías de acción, el constructivismo mantiene que la construcción es inseparable del efecto que está siendo construido, esto es, las relaciones sociales, a su vez, construyen o co-constituyen a las personas como seres sociales.

Estatus ontológico del mundo. No se trata únicamente de un objeto de estudio, por el contrario, dado el mundo social está conformado por individuos, ellos le conceden diferentes significados y lo mantienen en una construcción constante.

Estatus ontológico de la gente. Individuos como agentes observadores de estructuras. Un agente es, o depende de, un ser humano capaz de elegir y actuar sobre su elección en algún tema social. El ser humano, como agente, puede crear personas ficticias como el Estado y subvencionar la agencia de estas personas.

Estatus ontológico del lenguaje. Es uno de los atributos universales de la especie humana (junto con el razonamiento); el acto discursivo expresa las ideas y lleva a la generación de hechos que forman patrones, que se traducen en reglas, y éstas, a su vez, crean agentes, es decir, un participante competente que influye y es hacedor del mundo en el que se desenvuelve.

Objetivo de la investigación constructivista. 1. Encontrar reglas e identificarlas en alguna de las tres categorías genéricas antes mencionadas; 2. Identificar agentes, instituciones y estructura; 3. Explicar su contenido (Kubálková, 2001:23).

Las características generales del constructivismo que se han descrito se enfocan al ámbito internacional. Puesto que el presente capítulo hace un análisis de la formación de estructuras al interior de Libia, se debe mencionar que en el constructivismo los intereses nacionales son definidos como "el resultado de las identidades sociales de los actores", siendo éstos una suma de la cultura de los diversos grupos (Dougherty & Pfaltzgraff, 2001:167). Los intereses e identidades están en movimiento continuo, por lo que también varían mientras el individuo reconstruye su realidad. A esto Wendt (1987) lo llama "estructuras sistemáticas intersubjetivas", que consisten en expectativas, conocimiento social y comprensión compartida.

El constructivismo destaca la influencia socio-política de la cultura, la identidad, los valores y el interés. Se centra en la importancia de las estructuras normativas y de ideas, porque "a través de ellas se forman las identidades sociales de los actores políticos" (Díez, 2007). Estas normas fungen como guía para el individuo, éste decide acatarlas o no.

Wendt menciona que el comportamiento de los individuos "está influido por lo intersubjetivo" (1987:14), puesto que está basado en los significados colectivos a través de los cuales los actores adquieren identidades.

Las personas son socialmente dependientes por naturaleza y sus identidades están constituidas por "las normas institucionales[2], valores e ideas del ambiente en el que se desenvuelven" (Reus-Smit, 2001:226); mientras que los agentes que gozan de una identidad colectiva "definen sus intereses basados en el sentimiento de solidaridad, comunidad y lealtad" (Wendt, 1996:52).

Los constructivistas se preocupan por demostrar que las identidades pueden modificarse a través de la interacción entre los agentes. Si bien Wendt nos recuerda que una vez que las identidades se establecen, los agentes suelen permanecer interesados en su mantenimiento (Wendt, 1992:411), en este capítulo se observará cómo éstas permanecen en constante movimiento.

Finalmente, es necesario puntualizar los pasos del ciclo constructivista. Vendulka Kubálková (2001:65) los ordena de la siguiente manera:

1. Los agentes observan estructuras (acuerdos sociales), por ejemplo, instituciones y sus consecuencias;
2. La gente utiliza el lenguaje (actos discursivos) para ejercer influencia sobre ella. El discurso se traduce en hechos y estos, revelan patrones llamados reglas;
3. Las reglas crean agentes y viceversa;
4. La gente crea, sigue y rompe reglas, esto se traduce en prácticas;
5. Las prácticas y sus consecuencias (intencionadas o no) se traducen en instituciones.
6. Las instituciones convierten a la gente en agentes, y éstos actúan dentro de las instituciones (actúan racionalmente en persecución de metas dentro de un alcance basado en información, elecciones, necesidades, deseos y recursos).

---

2 Consideradas como la base o la cultura de dicha institución. No necesariamente 'normas' en el sentido jurídico-coercitivo [con base en la teoría aquí presentada].

Con base en lo anterior, se presenta el análisis de la deconstrucción del régimen de Gadafi.

2. LA CAÍDA DEL ANTIGUO RÉGIMEN: ¿AUTÉNTICA DECONSTRUCCIÓN?

El desmantelamiento del régimen gadafista no esperó a la muerte del coronel, sino que se dio paulatinamente a partir del 15 de septiembre de 2011, fecha en que el presidente francés, Nicolás Sarkozy, y el premier británico, David Cameron, comenzaron una visita oficial a Trípoli. Se reunieron con Mustafá Abdulyalil y Mahmud Jibril, dirigentes del Consejo Nacional de Transición (CNT), para finalmente dar un discurso conjunto en la antigua Plaza Verde, sitio donde comenzó la represión del régimen el 17 de febrero de ese mismo año. La multitud los vitoreó. El mismo pueblo libio que habían interpuesto como justificación para llevar a cabo su intervención militar, los legitimó y, de esta forma, dio la espalda a quien les había impuesto interpretaciones de una realidad que no les correspondía.

Mientras tanto, Francia y Reino Unido, como agentes internacionales, lograron preservar sus intereses gracias a las relaciones de identidad que habían creado con Libia y que les había permitido forjar una idea de seguridad colectiva, sustentada estructuralmente por las acciones del Consejo de Seguridad de Naciones Unidas (CSNU), que el 16 de septiembre aprobó por unanimidad la Resolución 2009: un plan de acción para ayudar inmediatamente al CNT en el proceso de la celebración de elecciones y la redacción de una nueva Constitución, es decir, en la construcción de estructuras políticas que dieran sostén a las instituciones que habrían de regir Libia en el futuro inmediato.

Además, este documento fijó los pasos para desbloquear los fondos libios congelados desde hacía meses, casi el mismo tiempo que Berlín abogó por descongelar, siempre en beneficio del CNT y por ende, de la sociedad libia. De esta forma, quedó establecida la Misión de Apoyo de las Naciones Unidas en Libia (UNSMIL, por sus siglas en inglés) por un periodo inicial de tres meses, con el mandato de, entre otras cosas, buscar "entablar un diálogo político sin exclusiones, propiciar la reconciliación nacional y emprender el proceso constituyente y electoral". También estableció la ayuda para "afianzar la autoridad del Estado mediante el fortalecimiento de instituciones responsables y el restablecimiento de los servicios públicos", así como prestar "asistencia y apoyo a los esfuerzos nacionales libios para restaurar la seguridad y el orden públicos y promover el Estado de derecho" (CSNU, 2011). Es decir, lo que en Túnez y Egipto se estaba llevando a cabo por cuenta propia, en Libia contaría con la *ayuda*, legalmente instruida, del Sistema Internacional.

A esto, Said Haddad[3], en entrevista con *Le Monde*, mencionó que "los regímenes occidentales deben acompañar la transición, no supervisarla" y que "existe toda una ingeniería política que construir en Libia debido a que el sistema establecido desde hace cuarenta y dos años es un sistema paraestatal". Si bien desde su punto de vista son los libios quienes pueden garantizar la construcción de instituciones y estructuras confiables, ésta puede ser llevada a cabo "con la ayuda, si es que lo desean, de organizaciones internacionales" (Jean, 2011), aunque siempre desarrolladas a partir de las características históricas y culturales de la sociedad libia. No puede olvidarse que el individuo, Libia en este caso, posee una identidad y cultura únicas dentro del contexto social en que se desenvuelve, que sirven como una variante explicativa de las normas creadas a partir de dichas características; de basarse en conceptos impuestos, el sentido de arraigo y pertenencia se nulifica y, por ende, impide la construcción de estructuras lo suficientemente fuertes como para sostener las nuevas instituciones.

El mismo 16 de septiembre, la comunidad internacional, por medio de la Asamblea General de la Organización de Naciones Unidas (ONU), concedió el asiento de Libia al CNT, resultado de una votación

---

3 Maestro de conferencias en las escuelas de Saint-Cyr Coëtquidan, responsable de la sección *Libia* en la revista *El año del Magreb,* editado por el Instituto de Investigaciones y de Estudios sobre el Mundo Árabe y Musulmán (Iremam).

de 114 votos a favor y 17 en contra, estos últimos compuestos por los países de la Alianza Bolivariana para los Pueblos de Nuestra América (ALBA) y otros pequeños del Caribe. El embajador de Venezuela ante la ONU, Jorge Valero, siempre fiel al argumento enarbolado por la oficialidad de su país, calificó al órgano político que ocupa el asiento libio como "un grupo establecido bajo la dirección de los Estados Unidos y la OTAN [Organización del Tratado del Atlántico Norte] que no tiene autoridad legal ni moral" (AFP, 2011).

2.1. Gobierno de transición

Mustafá Abdulyalil, presidente del CNT, anunció el 3 de octubre la formación de un gobierno provisional que marcaría el comienzo de la liberación de Libia y la transición.

El 20 de octubre, el Consejo dio a conocer que Muammar Gadafi había muerto en manos de los revolucionarios. Las imágenes del coronel, golpeado, bañado en sangre y humillado, dieron la vuelta al mundo en cuestión de horas.

Los gobiernos de las naciones que participaron en la intervención mostraron su beneplácito ante los acontecimientos. En un comunicado conjunto, el presidente del Consejo Europeo, Herman van Rompuy y el jefe de la Comisión Europea, José Manuel Barroso, afirmaron que la muerte del antiguo líder marcaba el fin de una era de despotismo y represión.

Ante estos hechos, diversos cuestionamientos surgieron en los medios masivos de comunicación sobre la ética en el proceder de los rebeldes. Es decir, si la manera en que fue asesinado había sido justificada por los actos represivos que el Coronel comandó a lo largo de su régimen. El constructivismo, lamentablemente, no puede responder a estos cuestionamientos porque no toma en cuenta la moral ni la ética de las personas.

Tras la muerte de Gadafi se aceleró el desarme de los insurgentes. El gobierno de transición declaró oficialmente la liberación de Libia el domingo 23 de octubre. Cuatro días después, el Consejo de

Seguridad puso fin a la zona de exclusión aérea establecida por la resolución 1973 (ONU, 2011) y a las acciones militares para proteger a los civiles en ese país.

La misión de la OTAN —"una de las más exitosas en la historia de la Alianza", en palabras de su secretario general, Anders Fogh Rasmussen (Klaussner, 2011)— terminó oficialmente el 31 de octubre.

El 22 de noviembre el CNT aprobó el nuevo gobierno libio propuesto por el primer ministro Abderrahim al-Kib. Dicho gobierno estaba compuesto por veinticuatro ministros —entre los que se encontraban tres mujeres— y tuvo como tarea inicial organizar las elecciones parlamentarias que debían llevarse a cabo a más tardar en mayo de 2012. Sin embargo, como se abordará en el subtema 3.1, la instauración de un nuevo cuerpo gubernamental no significó la deconstrucción sistemática del antiguo régimen. Por el contrario, a pesar del optimismo que imperaba, viejas prácticas como la opacidad en las finanzas públicas y la corrupción política fueron una constante. Dos fueron los puntos sobre los que se debió poner mayor atención: la estructura social y la estructura política interna.

2.2. Las tribus, un agente estructural

Para abordar la complejidad del problema potencial que puede encarnar la estructura social libia basada en tribus, se utilizará el ejemplo de los bereberes, quienes hicieron frente al optimismo rampante del CNT apenas habiendo triunfado la revolución. La tribu exigió un reconocimiento oficial a su *derecho de existir* (Plantade, 2011). Ignorados y maltratados por el antiguo régimen, ahora mostrarían su fortaleza social. El lunes 26 de septiembre de 2011, en una conferencia dentro del hotel Rixos de Trípoli, un grupo asumido como representante de la tribu, solicitó que su idioma, el tamazight, fuera reconocido como oficial en igualdad con el árabe.

Muammar Gadafi jamás ocultó su odio hacia los bereberes, quienes se llaman a sí mismos imazighen. De hecho, en 1985, el coronel declaró que el imazigh era un veneno. En 1997, afirmó que los defensores de dicha lengua eran "colaboradores de Francia, Estados Unidos e Israel" (Plantade, 2011), acusaciones penadas con la muerte. Hasta la caída de Trípoli, numerosos artistas y militantes culturales de dicha etnia permanecían prisioneros o en el exilio.

No es casualidad, entonces, que los imazighen, quienes representan casi 10% de la población libia, desempeñaran un papel medular durante la revolución. Sin embargo, para los imazighen el bosquejo de Constitución que publicó el CNT a principios de agosto de 2011 resultó una decepción. Aunque el artículo primero evoca los derechos lingüísticos y culturales de las minorías, consagra al árabe como único idioma oficial (Plantade, 2011).

Cubierta por todos los medios informativos libios, la conferencia del 26 de septiembre resultó sorpresiva en un país donde unas semanas antes la evocación del idioma tamazight podía conducir a prisión. Con el fin de mantener la presión sobre el CNT, los militantes imazighen organizaron dos días después, el 28 de septiembre, una imponente manifestación en la Plaza de los Mártires, antigua Plaza Verde, en pleno corazón de Trípoli y viejo símbolo de identidad del régimen. El suceso convocó a varios miles de personas ondeando banderas imazighen y gritando arengas a favor del reconocimiento de su idioma y cultura. Algo nunca antes visto en Trípoli.

Fethi Benkhelifa explica las dificultades a las que se enfrentaría esta reivindicación[4]: los libios no tienen ninguna experiencia de debate político, ni de la pluralidad. Debido a la naturaleza del régimen de Gadafi, no existe ninguna sociedad civil. Es extremadamente difícil hacer comprender los argumentos a favor del idioma tamazight. La noción de que los libios pueden ser diferentes y unidos a la vez es muy complicada de lograr en un país que emerge de décadas de política unanimista (Plantade, 2011)[5].

---

4 Originario de Zuara, militante bereber y exiliado político, consejero del CNT y presente en la conferencia en Trípoli.

5 Corriente literaria vanguardista que intentaba crear una literatura que representara el alma total de las masas.

Ante el riesgo de un escenario de violencia en el país, como sucedió en Irak, que contribuiría a las reivindicaciones bereberes, Fathi Buzakhar se mostró contundente[6]: "la cuestión de la oficialización de nuestro idioma es política y deseamos resolverla políticamente, no militarmente. [...] Todos los libios son nuestros hermanos" (Plantade, 2011).

Ante esto, surge la propuesta de instituir el federalismo[7], siguiendo un modelo de autonomías regionales similar al de España. Sin embargo, esta solución podría no ser la más viable, por el simple hecho de que pocas veces resulta positivo implementar políticas ajenas a las necesidades políticas específicas, producto de una construcción social propia. En otras palabras, la organización social a construirse en Libia debería basarse única y exclusivamente en la identidad tribal que caracteriza al país. Sin embargo, el Consejo, en su afán de construir una gran base social homogénea que dé sustento a la nación libia, ha pasado esto por alto.

Al ignorar las necesidades y exigencias particulares de cada tribu, el nuevo gobierno corrió, desde un principio, el riesgo de cometer los errores del régimen anterior, es decir, a pesar de que las ideas y los agentes que las generan han cambiado (no en todos los casos), era altamente probable que las reglas y las prácticas no sufrieran alteraciones sustanciales, por lo que el descontento social permanecería latente con el riesgo de resurgir, como sucedió meses después.

---

6 Quien presidiera la conferencia del 26 de agosto en Trípoli.

7 El 5 de marzo de 2012, notables de la ciudad de Bengasi propusieron compensar la falta de efectividad de la autoridad central del CNT solicitando delegar ciertos poderes a poderes subestatales como el gobierno autónomo de la provincia de Cirenaica (Pack, 2012). Más tarde, el 3 de noviembre del mismo año miles de manifestantes salieron a las calles de Bengasi a exigir autonomía del poder central de Trípoli (*Euronews*, 2012).

3. ESTRUCTURAS SISTEMÁTICAS INTERSUBJETIVAS: EXPECTATIVAS E INTERESES EN MOVIMIENTO

En materia de estructura política, los riesgos se han concentrado en tres vertientes principales: 1) la ineficacia del CNT ante los retos del nuevo Estado; 2) la aparición de las milicias; y 3) el debate que se sostiene entre centralismo y federalismo. Cada uno será analizado a continuación.

3.1. El CNT: agente constructor de un nuevo sistema

El Consejo, como agente deconstructor del antiguo régimen y forjador de un nuevo paradigma, pasó por un momento crucial debido a la falta de credibilidad que se generó y prevaleció entre la sociedad. Las altas expectativas entre los ciudadanos por un cambio inmediato y la falta de asertividad por parte de los miembros del Consejo al tomar decisiones pusieron en entredicho su capacidad para llevar las riendas del país. El ejemplo más reciente, se observa en el desarrollo de las elecciones en Libia, que originalmente se llevarían a cabo el 19 de junio y fueron pospuestas para el 7 de julio. La decisión, que siguió a los constantes rumores que desde abril se escapaban de la Comisión Electoral de Libia, fue justificada como errores de logística. Sin embargo, la ciudadanía no tardó en asumir que el Consejo era incapaz de establecer una administración efectiva y funcional, lo que mermó cada vez su menguante legitimidad.

Hay que tomar en cuenta que los días que antecedieron al anuncio fueron de violencia en alto grado. El 5 de junio de 2012, milicianos de Tarhuna, localidad a 50 kilómetros al sur de Trípoli, tomaron por asalto el aeropuerto internacional, razón por la que el presidente Mustafá Abdulyalil cedió inmediatamente a su exigencia de liberar a su líder encarcelado. La noche del 12 de junio, fue bombardeado el consulado estadounidense en Bengasi y, en el mismo tenor, el 14 de junio, una manifestación de salafistas e islamistas armados, que exigían la implementación inmediata de la Sharia, se llevó a cabo a lo largo del malecón de Bengasi (Pack, 2012).

Aunque durante la revolución parecía que todos los intereses eran uno solo —derrocar al dictador en busca de un país libre—, se debe tomar en cuenta que dentro del constructivismo los intereses e identidades se encuentran en movimiento continuo, es decir, se transforman conforme el individuo va construyendo, reconstruyendo y deconstruyendo su realidad. Entonces, no debe extrañar la aparición de diferencias, sobre todo cuando se trata de una sociedad multiétnica en la que la identidad soberana (fundada en la raíz tribal del país) se encuentra tan arraigada que la defensa de los intereses grupales se coloca en un nivel superior (Wendt, 1996:53-4).

Era evidente que la inconformidad crecería si se comparaban los ciclos de construcción democrática que se estaban viviendo en Egipto y Túnez, donde se llevaron a cabo elecciones en tiempo y forma. Sin embargo, debe observarse que, tanto egipcios como tunecinos, echaron mano de instituciones previamente establecidas y legitimadas, mientras que en Libia era inexistente una estructura institucional que validara la construcción y establecimiento de nuevas ideas, acciones y reglas. Durante el régimen de Gadafi las acciones para nulificar la posibilidad de crecimiento de un agente que pudiera hacer sombra al coronel, llevaron al establecimiento, en la práctica, de un sistema unipersonal, por lo que, mientras los egipcios contaban con el ejército como agente de transición legitimado, Libia no contaba al término de la revolución ni siquiera con esa opción.

El mayor problema radicó en que el CNT mostró ser autocomplaciente y débil, y que su estructura se encontraba conformada por gran número de fieles a Gadafi, incluyendo a oficiales del aparato de seguridad y embajadores que permanecieron en sus puestos. El hombre que había dirigido la oficina de Hannibal Gadafi, hijo del dictador, era parte del Consejo.

Pero no sólo eso, el CNT utilizó políticas muy parecidas a las de Gadafi, como el incremento de salarios para mantener a la población feliz, al tiempo que previno que cualquiera de sus miembros ganara autoridad personal (Hill, 2012).

Estas acciones recuerdan una constante del antiguo régimen, la incongruencia entre el discurso y la acción[8]. Para que el ciclo constructivo pueda seguir su curso es necesario que las ideas, o el discurso, se traduzcan en hechos; la no consecución de estos pasos puede tener como resultado dos caminos: a) el estancamiento; b) el salto a un paso adelante en el ciclo constructivo, es decir, pasar de las ideas a la práctica, al establecimiento de reglas o incluso a la creación de estructuras e instituciones que, al no contar con una base que dé congruencia o legitimidad a la realidad construida (que aporta la acción), ésta permanece endeble y fácilmente desmantelable. Tal fue el caso de la realidad gadafista.

Como arquetipo, se puede citar la fallida instalación del sistema judicial libio, ejemplificado en el juicio de Saif al-Islam, que no se ha llevado a cabo, como sucede con otros personajes que sirvieron y se mantienen fieles al coronel, a pesar de que esto representa alta traición a la patria.

Y es que "si no has activado la rama judicial [dice Gelal Gelali, antiguo vocero del comité de asuntos de comunicación del CNT] entonces básicamente tenemos una dictadura, pero sin ejército" (Hill, 2012).

El Consejo recibió advertencias sobre no aceptar colaboradores de Gadafi entre sus filas, como las de Awad El Feituri —activista expatriado víctima del régimen después de que incendiaran su casa en 1984— porque, a pesar de que pudieran trabajar con las mejores intenciones, siempre caería sobre ellos la sospecha pública. Y es que varios agentes que desempeñaron un papel fundamental a lo largo del

---

8 Como ejemplo, en enero de 1971 Gadafi anunció que Libia se encaminaría hacia un sistema de gobierno popular. Sin embargo, el intento de movilización de la población desde la cúpula de poder no surtió el efecto esperado, en gran medida por querer crear una estructura sin la participación esencial de la sociedad, siendo la acción de ella misma la base de toda construcción institucional. Así, contrario al discurso de "empoderamiento popular y de gobierno del pueblo", el poder real seguía firmemente en manos del CCR (Moya, 2011:11-12).

régimen de Gadafi y posteriormente se volvieron insurgentes, formarían parte medular del gobierno de transición y, muy probablemente, ahí permanecerían después de las elecciones parlamentarias. ¿Un verdadero cambio estructural e institucional podría ser construido a pesar de la inmovilidad de los agentes? ¿Aquellos que participaron en un régimen caracterizado por su autoritarismo, excesos y corrupción podrían encabezar ahora, a tan poco tiempo de distancia, un gobierno propositivo, vanguardista, incluyente y respetuoso de las garantías individuales de sus ciudadanos?

Es por esta razón, entre muchas otras, que los libios veían en el Consejo a un cuerpo no elegido democráticamente, que no era transparente y que actuaba, en ocasiones, abusando de su poder. En palabras de El Feituri, el gobierno se encontraba paralizado, por la falta de congruencia entre ideas y acción.

Sin embargo, a pesar de la existencia de reglas asumidas o formalmente establecidas, éstas únicamente ofrecen opciones a los agentes, con cierta indicación de lo que se espera ganar si se cumplen (Onuf, 2002:132) o el costo de no hacerlo; está en cada agente la decisión de seguirlas o no.

A pesar de esta justificación, la teoría confirma que, con la permanencia de estas prácticas, el Consejo sólo mina la identidad común que la sociedad libia sentía hacia él. Se infiere que entre los agentes existen ideas de tiempo, lenguaje, mecanismos de resolución de conflictos, etcétera, similares entre sí; al desaparecer, uno de los agentes inicia la construcción de un camino tangente al del ciclo preestablecido, creando un ambiente de inestabilidad.

Eric Nordstrom, un oficial de seguridad regional del Departamento de Estado de Estados Unidos, confirma esta tesis al asegurar que hacer tratos a largo plazo con el gobierno libio resultaría incierto porque "mientras hay algunas personas decentes" (Hill, 2012) dentro del gobierno, el liderazgo se mantiene cambiante. Quien lleva la batuta el día de hoy, tal vez después no se encuentre en ese mismo sitio.

La idea de que las cosas nada, o casi nada, han cambiado en Libia se afianza en el tema laboral, porque las oportunidades de que los jóvenes consigan un buen empleo no han sido modificadas con la caída del régimen. De acuerdo con la Oficina Económica y Comercial de España en Trípoli, 30% de la población económicamente activa se encontraba desempleada en 2008 (Oficina Económica y Comercial de España en Trípoli, 2008:5).

Existía la expectativa de que las primeras elecciones ayudarían a aligerar el malestar en torno al CNT, pero las dudas sobre si los libios se encontraban preparados para votar eran constantes. Esto es comprensible: durante más de 40 años no han tenido partidos políticos, la única fuerza verdaderamente organizada es la Hermandad Musulmana.

Si el pasado y el presente logran converger a favor del bien común de la sociedad libia, habrán dado una enorme lección sobre democracia al mundo árabe y a Occidente. De otra forma, la revolución del 17 de febrero habrá sido otro episodio fallido en su convulsionada historia.

3.2. *Las milicias: nuevos agentes, viejas prácticas*

Los miembros de las milicias, civiles poco entrenados enrolados durante la primavera de 2011 para pelear contra el régimen de Muammar Gadafi, se han convertido en la señal más visible de la debilidad del nuevo gobierno.

Para la gente "de a pie", al menos para un buen número, se trata de protectores del nuevo Estado, que se encuentra indefenso, al tiempo que permanece como un contrapeso necesario al Consejo que, como se ha mencionado, ha probado ser ineficiente. Sin embargo, para quienes son el blanco de las milicias, es decir, libios de raza negra, trabajadores emigrados de otras regiones de África y supuestos leales al régimen, las milicias representan el terror, el mismo que durante el régimen gadafista.

Los reportes de abusos sonaban ya desde el verano de 2011, cuando los entonces rebeldes salieron de Bengasi para dirigirse hacia Trípoli y se hicieron de poblados que no simpatizaban del todo.

Las milicias mantenían una conducta basada en secuestros y tortura que incluían golpes, maltrato psicológico y electrocuciones. En al menos doce casos, capturaron y torturaron a víctimas que murieron bajo su custodia. Estos arrestos y abusos extrajudiciales adquirieron este estatus a partir de una línea lanzada el 29 de noviembre de 2011 desde el Ministerio del Interior que prohibía todo arresto e interrogatorio por parte de los revolucionarios.

Las milicias expulsaron a personas de sus hogares, destruyeron propiedad privada y obligaron a comunidades enteras a desplazarse. El pueblo de Tawarga, al este de Trípoli, por ejemplo, prácticamente dejó de existir. Las casas fueron saqueadas y quemadas.

Los miembros de las milicias eran considerados los héroes de la revolución y sus armas e imagen mostraban que eran el grupo más poderoso fuera del Consejo. Además, los milicianos probaron no temer enfrentarse a los ministros del gobierno para defender sus intereses y necesidades.

Nuevamente, se observa cómo la identificación entre determinados sectores de la sociedad resulta crucial en el desarrollo de ciclos constructivos y que sólo logrando que las ideas se transformen en acciones contundentes, el engranaje de dichos ciclos se echa a andar. Si la sociedad se identificaba con las milicias, no con el Consejo, éstas contarían con la legitimidad para crear una estructura auténticamente fuerte.

3.3. Centralismo o federalismo: dos ciclos constructivos en disputa

Existía una distancia muy corta entre quienes se encontraban en desacuerdo con el gobierno central y aquellos que actuaban para debilitarlo. Esta distancia se pudo acortar más el día de las elecciones, cuando los libios tuvieron que elegir entre un sistema centralista o uno federal. Tuvieron que decidir entre el bien común de la nación o el de la comunidad. La identidad tribal se encuentra tan arraigada que fácilmente podría haberse adivinado el resultado. Tomando en cuenta que "las normas y el contexto social son una variable explicativa crucial" (Katzenstein, 1996:189), en Libia la dificultad del entorno forjó gente hirsuta, reticente a dejarse regir por reglas que permitieran la cohesión de las tribus, lo que dificultó la creación de instituciones nacionales.

Para la época de las elecciones, parecía que la idea de un Estado centralista perdía fuerza. A finales de febrero, Misrata, la tercera ciudad más grande del país, celebró elecciones para su consejo local, que frecuentemente se opone a la autoridad del CNT. A principios de marzo, el grupo de *notables* de Bengasi, capital de Cirenaica y segunda ciudad del país, anunció planes para establecer un gobierno autónomo en dicha región. A mediados de mayo, la ciudad celebró sus propias elecciones locales; algunos representantes con fuerte tendencia anticentralista consiguieron victorias representativas.

Esto, aunado a los constantes enfrentamientos violentos durante los meses anteriores a las elecciones, llevó a un llamado a la descentralización mediante la instauración de una autonomía regional, al estilo de Suiza o India.

Los analistas políticos advirtieron que el país estaba al borde de la fractura interna a la orden de líneas tribales y regionales; sugirieron propuestas sobre la descentralización como solución idónea (Pack, 2012b). Esto no era nuevo (el constructivismo advierte sobre el riesgo de la repetición de ciclos), en 1951, cuando Libia recién obtuvo su independencia, lo hizo como un Estado federal. Durante los doce años siguientes, cuatro gobiernos ocuparon dos capitales nacionales y cuatro regionales a partir de las que se rigió al país. El enlace entre ellos fue pobre, a menudo generó conflictos políticos. Tras la construcción de infraestructura moderna, a partir de la creación de la *National Oil Company*, las deficiencias del sistema federal se hicieron cada vez más evidentes. Finalmente, en 1963, el rey Idris convirtió a Libia en un Estado unitario. Para ese momento, la burocracia había crecido 12% por encima de la fuerza laboral, convirtiéndose entonces en la más elevada del mundo.

Entonces, en una lectura histórica constructivista consciente, un gobierno descentralizado implicaría, en el largo plazo, la creación de una excesiva burocracia y un ejercicio gubernamental poco práctico, a pesar de que en el corto plazo puedan verse satisfechos los intereses de los poderosos grupos regionales, forjados a raíz de una identificación positiva, en la que "el otro se convierte en una parte de sí mismo y se preocupa por su bienestar" (Wendt citado en Zehfuss, 2002:15).

Aunado a esto, hay que mencionar que el proyecto de Constitución dictado por el CNT consagra que las doscientas personas electas a la Asamblea Nacional seleccionarán a veinte miembros de cada una de las regiones, es decir, de Tripolitania, Cirenaica y Fezzan, para trabajar en el desarrollo de la nueva Constitución. Este método, impuesto por Reino Unido en 1951 a través del Alto Comisionado de la ONU, Adrian Pelt, para asegurar los intereses occidentales en Libia, daría mucho más peso a Fezzan y Cirenaica del que realmente tienen demográficamente, y afectaría severamente a Tripolitania.

Finalmente la elección parlamentaria del 7 de julio de 2012 resultó sorpresiva en dos ámbitos:

1. El proceso relativamente pacífico del mismo. De 1554 centros de votación, sólo 24 no operaron (Grecko, 2012);
2. Su resultado. Contrario a lo que se pensaba, la Hermandad Musulmana, por medio de su representante político libio Justicia y Construcción, no fue la triunfadora en los comicios. La Alianza de Fuerzas Nacionales, del ex primer ministro Mahmoud Jibril, obtuvo 39 de los 80 asientos asignados a los partidos políticos dentro de la Cámara, mientras que Justicia y Reconstrucción obtuvo sólo 17. Los 24 asientos restantes fueron ganados por partidos de poca representatividad. Los 120 asientos independientes pertenecen a ciudadanos sin una afiliación política clara (Libya Herald, 2012b).

Por otro lado, el 24 de septiembre de 2012, el gobierno de Bengasi, encabezado por el presidente Mohammed Magariaf, lanzó un comunicado para conminar a las milicias a disolverse, sin ofrecer algo a cambio, por lo que se espera que éstas sigan operando, en lo sucesivo, de forma ilegal.

CONCLUSIONES

El derrocamiento de Muammar Gadafi en octubre de 2011 significó la construcción desmedida de expectativas entre la sociedad libia, algo menos que conveniente y, sin embargo, muy natural.

La coyuntura que significó la revolución del 17 de febrero trajo consigo la aparición de nuevas ideas, dirigidas para crear un nuevo paradigma imposible de conseguir a corto plazo, en parte por la imposibilidad misma del Consejo y en parte por la inestabilidad del contexto social.

Los intereses de la sociedad libia fijaron normas —como expectativas colectivas acerca del comportamiento adecuado (Jepperson, Wendt & Katzenstein, 1996:54)—[9] sobre el CNT; éste, en lugar de actuar de acuerdo a ellas[10], aprovechó su flexibilidad[11] y permitió que su identidad permeara de acuerdo al contexto[12] que se desarrolló en los meses posteriores al fin del viejo régimen, lo que provocó la inconformidad de los antiguos rebeldes[13].

Las normas y el contexto histórico-social como variable explicativa crucial (Katzenstein, 1996:189) colocaron a Libia en una situación poco favorable en comparación con Egipto y Túnez porque no

9 Manejo transparente de las finanzas públicas, apertura democrática, eliminación de la corrupción y prácticas fraudulentas en el aparato gubernamental, procuración de la seguridad pública y la procuración y respeto a los derechos humanos.

10 "Los agentes actúan sobre la base de significado que objetos y otros actores tienen para ellos" (Wendt, 1992:396-7).

11 "Las normas no son órdenes, son pautas de comportamiento" (Santa Cruz, 2009:19).

12 "Una identidad adquirida no la establece como única o incambiable. Las identidades se construyen en múltiples contextos" (Santa Cruz, 2009:18).

13 "Los actores alteran el sistema a través de sus acciones habituales" (Hopf, 2002:10).

contaba con instituciones gubernamentales legitimadas que pudieran llevar de la mano al país por el sendero de la transición. Por el contrario, el régimen unipersonal que cooptó toda construcción de sociedad civil, organizaciones, instituciones y figuras públicas que pudieran hacerle sombra, terminó por dejar a la ciudadanía libia en el infantilismo político que alimentó el poder de Gadafi, pues las prácticas regularizadas, vínculo entre agentes y estructura, actúan como mecanismo de reproducción mutua (Santa Cruz, 2009:20).

Por otro lado, se busca distanciarse del resto del mundo árabe, al tiempo que se proclama una nación oficialmente islámica. Esto podría traer un conflicto de roles por la existencia de expectativas contradictorias adjuntas a una posición en la misma relación social (Stryker, 1980:73); las normas creadas a partir de esta coyuntura podrían necesitar desempeños incompatibles. Sin embargo, la no radicalización del discurso y la acción política son parte del camino correcto. A pesar de esto, el triunfo de la Hermandad Islámica por medio de la participación de diversos partidos religiosos podría conseguir alejar a Libia de los aliados occidentales que tantos beneficios han buscado conseguir con el derrocamiento del régimen.

A pesar de que no queda claro hacia dónde quieren dirigirse los Estados[14], sí está bien establecido qué es aquello que no quieren más: prácticas políticas corruptas, autocomplacencias burocráticas, excesos gubernamentales y falta de transparencia en finanzas públicas. Pero, ¿cómo evitar repetir los errores? Confianza, orgullo y lealtad —dice Kratochwil (2007:498)— son recursos importantes para resolver problemas colectivos. El idealismo tal vez no sea suficiente para sacar adelante la revolución que funcionó para quitar el tumor pero no para erradicar el cáncer.

Libia debe mantener un ciclo constructivo positivo, hacia adelante, desarrollar la construcción del interés nacional. Esto no sólo se basa en la estructura del sistema, también en los significados

---

[14] Según Shiffman (2005), los Estados no siempre saben lo que quieren, aunque adquieren preferencias cuando se relacionan con otros Estados.

colectivos que constituyen las estructuras que organizan (Wendt, 1992:401). Es decir, el país necesita la inmediata creación de instituciones nacionales fuertes y el desarrollo de los recursos humanos necesarios para mejorar la productividad y la competitividad de cara a la comunidad internacional en materia económica y la homologación de significados de asociación colectiva en aras de la producción de representaciones contingentes y contextualmente específicas del mundo (Weldes, 1996:381). Sólo de esta manera podrá ser establecida una estructura política sana, capaz de garantizar el movimiento naturalmente constante de la sociedad libia.

FUENTES

AFP & Le Monde (16.09.2011). Le CNT récupère le siège de la Libye à l'ONU. *Le Monde.* Recuperado en marzo de 2012, de: http://bit.ly/qwMU6M

Carlsnaes, W. (2002). Foreign Policy. En Carlsnaes, W., Risse, T. & Simmons, B. A. (ed.). *Handbook of International Relations* (331-349). London: Sage Publications.

Consejo de Seguridad de Naciones Unidas (16.09.2011). *Resolution 2009 (2011).* Recuperado en marzo de 2012, de: http://bit.ly/qDzQoz

Díez, E. (2007). Un análisis constructivista y una solución comunicativa, en *Global Affairs,* (3), en: http://bit.ly/17mJfkV

Dougherty, J. & Pfaltzgraff, R. (2001). *Contending Theories of International Relations: A Comprenhensive Survey* (5th ed.). EUA: Pearson.

Euronews (03.11.2012). Manifestación en Bengasi a favor de una Libia federal, en: http://bit.ly/14xbHT8

Farer, T. (2013). Estructurar la política exterior de la nación. *Diógenes,* 202.

Grecko, T. (13.07.2012). Libia: En las elecciones, triunfó el pragmatismo. *Proceso.* Recuperado en julio de 2012, de: http://bit.ly/LuQmvF

Hill, E. (17.02.2012). Shaky Libya stumbles at state building. *Al Jazeera.* Recuperado en marzo de 2012, de: http://aje.me/zZixvt

Hopf, T. (2002). *Social construction of international politics.* Ithaca: Cornell University Press.

Jean, A. (22.08.2011). Les régimes occidentaux doivent accompagner la transition, pas la superviser. *Le Monde.* Recuperado en marzo de 2012, de: http://bit.ly/nvYNnp

Jepperson, Wendt & Katzenstein (1996). Norms, identity, and culture in national security. En Katzenstein, P. J. (ed.). *The culture of national security:*

Norms and identity in world politics (51-59). New York: Columbia University Press.

Katzenstein, P. J. (1996). *The Culture of National Security: Norms and Identity in World Politics*. New York: Columbia University Press.

Klaussner, M. (31.10.2011). La OTAN sale de Libia: ¿misión cumplida? *Deutsche Welle*. Recuperado en marzo de 2012, de: http://bit.ly/14gfh3T

Kratochwill, F. (2007). Rethinking the 'inter' in international politics. *Millenium, 35*, 498.

Kubálková, V. (2001). Foreign Policy, International Politics, and Constructivism. En Kubálková, V. (ed.). *Foreign Policy in a Constructed World* (15-37). EUA: M. E. Sharpe.

Libya Herald (03.11.2012). Federalism backers rally in Benghazi. Recuperado en noviembre de 2012, de: http://bit.ly/SnQ51A

Libya Herald (17.07.2012b). National forces alliance sweeps party lists as election results finally announced, en: http://bit.ly/17mJpJd

Moya Mena, S. I. (2011). Libia: la caída del rey de reyes. *Análisis Político, 3*, 1-11.

Oficina Económica y Comercial de España en Trípoli (2008). *Libia. Informe Económico y Comercial*, en: http://bit.ly/18m30ue

ONU (2011). *S/RES/1973* (2011), Consejo de Seguridad.

Onuf, N. (2002). Worlds of Our Making: The Strange Career of Constructivism in International Relations. En Puchala, D. (ed.). *Visions of International Relations: Assessing an Academic Field* (119-141). EUA: Univesity of South Carolina Press.

Pack, J. (14.06.2012). Libya's missteps threaten descent into federalism, *en Al Jazeera*. Recuperado en junio de 2012, de: http://aje.me/OJJLAo

Pack, J. (b) (24.04.2012). Libya: NTC must assert itself and consign federalism to the dustbin of history. *African Arguments*. Recuperado en octubre de 2012, de: http://bit.ly/IkzWUg

Parvaz, D. (18.05.2012). Libyan women hope for gains in elections. *Al Jazeera*. Recuperado en mayo de 2012, de: http://aje.me/Kw21hC

Plantade, Y. (29.09.2011). A Tripoli, les Berbères réclament leur place dans la Libye nouvelle. *Le Monde*. Recuperado en abril de 2012, de: http://bit.ly/oB2jfN

Reus-Smit, Ch. (2001). Constructivism. En Burchill, S., Linklater, A., Devetak, R., Donnelly, J., Paterson, M., Reus-Smit, C. & True, J. (eds.). *Theories of International Relations* (3th ed.) (188-212). New York: Palgrave.

Sánchez, L. E. (09.2010). Constructivismo, clasificaciones y categorías. Conferencia. *Jornadas Internacionales: Poderes emergentes: ¿hacia nuevas formas de concertación internacional?* Argentina.

Santa Cruz, A. (2009). Introducción. En Santa Cruz, A. (ed.). *El constructivismo y las relaciones internacionales* (9-31). México: CIDE.

Shiffman, J. (2005). *The Emergence of Political Priority*. Washington: HPP.

Smith, S. (2001). Foreign Policy Is What States Make of It: Social Construction and International Relations Theory. En Kubálková, V. (ed.). *Foreign Policy in a Constructed World* (38-55). EUA: M. E. Sharpe.

Stryker, S. (1980). *Symbolic interactionism: A social structure perspective*. Menlo Park: The Benjamin Cummings.

Weldes, J. (1996). La construcción de los intereses nacionales. En Santa Cruz, A. (ed.). *El constructivismo y las relaciones internacionales* (367-417). México: CIDE.

Wendt, A. (1987). The agent-structure problem in international relations theory. *International Organization, 41*(3), 335-370.

Wendt, A. (1992). Anarchy is what state makes of it, the social construction of power politics. *International Organization, 46*(2), 391-425.

Wendt, A. (1996). Identity and Structural Change in International Politics. En Lapid, Y. & Kratochwil, F. (eds.). *The Return of Culture and Identity in IR Theory*. EUA: Lynne Rienner.

Zehfuss, M. (2002). *Constructivism in International Relations: The Politics of Reality*. Cambridge: Cambridge University Press.

Capítulo 9

ANÁLISIS REALISMO-CONSTRUCTIVISMO EN LIBIA Y DE LA DISCUSIÓN SOBRE LOS MODELOS DEMOCRÁTICOS. ¿UN REGRESO AL FUTURO PRETORIANO?

IMTIAZ HUSSAIN

PROLEGÓMENO: ¿PRIMAVERA ÁRABE O INVIERNO EN LIBIA?

Las teorías de las Relaciones Internacionales no se han utilizado para explicar la revolución libia acaecida en los años 2011-2012 y mucho menos para ayudar a predecir su futuro[1]. Más aún, lo que se ha dado en llamar primavera árabe[2], también escapa a cualquier explicación teórica por razones similares[3]. En una edición especial de la revista *Time*, "El Nuevo Medio Oriente: Después de la primavera árabe, el surgimiento de un mundo diferente", Bobby Ghosh (2012)

---

1 El término revolución es usado como lo utilizó Kissinger: el derrocamiento del *statu quo* sin tomar en cuenta la orientación ideológica (Kissinger, 1973).

2 La primavera árabe engloba a todos los movimientos antigubernamentales que aparecieron después de la rebelión en Túnez para protestar por el incidente de autoinmolación en diciembre de 2010.

3 Como se verá en este capítulo, las teorías basadas en el realismo no pueden explicar la revolución en Libia o la primavera árabe, dado que su variable dependiente recae en conceptos no realistas. Estos casos no se basan en poder o competencia entre Estados. El constructivismo se acerca a casi cualquier explicación en Relaciones Internacionales pero no hay una teoría que pueda explicar toda dinámica actual.

ofrece múltiples facetas —aunque traslapadas— de la primavera árabe:

a) se trató de un vehículo que rompió el "longevo arreglo político entre gobernante y gobernados";
b) se consideró una "explosión juvenil" en la que el grupo social que oscila entre 15 y 29 años llegó a convertirse en uno desproporcionadamente amplio;
c) fue la manifestación de un aliento revolucionario que, al mismo tiempo, careció de motivos religiosos, alimentado por la falta de oportunidades de trabajo, la "corrupción y la ineptitud", así como por fuerzas seculares globales que se entremezclaron, como la revolución de la información y los "revolucionarios" de Facebook;
d) se considera una más de las "crisis económicas globales".

Plausibles y sólidos como pudieran ser estos elementos causales, la combinación de ellos con los sentimientos anti-dictatoriales subyacentes (Kuran, 2011), que de manera irreversible desbordaron las demandas democráticas, además de la intervención de la Organización del Tratado del Atlántico Norte (OTAN), desmembraron al régimen de Gadafi, desangrándolo hasta su fallecimiento y generando una anarquía sin precedente. El trasfondo en las consecuencias de todo esto es que, considerando que no había un Estado lo suficientemente sólido para cultivar la democracia, se puede afirmar que ese Estado o no existía o no poseía soberanía interna o externa, por lo que es poco probable que emerja como organización sólida, mucho menos, que produzca el tipo de democracia que inspiró a la revolución.

Varias preguntas aparecen: si no es un Estado lo que existía en Libia, entonces, ¿qué forma de organización prevaleció y por qué desapareció de forma tan dramática? Dado que los deseos democráticos sirvieron como un catalizador de la revolución, ¿qué impide que éstos echen raíces y que el viejo orden autoritario sea eliminado?

En este capítulo se explora el caso del Estado libio después de la revolución desde la perspectiva de dos debates contemporáneos de las Relaciones Internacionales: el debate constructivismo *versus* realismo y el de la democracia surgida al estilo europeo frente al sistema democrático de Estados Unidos.

Primero se tomará en cuenta el elemento común en ambos debates: el Estado. Tres secciones abarca el presente capítulo: la primera resume los acontecimientos que tuvieron lugar en Libia desde febrero de 2011 (tomando 1963 como antecedente); la segunda parte interpreta estos acontecimientos a través de los lentes teóricos. La sección final une los hilos del "déficit democrático" de Libia para anticipar el surgimiento de un futuro Estado libio incluyente y legítimo. Las conclusiones a las que se llegue y las proyecciones que se citarán ayudarán a volver al punto de partida: las repercusiones de la primavera árabe que se citan al inicio de este texto.

Como un adelanto de estos hallazgos, se hace hincapié en la condición del Estado y de la democracia en Libia a través de los siguientes argumentos:

a) la ausencia de un Estado al estilo de Westfalia pone en peligro la existencia de cualquier otra modalidad de Estado, dada la imposibilidad de sustituir eficientemente las lealtades tribales preexistentes;
b) la variedad de Estado-nación que se desarrolló después de 1969 en Libia requiere de todo lo opuesto a la revolución para sobrevivir a la desaparición de un líder autoritario, lo que en la presente era post-Gadafi suena imposible de llevar a cabo;
c) el caso del Estado libio bajo la dictadura de Gadafi se hallaba traslapado entre los supuestos de las corrientes realistas y constructivistas y la zona intermedia a la que pertenece entre estas dos corrientes teóricas impide hallar una identidad clara de sus características básicas;
d) a falta de pre-requisitos democráticos o de tradiciones arraigadas, el camino que se espera que transite el Estado libio no refleja el patrón de desarrollo democrático de la Unión Euro-

pea ni el de Estados Unidos, lo que reproduce la misma zona gris que oscurece cualquier futuro derrotero que pueda llegar a tomar y anticipa una creciente anarquía.

1. LA CONSTRUCCIÓN Y DESTRUCCIÓN DEL ESTADO LIBIO

Que la revolución haya comenzado y se mantuviera en gran parte anclada en el este de Libia no fue un accidente histórico: Cirenaica se hallaba en el este, con Bengasi como su centro; Tripolitania en el oeste, con Trípoli como pivote y Fezán, la vasta extensión del desierto del sur. Todos fueron territorios históricamente demasiado divididos para hacer de ellos un Estado viable. Reunidos sólo por la fuerza después de 1969 con el golpe de Estado de Gadafi contra el rey Idris (durante su ausencia del país), la evasiva unidad de Libia fue alcanzada sólo en una ocasión previa, por los italianos que la conquistaron en 1934, tras 23 años de lucha. No fue sino hasta 1911, que el Imperio Otomano trató al moderno Estado de Libia como tres colonias separadas que, una vez que los italianos fueron expulsados, pasaron a formar parte de una monarquía laxa, bajo los auspicios de la ONU, en 1951 (*The New York Times*, 2012). Benito Mussolini trató a Libia, con palabras desdeñosas, como la "cuarta costa de Italia" (Cockburn, 2000). Libia carecía de una nacionalidad dominante para crear un Estado viable; cuando surgió la oportunidad de hacerlo, los cañones de Gadafi hablaron con más fuerza que los deseos de la gente. En comparación con Italia, tal y como lo cita uno de los fundadores del Estado italiano, Camilo Benso de Cavour, la construcción del Estado libio llevó más tiempo y pasó por peores momentos.

"Ahora que Italia ha nacido", dijo Cavour en marzo de 1861 durante la proclamación de Víctor Manuel II como rey, "lo que sigue es hacer a los italianos" (Celani, 2001). Roma no había sido aún incorporada al nuevo Estado italiano (lo sería en 1870), pero la construcción de una nacionalidad italiana a partir de los etruscos, florentinos, genoveses, sardos, saboyanos, sicilianos y así sucesivamente (por no hablar de los múltiples inmigrantes del siglo XX), sigue siendo un trabajo por realizar todavía en el siglo xxi. Poco podía haber planeado Cavour para la creación de una colonia italiana en el futuro, que se hallaba en circunstancias idénticas. Básicamente los italianos estaban desinteresados en la consolidación de un Estado en Libia.

Gadafi fue, después de Benito Mussolini, la única persona que buscó activamente la unificación de Libia y al igual que su malogrado colega, perdió la oportunidad de hacerlo. Gadafi creó cuatro tipos de Estados (explicados más adelante). El tipo de Estado-nación analizado por Barry Buzan (1991) se acerca más al análisis de Libia: este tipo de Estado se establece antes de que una nacionalidad dominante sea desarrollada. Además de este problema, Libia se enfrentaba a otro de identidad: su pertenencia más amplia al grupo árabe. Es fácil, pero a menudo un error muy grave, interpretar como sinónimo de árabe al mundo Islámico; tomando en cuenta que estas dos panidentidades están presentes en el norte de África, a menudo se perderán de vista algunas otras de las influencias locales presentes.

Una de ellas es la tribu, una fuerza que no tiene presente la idea de un Estado (por no hablar de Libia como Estado mismo), ni tampoco la tribu suele aglutinarse la nacionalidad en una agrupación más grande y más visible como primer paso para construir un Estado. Mientras que las tribus se fusionaron en amplios grupos étnicos más poderosos en otros países árabes, en el resto de África conservaron su influencia individual (en gran medida como un mecanismo de defensa contra los Estados artificialmente construidos, de los que abundan en África). Libia pudo haber sido una combinación de ambas tendencias, pero como la tensión entre tribu y nación estaba lejos de estar resuelta, esta oportunidad también se esfumó[4].

La política contribuyó a profundizar las grietas regionales en Libia. Hijo de un nómada, Gadafi le dio más importancia a Trípoli, cuya occidentalización se remonta al imperio romano pero fue rea-

---

4 La diferencia entre nación y tribu, en la que se resaltan particularmente las capacidades de alta centralización y colectivización de la tribu en los Estados africanos de acuerdo con Miguel (2004).

nimada por la intervención italiana de Mussolini. Con su feudo administrativo localizado ahí como punto de apoyo, Gadafi buscó, por medio del establecimiento de la tubería para la distribución de agua y petróleo, la unificación del país enmascarada por una ideología que no era ni religiosa (el islam), ni de origen étnico (árabe), sino una que llamó la Gran Jamahiriya ("gobierno de las masas"), establecida en 1977, que actuaba como un cierto socialismo islámico. Para el dramaturgo Mohammed al-Allasi, Libia sólo era "un hombre y un desierto", pero también un lugar en donde "cinco millones de libios ordinarios permanecían en el anonimato" —y muy lejos de las masas gobernadas por ellas mismas, según la visión de Gadafi (Cockburn, 2000:16).

Bengasi, localizada en las orillas de la montaña verde que conduce a la frontera con Egipto es un oasis, al igual que Trípoli. Se convirtió en el epicentro del petróleo —el recurso con el que prosperó Trípoli y con el que se buscó una identidad "libia"—; sus habitantes querían que se convirtiera en el epicentro político tras la caída de Gadafi (U.S. Department of Energy, 2012).

Así como la búsqueda de una identidad se frustró porque Gadafi quiso desviar la riqueza petrolera del país para premiar a sus partidarios (tanto dentro como fuera de Libia, incluyendo a sus guardias palaciegos, que lo protegían de las amenazas externas, tal era el alto grado de desconfianza entre las tribus), en lugar de elevar a las masas que se habían movilizado bajo la Gran Jamahiriya, la era post-Gadafi fue prácticamente eliminada por el rebelde Consejo Nacional de Transición (CNT) y el Ejército de Liberación Nacional de Libia (ELN), ambos grupos con bases en Bengasi. El primero tenía por objeto afirmar la presencia Cirenaica en Trípoli; el segundo exigía un regreso al tipo de autonomía de la que gozaba antes de 1969. En lugar de convertirse en un Estado al estilo de Westfalia y, por lo tanto, miembro de un sistema de Estados westfaliano, Libia sigue teniendo, literalmente, un gobierno desde una tienda de campaña, con lealtades que refuerzan a la tribu en lugar de fortalecer a una comunidad "imaginaria" libia (Anderson, 1983). Primero fue por Gadafi y ahora por los bandidos localizados en Bengasi.

Aunque Stephen Krasner (1995) definió al Estado al estilo de Westfalia en términos de territorio y autonomía, la territorialidad de Libia es un evento relativamente nuevo que está en entredicho y, probablemente, ahora sea sólo parte de la historia. Tal y como Kal J. Holsti comentó, mantener "algún tipo de orden y estabilidad" dependía de la regla de "tolerancia a la existencia de una pluralidad de formas políticas" dentro de un sistema de Estados como el de Westfalia. Esta tolerancia y respeto es algo que Gadafi no podía permitirse con sus países vecinos, sencillamente porque tampoco tenía la intención de hacerlo dentro de Libia. Por capricho formó una unión con Egipto cuando su héroe, Gamal Abdel Nasser, estaba en el poder. Rompió con ese país cuando Anwar Sadat se preparó para la guerra de Yom Kippur en 1973 sin anunciárselo a Gadafi. Después se presentaron otras rencillas con Egipto en 1977, mientras negociaba con los egipcios la creación de una bandera común y la formación de una unión. Una negociación similar realizó con Túnez en 1974 (bajo Habib Bourgiba) y en 1984 firmó un tratado con Marruecos (vía el rey Hassan II), pero estas negociaciones fracasaron muy pronto. En el frente interno, mientras que la riqueza petrolera pauperizaba al oriente del país donde se extraía el petróleo, Gadafi utilizó parte de sus ingresos para construir una industria de la prostitución mediante la contratación de mujeres marroquíes (que luego provocaron exactamente lo que Gadafi quería evitar: promover la prostitución de las mujeres de Libia). Todo esto en lugar de suscitar la integración económica regional, como los especialistas de Relaciones Internacionales esperarían que hiciera un líder en circunstancias similares.

Las divisiones étnicas de Libia se complicaron por el tema de la raza. De las muchas divisiones raciales, el tratamiento otorgado a los tawergans ilustra las agudas divisiones sociales. Son descendientes de los esclavos africanos y algunos fueron contratados por Gadafi desde el África subsahariana para incorporarlos a las tropas de su palacio. Fueron uno de los principales blancos de los revolucionarios que tenían su base en Misurata durante la guerra civil de 2011 en contra de Gadafi y ahora enfrentan excesivas consecuencias y brutalidades (Mackey, 2012). Su presencia muestra el problema de la construcción de una nación durante el régimen de Gadafi —y la construcción del Estado después de su eliminación.

Inspirado en parte por los movimientos a favor de la democracia que tuvieron lugar en Egipto y Túnez, el "Día de la Ira" contra Gadafi estalló en febrero de 2011 en varias ciudades, con epicentro en el este del país, de por sí próspero y rico en petróleo. Bengasi fue la punta de lanza de la difusión de la información de la revuelta (Sapienza, 2012; Rhee, 2011). La violenta reacción de Gadafi llevó a una resolución de la Organización de las Naciones Unidas (ONU) al mes siguiente, demandando una solución militar, con el apoyo de Francia, Reino Unido y Estados Unidos, inicialmente. La Organización del Atlántico Norte (OTAN) eventualmente llevó a cabo ataques aéreos para neutralizar el control de Gadafi y debilitar los centros de comunicación con el fin de abrir paso al asalto sobre Trípoli liderado por el Consejo Nacional de Transición (CNT, organización que ya había reemplazado a Gadafi como representante de Libia en las Naciones Unidas). Lo que había sido un sube y baja en el campo de batalla cambió decisivamente a favor de los "rebeldes", hasta el punto que Gadafi tuvo que abandonar Trípoli para dirigirse a su ciudad natal, Sirte, donde, el 20 de octubre, fue capturado por las fuerzas del ELN, nada menos que escondido en un drenaje. Fue asesinado después de 42 años de su llegada al poder, el más largo régimen de un líder árabe.

El cambio de un régimen autoritario por uno democrático estaba condicionado a la liberación de una violenta ola de odio y el miedo acumulado, pero todo esto sólo contribuía a sabotear al propio proceso de democratización. La OTAN instrumentó una zona de exclusión aérea, lo que fue aprovechado por las fuerzas del CNT para obtener reconocimiento internacional el 15 de julio, pero fueron reconocidos por la Liga Árabe después de seis largas semanas cuando la batalla de Trípoli estaba en pleno apogeo, lo que marcó definitivamente el final del régimen de Gadafi. Esto no quiere decir que el proceso fuese limpio, pues Amnistía Internacional reveló la verdadera cara del CNT al informar sobre los asesinatos despiadados y las violaciones que sus miembros llevaron a cabo durante los aciagos días de la revuelta. Sin embargo, la Corte Penal Internacional (CPI) emitió órdenes de arresto para Gadafi y su hijo Saif al-Islam, entre otros, el 27 de junio. La captura de ambos y el trato al que fueron sujetos —el primero fue asesinado de inmediato y el segundo está siendo torturado en la cárcel— exponen cómo la venganza en lugar del Estado de derecho se impone en Libia y ya que las órdenes internacionales siguen siendo ignoradas, al igual que lo solían ser en los días de Gadafi, una mentalidad de Estado westfaliano está lejos de madurar. La única diferencia entre el hoy y el ayer en Libia es que Gadafi tenía un Estado para usarlo como instrumento. No importa que tan bastardo hubiese sido ese Estado, el caso es que ha desaparecido, creando la sociedad pretoriana ausente de instituciones que resulta tan atractiva para los ambiciosos oficiales del ejército que Samuel P. Huntington y otros estudiosos del desarrollo político han anticipado que se volverían actores políticos relevantes. Se predice para Libia que la anarquía o el autoritarismo podrían prevalecer, pero debido a que el advenimiento democrático obstaculiza cualquier rápido regreso al autoritarismo, las condiciones siguen siendo propicias para la anarquía. Antes de pasar a un análisis del sistema político democrático en Libia, el país primero debe ser entendido en términos de las Relaciones Internacionales.

2. LA TRANSICIÓN EN LIBIA A PARTIR DE LOS LENTES DE LAS RELACIONES INTERNACIONALES

Si se define a las Relaciones Internacionales como un "conjunto incierto de actividades", esta expresión sirvió para explicar el apogeo de la Guerra Fría, cuando la disciplina estaba lejos de ser estructurada, también se aplica esta descripción al conjunto incierto de actividades que tuvieron lugar en Libia durante los años 2011 y 2012. Si se colocara a la dicotomía autoritarismo *versus* democracia en un segundo plano, se encontraría que el Estado libio de Muammar Gadafi no era el tipo de Estado destinado a una larga vida o a facilitar una transformación democrática. Éste es su legado: sólo otra persona con credenciales similares a las de Gadafi, puede ser capaz de unir nuevamente a Libia. Debido a que una Libia dividida en múltiples puede producir simultáneamente varios líderes que demanden su parte de poder, lo que antes se llamaba Libia nunca volverá a tener la misma forma política. Este primer apartado explica el Estado y la forma en que está constituido antes de explorar en qué consiste la democracia impulsada por éste.

2.1. La composición de los Estados y Libia[5]

En la disciplina de las Relaciones Internacionales existen varias definiciones del Estado, que abarcan lo material y lo conceptual. De los muchos enfoques, el realismo y el constructivismo hacen lo posible para definir las propiedades mínimas del Estado y resumir las diversas interpretaciones que se tienen de éste.

De acuerdo con la concepción realista de Stephen D. Krasner (1995), el Estado es el único actor legítimo, encargado de ejercer tanto los derechos soberanos dentro de un territorio fijo, como sobre la población que existe dentro, además de ser el único organismo de representación frente al exterior y poseer la capacidad de monopolizar los instrumentos de la guerra (el ejército, por ejemplo). El Estado puede ser democrático (como Estados Unidos), pero no tiene que serlo forzosamente, y podría ser autoritario (como Irán en los tiempos del Sha), incluso totalitario (como la ex Unión Soviética), todo esto independiente de cualquier déficit de popularidad dentro y fuera del país (Hettne, 2000). Hans J. Morgenthau (1948) imaginó el mismo tipo de Estado en sus seis principios realistas, como Kenneth N. Waltz (1979) hizo con su versión neorrealista, con la importante diferencia de que lo considera el principal instrumento de la formu-

---

5 El término "Constitución" se utiliza aquí como lo hace Rogers M. Smith al enunciar las "*constituent stories' in politics*" (Smith, 2001).

lación de políticas: para el realismo que el Estado sea un instrumento de este tipo lo subordina a las fuerzas internas, pero para el neorrealismo, la formulación de políticas está más bien subordinada a las percepciones externas del equilibrio de poder.

Por lo tanto, no importa que tan totalitaria hubiese sido la Unión Soviética, lo importante fue que se trató de una potencia que se convirtió en una amenaza como Estado en contra de otros Estados, desde la perspectiva realista y neorrealista. Que Estados Unidos dependiera de "dictadores amistosos" (como el Sha de Irán, Ferdinand Marcos de Filipinas, el mariscal Ayub Khan en Pakistán y así sucesivamente) para luchar contra la amenaza soviética no fue visto entonces, ni ahora, como algo que deslegitimara el Estado ni un factor que amenazara a la democracia. Irónicamente, los movimientos democráticos posteriores a la Guerra Fría han sido los más ruidosos y más insuperables en estas antiguas dictaduras anticomunistas.

Libia es un ejemplo. La Gran Jamahiriya de Gadafi era difícil de integrar en cualquiera de las dos áreas de influencia de la Guerra Fría, a pesar de sus relaciones cordiales con la Unión Soviética/Rusia y sus interpretaciones simpatizantes hacia el socialismo, estaban subordinadas a sus frecuentes arrebatos mesiánicos islámicos. Sin embargo, al no depender de alguna superpotencia, Libia perdió la oportunidad de construir las instituciones estatales fuertes que se necesitan para luchar contra el comunismo o para rechazar el capitalismo; por lo tanto, perdió también la ocasión para dispersar las semillas de la nacionalidad libia. Gadafi nunca abandonó sus instintos tribales y, en última instancia, éstos frustraron un Estado libio, además de que se protegió detrás de los movimientos panafricanos y panárabes que cercaron aún más al Estado.

Aún entre Estados que poseen las mismas características citadas por los realistas como Krasner[6], los autores constructivistas hacen suposiciones completamente diferentes, como Hedley Bull afirma,

---

6 Encargado de ejercer tanto los derechos soberanos dentro de un territorio fijo, como sobre la población que existe dentro de él, además de ser el único

Su concepción del Estado también existe dentro de un contexto anárquico, que ellos prefieren llamar una sociedad de Estados, no un sistema interestatal (Bull, 1977), cambiando así su orientación de la confrontación militar a una dinámica no dominada por los asuntos militares y, más apropiadamente, estudiando menos lo externo y poniendo más énfasis en los asuntos internos.

En la medida en que el Estado se convierte menos en una "caja negra" para los constructivistas, estos autores capturan mejor los detalles. Por ejemplo, para ellos las ideas y las instituciones nacionales desempeñan un papel mucho más importante en los cálculos de la formulación de políticas. La Gran Jamahiriya de Gadafi pudo haber servido como la idea que reuniese a los diferentes grupos tribales y étnicos en una sola nacionalidad, pero cada actuación autoritaria de su parte (y, eventualmente, terrorista) contribuyó a hacerlo más ilegítimo. También evitó la abierta promoción del Islam, otra idea importante que pudo haber contribuido a la creación de la nacionalidad, pero ya que el socialismo no convive pacíficamente con las religiones —al concebirlas como el "opio" de las masas (Cline, s/f)—, esta oportunidad se esfumó también. En cuanto a las instituciones, a diferencia del consumado y cosmopolita Cavour, Gadafi era demasiado parroquial y mezquino como para construir sus propias instituciones sobre las preferencias tribales. Volviendo a las teorías de las Relaciones Internacionales, el constructivismo está en mejores condiciones para explicar los movimientos panárabes y panafricanos de Gadafi y su versión del socialismo islámico que cualquier interpretación realista, pero el realismo explica la mejor orientación egoísta de Libia que los constructivistas.

Sin embargo, si se aplica el enfoque comparativo de Ted Hopf (1998) del realismo y el constructivismo a Libia, las dimensiones más importantes, como los actores, intereses-identidad, el poder y la capacidad de explicar el cambio también se puede encontrar en otros

---

organismo de representación frente al exterior, así como el monopolio del uso legítimo de la fuerza.

enfoques (Buzan, 1993; Cox, 1986). Mientras que los realistas sólo se concentran en el Estado como un actor de las Relaciones Internacionales, los constructivistas abren la puerta a los agentes no estatales, además del Estado. En la Libia de Gadafi, el Estado no sólo era dominante, sino que Gadafi mismo fue el más significativo constructor del Estado en Libia, después de Mussolini. Esto no tiene por qué hacer de él un "realista", ya que también creía en los panmovimientos ausentes de la fuerza militar, como la posible unión con Egipto, Túnez y Marruecos citada, su apoyo al establecimiento de los Estados Unidos de África, la esperanza de la construcción del Gran Estado islámico del Sahel (que abarcaría a la África árabe del Norte), la creación de la Legión Islámica para unificar a los árabes en el Cercano Oriente, así como a Sudán y Chad, y su liderazgo en la Unión Africana en 2009.

Un tercer principio realista-constructivista —el poder— muestra de nuevo al Estado libio de Gadafi con un pie plantado en diferentes campos teóricos. Mientras que los realistas creen en el poder material (basado en armas y riquezas, con las primeras como prioridad), los constructivistas enfatizan el poder discursivo, es decir, el poder de la práctica basada en el conocimiento y la información —Joseph S. Nye (2004, 2011) lo llama el "poder suave"). Gadafi gozó el poder material, como cualquier líder realista lo habría hecho, y se esforzó por maximizarlo, mediante la construcción de armas de destrucción masiva, por vía de la obtención de petro-dólares o gracias a la construcción de proyectos de riego (afincando uno de los mayores sistemas del mundo y lo que él llamó la Octava Maravilla del Mundo). Al mismo tiempo, usó el poder discursivo, evidente en su Jamahiriya, difundió los sentimientos islámicos, árabes o anti-israelí, editó y divulgó su *Libro Verde* (basado en el *Libro Rojo* de Mao Zedong) y más abiertamente tomó las riendas de todas las acciones, el comportamiento y el pensamiento de su pueblo.

Por último, al igual que el neorrealismo y el constructivismo, el Estado libio de Gadafi era poco susceptible a los cambios. Como revolucionario que fue en 1969 (buscando el derrocamiento de un régimen), Gadafi creía en la inmediatez de los cambios, pero cuanto más se aferró al poder, menos quería cambiar el *statu quo* dentro de Libia; lo mismo ocurrió en las relaciones clave en el extranjero cuando contenía una oposición sólida. En un momento u otro de la historia, Gadafi tuvo conflictos con actores clave, de Egipto a Arabia Saudita, pasando por Estados Unidos. Sin embargo, también buscó el acercamiento con cada uno, y muchos de los cambios estratégicos, como la construcción de una capacidad nuclear propia, buscaron gradualmente que si Libia tenía que modificar sus opciones de política, lo afrontara a bajo costo. Esto, de hecho, sucedió cuando optó por renunciar a su programa nuclear en 2003, cuando entregó a dos funcionarios de inteligencia por los atentados de Lockerbie en 1999, ante la insistencia de su nuevo aliado, Nelson Mandela; posteriormente, cuando tuvo que indemnizar a las víctimas del accidente aéreo de Lockerbie que nadie en Libia pudo haber planeado sin Gadafi al mando y, finalmente, cuando se unió a George W. Bush y Tony Blair en la guerra contra el terrorismo. Los realistas no anticipan un cambio de poder, ni los constructivistas ofrecen esperanzas de cambio. Libia parece un buen ejemplo de ambos casos, de hecho, se inclina más hacia la concepción constructivista que a la realista en lo que a la búsqueda de identidad se refiere, no buscando totalmente la participación en acciones de equilibrio de poder o creyendo que la anarquía es lo que los Estados hacen de ella: Gadafi creaba y destrüía circunstancias anárquicas a voluntad, como es evidente en sus constantes incursiones militares en Chad (décadas de los ochenta y noventa), en Sudán (1970), el frustrado plan de desarrollo nuclear con Pakistán y así sucesivamente.

La argumentación de Buzan (1991) sobre el desmoronamiento del Estado ayuda a entender al Estado libio de Gadafi. Este autor propuso cuatro categorías: el Estado-nación, la nación-Estado, el Estado multinacional y el Estado-nación parcial. Establecer al Estado antes de sembrar la nacionalidad apropiada, como lo describe la primera categoría, fue lo que sucedió con los dos rivales de la Guerra Fría, Estados Unidos y la Unión de Repúblicas Socialistas Soviéticas. Esta modalidad no es la más estable, como se muestra con el colapso de la URSS debido al problema de la nacionalidad; mientras que, al usurpar la etiqueta "americano" para sí mismo, Estados Unidos provoca constantemente el encono de sus homólogos de América Latina, que también reclaman su identidad "americana" (aunque los países más presionados por asuntos locales matizan su preocupación por el tema).

El caso de Libia se ajusta a esta modalidad mejor que a las demás: desde 1969, Libia ha sido preservado como un Estado a pesar de sus múltiples y aún incontroladas diferencias tribales. Aunque esto podría ser la mejor modalidad de Estado para todas las diferentes tribus y grupos, el estilo autoritario de Gadafi pudo haberle infligido un golpe devastador. En cualquier caso, entre 1969 y 2011 Libia pudo sobrevivir como Estado sin una nacionalidad viable.

Como alternativa, el Estado puede ser el producto de los deseos de una nacionalidad dominante. La evidencia histórica muestra que el Estado-nación es la forma de organización social y política más estable: ha sido la forma predominante en Europa occidental desde la época del Tratado de Westfalia de 1648, tanto es así que esta zona ha sido capaz de explorar otras opciones más allá del Estado —el regionalismo— a través del Tratado de Roma de 1957, pues el propio regionalismo se acomoda mejor en un ambiente de Estados-nación, después Europa lo cultivó y lo difundió, incluso se hartó de él. Si las acciones europeas de integración económica tienen éxito o no, quedará como un enigma para los historiadores, por el momento, esta forma más estable de organización fue buscada por Libia, por completo —a pesar de su pequeña población (por lo tanto, manejable), de una gran cantidad de recursos por explotar y de una época de elevado nacionalismo (1960-1970).

En Libia, Gadafi tuvo la oportunidad de conducir a su propia tribu a desempeñar un papel de liderazgo, pero su derrocamiento mostró la extrema incapacidad para lograr ese cambio. Fue tan grave su mandato basado en la mano dura que en la actualidad existe la posibilidad que el país se divida en dos, con Trípoli y Bengasi como ciudades dominantes, resultado directo del estilo parroquial de Gadafi de formulación de políticas y de persecución.

Ejemplos de Estados-multinacionales son Estados Unidos y la Unión Soviética, pero también Australia, India, Pakistán y otros países donde una nacionalidad dominante ha estado ausente, o debe vérselas con otras nacionalidades. Pero su pretensión de estabilidad es ambigua: al igual que sucedió con la ruptura de la Unión Soviética, Pakistán se enfrenta a fuerzas desintegradoras similares[7], así como la India. Podría decirse que la democracia se enfrenta a más presiones en estos países que en otros lugares. Su milagrosa supervivencia y continuidad en la India oculta las tensiones siempre presentes de muchos y diferentes grupos étnicos, lingüísticos y culturales. Sin embargo, Australia y Estados Unidos siguen siendo sólidos ejemplos de persistente estabilidad.

Libia podría caber en este modelo a sabiendas de que el sur no necesariamente calificaría como un Estado, dados los formidables obstáculos (falta de unidad, carencia de poder central, insuficientes recursos, demasiadas tribus, etcétera). Sin embargo, ese fue el camino que no se tomó. En lugar de integrar a las diversas tribus y empujarlas hacia la creación de una nacionalidad libia (como lo que estaba haciendo con sus oleoductos integrados en un solo sistema), Gadafi no podía romper completamente con su propia tribu para consolidar el ámbito estatal.

Por último, los Estados-nación parciales también contienen las simientes de la inestabilidad. Recién en 1989, dos Estados alemanes existían en alta tensión, al igual que los dos Estados coreanos permanecen en una volátil condición similar. La unidad alemana ha sido más de carácter físico que económico o social, mientras que la brecha entre las dos Coreas parece ampliarse más allá de un punto de no retorno para los propósitos de la unificación.

---

7 A pesar de que Pakistán significa "la tierra de los puros", también se trata de un acrónimo: P de Punjab, AK de Azad Kashmir, S de Sind, y TAN de Beluchistán. Pakistán oriental, habitado por bengalíes que constituían cerca de la mitad de la población de Pakistán hasta 1971, no estaban representados, esto fue uno de los múltiples motivos detrás del movimiento de independencia de Pakistán Oriental en 1971.

Esta no era la condición estatal que Gadafi quería, a pesar de que él dirigió un Estado que apuntaló las líneas divisorias entre Bengasi y Trípoli. Sin embargo, este puede ser el futuro de Libia, tal y como lo anticipa el estado de ánimo posrevolucionarios que promueve la iniciativa de partición de Libia por encima de la reunificación. En lugar de dividir una nacionalidad "libia", Gadafi cultivó dos actividades contradictorias del nacionalismo: promovió el tribalismo mientras engañosamente procuraba la construcción de la nacionalidad libia y fomentó movimientos panárabes o panislámicos que desviaron la atención interna a la externa (por no hablar de que los recursos fueron desviados en idéntica dirección).

¿Cómo encaja el Estado libio en estos marcos teóricos? Libia oscila entre el realismo y el constructivismo, sin pertenecer a un solo enfoque teórico. Por ejemplo, la condición estatal de Libia no fue cuestionada en absoluto durante la Guerra Fría, a pesar de que se inclinara hacia el campo soviético y con el tiempo abogó por un socialismo islámico que desafió tanto a Estados Unidos como a la propia Unión Soviética. Esto es aún más evidente en el intento (posterior a la Guerra Fría) de evitar que Libia desarrollara un arma nuclear, lo que representó un breve momento histórico, justo antes de la primavera árabe, cuando parecía que "Occidente" sería capaz de coexistir con un "Estado" gobernado por Gadafi. En otras palabras, cuando se presentaba una amenaza a su seguridad, Libia no sólo se bastaba como Estado, a veces incluso prosperaba como tal, aunque esto no sólo sucediera en Libia. La manera como fuese tratado el Estado libio en el exterior era completamente incompatible con la forma como en ocasiones su propia población se veía a sí misma.

Por supuesto, sobre las consideraciones de seguridad, que ponen su atención principalmente en el mundo exterior, el realismo/neo-realismo es el enfoque que mejor explica los acontecimientos, pero ya que el énfasis tras la Guerra Fría está puesto en la democratización de los Estados autoritarios, el péndulo teórico se desplaza de nuevo al contexto doméstico —hacia las personas— provocando, que el realismo/neo-realismo sea irrelevante mientras el constructivismo se vuelve prominente. Este hecho ha sido el destino de Libia: su incapacidad de convertirse en un miembro significativo del sistema internacional y, al mismo tiempo, elevar su nacionalidad mientras que degrada al tribalismo. Es por eso que Libia plantea un reto a los estudiantes de Relaciones Internacionales.

La descripción de Buzan sobre cómo el individuo se relaciona con la seguridad nacional ayuda a entender mejor la situación de Libia. Este autor enumeró cuatro maneras en las que una persona podría estar amenazada por el Estado: por las leyes generales del Estado (dirigidas hacia toda la población), por las leyes específicas del Estado (específicamente dirigidas a individuos), por cualquier lucha por el control del Estado (la insurrección contra Gadafi, por ejemplo), o por consideraciones de seguridad externas al Estado.

En la primera modalidad se concibe al Estado autoritario que existió durante el régimen de Gadafi: todos tenían que obedecer a Gadafi y a su régimen. En la segunda modalidad, la más pertinente, Gadafi tenía muchos enemigos (el motín de 1980 en Tobruk, el intento de asesinato de 1993 en Warfalla, el ataque islamista de 1996 en Sirte, las revueltas islamistas de 1998 en Dirnah y la rebelión bereber de 2011), no le gustaban muchas tribus y, simplemente, al llevar a cabo el golpe de Estado de 1969 el mundo se dividía para él en amigos o enemigos. En la tercera modalidad, violentas protestas contra los regímenes de Gadafi fueron muy frecuentes, lo que sugiere una línea sólida de relaciones antagónicas. La cuarta encapsula todos los acontecimientos ocurridos durante el incidente de Lockerbie, lo que indica la presencia de una amenaza externa y el esfuerzo explícito de Gadafi para colocar a Libia en la vanguardia.

Fundamentalmente, ya que las cuatro modalidades han sido aplicadas y prevalecen sobre una base permanente, la eliminación de Gadafi no puede ser (no ha sido) la razón por la cual estas cuatro fuentes de seguridad se desvanecerán, pues alimentan el terror de la población y producen ideologías en competencia constante. Estos elementos no pueden ser eliminados, como sucedió con Gadafi después de un año de su derrocamiento. En cierto sentido, Gadafi fue asesinado y su régimen destruido, pero la lucha contra sus legados y fantasmas no terminarán pronto. Éste es el acertijo democrático que las teorías de las Relaciones Internacionales buscan clarificar.

Para empezar, que la revolución comenzara en el oriente del país representó una grave grieta, más determinante que la existente entre el autoritarismo y la democracia, pues la inició una tribu diferente con lealtades identificables hacia el nacionalismo libio, el cosmopolitismo se mantuvo en Trípoli y prevaleció el localismo de Gadafi en Bengasi, lo que caracteriza a un país con nacionalidades dispares. El único resultado previsible de la revolución que comenzó en Bengasi era que Gadafi, si se hubiera mantenido fugitivo dentro de Libia, se habría refugiado en sus propias áreas tribales, lo que eventualmente sucedió por un periodo corto. De hecho, su aislamiento de otras tribus, incluso de la "población libia" que había alimentado durante más de cuatro décadas, fue perturbadoramente evidente en la creación de sus "tropas de palacio" extranjeras; mediante la contratación de soldados de otras nacionalidades africanas para protegerlo. Las acciones de Gadafi simbolizan dos acontecimientos profundos. Primero, que no existió una nacionalidad libia que justificase la condición de Estado en ese país; segundo, que Libia sólo fue una versión en miniatura de lo que sucedía en África, donde las lealtades divididas y nacionalidades separadas han causado estragos durante los últimos dos decenios, ejemplificados por el genocidio en Ruanda y Burundi durante la década de los noventa. Aunque Burundi y Ruanda no son parte de esta investigación, las causas de los graves acontecimientos que tuvieron lugar en Libia hoy se extienden también a la gran mayoría de los países africanos: la división de la nacionalidad o la unificación tribal o son lo suficientemente profundas como para estar presentes en un continente aparentemente condenado al fracaso. Esto hipotéticamente pudiera ser el enemigo mismo de la 'primavera árabe' que buscaba la apertura democrática.

2.2. La primavera árabe

La democratización de la nueva Libia expone los dilemas inmediatos por afrontar. Dada su constitución artificial (en términos de Buzan, su pertenencia a la modalidad de Estado multi-nacional), la tarea urgente de la reconstrucción crea el primer dilema de prioridad: la construcción nacional o la construcción del Estado, tal como lo distingue Francis Fukuyama (véase más adelante). La democratización no es una consideración de los realistas, en absoluto; en todo caso, sólo los constructivistas pueden abordar esto en su marco teórico. Sin embargo, la democratización va más lejos y es más profunda de lo que los constructivistas pueden explicar.

Las demandas de democratización en Libia se complicaron por la intervención de la OTAN, que fue mejor que una intervención liderada por Estados Unidos para promover el cambio de régimen, si se recuerdan los acontecimientos sangrientos y fracasados en Afganistán e Irak. Basándose en el papel de liderazgo jugado por Estados Unidos en la democratización de Alemania y Japón después de la Segunda Guerra Mundial, y luego en Afganistán e Irak en este siglo, Estados Unidos parece estar llevando por el mundo una fórmula de democratización que no es exactamente la misma que la de la Unión Europea (UE), a juzgar por los esfuerzos de la UE en Europa del Este y del Sur entre 1980 y 1990.

Una parte muy robusta de la literatura distingue enfáticamente entre la construcción de la nación y el Estado. Para Fukuyama (2004a; 2004b; 2006), la construcción nacional se refiere a "la creación o reparación de todos los lazos culturales, sociales e históricos que unen a las personas como nación", mientras que la construcción del Estado está más preocupada por "la creación o el fortalecimiento de los gobiernos, a través de instituciones como el ejército, las fuerzas policiales, judiciales, los bancos centrales, las agencias dedicadas al cobro de impuestos, los sistemas de salud y educación, y similares". Se puede sentir claramente el dilema de Libia. Dado que los dos intentos formales de unificar a Libia (uno de Mussolini y otro de Gadafi) no fueron populares, la construcción de la nación a partir de cero puede ser una meta demasiado alta considerando que Libia también está tratando de democratizarse en la era inmediata a la caída de Gadafi: no existen las instituciones para sustentar la democracia en una base "nacional"; para desarrollarlas se requiere mayor compromiso con la idea de una "Libia unificada" que sobresalga por encima de sus partes. Dados los crecientes llamados para consumar la autonomía, esto es un resultado poco probable, por lo menos en el área de Bengasi. El legado de la colonización italiana y la dictadura de Gadafi asestaron un doble golpe para el país: la idea de una Libia unificada se evaporó rápidamente y la condición estatal de Libia también se desmoronó, incluyendo todas las débiles instituciones centralizadas que de alguna manera fueron establecidas por Gadafi.

Sin una nacionalidad o un Estado, no se puede sostener razonablemente la democratización porque también se desmoronaría: ¿quién votaría?, ¿en qué contexto? ¿guiado por qué tipo de instituciones? Sin embargo, es útil considerar la democratización para comprender un futuro escenario hipotético en Libia. Si las elecciones se llevaron a cabo, el proceso democrático seguramente diferirá de las variaciones de la Unión Europea o de Estados Unidos, pero también podría desviarse significativamente de ambos[8]. Dos consideraciones llevan a este pronóstico: por un lado, una Libia democrática tendría que ganar la aceptación de uno o ambos de estos actores externos para adquirir legitimidad, lo que sugiere que cualquier órgano electoral en Libia facilitaría el proceso democrático en última instancia, tomando prestado de estos dos actores, dado su papel catalizador en la revolución de Libia; por otro lado, los compromisos hacia la OTAN de los movimientos anti Gadafi —basados en las presiones para la democratización en Libia—, la Unión Europea y diferentes aporta-

---

8 El presente capítulo se terminó de escribir a principios de 2012. Desde entonces se ha llevado a cabo una elección, la del Congreso general nacional, en julio de ese año. Dicho Congreso tendría que redactar la nueva Constitución. Sin embargo, el Consejo Nacional de Transición le retiró dicha prerrogativa y se anunció que el panel constitucional se elegiría por voto directo. Se espera que el Congreso anuncie las próximas elecciones parlamentarias (BBC, 2012a).

ciones de Estados Unidos ofrecen una salida fácil para la democratización de Libia.

La menor aportación en cuestiones de democratización vendría del modelo de Estados Unidos, porque éste no dirigió directa y unilateralmente a los grupos opositores de Gadafi como sí lo había hecho con Afganistán, Alemania, Irak y Japón. A partir de esos casos (y otros), su enfoque se presenta en una secuencia de cuatro pasos (Hussain, 2010):

1. cambiar el régimen;
1. instalar un gobierno interino a través de un proceso selectivo para formar a las instituciones correspondientes y redactar las bases de una Constitución;
3. elegir un gobierno de transición bajo filtros de Estados Unidos para escribir y ratificar la Constitución final;
4. la celebración de elecciones generales bajo las reglas de la nueva Constitución para crear un gobierno.

En ese sentido, Libia no cambió por completo de régimen, se quedó atascado en la primera etapa: la transición hacia la segunda no ha sucedido, no sólo porque Estados Unidos no está allá para promover ese cambio, también porque Libia no ha "actuado" en conjunto para pasar a dicha fase.

En cuanto a un hipotético modelo democrático basado en el de la Unión Europea, se observa un cuello de botella similar. Dado que el enfoque de la UE se basa en la pertenencia a esta organización, es menos precisa o relevante para una aplicación al caso de Libia. Por lo general, se trata de algún tipo de "condicionalidad", a través de donaciones o de adhesión a la UE para calificar como país miembro, cosa que Libia no es. Sin embargo, la condicionalidad representa una "práctica de vincular la ayuda a condiciones específicas para que los países puedan ser elegibles para recibirla" (Fierro, 2003). La Unión Europea ha utilizado cuatro veces los criterios de Copenhague contra los miembros potenciales para aplicarles el veto y, entre 1990 y 1995, se extendió un programa similar "asociado" de membresía al norte de África, particularmente a Marruecos y Túnez. Originalmente conocida como la Política Mediterránea Renovada (diciembre de 1990), se convirtió en la Asociación Euro-Mediterránea (desde noviembre de 1995), sobre todo para coordinar las políticas económicas, en lugar de promover la democracia. Sin embargo, tuvo sus ramificaciones en los asuntos democráticos, lo que robustece la aproximación europea a los procesos de democratización, la denominada Promoción de la Democracia (PD). Si bien la oportunidad ofrecida por ésta no puede ser apropiada en una Libia inestable, no sería un enfoque político fácilmente abandonado por la Unión Europea, en particular para permitir que prevalezca la contraparte de Estados Unidos (otro caso de competencia internacional que la escuela realista no puede explicar, mientras que el constructivismo sí podría hacerlo).

Varias formas de sistemas democráticos al estilo europeo se han intentado (y teorizado), sobre la base de las experiencias ocurridas en Europa Oriental. Richard Youngs (2001, 2002), por ejemplo, utiliza un proceso que pasa por tres etapas: comienza con la liberalización de la sociedad civil, sigue la esfera económica y, finalmente, la promoción de la adecuada gestión, en una secuencia más o menos paralela, Geoffrey Pridham (2005) sugiere el siguiente formato: la instauración de la democracia, seguido por la liberalización de la misma, a continuación ocurre la fase de afianzamiento de las bases de apoyo (donde el enfoque de cuatro pasos de Estados Unidos idealmente podría empezar). Aún más complicado es el modelo de siete pasos de Roland Paris que pasa por el proceso de reconstruir instituciones (después de la guerra, como en Libia), preparar las condiciones para las elecciones, establecer un sistema electoral favorable a los grupos moderados, beneficiar a la sociedad civil para desalentar en ella el extremismo, promover políticas económicas acordes, reconstruir las instituciones del Estado y, finalmente, construir estructuras liberales.

Se debe decir a favor de los libios que ellos lograron llevar a cabo su proceso electoral a tambor batiente. La mitad de los 200 escaños en el proyectado parlamento conocido como Congreso Nacional

General (GNC), se asignaron a la provincia occidental con sede en Trípoli, 60 a la provincia oriental con sede en Bengasi, y 40 al desierto del sur. Se presentaron más votantes en las elecciones de julio de 2012 que en 1952, año de la primera y única elección libre; a los partidos no se les permitió participar en las elecciones de 1965 antes del régimen de Gadafi y ningún gobierno fue elegido desde 1969 bajo Gadafi (BBC, 2012a).

Mahmoud Jibril, líder de la Alianza de Fuerzas Nacionales (NFA) y entrenado por el ex ministro de Economía de Gadafi (quien desertó del régimen), podría inclinar al país en la dirección de Estados Unidos si fuese primer ministro, y la inclinación podría incluso ser mayor en caso de que los otros funcionarios elegidos le permitieran hacerlo. Mohamed Sawan, el líder del Partido de la Justicia y la Construcción (JCP), pudo haber tomado las riendas del "mayor partido político" en las elecciones, pero la Hermandad Musulmana fue menos temida aquí que en otros dos países de la primavera árabe: Egipto y Túnez. Los votantes generalmente relegaron a la Hermandad y evitaron al fundamentalista Partido Al-Watan (Patria), conducido por el ex líder del Consejo Militar de Trípoli, Abdul Hakim Belhadi (BBC, 2012b).

Si la religión no secuestra las elecciones, la rivalidad regional podría hacerlo (Davis, 2012; Jawad, 2012; Karadshah, 2012). Los tres líderes de los partidos mencionados tienen bases en Trípoli y los políticos en Bengasi siguen descontentos por su asignación de escaños, ostensiblemente inferior. En mayo, por ejemplo, una propuesta de boicot electoral fue lanzada por el Consejo de Cirenaica. Sea como fuere, el asesinato en septiembre 2012 del embajador de Estados Unidos, Christopher Stevens, y de otros tres diplomáticos de Estados Unidos, dentro de las instalaciones de la embajada por manifestantes armados, sugiere que las fuerzas externas están haciendo leña del árbol caído de la rivalidad regional, mientras que las tensiones regionales prevalecían. Si no es por esta rivalidad, el encuentro de Libia con su destino democrático todavía puede ser retardado por las presiones externas. Si esto acontece, el mismo elemento sistémico que sirve de premisa neo-realista puede convertirse en el próximo fantasma de Libia, incluso en medio de la dominación de los patrones de comportamiento constructivistas.

Una vez más, Libia está demasiado lejos de su primer paso en cualquiera de estas formulaciones para realizar algún progreso significativo, y así seguirá mientras permanezcan los cismas internos y sigan sin resolverse los intereses externos. Los sistemas anárquicos prevalecientes disuaden la defensa de la democracia en Libia, incluso fuera de ella, con el resultado de que no sólo las tendencias anárquicas se fortalecen y amplían, también dejan claro que la Libia que una vez existió dejó de funcionar. Si el arraigo de la democracia del tipo de la UE o del tipo de Estados Unidos sigue siendo difícil, la generación de cualquier otro tipo de democracia, puede significar un salto mayor hacia lo desconocido: Libia no tiene ninguna tradición democrática que revivir y no hay otro modelo al que Libia puede apelar debido a sus malas relaciones con otros Estados democráticos. Sin embargo, esto puede ser el *quid* de la revolución libia: si la democracia es importada, ¿por qué no podrían serlo también las ideas fundamentalistas islámicas? A pesar de que el tratamiento otorgado por el CNT a los prisioneros está en contradicción con los deseos de la Corte Penal Internacional, ese grupo formado convocó a una asamblea en Libia que provocó la demanda del tipo de autoridad que existió hasta 1969. En esta propuesta, generosamente, se asignaban 111 escaños a Tripolitana y 60 a Cirenaica, como un intento obvio de mantener el país unido y modificar los desequilibrios históricos en contra del oriente, pero manteniendo al este en el aparato de la formulación de políticas. Esto llevó a 3,000 personas a reunirse en una fábrica de jabón en Bengasi para demandar su autonomía (*The New York Times,* 2012).

Este "conjunto incierto de actividades" es preocupante y muestra cómo la representación del CNT en Bengasi ha disminuido ostensiblemente en la medida en que ha modificado su posición; además, al operar fuera de Trípoli, indica la facilidad con la que el oriente del país puede ser dividido, el despliegue de la radicalización y la debilidad de los principales contactos externos. A su vez, en la medida en que los ciudadanos de la antigua Libia agotan su propia energía, pueden encontrar simpatizantes en el exterior igualmente cansados de su propia buena voluntad.

CONCLUSIONES: DEL PELIGRO DE UN GADAFI VIVO AL TERROR POR EL FANTASMA DE UN GADAFI MUERTO

El análisis de la revolución que tuvo lugar en Libia en 2011-2012 sugiere que la perspectiva puede ser inadecuada para esta tarea. Por un lado, el Estado libio en desintegración priva a su pueblo de cualquier agencia legítima capaz de hablar y actuar por él. Por otro lado, las crecientes expectativas de otra dictadura parece un *déjà vu*: otro autoritarismo al estilo de Mussolini o un nuevo totalitarismo siguiendo el ejemplo de Gadafi. En la medida en que Libia adopta la modalidad pretoriana, los estudiantes de Relaciones Internacionales están expuestos a una diseminación de supuestos pertenecientes a teorías que abordan a la condición del Estado, el debate realismo-constructivismo y la transición democrática, en particular el debate sobre las vías europea y estadounidense hacia la democracia para convertirse en el modelo a seguir. Dado que prevalecen las características centrales pretorianas de un inadecuado institucionalismo, junto con las ambiciones de los funcionarios del ejército, cualquier pronóstico a largo plazo sobre Libia resulta sombrío y notorio: la vuelta a un gobierno autoritario para encontrar la anhelada estabilidad, o la vía de la continua desintegración. Con los revolucionarios dispuestos a abalanzarse sobre la opción dictatorial, parece que Libia está lista para una cita con un destino caracterizado por la anarquía, como si Gadafi todavía gobernara, aunque sólo fuese a través de su fantasma.

Una primavera árabe muy a la moda anticipa un congelante invierno libio. Entre las implicaciones que se formulan en este capítulo destacan:

a) otros Estados-nación de África y el mundo árabe pueden acercarse al borde del desorden si la democracia se convierte en el tema de las demandas políticas;
b) aunque es factible que persista la conducción secular de la primavera árabe, también es probable que enfrente un desbordado desafío islamista en estas áreas;
c) independientemente del islam o la democracia, cualquier desgajamiento del Estado libio es sinónimo de problemas en el África subsahariana, por razones de vecindad y por las alianzas y conexiones militares que otros Estados tenían con Libia;
d) la fragmentación de Libia puede ser una amenaza más severa a las puertas de Europa que el inicio de la primavera árabe;
e) al igual que la propagación de la primavera árabe desde Túnez fue inevitable, los países que la sufrieron directamente también deberán estar preparados para hacer frente a la previsible difusión del invierno libio;
f) es probable que el movimiento democrático árabe más prometedor no sólo confirme que los Estados musulmanes no pueden democratizarse, sino que también demuestre que el valor del mercado del autoritarismo podría ascender más rápido que nunca (sin ser capaz de producir resultados decisivos como en el pasado).

FUENTES

Anderson, B. (1983). *Imagined Communities: Reflections on the Origin and Spread of Nationalism*. London: Verso Books.

Background (1963). An unruly flock of activities: Comments on the state of international studies. *Background, 7*(1), 3-11.

BBC (07.07.2012a). Q&A: Libya's General National Congress election. *BBC news Africa*, en: http://bbc.in/Nluh4g

BBC (07.07.2012b). Libya election: high turnout in historic vote. *BBC News*. Recuperado el 7 de julio de 2012, de: http://bbc.in/N24Reu

Bull, H. (1977). *The Anarchical Society: A Study of Order in World Politics*. New York: Columbia University Press.

Buzan, B. (1991). *People, State and Fear: An Agenda for International Security Studies in the Post-Cold War Era*. Boulder: Lynne Rienner.

Buzan, B. (1993). From international system to international society: structural realism and regime theory meet the English School. *International Organization, 47*(3), 327-352.

Celani, C. (2001). Giuseppe Verdi: Composer, republican and dramatist. *Schiller Institute*. Recuperado el 30 de mayo de 2012, de: http://bit.ly/12WIVWK

Cline, A. (s.f.). *Religion as opium of the people: Karl Marx, religion, and economics*. Recuperado el 17 de septiembre de 2012, de: http://bit.ly/1947kB4

Cockburn, A. (2000). Libya: An end to isolation. *National Geographic, 198*(5), 2-31.

Cox, R. W. (1986). Social forces, states, and world orders: Beyond international relations theory. En Keohane, R. (ed.). *Neorealism and its Critics*. New York: Columbia University Press.

Davis, W. (02.07.2012). Rival Libyan tribes feud ahead of 'crucial polls'. BBC *News*. Recuperado el 6 de julio de 2012, de: http://bbc.in/MnIKR3

Fierro, E. (2003). The EU's Approach to Human Rights: Conditionality in Practice. *International Studies in Human Rights 76*. The Hague, Netherlands: Martinis Nijhoff Publishers, 93-95.

Fukuyama, F. (2004a). Nation-building 101. *The Atlantic Monthly*, 159-162.

Fukuyama, F. (2004b). *State Building: Governance and Order in the 21st Century*. Ithaca: Cornell University Press.

Fukuyama, F. (2006). *Nation-building: Beyong Afghanistan and Iraq*. Baltimore: The Johns Hopkins University Press.

Ghosh, B. (2012). The new Middle East: After the Arab Spring, a different world unfolds. *Time*, April 17, special issue.

Hettne, B. (2000). The fate of citizenship in post-Westphalia. *Citizenship Studies, 4*(1), 35-46.

Holsti, K. J. (2001). Dealing with dictators: Westphalia and American strategies. *International Relations of the Asia-Pacific, 1*(1), 51-65.

Hopf, T. (1998). The promise of constructivism in international relations theory. *International Security, 23*(1), 171-200.

Huntington, S. P. (1968). *Political Order in Changing Society*. New Haven: Yale University Press.

Hussain, I. (2010). *Afghanistan, Iraq & Post-Conflict Governance: Damoclean Democracy?* Leiden: Brill.

Jawad, R. (05.07.2012). Libya elections: do any of the parties have a plan? BBC *News*. Recuperado el 6 de julio de 2012, de: http://bbc.in/MDfi9B

Karadshah, J. (18.07.2012). Liberal coalitions make strides in historical Libya's election. CNN. Recuperado el 18 de julio de 2012, de: http://bit.ly/M88UTT

Kissinger, H. (1973). *A World Restored: Metternich, Castlereagh, and the Problems of Peace, 1812-1822*. New York: Mariner Books.
Krasner, S. D. (1995). Compromising Westphalia. *International Security, 20*(3), 115-151.
Kuran, T. (28.05.2011). The weak foundations of Arab democracy. *The New York Times*. Recuperado el 17 de febrero de 2012, de: http://nyti.ms/13PSzka
Little, R. (2000). The English school's contributions to the study of International Relations. *European Journal of International Relations, 6*(3), 399-422.
Mackey, R. (2012). *British journalists held for a month in Libya had reported on revenge attacks* [Comentario en web log]. Recuperado el 19 de abril de 2012, de: http://nyti.ms/111f6qn
Miguel, E. (2004). Tribe or nation? Nation building and public goods in Kenya versus Tanzania. *World Politics, 56*(3), 327-62.
Morgenthau, H. J. (1948). *Politics Among Nations: The Struggle for Power and Peace*. New York: Alfred A. Knopf.
Nye, J. S. (2004). *Soft Power: The Means to Success in World Politics*. New York: Public Affairs.
Nye, J. S. (2011). *The Future of Power*. New York: Public Affairs.
Perlmutter, A. & Plave Bennett, V. (eds.) (1980). *The Political Influence of the Military: A Comparative Reader*. New Haven: Yale University Press.
Phares, W. (2010). *The Coming Revolution: Struggle for Freedom in the Middle East*. New York: Threshold.
Pridham, G. (2005). *Designing Democracy: EU Enlargement and Regime Change in Post-Communist Europe*. Houndsmills, Basingstoke, Hampshire: Palgrave Macmillan.
Rhee, N. (2011). Libya's antigovernment protests escalate on 'day of rage' against Muammar Qaddafi. *Christian Science Monitor*. Recuperado el 9 de mayo de 2012, de: http://bit.ly/12XR0hH
Sapienza, J. (2011). Libyan 'Day of Rage' comes early, hundreds protest. *Antiwar*. Recuperado el 9 de mayo de 2012, de: http://bit.ly/15aKgfY
Smith, R. M. (2001). Citizenship and the politics of people-building. *Citizenship Studies, 5*(1), 73-96.
Stephen, C. (17.07.2012). Mahmoud Jibril's centrist party dominates Libyan election, en *The Guardian*. Recuperado el 18 de julio de 2012, de: http://bit.ly/13PSFbJ
The New York Times. Libya: Revolution and aftermath. (05.04.2012). Recuperado el 19 de abril de 2012, de: http://nyti.ms/fCMS4g
U.S. Department of Energy (2012). *Country Analysis Brief: Libya*. Washington, D.C.: Department of Energy. Recuperado el 17 de septiembre de 2012, de: http://1.usa.gov/zurrgx

Waltz, K. N. (1979). *Theory of International Politics*. Menlo Park: Addison Wesley.
Youngs, R. (2001). *The European Union and the Promotion of Democracy*. Oxford: Oxford University Press.
Youngs, R. (2002). The European Union and democracy promotion in the Mediterranean: A new or disingenuous strategy? *Democratization, 9*(1), 40-62.

Capítulo 10

CHINA EN LIBIA Y LA ANTROPOLOGÍA DE LAS RELACIONES INTERNACIONALES

Francisco Javier Haro Navejas

SENTENCIA PREVIA: LOS PROBLEMAS

En este texto se presenta la construcción de un discurso sobre una opción teórica para estudiar las políticas internacionales de China, particularmente en Libia. Dado que no existe una teoría capaz de explicar el conjunto de factores involucrados en las Relaciones Internacionales, es preciso tender puentes entre las diferentes aportaciones teóricas para comprender mejor la realidad. Estas páginas pretenden construir nuevas propuestas vinculando diversas teorías. El objetivo es contar con un corpus conceptual para comprender las políticas internacionales chinas a partir de la antropología de las Relaciones Internacionales (Haro, 2011).

La estructura del capítulo se encuentra dividida en dos grandes partes, la teórica y la analítica de los acontecimientos. Los diferentes apartados permitirán entender cómo y para qué ha sido construido el discurso propuesto. Para iniciar se expone la pertinencia de crear un discurso teórico, a partir de la explicación de la manera en que se percibe el uso de instrumentos teóricos en los estudios de área; después, se muestran las corrientes principales en las discusiones teóricas sobre el tema. Posteriormente, opuesto a los planteamientos dominantes, se asevera que China ya es una potencia global. Lo anterior no tendría ningún sentido sin una propuesta, que se presenta aquí para explicar fuentes y componentes: la antropología de las Relaciones Internacionales puesta a prueba en Libia.

La parte teórica, que explica los planteamientos existentes y abre la puerta a una propuesta diferente, es contrastada al analizar los objetivos chinos en África, en general, y Libia en particular. Para lograrlo se explican algunos de sus intereses económicos, pero sobre todo se exponen las ideas que guían sus acciones en suelo africano. Posteriormente, se realiza un análisis del comportamiento chino en el conflicto libio, para concluir con las lecciones que estaría aprendiendo China, delineando perspectivas.

De fondo, los problemas principales que se abordan en el texto y de los que se ofrece una salida son dos y pueden ser expuestos a partir de metáforas.

Primero, el formato (.MP"X", .AVI, .WAV, .M4A, o cualquier otro) permite acceso a las fuentes y a diferentes niveles de claridad de los sonidos, con menos o más ruido y compresión; sin embargo, el formato escogido es insuficiente para explicar el contenido y el contexto de lo que se reproduce. Las distorsiones pueden ser aminoradas por la teoría.

Segundo, en la película *Sentencia Previa* (Spielberg, 2002), versión fílmica de un cuento de los años cincuenta típico de la Guerra Fría, gracias a que es posible saber de antemano el delito que cometerá una persona, a ésta se le puede castigar de antemano.

En ambos casos, la ausencia de un formato-teoría adecuados, conduce a pensar que China ya es culpable de encumbrarse en el poder con violencia, sin haber evidencia de ello. Si bien la violencia —interna o externa— no ha estado ausente en el ascenso chino, la misma se ha producido con igual intensidad que en el pasado. Para superar las dificultades se recurre a la teoría, para explicar qué encierra contextualmente el sonido que se reproduce. Además, se abre la posibilidad de explicar lo que pasa o podría pasar, sin enjuiciar al aún presumiblemente inocente.

1. GRIS ES LA DESCRIPCIÓN, VERDE LA TEORÍA

Salvo los temas pertenecientes a corrientes intelectuales que podrían ser ubicadas dentro del posmodernismo y hasta del poscolonialismo, como género o identidad, los estudios sobre los procesos sociales que se producen en la República Popular China (RPCH, China o Beijing) tienden a ser esencialmente descriptivos (Chen, 2005). Su riqueza radica precisamente en armar narrativas con pretensiones de gran objetividad, en fuentes primarias, grandes dosis de convencionalismo, conocimiento profundo de la historia china y, ocasionalmente, en experiencias de alguna institución gubernamental.

En estos casos la teoría aparece como algo distorsionante, que impediría mostrar a la realidad como es en verdad. La ausencia de teoría se resiente más en el campo de las Relaciones Internacionales, tradicionalmente fértil cuando de otros países se trata. Como se observa en los trabajos sobre etnicidad, los enfoques teóricos suelen ser aportados por aquellos cuya formación original es en los estudios del área. Esta situación plantea discutir sobre la pertinencia o no de la teoría, pero también a cuáles teorías se puede recurrir para entender a los actores chinos.

Algunas teorías pueden ser una moda, incluso literalmente (Theory, 2012), con lo que el ejercicio académico es alienado de su esencia intelectual y pronto éstas caen en el olvido; en este trabajo se considera a la teoría como esencial, tanto para entender los comportamientos de los actores sociales, como para determinar los patrones conductuales de los mismos. Aunque diplomáticos y políticos parezcan olvidarlo, el componente teórico es esencial para realizar interacciones adecuadas dentro del entorno internacional. De hecho, el pensamiento de las disciplinas sociales se empobrecería si se le confinara a una sola teoría (Walt, 1998:44). De ahí surge la siguiente propuesta para el quehacer académico: reforzar el uso entrelazado de varias teorías para comprender una porción de la realidad (Haro, 2005), romper con la hegemonía "gramsciana" de la teoría, llamada occidental, y trascender las condiciones "locales" que impiden la creación de teoría (Acharya & Buzan, 2010:17-19) en un país como México.

1.1. En esta esquina...: monoteóricos vs. multiteóricos

Hace unos años en la revista *Current History* se publicó un debate sobre el papel de China en el mundo, particularmente en el este de Asia. Dos artículos encapsularon a la perfección algunos de los dilemas del uso de la teoría en las Relaciones Internacionales; como el aferrarse al realismo como única salida para entender las nuevas realidades o recurrir a enfoques conceptuales múltiples para entender los *por qué*, pero sobre todo los *cómo* de las políticas internacionales; y acerca del falso dilema sobre si China ascenderá como potencia de forma pacífica.

En la esquina de los monoteóricos, con una fuerte dosis escatológica, está Mearsheimer (2006) con un texto publicado antes en Australia (2005) y fortalecido para su publicación en Inglaterra años después (2010a). En él asegura rotundamente que el ascenso de China no será pacífico, aseveración hecha a partir de lo que él llanamente llama su teoría. Establece algunos elementos importantes, entre los cuales destacan que es necesario una teoría para predecir cómo los poderes en ascenso responderán y cómo será la respuesta de los otros y tendrá que ser lógicamente válida. Debe basarse en la actuación pasada de los grandes poderes.

De acuerdo con lo anterior, los Estados más poderosos tratan de establecer la hegemonía en su región, a la vez que tratan de impedir que sus rivales hagan lo propio en otra parte del planeta. La política exterior estadounidense se explica de esta forma y tiene implicaciones futuras para las relaciones sino-americanas.

Sin bautizarla, es posible darse cuenta que la teoría es realismo cuando brinda una definición de las características del sistema internacional como si fuera una de las primeras clases de Introducción a las Relaciones Internacionales: los principales actores son Estados que funcionan en anarquía; todos los grandes poderes tienen alguna capacidad militar ofensiva; ningún Estado puede conocer las intenciones de otro Estado con certidumbre.

La propuesta de Mearsheimer —el exponente actual más prominente del realismo estructural ofensivo (2010b) (ver capítulo 3 de este libro), también conocido como asimetría estructural—, es lógica en su formalidad discursiva, pero limitada por su incapacidad para capturar las complejidades de los contextos sociales cambiantes; contempla pasado y devenir lineales, pero cíclicos. En las sociedades —sobre todo en los llamados poderes— literalmente evolucionan, pasan de un estadio a otro, van de una u otra forma hacia el mismo lugar; por el otro, se trata de un ciclo similar a una rueda de la fortuna, definido por la violencia como elemento casi único que conduce al poder.

En la otra esquina están los multiteóricos, la revista presentó un texto de Shambaugh (2006), especialista en políticas internacionales chinas y constructor de elementos conceptuales para la comprensión de las mismas. Seguidor de James N. Rosenau y cercano al neorrealismo, el especialista parte de la idea de que no existe una teoría que explique el conjunto de las interacciones en la región, ni existe una metateoría que las analice.

Ante estas ausencias construye un modelo compuesto de dos elementos. Uno permite comprender la complejidad de la región en función de la intrincada interrelación de los principales actores estatales en la zona —análisis contrastante con la simplicidad polarizadora del realismo estructural. Mientras que el otro, aún menos simplista, expone las posibles perspectivas. Una de las mayores aportaciones de este enfoque es demostrar que, ante una realidad que dificulta la claridad conceptual, se propone una mezcla de elementos realistas, liberales y constructivistas.

Uno de los esfuerzos más importantes y antiguos de acercamiento a la comprensión de la política exterior china es el de Lampton (2001), quien ha buscado explicar cómo se diseña, qué alienta a las élites y cuáles son los objetivos de sus políticas. Apoyándose en la tradición estadounidense de los estudios comparativos, sobre todo en autores como Gabriel Almond y Samuel Huntington, construye un marco conceptual de pretensiones holísticas. Consciente de la imposibilidad de apoyarse solamente en una teoría, escuela o concepto, logra el resultado más maduro de su trayectoria en un trabajo que tiene como sustento la idea de que China y sus acciones en el plano internacional no pueden ser explicadas desde una perspectiva unidimensional. El análisis de Lampton (2008:10-11) es acerca de usos, efectividad y limitaciones del poder en tres facetas: coercitivo, remunerativo y normativo.

Se trata de un esfuerzo multidimensional, alejado de los enfoques binarios dominantes en las Relaciones Internacionales, pero cercano a la propuesta presentada en este trabajo. En el mismo espíritu, se tienen trabajos (Kang, 2007) que buscan el análisis de diferentes elementos para armar el rompecabezas que permita entender a China, tomando como punto de partida lo identitario. La propuesta de Kang de analizar la política internacional desde el campo de las ideas, rompe la barrera entre diferentes teorías: aparentemente se trata de un enfoque constructivista, pero en los hechos el autor recurre a las propuestas de especialistas en negociación-teoría de juegos, como Robert Powell o a teóricos de la confianza-desconfianza, como Andrew Kydd.

Existe una gran cantidad de estudios enfocados en aspectos específicos, en los que posiblemente la mejor opción es limitar las aspiraciones teóricas, como aquellos que analizan la relación entre el proceso interno del diseño de política internacional y la relación —por ejemplo— con mecanismos de cooperación, enfatizando el análisis de los constreñimientos institucionales internos (Pearson, 2010). Inclusive, existen algunos que buscan más que el análisis sustentado en teoría o conceptos, el estudio empírico pero sustentado de alguna manera en la teoría de la transición del poder (Kastner & Saunders, 2012).

En el campo teórico, el único enfoque que rivaliza con aquellos tópicos relacionados con seguridad/interés nacional es el del poder suave (Zhu, 2012), que tiene como principal debilidad la unidimensionalidad, lo que paradójicamente lo emparenta con su antípoda, el realismo. Pese a que está lejos de ser una teoría, el concepto (cf. Nye, 1990 y 2004) es útil para comprender una parte muy importante de las Relaciones Internacionales: la del uso de la persuasión para lograr los objetivos y satisfacer los intereses particulares en la arena internacional.

Respecto a China, es común recurrir a Nye —quien goza de gran popularidad en dicho país— para explicar las políticas chinas hacia el exterior. En los medios de impacto se le cita regularmente, por ejemplo en CNN (FlorCruz, 2012). El mismo Nye (2012) realizó una gira por ese país asiático para explicar el concepto de poder suave, mismo que ha utilizado para explicar lo que considera como deficiencias de las políticas internacionales de Beijing.

Existen otros desarrollos teóricos relevantes. Sin embargo, necesitarían un trabajo más específico, sobre todo aquellos relacionados con el nacionalismo, concepto al que se recurre para explicar la actitud de diferentes actores chinos frente a sus contrapartes extranjeras bajo determinadas circunstancias, como podrían ser las disputas territoriales. Se trata de uno de los temas de interés creciente en las Relaciones Internacionales, en los que sobresale el estudio del nacionalismo orientalizado como "enigma" (Gries, 2004) o como una fuerza divisora a nivel internacional (Rozman, 2011).

1.2. *En el reino de los silogismos, cualquier tautología es la verdad*

La comprensión del lugar de China en el mundo, sus objetivos y el comportamiento de sus actores son complicados de aprehender, dada la ausencia de instrumentos teóricos específicos para su análisis. Además, es común el uso inadecuado de la historia, la ideologización de la academia y las propias visiones chinas que no siempre han aportado elementos para superar las dificultades (Deng & Wang, 1999). Dominan los silogismos simplistas y las tautologías que surgen de tomar literalmente algunas de las fuentes disponibles, principalmente las de origen gubernamental chino.

A lo anterior habría que agregar los anacronismos heredados del siglo XIX, cuando nació la idea de que algunas características presentes en esos momentos eran los rasgos dominantes en lo que se consideraba —no siempre con razón— territorio Qing desde tiempos inmemoriales (Spence & Chin, 1996:20). En muchos sentidos, esta manera de percibir a China sigue presente.

Los observadores externos han sido marcados indeleblemente por los acontecimientos del siglo XIX, especialmente por los producidos a partir de 1839 con la Primera Guerra del Opio. A su vez, las élites chinas han ordenado su interpretación de la realidad y sus tareas desde la base de explicar el pasado para remontar el estatus en el que los imperialismos los habrían sumido. Por ello, desde 1949 se han propuesto llegar a ser una potencia. Al respecto, existen muchos textos oficiales que lo prueban, pero definitivamente el más importante en el que esto se aprecia es en la Constitución (1982). A partir de lo anterior, es claro que las élites mantienen una cohesión considerable alrededor del objetivo de convertirse en una potencia global; de hecho, "[La] élite china y los líderes de la opinión pública tienen una gran estrategia nacional" (Lampton, 2008:1).

La dificultad no reside en saber cuáles son las intenciones del gobierno chino o de otros actores político-económicos. Éstas son considerablemente claras, pese a la opacidad gubernamental. Señalar que los dirigentes chinos buscan poder y que son pragmáticos, son conclusiones de silogismos mal construidos que resultan ser tautologías. Desde la misma Constitución china es posible apreciar la visión que el Estado chino tiene sobre el pasado y es manifiesto que tiene la misma aspiración de ser un poder global, aunque niega serlo ahora; por ello, ese no es el tema a estudiar, como tampoco lo es el pragmatismo, ya que la esencia de la política como práctica social, como acción, es el pragmatismo. El uso extensivo de algo cercano a un concepto denominado pragmatismo en la literatura especializada para explicar lo que ha pasado en China desde fines de los setenta, tiene demasiados ejemplos en lo económico (Tisdell, 2009) o en el ámbito de la política exterior (Zhao, 2008). El uso inadecuado del término ha sido alimentado tanto por políticos como por especialistas chinos (Yao, 2008).

Además, el debate ha sido abordado de manera inadecuada, sobre todo cuando se refiere a la incertidumbre que hay sobre si el ascenso de China será pacífico o no (*Zhongguo de heping jueqi* 中国的和平崛起). Al igual que en otros tópicos, la fuente es China y tiene que ver con las argumentaciones planteadas a partir de 1997 por un intelectual chino, quien ha tratado de explicar las dificultades enfrentadas por su país para convertirse en poder. Los aprietos están relacionados con recursos naturales no siempre disponibles, pero sobre todo con el aspecto competitivo frente a otros poderes (Zheng, 2005). Las aportaciones de Zheng Bijian sobre el ascenso pacífico han sido actualizadas recientemente por el Consejo de Estado, en un texto publicado por la Oficina de Información del Consejo de Estado (2011) sobre el desarrollo pacífico (*heping fazhan* 和平发展), tema fundamentado en una interpretación histórica que abarca dos elementos: la continuidad milenaria de una civilización incluyente y la interpretación auto-victimizante de los acontecimientos del siglo XIX.

Estos planteamientos se complementan con la idea de que por ahora, sin abandonar sus responsabilidades internacionales, China debe esconder su fuerza y esperar el momento adecuado para mostrarla (*taoguang yanghui* 韬光养晦) (Zhang, 2008). Sin embargo, esta situación de aparente timidez política en asuntos internacionales está en plena transformación y se está convirtiendo en cosa del pasado (Economy, 2010).

1.3. *Cuando despertaron... una nueva potencia estaba ahí*

El análisis histórico, y el de las acciones chinas en diferentes partes del mundo, muestran que el ascenso pacífico ya se ha producido, por lo que el debate sería otro. Habría que explicar, en primer lugar y de forma concisa lo que muestra la historia en los veinte años recientes. Si se toma como referencia el ascenso de algunos de los grandes poderes durante el siglo XIX (Estados Unidos, Japón y Prusia, principalmente) se encuentran —en un mar de diferencias— algunas características comunes en todos ellos, como los reacomodos y negociaciones entre las élites que permitieron la construcción de un Estado moderno, lo cual no estuvo exento de violencia interna. Al lograr lo anterior, se formaron consensos que permitieron alcanzar el estatus de poder basados en el crecimiento económico, manteniendo a las grandes masas de la población alejadas de los procesos de toma de decisiones. Su fortaleza se dio por la doble vía —siempre combinada— de la búsqueda de nuevos mercados-territorios con el uso de la violencia sistemática.

Los poderes decimonónicos ascendieron en el lapso de una generación, lo que significó coronar sus éxitos en no más de tres décadas. Desde esta perspectiva, los chinos han hecho lo mismo pero en veinte años, tomando como punto de referencia el ingreso de Beijing a la Asamblea General y al Consejo de Seguridad de la Organización de las Naciones Unidas (ONU) en 1972 y considerando el inicio de los años noventa como punto de llegada. Este cálculo podría ser menor si se partiera del año casi mítico de 1978, arranque oficial de la reforma económica.

Si bien a inicios de los años noventa era adecuado considerar a China como el próximo poder (Conable & Lampton, 1993), durante esa década fue posible apreciar el ascenso casi pacífico de China al podio de los grandes poderes (ahí reside la diferencia esencial con algunos de sus antecesores del siglo XIX).

Tres son los elementos que permiten determinar lo anterior, componentes base de la construcción teórica que se expondrá en líneas posteriores. Primero, las élites chinas —incluyendo las no gubernamentales— tienen una amplia gama de intereses precisos a nivel global. En general, esos pueden ser alcanzados en el marco de las reglas establecidas después de la Segunda Guerra Mundial. Segundo, habría que agregar que durante la década de los noventa, la economía china se convirtió en una sólida economía exportadora. Tercero, el gobierno, recurriendo inclusive a la violencia interna en gran escala, logró superar los escollos de los años ochenta, tales como la inflación y el descontento social urbano. La gráfica 1 permite apreciar cómo —inclusive en 1989, que parecía un año fatídico en todo sentido— el comercio se incrementó de tal forma que, salvo por el impacto de la crisis de 2008 (de la que ya hay recuperación), el ascenso ha sido imparable, como incluso aconteció frente a la de 1997.

Contrario a lo señalado en los medios y en círculos diplomáticos, se puede observar que el gobierno chino no fue castigado por la represión del 3 y 4 de junio de 1989 y que no ha sido una economía cerrada a las importaciones.

Las fuerzas políticas gubernamentales chinas —que han alcanzado puntos esenciales de acuerdo con la sucesión del poder presidencial y de los objetivos económicos más importantes— cuentan con un discurso sólido y consistente, pero con especificidades contextuales que les permiten intervenir exitosamente en el plano internacional.

Gráfica 1
El ascenso comercial global de China (1984-2011)

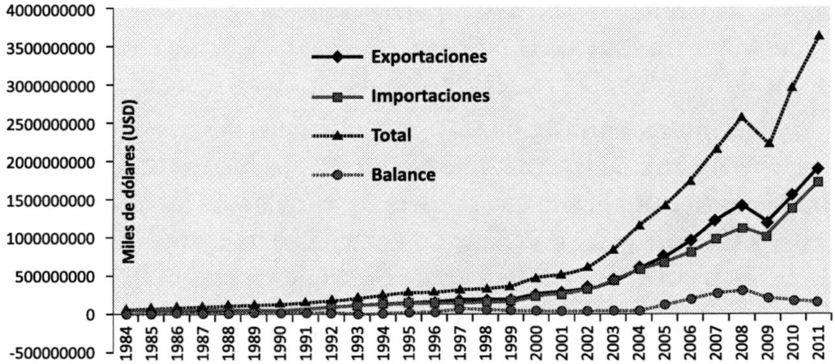

Fuente: Comisión Económica para América Latina y el Caribe, 2012.

No obstante, en el plano discursivo se encuentra una de las principales limitantes chinas, que tratan de subsanar de diferentes maneras. Desde Beijing se han elaborado tácticas adecuadas para evitar ser constreñidas por el andamiaje institucional internacional de la ONU, donde ha llegado a ser una potencia por derecho y capacidades propias. Aún más, entre 1986 y 2011, condujo una negociación larga pero exitosa de ingreso a la Organización Mundial al Comercio (OMC).

Lo más importante es que en este periodo, el gobierno chino fue capaz de salir de la órbita institucional dominante y trabajar al mismo tiempo para convertirse en un actor influyente en la Asociación de Naciones del Sudeste Asiático (ANSEA), derivando en un área de libre comercio en 2010. Incluso, y posiblemente más relevante que lo anterior, es que el gobierno chino fue el motor material e intelectual para la construcción de la Organización para la Cooperación de Shanghái (OCS) en 1996.

Salvo una potencia —y a veces no de manera que incluya el conjunto de los elementos—, no hay países que hayan logrado lo anterior, tomando en cuenta además, que los logros se produjeron con dosis de violencia históricamente muy bajos. Aun tomando en consideración los enfrentamientos fronterizos con India en los años sesenta, con Vietnam a fines de los setenta y los recientes en el Mar del Sur de China, no se comparan con la Guerra Franco-prusiana, la efectuada entre Estados Unidos en contra de México o con la nipona en contra de China o la intervención de Japón en Corea.

En términos de intensidad y periodicidad, la violencia ha sido fundamentalmente interna, puesto que es posible encontrar una situación más complicada que pudiera descarrilar los intentos de convertir a China en una potencia. Lo anterior se ha materializado en el hecho de recurrir a diferentes grados de violencia dirigida, por un lado, a evitar guerras civiles tan comunes durante el periodo posterior a 1839 que pudieran llevar al desmembramiento de la República Popular China, por el otro, a cerrar el camino a élites locales de orientación religiosa que fueran capaces de hacer peligrar la hegemonía del Partido Comunista, además del acuerdo alcanzado entre diversos grupos para mantener el actual estatus de dominación sobre los que han quedado fuera del partido.

La violencia no ha tenido que ser internacional, gracias a la existencia de un contexto internacional propicio para ascender de forma no violenta, sobre todo debido al funcionamiento de un marco institucional funcional, inexistente antes de 1945.

Igualmente, habría que agregar la reciente política china de impulso a tratados de libre comercio. Sobresale el acuerdo propuesto a Corea del Sur y Japón, además de su papel en la crisis financiera europea. Los análisis dominantes han sido, bien para explicar cómo será el ascenso de China (Sutter, 2008) —mismo que ya aconteció— o bien para regatear su plena pertenencia al club de los poderosos (Bergesten, Freeman, Lardy & Mitchel, 2008).

En la medida que la escatología no es una ciencia, escudriñar sobre la posibilidad de reacciones violentas chinas en un futuro indeterminado no fortalece a la disciplina de las Relaciones Internacionales. ¿Se va a acabar el mundo? Cualquier cosa que ello signifique, seguramente su respuesta será positiva independientemente de a quién se le pregunte. Lo interesante será la respuesta que brinde cada uno de los "encuestados" de acuerdo a su especialización y/o creencia sobre el modo y el cuándo podría pasar.

A priori, es imposible descartar un enfrentamiento violento de gran envergadura con, por ejemplo, Estados Unidos; sin embargo, con la información disponible, bajo las circunstancias globales dominantes y dados los patrones conductuales de los poderes, es necesario decir que además de que el ascenso pacífico ya se produjo, el uso de la violencia ni siquiera se puede otear.

Por supuesto, si aconteciera algo de esa naturaleza en algún momento, los convencidos dirán: se los dije. Lo que es preciso hacer es construir la teoría que permita entender las conductas de los actores chinos a nivel internacional, sobre todo en el caso de Libia, corazón temático de este libro. Lo que pasa en este país africano permite apreciar algunas de las limitantes chinas. Las debilidades de los chinos en ese país no han sido producto principalmente de sus incapacidades o incomprensiones, sino del tipo de régimen que impedía la libre acción —así fuera relativa— de los actores externos, como acontece en otras partes en las que Beijing es más influyente. En última instancia, las mayores debilidades en suelo libio han sido mostradas por el "realismo occidental" (Gvosdev & Takeyh, 2012).

1.4. A desatar el nudo gordiano: la antropología de las Relaciones Internacionales

Los enfoques teóricos de la disciplina nacieron limitándose a sí mismos en diversos grados, debido a que se ha propuesto estudiar un número reducido de actores y temas. Además, salvo algunos especialistas (Barkin, 2003), quienes recurren a la teoría se niegan a construir puentes entre ellos para alcanzar una mejor comprensión de la realidad. Con el fin de remontar lo anterior, se presenta una propuesta para entender la inserción de China en Libia a partir del levantamiento de vasos comunicantes entre los, hasta ahora, planteamientos enfrentados.

Los componentes del enfoque —que descansan en el constructivismo y el institucionalismo— se ubican dentro de la idea del diálogo interdisciplinario, en el que la antropología puede ser importante (Julião, 2008), pero dando un paso más hacia la elaboración de una antropología de las Relaciones Internacionales (Haro, 2011).

El primer paso es entender las especificidades de las identidades chinas y cómo éstas se han construido, lo que permitirá entender patrones de conducta internos que se complementan con los comportamientos externos. La construcción de las identidades da forma e impulsa a las políticas internacionales.

Las trasformaciones económicas y políticas son producidas por personas en el contexto de relaciones sociales establecidas —no siempre de manera voluntaria— por grupos/clases/estratos sociales, dentro de los que se enfrentan de manera combinada y con diferente fuerza e importancia, ideas-intereses-instituciones expresados, defendidos y manejados por ellos.

Las relaciones sociales responden a una serie de variables internas y externas, que dan forma a un contexto dentro del cual es relativamente más fácil o difícil —según sea el caso— que determinados grupos triunfen frente a otros. Desde los años cincuenta, y aún a inicios de los ochenta, los caminos de la élite política se bifurcaron alrededor de algunos temas centrales, como el papel del Estado. Como consecuencia, el tipo de economía y de políticas internacionales que se impulsarían fueron el centro de la negociación.

Los políticos favorecedores de mecanismos de mercado dentro de una economía considerada socialista o en transición al socialismo, no nacieron en ningún sentido en 1978. Ellos trataron de defender sus ideas, conquistar sus intereses y construir instituciones acordes a los dos principales temas desde los años cincuenta: qué Estado construir y cuál debería ser su papel en la economía. Sin embargo, pese a éxitos efímeros, fue hasta la segunda mitad de los años setenta que pudieron conquistar posiciones de poder para impulsar reformas.

Las variables cambiaron vertiginosamente desde fines de los sesenta. En lo interno, grupos de campesinos tomaron iniciativas liberalizadoras que condujeron a levantar la columna vertebral de las reformas gubernamentales, murió Mao Zedong; apresaron a la llamada Banda de los Cuatro, la incapacidad de Hua Guofeng para suceder a Mao y el ascenso de Deng Xiaoping.

En lo externo, sucedieron desde la decisión unilateral del presidente estadounidense Richard M. Nixon acerca de la no convertibilidad del dólar al oro, su acercamiento con los soviéticos y posteriormente con los chinos, así como las crisis de energéticos y la reorientación industrial japonesa y alemana. Era imposible que China se mantuviera con el mismo patrón de crecimiento económico y de dominación política.

Desde la perspectiva de la antropología de las Relaciones Internacionales, el centro del análisis no es lo logrado económicamente durante tres décadas, sino abordar el problema de que las relaciones sociales existentes desde los años cincuenta se han transformado —en muchos sentidos de manera radical— al dar nacimiento o al fortalecer a actores sociales que hoy aparecen como las fuerzas motrices de la formación de su país como una potencia global.

En la búsqueda de alcanzar el objetivo-interés histórico central, las élites políticas reconstruyeron el Estado para hacerlo eficiente, de suerte que el impulso al capitalismo ha ayudado a China a ser un poder global (Zheng, 2004:83). Las acciones para impulsar la reforma económica siempre fueron diseñadas, no siempre exitosamente, para mantener la estabilidad social y evitar las rupturas económicas (Naughton, 2007:88).

Las estructuras estatales no son las únicas que se han transformado. Surgieron nuevas clases-estratos sociales o se han fortalecido otros que antes eran relativamente débiles. Los cambios de las estructuras estatales no hubieran sido posibles sin un conjunto de ideas materializables, aunque incompletas al inicio. Casi tres décadas después del inicio de los cambios económicos, en 2003, Jiang Zemin dio a conocer lo que ahora se llama el "pensamiento importante de los tres" o "triple representatividad" (*san ge daibiao zhongyao sixiang* 三个代表重要思想), por el que se opera una transformación identitaria sustancial.

Si en la época maoísta las clases revolucionarias fueron campesinos-obreros-soldados —en ese orden—, en el nuevo discurso se habla de fuerzas productivas avanzadas (Yang, 2004), como las personas de negocios, mismas que se convierten en los elementos que ayudarán a proyectar a China a escala mundial, por supuesto en África y, sobre todo, en su tercer país más grande, Libia.

2. PASAJE A LIBIA

A nivel gubernamental, la relación más importante de Beijing es con Estados Unidos, seguido de Japón y Alemania, dejando a Libia en un lugar relegado. No obstante, el caso libio es importante para el especialista porque ha sido relevante en el proceso de socialización-aprendizaje (Haro, 2006) del gobierno chino en los organismos internacionales y en su participación cada vez más directa en situaciones conflictivas en las que no solamente están involucradas posturas políticas —como la no intervención (China's evolving foreign...,

2011)— (Sun, 2012), sino intereses materiales millonarios y las vidas de sus ciudadanos.

De entrada, parecería que los recursos energéticos son el único o más importante (Alden, 2007) interés chino en suelo africano —particularmente en Libia—, en lo que habría ajustado su política exterior de décadas (Liu, 2011). Sin embargo, es preciso recurrir al estudio de la triada ideas-intereses-instituciones para evitar caer en el abismo de los principales paradigmas tradicionales que han polarizado y atomizado a los temas y actores. Se trata del juego suma-cero de la Guerra Fría en el mundo de la academia, es decir, la prolongación de las luchas entre marxistas y liberales del siglo XIX.

Tomando en cuenta especificidades —como la facilidad de acercamiento diferenciado con los gobiernos locales o tipo de interés particular—, los chinos cuentan con políticas generales para conseguir lo necesario en materia de recursos naturales. A la par de intereses, los chinos tienen ideas y una propuesta de andamiaje institucional —el que en territorio africano es relativamente débil, tomando en cuenta otros esfuerzos similares. Un ejemplo de esto: en Asia Central el motor del institucionalismo es Beijing, mientras que en América Latina básicamente aprovecha las instituciones existentes, como la Organización de Estados Americanos (OEA) o el Banco Interamericano de Desarrollo (BID). Incluso, visto desde la lógica restringida de las ventajas comparativas, los actores chinos han tenido que salir de sus fronteras a la búsqueda de bienes tangibles, como materias primas; pero igualmente de bienes intangibles como poder, prestigio e influencia cultural.

Como se ha mostrado, a diferencia de los poderes del siglo XIX que se fortalecieron en su respectiva región mediante el uso de la violencia a gran escala, en los años noventa China logró cimentar su influencia en el Este de Asia por la vía institucional, lo que le ha permitido en los últimos años profundizar sus políticas, alentando la integración con sus vecinos del Norte y del Sur. De manera similar ha ocurrido en Asia Central, con lo que el gobierno cubrió las bases en dos de sus principales intereses espaciales, aunque no son los únicos.

2.1. *Mundialización y multidimensionalidad*

Desde la perspectiva de objetivos totalizadores de la antropología de las Relaciones Internacionales útiles para completar los instrumentos de análisis de la política exterior china, es preciso recurrir a los conceptos de mundialización y multidimensionalidad (Haro, 2006).

En este contexto teórico, la mundialización hace referencia a la presencia planetaria china expresada en por lo menos cuatro variables principales:

a) la gran capacidad gubernamental para crear agenda y reglas del juego diferentes a las existentes, a través de su participación y en la creación de organizaciones internacionales gubernamentales;
b) su acceso de forma relativamente sencilla, rápida y pacífica a las materias primas necesarias a su economía;
c) su papel bajo diferentes circunstancias, sobre todo en la península coreana, de mediador;
d) finalmente, los nuevos actores, o los viejos, ahora fortalecidos, empujan hacia diversas actividades más allá de las fronteras.

Lo anterior conduce directamente a la multidimensionalidad, misma que se expresa en dos aspectos esenciales: primero, la participación de los actores chinos tanto en marcos gubernamentales como no gubernamentales; segundo, la variedad de actores implica necesariamente la existencia de intereses variados que por lo menos hasta ahora han sido convergentes. Por lo mismo, el estudio de las políticas internacionales chinas en África es analizable por la propuesta teórica expuesta.

Bajo las circunstancias actuales —la reconstrucción del país bajo un nuevo régimen—, todos los actores externos con intereses materiales en suelo libio están enfocados principalmente en tres aspectos: recuperar algo de lo perdido durante el conflicto que llevó a la caída y muerte de Muammar Gadafi; participar en la reconstrucción de

Libia; e influir sobre el régimen naciente, inicialmente representado por el Consejo Nacional de Transición (CNT).

El peso de la presencia china en esta parte del norte de África se puede apreciar en el comercio. En el año 2000 China no figuraba entre los diez socios principales libios, situación que cambió radicalmente en 2010. De acuerdo a la gráfica 2, el mercado chino ya estaba en tercer lugar en las exportaciones provenientes de Libia, desplazando de ese sitio a España. A su vez, las importaciones provenientes de China ocuparon el segundo lugar en Alemania.

Gráfica 2
Principales socios comerciales libios (%)

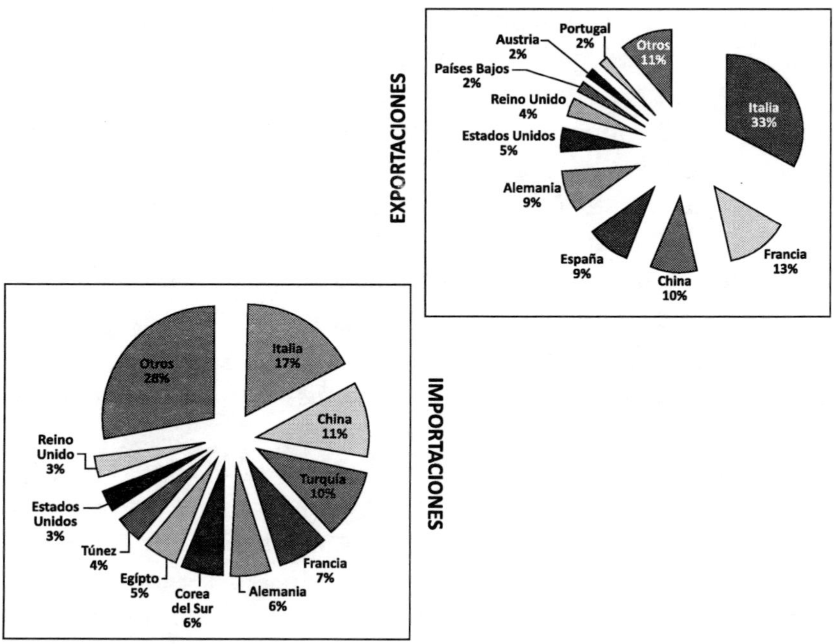

Fuente. Global Insight, 2012.

Es evidente que el lugar número uno y casi indisputable lo ocupa Italia, lo cual confirma un patrón histórico donde un territorio deja de ser colonia pero no rompe con los lazos de dependencia con su metrópoli —pese a las aparentes o reales disputas políticas. Igualmente resalta la presencia en los últimos sitios de los rivales del antiguo régimen, sobre todo Estados Unidos. No obstante la relevancia de lo anterior, es preciso demostrar cómo la propuesta teórica de este trabajo explica la presencia sobresaliente de China en el mercado libio.

Por diferentes razones, los líderes chinos siempre han tenido en la mira a los países africanos desde prácticamente la fundación de la República Popular China (Snow, 1988). Los éxitos han sido desiguales y la atención prestada ha tenido altas y bajas, renovándose desde fines de los años setenta, pues en China se necesitaba moneda dura obtenible en mercados lejanos a través del comercio.

El avance no ha sido uniforme, pero desde los años noventa se fortaleció la búsqueda de materias primas, sobre todo debido a la creciente necesidad de importar petróleo. La conjunción de ideas-intereses-instituciones para conducirse en multidimensionalidad se materializó con la construcción del Foro de Cooperación China-África (FCCHA) en el año 2000. Dicho Foro no es el único esfuerzo en forma de institución, pero sí el más importante frente a acciones más modestas, como la apertura de poco más de dos decenas de Instituto Confucio en el continente africano.

El avance chino en diferentes partes de África está apuntalado definitivamente por la búsqueda de comercio, pero sustentado en la elaboración de un discurso cada vez más completo y por la formación de instituciones de diferente tipo, no solamente económico. Se ha demostrado (Jansson, 2009) que existe una correlación directa entre el crecimiento de los intercambios comerciales sino-africanos y el surgimiento del FCCHA. En este contexto es necesario abordar la relación sino-libia, misma que se había fortalecido considerablemente en los últimos diez años, como se mostró en la gráfica 2.

A diferencia de lo que aconteció con el comercio chino en otras partes del mundo, las transacciones chinas no se incrementaron en los años noventa; se mantuvieron en el mismo nivel que durante los ochenta. En la gráfica 3 se muestra el despegue de los intercambios comerciales sino-libios asociados al nacimiento del FCCHA, que en este caso jugó un papel igualmente positivo, como en otras economías africanas.

El ascenso fue consistente y constante, aunque se truncó ante la guerra civil. Casi a mediados de junio de 2012, Ashour Ben Khayil, ministro libio de Relaciones Exteriores, viajó a Beijing a negociar las reglas del juego para la nueva época. Además, como una muestra del rumbo de las nuevas relaciones —una vez normalizada la situación, pasada la intervención armada de 2011—, está el hecho de que el primer buque-tanque con crudo que zarpó de Es Sider, Libia, fue hacia China (Xinyu, 2011).

Los productos más exportados a Libia han sido ropa de diferente tipo, zapatos, muebles, neumáticos y contratos para construcción; mientras que los importados son crudo, mineral de hierro, alcoholes, pescado, derivados de petróleo, partes para motores y pieles. Casi sobra decir que las ventajas comparativas son mayores en la economía china. Antes de que el conflicto interno escalara, en territorio libio se encontraban alrededor de 35 mil chinos trabajando en 75 compañías, mismas que estaban a cargo de medio centenar de proyectos (China Seeks Compensation, 2012). Los proyectos están relacionados con infraestructura, petróleo, gas natural, telecomunicaciones y ferrocarriles, todos negocios muy lucrativos, sobre todo porque los chinos aportan capital, tecnología y buena parte de la fuerza de trabajo. Esta descripción habla de una relación material de una importancia relativa favorable a los chinos, debido a que la materia prima más importante —el crudo— representó, antes de 2011, apenas 3% de sus importaciones totales (CELAC, 2012).

Gráfica 3

Intercambios comerciales China-Libia (1984-2011)

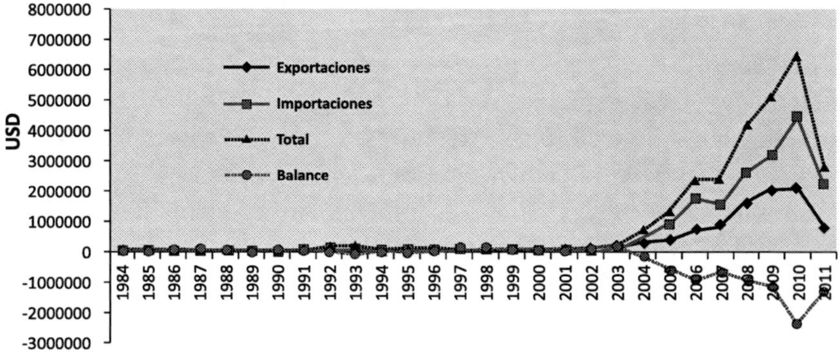

Fuente: CELAC, 2012.

3. CHINA ANTE EL CONFLICTO LIBIO: SOCIALIZACIÓN EN LA CRISIS

La multidimensionalidad de los actores de las Relaciones Internacionales, explicada anteriormente, permite analizar que aquellos no siempre se comportan de la misma manera. Por lo tanto, los enfoques teóricos utilizados tendrán que ser lo suficientemente flexibles como para ser capaces —de acuerdo a las circunstancias— de explicar lo que sucedió de manera razonablemente adecuada.

De acuerdo al enfoque aquí propuesto, es posible analizar determinados patrones conductuales de los actores en función de los ideales que los guían, los intereses en juego y la funcionalidad, o no, de las instituciones existentes. Lo primordial son las circunstancias contextuales bajo las cuales se toman decisiones y se realizan acciones.

Los contextos imponen un papel predominante a algunos actores y obligan a privilegiar algunos intereses por encima de otros. En suelo libio los actores chinos más importantes fueron los estatales, sobre todo los ligados a la diplomacia y a la inteligencia; y algunos no estatales, como los vendedores de armas.

En un primer momento, en medio de titubeos e indefiniciones, Beijing parecía que no siempre atinaba a quién apoyar. Superficialmente se podría considerar que el gobierno chino se aferraba por cercanía ideológica a apoyar al patriarca en su invierno. Sin embargo, es posible apreciar que la actuación china fue producto de un razonamiento en términos de costo-beneficios. En la relación histórica entre Trípoli y Beijing no hay indicios de cercanía ideológica alguna. Por el contrario, las relaciones casi siempre fueron tensas y la antipatía era mutua.

Dada la complejidad de la situación interna y los errores propios, así como la capacidad de influir en espacios locales, el cálculo chino aparente fue que sus intereses estarían mejor preservados si el *statu quo* político no cambiaba. Lo anterior parece ser confirmado por las fuentes oficiales, mismas que sugieren que el gobierno se guiaba por los llamados principios de no interferencia y de respeto a los deseos del pueblo libio, poniendo por encima la amistad y la cooperación bilateral (Xinhua, 2011a). Sin embargo, la práctica china fue diferente. Los actores estatales siempre tendieron puentes hacia las fuerzas rebeldes, ya fuera entrevistándose con sus representantes o mandando ayuda humanitaria a las mismas (Xinhua, 2011b).

Cualquier análisis debe incluir un matiz por diferentes razones, como la presión de la llamada opinión pública. Por ésta, algunos gobiernos pueden ser más estridentes o aparentemente transparentes con sus acciones en el extranjero. Sin embargo, existen un sinnúmero de negociaciones que no pueden pasar en el noticiero nocturno. Esto ayuda a entender, al menos parcialmente, por qué la posición china tardó medio año en ser clara para los estándares estadounidenses, lo que incluso algunos han considerado "inusualmente rápida" (Martina & Buckley, 2011).

La guerra civil que condujo al fin de una era en Libia ha servido como un gran laboratorio en el que los actores internacionales chinos tienen la oportunidad de someterse a un intenso proceso de socialización que tendrá que aportarles lecciones para sus conductas venideras.

CONCLUSIÓN: LECCIONES E INCERTIDUMBRE DEL FUTURO

Los actores internacionales chinos se han encontrado con un orden internacional constituido en el periodo que siguió a la Segunda Guerra Mundial. Un orden sobre el que tuvieron una influencia muy limitada entre 1949 y 1972, fecha a partir de la que Estados Unidos ha hecho todo por contenerlos, aunque sin mucho éxito desde la década de los noventa.

Los actores gubernamentales chinos se han mostrado hábiles y capaces de influir sobre el entorno institucional, ya sea con un mayor activismo en las existentes (como la ONU y ANSEA) o, incluso, levantando su propio orden institucional, lo mismo en Asia Central que en África. Lo anterior persigue —bajo la guía de una serie de políticas bien estructuradas— alcanzar dos grandes intereses: llegar a ser un poder global gubernamental con capacidad para influir en espacios locales y permitir la penetración de sus empresas —lo mismo las de propiedad estatal que privadas. Cada región del mundo presenta para los chinos dificultades específicas agrupadas bajo rubros específicos, tales como competencia de otros actores, inestabilidad interna, errores propios y conocimiento impreciso sobre lo que pasa en cada lugar.

Dada la complejidad de la situación libia, no siempre actuaron con la suficiente rapidez. Posiblemente no negociaron suficientemente pronto con un espectro más amplio de fuerzas libias y a menudo carecieron de la suficiente flexibilidad. Al mismo tiempo, la evidencia permite afirmar que los actores chinos no intervinieron en la crisis como una falange, aunque no predominó el desorden. Al respecto, llama la atención la manera en que analistas extranjeros esperan que el gobierno chino sea capaz de actuar de manera menos "fragmentada", "discreta" e "institucionalmente consistente" para lograr ser un poder internacional (Mills, 2011).

El elemento de análisis sobresaliente proporcionado por los acontecimientos es que los chinos todavía no son un poder maduro, además de que aún no actúan como tal con plena confianza en sus propias capacidades. Las lecciones que los chinos parecen estar aprendiendo de los acontecimientos libios podrían agruparse en dos aspectos: aplicación de políticas y protección de negocios. En cuanto a la primera, es prematuro determinar lo que se hará al respecto, pero ya se ven indicios en Siria (Sun, 2012).

Respecto a la segunda, es necesario afirmar que en términos tangibles es la más importante y tiene tres aspectos principales: presionar —pero al mismo tiempo ayudar al gobierno huésped a garantizar un entorno seguro para los negocios chinos—; intervenir de manera más decidida, abierta y activa en Libia para que sus empresas tengan la menor cantidad de problemas; y finalmente, la capacidad de las propias firmas chinas para protegerse, deberá crecer.

El enfoque teórico de este capítulo permite mostrar que el gobierno chino se interesa en Libia no solamente por los negocios, sino también por la posibilidad de influir políticamente sobre un gobierno apenas constituido y con el que pudiera avanzar en diferentes niveles. Con el gobierno anterior la relación no era la mejor y las posibilidades de influencia sobre él se encontraban muy limitadas. Las relaciones eran tensas, sobre todo al final. De acuerdo al líder libio ya muerto, quien estuvo "enquistado" en el poder por cuatro décadas, China era un poder neocolonial en África; sin embargo, cuando enfrentó las movilizaciones sociales en su contra, expresó públicamente que la mejor solución de lidiar con las protestas era enviar tanques, como lo hizo el gobierno chino en junio de 1989 (Higgins, 2011).

Ninguna de las dos actitudes provocó felicidad en Beijing, aunque nunca hubo una posición púbica oficial clara al respecto. Para Beijing, más allá del petróleo, Libia representa la posibilidad de contar con un aliado poderoso que le permita influir en la construcción de un orden continental institucional de acuerdo a su visión del mundo, no a la de París o Washington. Además, los acontecimientos que condujeron al asesinato de Christopher Stevens, Embajador estadounidense en Libia el 11 de septiembre de 2012, han servido para que los medios informativos chinos expresen el fracaso del orden que la

Casa Blanca quiere construir en este país y mostrarlo como el fiasco de la democracia estilo occidental (Lessons of Libya, 2012).

El proceso no ha sido sencillo. Las relaciones con el nuevo régimen iniciaron con el pie equivocado. Según Abdeljalil Mayouf, vocero de la petrolera Agoco, para proveer de petróleo a China tendrían que discutirse asuntos políticos (Europe leads Libyan..., 2011). Para los que fueron opositores de Muammar Gadafi, las dificultades con Beijing estaban relacionadas con el hecho que éste no los habría reconocido con la suficiente rapidez y porque casi hasta el final llegó a Libia armamento chino.

Por una parte, los chinos se tomaron su tiempo para determinar la fuerza real de los aspirantes a controlar Libia y para exponer una posición pública; por el otro, de acuerdo a la teoría aquí expuesta, debido a la multidimensionalidad hay actores que tratan de materializar su agenda sin control gubernamental, tal y como pasó con los vendedores de armas que buscaron venderlas aparentemente sin éxito al moribundo gobierno. En un tema como éste, la información es fragmentada y las versiones múltiples (Smith, 2011).

Una vez pasadas las primeras dificultades, las relaciones con el CNT marcharon sobre ruedas y se discutieron los mecanismos para resolver asuntos relacionados con las pérdidas materiales, extensión de visas y seguridad de ciudadanos chinos, principalmente. Al menos de acuerdo a la información disponible, no hay temas que lleven a ambas fuerzas gubernamentales a la colisión. Los mayores problemas se relacionarán con el creciente involucramiento chino en temas internos, lo que podría estar obligado por la defensa de sus intereses, la ampliación de su agenda y la presencia de una mayor cantidad de actores. Una variable fundamental será la competencia con otros países y sus empresas por recursos e influencias.

El devenir de la presencia China en Libia podrá ser explicado mejor a partir de enfoques teóricos holísticos, que privilegian actores o temas de acuerdo a una combinación de procesos históricos de largo aliento y de coyunturas; más que en función de propuestas conceptuales que constriñen las posibilidades de análisis a una variable determinante de forma constante.

Las acciones y papel de los actores de las Relaciones Internacionales tendrían que ser analizadas de manera más amplia mediante la comprensión de las interrelaciones e impacto de ideas-intereses-instituciones. La política exterior china para África tiene un diseño multidimensional explícito, al menos como ha sido presentada públicamente (Chinese Government's Official Web Portal, 2010; Gobierno Chino, 2006). Al igual que bajo otras circunstancias, a largo plazo el proceso de socialización en África será de gran valor para las élites chinas.

Ahora la gran preocupación china reside en que el nuevo régimen en Libia logre estabilidad, no tanto en la orientación política o religiosa del mismo. El futuro parece complicado por la situación de violencia latente no privativa de Bengasi y por la imposibilidad para formar un gobierno estable que ahora enfrenta Ali Zeidan, designado primer ministro por la Asamblea Nacional General el 14 de octubre de 2012. Como hipótesis habría que dejar establecido que —a diferencia de la historia estadounidense del siglo xx— a los actores chinos, estatales y no gubernamentales, les interesa construir un marco institucional pacífico como medio para lograr los objetivos de largo plazo ya mencionados: convertirse en un poder global y tener negocios exitosos en África.

FUENTES

Acharya, A. & Buzan, B. (2010). *Non-Western International Relations Theory. Perspectives on and Beyond Asia*. Abingdon: Routledge.

Alden, C. (2007). *China in Africa*. London: Zed Books.

Barkin, J. S. (2003). Realist constructivism. *International Studies Review*, *5*(3), 325-342.

Bergsten, C. F., Freeman, C., Lardy, N. R. & Mitchell, D. J. (2008). *China's Rise. Challenges and Opportunities*. Washington D.C.: Peterson Institute.

Chen, Z. (2005). *Soft Balancing and Reciprocal Engagement: International Structures and China's Foreign Policy Choice*, en: http://bit.ly/14ggvMH

China Daily (2012). What's news [sic]. *China Daily.com.cn*, en: http://bit.ly/OhG1nv

China Seeks Compensation For War-Damaged Libyan Projects (08.05.2012). [Comentario en web log], en: http://bit.ly/zUv94O

China's evolving foreign policy: The Libyan dilemma (10.09.2011). *The Economist*, en: http://econ.st/pMimYg

Chinese Government´s Official Web Portal (2010). China-Africa Economic and Trade Cooperation, en: http://bit.ly/18m3xMD

Comisión Económica y Social para América Latina y el Caribe (2012). *Balanza Comercial Junio*, en: http://bit.ly/LnUQ7r

Conable, B. & Lampton, D. M. (1993). China: The coming power. *Foreign Affairs, 71*(5), 133-149.

Constitución de la República Popular de China (1982), en: http://bit.ly/riyTR2

Deng, Y. & Wang, F. L. (1999). *In the Eyes of the Dragon. China Views the World.* Lanham: Rowman & Littlefield.

Economy, E. C. (2010). The game changer: Coping with China's foreign policy revolution. *Foreign Affairs, 89*(6), 142.

Europe leads Libyan oil race as rebels warn Russia and China (22.08.2011). *Ahram Online*, en: http://bit.ly/r8uzDp

FlorCruz, J. A. (30.03.2012). China works hard to project soft power. CNN, *United States,* en: http://bit.ly/11L7BoP

Global Insight (2012). Lybia. Country Intelligency: Report, en: http://bit.ly/rBMGVE

Gobierno chino (2006). Política china hacia África, en: http://bit.ly/150vrw9

Gries, P. H. (2004). *China's New Nationalism. Pride, Politics, and Diplomacy.* Berkeley: University of California Press.

Gvosdev, N. K. & Takeyh, R. (2012). Decline of western realism. *The National Interest, 2*, 8-19.

Haro, F. J. (2005). Política Exterior china en Asia Central: construcción del institucionalismo regional. En Ríos, X. (ed.). *Política exterior de China. La diplomacia de una potencia emergente* (191-217). Barcelona: Bellaterra.

Haro, F. J. (2006). La socialización internacional de la República Popular China: Una propuesta para su análisis. En Estrada, J. L., León, J. L. & Buzo, R. (eds.). *China en el siglo XXI. Economía, política y sociedad de una potencia emergente* (301-329). México: UAM Iztapalapa y Miguel Ángel Porrúa.

Haro, F. J. (2011). Rectificación de los nombres y antropología de las relaciones internacionales. En Cornejo, R. (coord.). *China, estudios y ensayos en honor a Flora Botton Beja* (249-334). México: El Colegio de México.

Higgins, A. (26.08.2011). For China, relations with Libya a balancing act. *The Washington Post*, en: http://wapo.st/pZauHY

Jansson, J. (2009). *The Forum on China-Africa Economic Cooperation,* en: http://bit.ly/18m3NLE

Julião, T. S. (2008). O diálogo interdisciplinar em Relações Internacionais: o papel e a contribuição da Antropologia. *Meridiano, 47*(97), 21-24.

Kang, D. C. (2007). *China Rising. Peace, Power, and Order in East Asia*. New York: Columbia University Press.

Kastner, S. L. & Saunders, P. C. (2012). Is China a Status Quo or Revisionist State? Leadership Travel as an Empirical Indicator of Foreign Policy Priorities. *International Studies Quarterly, 56*(1), 163-177.

Lampton, D. M. (2001). *The making of Chinese Foreign and Security Policy in the Era of Reform*. Stanford: Stanford University Press.

Lampton, D. M. (2008). *The Three Faces of Chinese Power. Might, Money, and Minds*. Berkeley: University of California Press.

Lessons of Libya (22.10.2012). *China Daily*, en: http://bit.ly/12IXTmR

Liu, M. (21.06.2011). China's Libya connection. *The Daily Beast*, en: http://thebea.st/lrgPPf

Martina, M. & Buckley, C. (23.08.2011). China urges Libya to protect investments. *Reuters*, en: http://reut.rs/o39dJx

Mearsheimer, J. J. (18.11.2005). The Rise of China will not be Peaceful at all. *The Australian*, en: http://bit.ly/1dGaEQD

Mearsheimer, J. J. (2010a). The Gathering Storm: China's Challenge to US Power in Asia. *The Chinese Journal of International Politics, 3*, 381–396.

Mearsheimer, J. J. (2010b). Structural Realism. En Dunne, Kurki & Smith (eds.). *International Relations Theories. Discipline and Diversity* (2nd ed.) (77-94). New York: Oxford University Press.

Mills, I. (19.09.2011). China's Libya Response Reflects Fractured Foreign Policy Apparatus. *World Politics Review*, en: http://bit.ly/phZTSD

Naughton, B. (2007). *The Chinese Economy. Transitions and Growth*. Cambridge: The MIT Press.

Nye, J. (1990). *Bound to Lead: The Changing Nature of American Power*. New York: Basic.

Nye, J. (2004). *Soft Power: The Means to Success in World Politics*. New York: Public Affairs.

Nye, J. (08.05.2012). China's Soft Power Deficit. *The Wall Street Journal*, en: http://on.wsj.com/JddVgP

Oficina de Información del Consejo de Estado (2011). Desarrollo pacífico de China, en: http://bit.ly/12MRmTy

Pearson, M. M. (2010). Domestic Institutional Constraints on China's Leadership in East Asian Economic Cooperation Mechanisms. *Journal of Contemporary China, 19*(66), 621-633.

Rozman, G. (2011). Chinese National Identity and Its Implications for International Relations In East Asia. *Asia-Pacific Review, 18*(1), 84-97.

Shambaugh, D. (2006). Asia in Transition: The Evolving Order. *Current History, 105*(690), 153-159.

Smith, G. (02.09. 2011). China offered Gadhafi huge stockpiles of arms: Libyan memos. *The Globe and Mail*, en: http://bit.ly/oDkqot

Snow, P. (1988). *The Star Raft. China's Encounter with Africa*. London: Weidenfeld and Nicholson.

Spence, J. & Chin, A. (1996). *The Chinese Century: A Photographyc Century*. London: Harper Collins.

Spielberg, S. (dir.) (2002). *Sentencia Previa* [Película]. Estados Unidos: Amblin Entertainment Cruise/Wagner Productions.

Sun, Y. (27.02.2012). Syria: What China Has Learned From its Libya Experience. *Asia Pacific Bulletin, 152*, en: http://bit.ly/13PTq4o

Sutter, R. G. (2008). *Chinese Foreign Relations. Power and Policy Since the Cold War*. Plymouth: Rowman & Littlefield.

Theory (2012). www.theory.com

Tisdell, C. (2009). Economic Reform and Openness in China: China's Development Policies in the Last 30 Years. *Economic Analysis & Policy*, *39*(2), en: http://bit.ly/17mKL6M

Walt, S. (1998). International Relations: One World, Many Theories. *Foreign Policy, 110*, 29-32, 34-46.

Xinhua (14.09.2011a). Comienza un nuevo capítulo en las relaciones China-Libia. *Diario del Pueblo/Pueblo en línea*, en: http://bit.ly/15Ob1HK

Xinhua (18.08.2011b). China sends emergency aid to war-torn Libya, en: http://bit.ly/oqU6kE

Xinyu, M. (02.11.2011). China-Libya ties still vital. *China Daily.com.cn*, en: http://bit.ly/vv6Nc4

Yang, Y. (2004). La utilidad significativa de la teoría Deng Xiaoping y de la triple representatividad en la construcción completa de una sociedad opulenta, en: http://bit.ly/14gi3Gx

Yao, Y. (2008). The Disinterested Government: An Interpretation of China's Economic Success in the Reform Era. China Center for Economic Research Pekin University, en: http://bit.ly/14gicJS

Zhang, Y & Liu, L. (2008). Scientific Outlook on Development and China's Foreign Policy. Contemporary International Relations, en: http://bit.ly/15J4Q5R

Zhao, S. (2008). Chinese Pragmatic Nationalism and Its Foreign Policy Implications, en: http://bit.ly/1dGb0GT

Zheng, B. (2005). China's Peaceful Rise: Speeches of Zheng Bijian 1997-2004, en: http://bit.ly/18m4aFS

Zheng, Y. (2004). *Globalization and State Transformation in China*. Cambridge: Cambridge University Press.
Zhu, P. (2012). Where U.S. and China Soft Powers Meet. *Journal of US-China Public Administration, 9*(2), 162-182.

Capítulo 11

ENTRE LA PRIMAVERA ÁRABE Y LOS CAMBIOS GEOPOLÍTICOS DE LA POST GUERRA FRÍA

J. Gerardo Palomo González †

El importante movimiento socio-político conocido como la primavera árabe (2011) no ha dejado de sorprender a los analistas por lo inesperado de su manifestación. También ha sido el caso con respecto a procesos equivalentes en otras regiones geográficas, y en cuya dinámica se advierten Estados-nación que presentan graves contradicciones político-económicas, en lo fundamental, o étnico-religiosas, que dan lugar a fuertes tensiones en la política interna. De estos procesos se derivan situaciones de conflicto que muy pronto pueden ubicarse en la frontera del recurso de las medidas de fuerza y con ello terminan por manifestarse condiciones de inestabilidad, cuyo desenlace puede conducir a la reconfiguración política o a la franca descomposición de dichos Estados-nación. En este último sentido se puede mencionar, en primer lugar, el caso de Ucrania (2004) y en segundo el de la exYugoslavia (1991-1995, 1999-2002) o el de Sudán (2011).

Cabe mencionar que al emprender el análisis de estos procesos, rápidamente se advierte la necesidad de atender dos grandes problemáticas de difícil aproximación, visto el equilibrio que implica el tratamiento de sus diferentes aspectos y sin cuya consideración difícilmente se podría proceder a la construcción de explicaciones sobre la dinámica de su manifestación y las tendencias posibles de su desarrollo. En primer lugar se tiene una problemática que obliga a diferenciar, por una parte, las grandes tendencias estructurales que han contribuido a configurar el espacio geopolítico analizado y, por otra, las particularidades de la coyuntura del caso específico. En segundo lugar, considerando los profundos cambios que ha experimentado el sistema internacional a partir del último cuarto del siglo pasado, aproximadamente, queda claro que no sería en función de una sola de las teorías dominantes que se llegaría a la formulación de explicaciones pertinentes. En particular si se toma en cuenta que la conceptualización y tratamiento de los diferentes cambios internacionales se ha llevado a cabo de manera un tanto parcializada. Trátese de la forma en que el equilibrio del terror (Aron, 1968) ha ido determinando las relaciones de fuerza entre los Estados-nación, de la configuración global de relaciones de interdependencia en la dimensión que ha llegado a adquirir dicho fenómeno en la época contemporánea o de los efectos del fin de la Guerra Fría y la emergencia de potencias regionales medias con pretensiones geopolíticas propias; se está ante una dinámica que en su conjunto impone desarrollar tanto propuestas de articulación conceptual de los acontecimientos internacionales, como un apego y referencia a los hechos más significativos de su dinámica político-económica inmediata, sin perder de vista la historia contemporánea del área de estudio.

Es por ello que en este ensayo se ha recurrido a dos líneas de análisis teórico representadas por dos escuelas que siguen ocupando los primeros lugares en la teoría de las Relaciones Internacionales: el realismo político y la teoría de la interdependencia; y a una disciplina, la geopolítica, en consonancia con los planteamientos de pensadores como Yves Lacoste o Pascal Lorot. Estas observaciones permiten evidenciar, igualmente, la necesidad de un esfuerzo de síntesis acorde con el espacio disponible para estos análisis. Por lo que en algunos puntos de su desarrollo, para no sobrecargar el texto con definiciones conceptuales de todos conocidas, únicamente se hará referencia al teórico que parece más representativo.

En las regiones en las que aparecen las formas de conflictividad mencionadas al principio de este ensayo y asociados a su dinámica, también se presentan de manera recurrente cambios geopolíticos. Cabe referir la propuesta de Pascal Lorot con respecto a la definición actual del análisis geopolítico, cuando señala que consiste en un método "particular que ubica, identifica y analiza los fenómenos conflictuales, las estrategias ofensivas o defensivas centradas en la posesión de un territorio, bajo la triple mirada de las influencias del medio geográfico [físico y humano], de los argumentos políticos de los protagonistas del conflicto y de las tendencias pesadas y continuidades de la historia" (Lorot & Thual, 1997). Lorot también menciona la definición de Yves Lacoste sobre este mismo punto, el cual propone que se trata de un método que se plantea poner "en evidencia las relaciones de fuerza" (Lorot & Thual, 1997:42-3)[1]. Lo que permite señalar, a su vez, que la conflictividad en cuestión y los cambios geopolíticos que se están presentando en diversas partes del mundo tendrían como puntos de referencia explicativos, tanto la inestabilidad que se desprende de la política interna de este u otro de los Estados-nación involucrados, como aquellos *intereses* a los que se atribuye un determinado carácter estratégico por parte de las diversas potencias que terminan por implicarse directa o indirectamente en dichos conflictos.

En procesos en los que se advierte esta doble dimensión, un aspecto central está dado por el hecho de que tales intereses y su proyección por parte de una u otra potencia, se ubican en el espacio de soberanía de los Estados-nación del área en la que se manifiesta el conflicto (Palomo González, 2011b:126). Así, la conflictividad anteriormente señalada sería la expresión de una oposición de intereses que puede conducir, o no, a la utilización de medios de fuerza (Aron, 1968:133).

Interesa subrayar que los cambios geopolíticos regionales pueden tener como punto de partida, por una parte, cuestiones de política interna propias de los Estados-nación del área de que se trate, cuestiones y temas totalmente legítimos para los movimientos sociales

---

1 Ver el importante artículo de Lacoste sobre la disciplina: La géographie, la géopolitique et le raisonnement géographique y el de Béatrice Giblin: La géopolitique: un raisonnement géographique d'avant-gard (Lacoste, 2012; Giblin, 2012).

que los reivindican y cuyo logro llega a implicar el planteamiento de cambios radicales de régimen político; y, por otra, el hecho de que dichas reivindicaciones pueden ser asumidas por potencias externas al área, asistiéndose, al mismo tiempo, a una previa y determinada proyección de intereses sobre ella.

De esta forma, una vez que se configura el conflicto —no necesariamente violento—, en su contexto terminan por manifestarse potencias y sus respectivos aliados, apoyando a uno u otro de los bandos en pugna en la política interna del Estado-nación considerado, o a alguno de los países entre los que surge la confrontación. Un tipo de situación con respecto a la cual se podría hablar de manipulación externa, o de manejo si se quiere, de las contradicciones internas de otro Estado (Lorot & Thual, 1997:140).

En suma, se estaría ante procesos de redefinición geopolítica que tienden a estar asociados a la dinámica de fuertes contradicciones de política interna y a los cambios que estas últimas pueden inducir en determinados Estados-nación. En el entendido de que la realización de las transformaciones internas o su cancelación, se traducen, a su vez, en cambios de carácter internacional o en una preservación del *statu quo*.

Sin tratar de establecer una tipología de los mismos, se pueden señalar casos recientes en los que el desarrollo de fuertes transformaciones en política interna, con sus respectivos y previsibles efectos en política exterior, se verificaron sin mayor recurso a los medios de fuerza. En este último sentido estarían los casos de Ucrania (2004), Venezuela (1999, 2002, 2010), Ecuador (2010) o Bolivia (XII/2005-V/2006, Santa Cruz: V/2008). Mientras que también se presentaron otros en los cuales sí se recurrió a las medidas de fuerza como en Chechenia (1994-1996, 1999-2000), en la disolución de la antigua Yugoslavia (1991-1995, 1999-2002), Georgia (2008) o la partición de Sudán (2011), como se mencionó con anterioridad.

Durante la primavera árabe lo que se tiene es una combinación de los dos tipos anteriormente mencionados. En el caso de Túnez y en el de Egipto, por ejemplo, no se asistió a una escalada de medios que culminara en un desenlace violento, mientras que en el caso de Libia y actualmente en Siria, el conflicto armado terminó por configurarse como un enfrentamiento entre fuerzas leales al gobierno en turno y sus opositores. Pero en Libia las fuerzas contrarias a Gadafi contaron con un significativo apoyo externo que terminó por traducirse en una intervención de la Organización del Tratado del Atlántico Norte (OTAN).

1. LA PRIMAVERA ÁRABE: CONTEXTO Y DETERMINACIONES ESTRUCTURALES

Como se mencionó al inicio de este escrito, en el año 2011 se presentó una oleada de movimientos sociales en África del Norte que hoy se conoce como la primavera árabe. Estos movimientos tuvieron la suficiente fuerza social y política para conducir al derrocamiento de los regímenes imperantes en países como Túnez, Egipto o Libia. Se trata de un proceso que habiendo empezado en Túnez terminó por extenderse hasta la península arábiga (Yemen o Baréin), causando gran sorpresa entre los analistas tanto por la rapidez de su expansión como por la simpatía que despertó en la población de los diferentes países del área. Sorpresa, además, por el hecho de que en estos últimos tampoco se advertían condiciones de cambio político considerando que formaban parte, en primer lugar, de una de las zonas del mundo caracterizada por regímenes autoritarios que ejercían un control realmente represivo, despiadado y sistemático sobre todo grupo de oposición que propugnara cambios que condujesen a la democracia. La población, por su parte, ha vivido inmersa durante décadas en condiciones de miseria crónicas y con tasas de desempleo muy altas, 30% en Libia (CIA, 2012; Anderson, 2011:2-7), es decir, como lo diría Galtung, sometida a diversas formas de violencia estructural (Palomo González, 2011c:8, 9).

Estas puntualizaciones no son un mero paseísmo referencial, son indicativas de las condiciones que terminaron por propiciar la emergencia de movimientos de corte terrorista por todos conocidos. Una variable clave en todo este asunto cuyas "raíces" son identificadas de manera realmente sorprendente por Tim Weiner —periodista notable por su trabajo sobre la CIA— en la "Rabia de los desposeídos" (2009). Las observaciones de Brzezinski (2005) sobre el mismo tema no son menos significativas, especialmente después de los reprobables acontecimientos del 11/9, al señalar que: "Estados Unidos [...] ha evidenciado una reticencia considerable para afrontar las dimensiones políticas del terrorismo y a identificar a este último con su contexto político" (Weiner, 2009:405; Brzezinski, 2005:51).

Y, en segundo lugar, por el hecho de tratarse de una de las zonas del mundo con carácter definitivamente estratégico para las grandes potencias, ya sea desde un punto de vista energético o de defensa. En el marco de la breve confrontación armada que sostuvieron Estados Unidos y Libia en 1986 y luego de que el día 14 de abril de ese año Estados Unidos bombardeara Trípoli, Libia lanzó al día siguiente, 15 de abril, dos misiles Scud tierra-aire, de fabricación soviética, sobre la isla italiana de Lampedusa ubicada a 330 kilómetros de Trípoli en la que se localizaba una base de radar norteamericana (*El País*, 1986). Por su parte, Toffler (1994:149) refiere que a principios de los años noventa "los especialistas [señalarían] como ejemplo, que un misil chino CSS-2 lanzado desde Libia podría alcanzar el norte de Escocia"[2].

En el contexto del conflicto bipolar, y en términos de defensa, esto último estaría mostrando la importancia del territorio libio, en particular, y del conjunto de la costa sur del Mediterráneo en lo global, sobre todo para la OTAN (1949). Toda una región que, en sentido estricto, no formaba parte de las esferas de influencia pactadas por las grandes potencias al término de la Segunda Guerra Mundial y las condiciones político-económicas imperantes en sociedades como la de Egipto y otros países del área, señaladas en párrafos anteriores,

---

2 Ver igualmente p. 153: posibilidad de venta de conocimientos técnicos a Libia; El general Charles Horner, jefe del Comando Espacial de las Fuerzas Aéreas de los EU, coincide en sus "estimaciones" con las de la CIA, quien ha advertido que: "en una década al menos un país del Tercer Mundo contará con ojivas nucleares capaces de llegar a Estados Unidos" (148).

tampoco serían ajenas al conjunto de medidas desplegadas por la política exterior norteamericana durante la Guerra Fría, con el objeto de contener la creación de nuevos polos de poder regional que trastocasen los equilibrios de poder (Gaddis, 1989:27, 29, 36-7, 79, 314-15, 318).

Con respecto a la política exterior estadounidense, y tomando en cuenta los diferentes momentos de involucramiento de ese país en los asuntos internacionales, particularmente en las dos Guerras Mundiales del siglo xx, la postura de Spanier es importante por tratarse de un estudioso del tema de reconocida referencia. Su tesis central plantea que el modelo de dicha política se resumiría en una especie de movimiento pendular que va "del aislamiento al intervencionismo, del repliegue a la cruzada y vuelta al principio", siendo una característica del segundo movimiento la "intervención masiva y violenta". Así, una vez concluida la Segunda Guerra Mundial, la ruptura de Estados Unidos con su "aislacionismo" se interpreta como una consecuencia de lo que fue percibido como el "expansionismo soviético". Al término del conflicto la Unión Soviética había alcanzado efectivamente posiciones muy avanzadas con respecto a Europa Oriental y Central, como resultado de su ofensiva hacia el Oeste, y también adoptó medidas de presión para posicionarse en Irán, Turquía y Grecia —países a los que no se les reconocía un carácter democrático. Un conjunto de posicionamientos que, en síntesis, terminaron por ser considerados como una "amenaza" para Europa Occidental (Spanier, 1991:23-6; Gaddis, 1989:36-7, 49, 51, 55-6, 316).

En este sentido, un área geopolítica de la mayor importancia al iniciarse el periodo de posguerra, no sólo para Estados Unidos sino también para sus aliados, era precisamente el Medio Oriente, en particular después de que los británicos se retiraran de la región. Pues el abastecimiento petrolero de Europa dependía de esta zona y su importancia aumentó a partir del momento en que Estados Unidos empezó a ser importador de petróleo. Por lo que su control significaba "neutralizar" a Europa; es en este contexto en el que cabe mencionar al Egipto de Nasser (1956-1970), dado que fue visto como un caso en el que la Unión Soviética había logrado posicionarse en la región y esta situación fue inmediatamente asumida como una amenaza para los intereses occidentales (Spanier, 1991:342, 99, 144, 312, 253; Gaddis, 1989:37, 75; Powaski, 2000:149-154).

Por lo que no estaría fuera de lugar indicar que la dinámica de las oscilaciones de la política exterior norteamericana, el aislacionismo y el intervencionismo, estaría más bien determinada por intereses específicos. En el primer caso, por cuestiones de política interna y, en el segundo, por aspectos como los recursos naturales de otros espacios soberanos, siendo el petróleo un ejemplo de ello. En especial cuando el control de tales recursos se veía asociado, directa o indirectamente, al establecimiento de alianzas con potencias consideradas hostiles (Spanier, 1991:25, 155; Gaddis, 1989:47, 223, 315).

En todo caso, estos planteamientos permiten visualizar que lo que se designa como el fin del aislacionismo de Estados Unidos después de la Segunda Guerra Mundial, no es otra cosa que el inicio de su política intervencionista en diferentes áreas del mundo. De acuerdo con la doctrina Truman, uno de los principales referentes ideológicos de dicha política, se trataba de "ayudar a los pueblos libres a mantener sus instituciones y su integridad nacional contra los movimientos agresivos que se proponen imponerles regímenes totalitarios". Con lo cual el enfrentamiento entre las dos grandes potencias vencedoras, y sus respectivos aliados, adquiría la forma de un enfrentamiento entre "pueblos libres" y "regímenes totalitarios" (o comunistas) (Spanier, 1991:48-49; Gaddis, 1989:315).

A su vez y de manera convergente, George Kennan formuló lo que se conocería como la política de contención con respecto a la Unión Soviética; entre sus principales características se tiene, en primer lugar, el hecho de considerarla como un proceso de largo plazo. Enseguida se planteaba, basándose en el hecho de que "la industria era el ingrediente clave del poder", que Estados Unidos controlaba cuatro de los centros industriales más importantes del mundo (el propio, Inglaterra, Alemania Occidental y Japón) mientras la Unión Soviética sólo dominaba uno, el suyo. Por lo que el principal objetivo de la política de contención consistiría en el hecho de mantener a la Unión Soviética confinada en su propio centro de poder industrial. Un corolario de este objetivo no sería otro sino el de impedir a esta última potencia lograr el control de otros centros industriales o evitar que apoyara su desarrollo más allá de sus fronteras (Spanier, 1991:43-44; Gaddis, 1989:44-5, 47, 71-2).

Lo que se tiene al final de la Segunda Guerra Mundial es, después de todo, una clara delimitación de las fronteras geopolíticas de las esferas de influencia de cada una de las grandes potencias, una redefinición bipolar de las alianzas militares, la irrupción y el desarrollo del armamento nuclear en la correlación de fuerzas a escala mundial, una argumentación ideo-lógica[3] que disfrazaba el juego de intereses de las grandes potencias y una política a seguir: la contención, caracterizada por el hecho de que tanto los centros industriales ya desarrollados como las mismas políticas de desarrollo quedaban comprendidas en las batallas de la Guerra Fría. Las formas de intervención no excluirían el freno a los intentos de desarrollo en aquellos países que se encontrasen fuera de la esfera de influencia de Estados Unidos y sus aliados.

Este último aspecto pasaría a ocupar un lugar de primer orden en la agenda de las grandes potencias en la medida en que, después del derrumbe del colonialismo, se constata el surgimiento de un importante número de Estados-nación de nueva creación. En 1950 la ONU contaba con 60 miembros y en 1970, con 127. Lo que muestra el punto de partida de un complejo cada vez más significativo de relaciones de interdependencia, por una parte, y de Estados-nación con la posibilidad de votar soberanamente en la Asamblea General y con ello influir en la política mundial, por otra. Una tendencia que inclusive podría llegar a trastocar los equilibrios regionales a favor o en contra de las potencias en pugna, en especial si algunos de esos Estados-

---

3 Marc Augé, antropólogo francés, propone dicho término. Cf. Augé, M. (1975). *Théorie des pouvoirs et idéologie. Étude de cas en Côte.d'Ivoire*. Paris: Hermann.

nación llegasen a lograr ciertos niveles de desarrollo y de control soberano sobre sus elementos de poder nacional (Aron, 1968).

Así, una vez delimitadas "sus respectivas esferas de influencia... la atención de las superpotencias" se orientó hacia el Tercer Mundo con el objeto de ganar su apoyo en el contexto del conflicto bipolar. Lo que daría lugar a un dramático proceso de intervenciones en los Estados-nación que configuraban dicho espacio (Spanier, 1991:133, 162, 346).

En este orden de ideas, y de acuerdo con lo que señala Spanier, no deja de llamar la atención que Estados Unidos también llegara a plantear que la Unión Soviética ofrecía un "modelo totalitario de modernización" a los países en desarrollo; cuando la "asistencia económica y financiera" de Estados Unidos a muchos de estos mismos países terminaría centrándose en temas de defensa, y en espera de que los beneficiados adoptasen una posición de pleno apoyo a su enfrentamiento con la Unión Soviética y a la forma de conducir sus intereses en la escena internacional. Lo anterior también estuvo asociado a la promoción y sostenimiento de regímenes dictatoriales en diferentes partes del mundo sin exclusión del Medio Oriente: "En la política exterior, la reacción ante la amenaza comunista fue apoyar casi a cualquier régimen, sin parar mientes en lo reaccionario que fuese, siempre que proclamara ser 'anticomunista'" (Spanier, 1991:134, 148-151).

Con todo, siendo clara la imposibilidad de intervenir militarmente y estacionar fuerzas para sostener dictaduras y reprimir movimientos contestatarios en todos los escenarios, se amplió el abanico de medidas que comprendía tanto el recurso de usar las fuerzas militares y policías locales para asestar golpes de Estado y reprimir, como el manejo prácticamente discrecional de operaciones encubiertas, sobre todo si se recuerda que "la presidencia y la CIA, [eran] las armas principales de la intervención norteamericana abierta y encubierta" (Spanier, 1991:350; Gaddis, 1989:176-7, 223-4; Powaski, 2000:133); también se incluyó una nueva modalidad de intervención: el freno al desarrollo, es decir, esta medida terminaría por complementar las anteriores y requería, sobre todo, del apoyo de las élites políticas locales. La función de tales élites en la política interna de sus respectivos Estados-nación terminaría por funcionar como un freno a la modernización de sus sociedades, utilizando para ello el poder que les confería el control mismo del Estado y la corrupción a gran escala.

En esta otra dimensión del enfrentamiento bipolar, resulta realmente sorprendente que se terminara planteando que "la inestabilidad social y los disturbios están más favorecidos aún por los cambios culturales e intelectuales que acompañan la transformación de la sociedad estática y rural en un Estado urbano industrial dinámico y moderno", llegando incluso a proponer que tanto la modernización como el desarrollo económico, "ingrediente principal" de la primera, no eran ajenos a la inestabilidad (Gaddis, 1989:305; Spanier, 1991:135-6, 138-140).

Esto último es lo que permite caracterizar lo que en este escrito se designa como la Era Huntington, es decir, una época cuyo punto de partida se ubica a mediados de los años sesenta y que tiene como rasgo distintivo el bloqueo a los procesos de modernización y desarrollo. Todo con el objeto de frenar la emergencia de nuevos sectores sociales cuyas demandas, tanto de orden político como económico y social, terminarían generando "inestabilidad y desorden", según esto, ante el bajo desarrollo institucional prevaleciente en los Estados en los que se presentasen movimientos y tendencias en dicho sentido (Huntington, 1968:16-8, 55). Pero un corolario del freno a la modernización y al desarrollo interno sería, que dicha política también habría de permitir a autócratas y oligarquías locales sostenerse en el poder, manteniendo a la población en la ignorancia, en la miseria e impidiéndole alcanzar mayores niveles de organización política. La represión violenta de toda forma de contestación a un estado de cosas de este orden sería enseguida tolerada por parte de la primera potencia mundial —Estados Unidos— y sus aliados, con tal de que el régimen en turno se mantuviese alineado a sus intereses.

Ya en el marco de la Guerra Fría, y de acuerdo con este cambio de visión y de política con respecto a la modernización y el desarrollo, la primera potencia mundial procedería a dar especial atención a un punto específico: intervenir en la política interna de aquellos Estados-nación que se considerasen vinculados con la proyección de sus intereses y la extensión de su influencia a otras áreas del mundo. Esto contribuiría a garantizar su "seguridad" y preservar su esfera de influencia (Palomo González, 2011c:2) pero a un costo social muy alto.

Fue entonces, teniendo como objetivo contener el avance del "comunismo" y al compás de "la magia de la operación encubierta", que cobraría forma la trágica e inhumana ola de dictaduras impuestas alrededor del mundo. Un triste ejemplo de esta dinámica, entre otros, es el caso de la Indonesia de Suharto, quien en 1965 perpetró la masacre de cientos de miles de presuntos "comunistas" (Weiner, 2009:107, 270-4).

Gadafi asumió el poder en 1969 mediante un golpe de Estado y permanecería al frente de Libia cerca de medio siglo, 42 años; esto es, a lo largo de un periodo (1969-2011) de los más turbulentos para el Medio Oriente. Al no impulsar procesos de modernización que transformaran efectivamente su sociedad, el Estado y el ejercicio del gobierno —asociado esto último a un desarrollo económico que permitiese a su población alcanzar un mejor nivel de bienestar; Gadafi, voluntaria o involuntariamente, terminaría por ubicarse en la línea de actuación de otros autócratas de la Guerra Fría, mientras el descontento social crecía.

En síntesis, la fórmula resultó simple: impedir cualquier tendencia de modernización y desarrollo de las naciones vendría a ser todo un complemento con respecto al fortalecimiento de ejércitos y cuerpos policiacos encargados de la sanguinaria represión. Represión dirigida en contra de movimientos sociales y formas de organización emergentes que pretendieran impulsar la tendencia anteriormente referida.

De manera convergente, otra consecuencia de estas formas de intervención consistiría en el hecho de que también se trataba de impedir, y esto es importante subrayarlo, el desarrollo y el control de los elementos de poder nacional (Aron, 1968) de los que un Estado-nación pudiese disponer, dicho en otros términos, bloquear el desarrollo institucional necesario para alcanzar tales objetivos. Pues con ello también se evitaba, o limitaba, que este u otro país lograra construir una posición que le permitiese tomar decisiones efectivamente soberanas, susceptibles de trastocar el "equilibrio de poder" geopolítico regional o pactado con otras potencias. Lo que también permitiría frenar posibles cambios en la correlación de fuerzas al interior de la esfera de influencia de la primera potencia mundial y, con ello, transformaciones geopolíticas de mayor alcance. De acuerdo con Spanier y otros autores: "...el comportamiento de cualquier Estado puede explicarse, hasta un punto bastante significativo, en términos de una distribución de poder en constante cambio. En la medida en que dicha distribución cambia, también lo hace el comportamiento de un Estado o su política exterior" (Spanier, 1991:14, 16. Cf. Palomo González, 2011b:134-5, 137; Keohane & Nye, 1988:64-6, 79. Énfasis añadido). Un singular proceso de construcción de "aliados" pero siempre vulnerables, tanto por su absoluta carencia de legitimidad política como por la falta de control sobre sus medios de poder. Aliados a los que siempre se tolerarían sus políticas represivas en el ámbito interno.

No se debe perder de vista que toda esta tendencia cobra forma en el contexto del conflicto bipolar característico de la Guerra Fría, en el que la promoción y tolerancia de regímenes autoritarios y dictatoriales habría de contribuir al logro de un objetivo mayor, el que consistía en impedir que dichos regímenes terminaran sumándose plenamente al bloque soviético. Sobre todo cuando mantenían importantes relaciones con este último, en particular por lo que al suministro de armas se refiere. Como es el caso de Egipto, de Libia o de Siria.

De manera que la continuidad de estos regímenes pasó entonces a depender tanto de los más diversos apoyos, directos o indirectos, en armas y asesorías de todo tipo que recibían de la primera potencia mundial, como de los de otras potencias con fuertes intereses en la región en que se encontrasen ubicados. Formas de cooperación si se quiere, que también pueden verse como el punto de partida para el establecimiento de relaciones de interdependencia y de importancia. Así, para asegurar su permanencia, la contraparte a cubrir por dichos regímenes se traduciría en el compromiso de garantizar la continuidad de intereses de las grandes potencias y guardar una clara distancia con respecto a la ex Unión Soviética.

Ahora bien, la primavera árabe es un proceso que ocurre en el mundo después de la Guerra Fría, aunque con ello no se está proponiendo, de acuerdo con Toffler, que sea producto del fin de la Guerra Fría (Toffler, 1994:336)[4]. Sino más bien destacar que este tipo de procesos de cambio en una región tan sensible para los intereses occidentales, hubiese sido impensable durante dicho periodo y hubiese concluido en un baño de sangre generalizado. Por ello es importante plantearse cómo explicar dicho proceso en una zona estratégica para las economías mundiales. Y, en esta dirección, lo que se propone es que el fin de la Guerra Fría da paso, en primer lugar, a una serie de procesos de cambio geopolítico a escala mundial, a una especie de reacomodo de las esferas de influencia de la primera potencia mundial y sus aliados, así como de las potencias regionales emergentes como China, India, Brasil y aliados latinoamericanos, sin dejar de mencionar los casos de Irán y de Turquía; o como en su momento lo pretendió el Irak de Saddam Hussein, quien llegó a ser percibido como un "enemigo temible, equivalente a su antecesor soviético" (Kaldor, 2001:181). Con lo cual se quiere destacar que se está ante

---

4 "Lo anticuado del pensamiento sobre la guerra y la antiguerra está concebido según categorías de la Guerra Fría [y de la era industrial]", y más adelante se plantea que "Con un sorprendente retraso se ha empezado a caer en la cuenta de que la civilización industrial está concluyendo. Este descubrimiento aporta consigo la amenaza de más, y no de menos, contienda" de nuevo orden y carácter (Toffler, 1994:23, 37). En opinión de Mary Kaldor (2001), "el final de la Guerra Fría podría considerarse asimismo la forma en que el bloque del Este sucumbió a la inevitable invasión de la globalización" (18-19), "erosión de la autonomía y la desintegración del Estado" (19,180).

una tendencia estructural caracterizada por la redefinición de los intereses regionales no sólo de las grandes potencias sino también de potencias regionales emergentes. Una redefinición asociada, además, a la emergencia de fuertes conflictos internos en este u otro de los Estados-nación de las áreas geográficas en las que cobran forma tales reacomodos. De manera que la situación política interna, tal y como se ha expuesto aquí, estaría indicando que la conflictividad en la región tampoco es ajena a manifestaciones desesperadas y radicalizadas, en términos sociales, por alcanzar mejores condiciones de vida y de participación política. La extrema opresión en la que se mantenía a las sociedades involucradas terminó por estallar y revertirse en contra de las cúpulas político-militares en turno.

De acuerdo con esto, una propuesta explicativa de los cambios ocurridos en África del Norte estaría dada, en primer lugar, por la colisión de intereses entre las grandes potencias y las potencias de carácter regional, sobre todo en la medida en que estas últimas decidiesen asumir soberanamente el control de sus medios de poder, de sus recursos naturales por ejemplo, pero también los de carácter financiero, así como ampliar su margen de maniobra en dicho sentido para apoyar su propia proyección de intereses tanto regional como internacionalmente y, en algunos casos, plantearse metas de desarrollo. La colisión de intereses referida se explica además por el hecho de que se está ante una dinámica en la que potencias emergentes o Estados-nación asociados no son plenamente controlables por las primeras. Pero en muchas de ellas se advierte un talón de Aquiles representado por la existencia de grandes sectores sociales sumidos en la miseria y la opresión política, lo que confiriere a dichos Estados-nación un fuerte rasgo de vulnerabilidad frente al exterior.

2. LOS IMPERATIVOS DE LA COYUNTURA

Si bien estos últimos planteamientos permiten avanzar en la construcción de una explicación con respecto a lo ocurrido en dicha región en lo global, aún queda por abordar lo ocurrido en Libia, en cuyo caso se tiene una coyuntura muy peculiar por las características que presenta: el recurso a los medios de fuerza tanto en la correlación de la política interna como en la externa (Keohane & Nye, 1988)[5]. Primero, al momento en que Gadafi decide lanzar sus fuerzas armadas en contra de la población civil manifestante y, enseguida, al concretarse la intervención de la OTAN; siendo claro que este último aspecto, decidido desde el exterior, fue un factor clave para eliminar a un régimen con fuertes intereses regionales que no dejaron de expresarse en su recurrente tendencia a participar en la formación de coaliciones y bloques. La iniciativa de unificación con Túnez en 1973-74 o sus pretensiones sobre Chad (1973, 1981) y las presiones sobre Malí, por ejemplo, son significativas en este sentido. A lo cual habría que agregar sus proverbiales intereses en términos de armamento, sin dejar de lado sus veleidades con respecto a la *mouvance* terrorista (Weiner, 2009:399).

Las relaciones del régimen de Gadafi con el exterior se desarrollaban sobre la base de sus importantes recursos energéticos, cuya venta le garantizaba una disponibilidad de recursos financieros de muy importante cuantía que enseguida se constituían, a su vez, en la base para hacer de la compra de armamentos uno de sus objetivos de primera importancia. Desde este punto de vista, es claro que las economías de las potencias que le suministraban las armas eran particularmente sensibles a la demanda o a la clausura de los pedidos en dicho sentido. Ante una situación de este orden, el régimen de Gadafi solía tensar la relación a su favor, buscando maximizar el logro de sus objetivos tanto en este último terreno como en términos de su proyección regional.

Lo anterior indica la existencia de una muy sensible (Keohane & Nye, 1988) relación del exterior con respecto a los energéticos de este país y sus recursos financieros, y no sólo de países de la Unión Europea como Italia, su principal socio comercial, sino también de

---

5 Sobre los conceptos de control, ver pp. 25, 34, 47-48; sobre vulnerabilidad, pp. 26-31; sobre el uso de la fuerza pp. 24, 40, 44-46, 64. Ver la referencia al papel de la política interna p. 65.

potencias externas al área, como China. Por lo que la necesidad de redefinir la relación de dependencia con respecto a Libia en una dimensión, por así decirlo, más flexible, no dejaba de presentarse como un objetivo de la mayor importancia para las potencias dependientes de sus recursos naturales y financieros. La realización de un objetivo de este orden sería posible si se llegase a contar en dicho país con un régimen mucho más amable con respecto a los intereses de tales potencias y a las cuales se tendría que reconocer, llegado el momento, el haber contribuido a la instauración de un nuevo régimen que necesariamente tendría que adoptar dicha característica.

Esta posibilidad se presentó al momento de manifestarse un movimiento de contestación social en el contexto mismo de la política interna libia y al poco tiempo de verificarse la serie de hechos del mismo orden en Túnez y en Egipto. Así, en esta línea de acontecimientos, pocos días después del inicio de las manifestaciones en contra del régimen libio, propugnando libertades y cambios democráticos, la represión armada se hizo presente el 17 de marzo de 2011. Gadafi envió al general Abdulà Yunis, su hombre de mayor confianza y ministro del Interior; y éste, al frente de tropas que se negaron a disparar en contra de la población civil, no tardaría en cambiar de bando. Por su parte, la oposición al régimen logró organizarse y hacerse presente mediante lo que resultó ser el Consejo Nacional de Transición (CNT), asumiendo en dicho contexto una línea de acción armada.

2.1. Dos autores de relevancia en la discusión actual

Antes de continuar, es conveniente considerar los planteamientos de unos autores que se han ocupado de situaciones conflictivas como la que aquí se presenta. Se trata de dos estudiosos de las cuestiones bélicas actuales como Alvin Toffler y su análisis sobre las guerras de la Tercera Ola (1994) y de Mary Kaldor con su propuesta conceptual sobre las "nuevas guerras" (2001, 2010).

Por lo que a Libia se refiere, se está ante un caso de lo que Toffler prefigura como un conflicto armado de la Tercera Ola o sería más bien una de las "nuevas guerras" en la línea de pensamiento de Mary Kaldor.

a) La discusión Toffler

Para Toffler, las guerras de la Tercera Ola se sitúan en la línea de lo que él designa como la Tercera Ola en el terreno de la innovación económica y militar, así como sus respectivos efectos en la conducción de la guerra. El desarrollo de dicha tendencia tiene como factor principal, de acuerdo con el autor, el "conocimiento intensivo" asociado a la generación de tecnología en el ámbito militar y su inusitada repercusión en los conflictos bélicos. El mejor ejemplo de esta nueva tendencia estaría dado por la guerra del Golfo Pérsico (1990-1991), vista la contundente derrota infligida a las fuerzas iraquíes por la coalición encabezada por Estados Unidos, apoyándose para ello en un sofisticado sistema de recopilación de información y de su manejo en la identificación precisa de objetivos (Toffler, 1994:25, 97-102, 104-120). Aunque también se debe tomar en cuenta la opinión de Mary Kaldor en este último sentido, cuando refiere que al desencadenarse dicha contienda se tenía claro que se enfrentaba "un enemigo claramente inferior". Esta autora considera igualmente que "ha habido una revolución en los asuntos militares, pero se trata de una revolución en las "relaciones sociales" de la guerra, no en tecnología, aunque esos cambios en las relaciones sociales estén influidos por la tecnología" (Kaldor, 2001:46, 17). En todo caso, de acuerdo con Toffler, resultaría imperioso para todo Estado-nación adoptar las reformas necesarias que permitan a sus fuerzas armadas articularse con una efectiva instrumentación del "conocimiento intensivo", de manera que se eleve su nivel de competencia en las diferentes facetas del enfrentamiento armado (Toffler, 1994:97, 104-7, 120, 195, 200, 202-4, 265, 280).

En esta línea de pensamiento, la generación de conocimientos y su traducción en tecnología de punta, ya sea informática, de comunicaciones o de cualquier otra índole, representa además y efectivamente un factor que contribuye a reforzar la asimetría del poder

(Keohane & Nye, 1988) no sólo entre las grandes potencias y las de carácter emergente; y, en particular, con respecto a Estados-nación en los que no se advierten proyectos en dicho sentido ni están en posibilidades de impulsarlos. Por lo que un corolario del planteamiento de Toffler estaría dado por el hecho de que dicha asimetría ya es una variable a favor de la primera potencia mundial y sus aliados.

Sin embargo, también cabe puntualizar que el conocimiento asociado a la generación de nuevas tecnologías no es una vinculación propiamente nueva, sino que ha sido un proceso característico, constante y muy intenso a todo lo largo del mundo moderno. Lo que no implica que se deba restar importancia al hecho de que en la época contemporánea lo que se presenta sería más bien una especie de aceleración e intensificación de dicho proceso, considerando la competencia de las grandes potencias tanto en el terreno económico como en el de defensa. Asociado esto último a la enorme diversificación de temas, muy especializados, que se perciben como amenazas potenciales en términos de seguridad. Temas como el cambio climático y sus repercusiones globales y/o regionales, las posibilidades de controlar el clima, la aparición de epidemias, la dimensión de su propagación y sus efectos en la economía de los países afectados; o la "proliferación" de las capacidades para producir armas de destrucción masiva. Una tendencia que globaliza el equilibrio del terror en la medida en que los puntos de referencia de su posible dislocación no sólo se amplían sino que también se desubican y es cuando se asiste a un grave incremento de las amenazas probables (Keohane & Nye, 1988; Toffler, 1994)[6].

Por lo que a la forma de abordar la problemática que aquí se trata se refiere, se tendrían dos aproximaciones con respecto al caso libio. La primera de ellas lleva a preguntarse si la caracterización del conflicto interno en Libia podría reducirse a una conceptualización en términos de "guerras pequeñas" o "guerras autónomas", a las que

---

6 Sobre la asimetría de poder (Keohane & Nye, 1988:24-25,32). Cf. Toffler (1994:46, 50, 53, 252, 265, 274, en particular 277-279, 280-282, 287-288).

Toffler se refiere en diferentes ocasiones en su texto; o si la perspectiva de aproximación sería más bien la de un conflicto bélico entre el Estado-nación libio y un organismo como la OTAN, es decir, con el conjunto de potencias que forman parte de dicho organismo de seguridad regional. Una observación de conjunto sobre la disponibilidad de misiles de determinados Estado-nación, formulada por este autor, no deja de ser indicativa de los riesgos percibidos al señalar que "la lista en rápido crecimiento de naciones con misiles desplegados o en etapa de desarrollo abarca desde Irán a Taiwán y Corea del Norte. Los misiles varían. Yemen, Libia y Siria cuentan con Frog-7 de 110 kilómetros de alcance y capacidad para portar una ojiva explosiva de 450 kilos" (Toffler, 1994:125, 131-3, 139)[7].

Con respecto a la primera aproximación, señalada en el párrafo anterior, también es necesario tomar en cuenta que el levantamiento libio no fue un hecho aislado sino que se verifica en el contexto de una serie de revueltas regionales que tienen como demanda cambios político-económicos. Es decir, una reivindicación clásica desde ambos puntos de vista. Situación que rebasaría la catalogación de dicho levantamiento como un "guerra pequeña", en la medida en que sus causas lo incluyen en un conjunto más amplio y se trata de toda una región la que se vio convulsionada. El 17 de marzo de 2010, tuvo lugar la inmolación del vendedor de verduras tunecino al que los agentes gubernamentales confiscaron su mercancía y destruyeron su medio de transporte; éste era un individuo con nivel de estudios profesional y desempleado. Un hecho que desencadenó el descontento social en la dimensión de todos conocida que muestra, al mismo tiempo, la gravedad de las políticas seguidas por los regímenes ya mencionados en el ámbito interno. Es decir, una situación socio-política en la que prácticamente se asiste a una completa clausura del ejercicio positivo de las funciones públicas por parte del gobierno que se considere, en el sentido de favorecer el bienestar económico de la población a la que supuestamente representa. Lo que también permite subrayar

---

7 Cf. para conflictos autónomos, pp. 140-141; "guerras autónomas", pp. 146, 153.

que se está ante procesos de violencia estructural en toda una región. Y en el caso libio lo que llama la atención es que también se haya recurrido a los medios de fuerza, desde el momento en que Gadafi decidió lanzar sus fuerzas armadas para reprimir a una población civil que no hacía sino expresar su descontento social. El recurso a los medios de fuerza en contra de una población civil indefensa fue una decisión que daría lugar a la intervención de la OTAN, y esta última medida parecería explicarse únicamente por dicha decisión. Con respecto a este punto es muy importante precisar que la indefensión de la población frente al ejército de Gadafi era un hecho, agregando que también recurrió a mercenarios y delincuentes.

En definitiva, y ante una situación de este orden, la intervención de la OTAN se verifica bajo mandato del Consejo de Seguridad de la ONU, consignado en la resolución 1973 del 17 de marzo de 2011. En la misma se declara que se asiste a una "escalada de violencia y fuertes pérdidas civiles", considerando, igualmente, que "los ataques generalizados y sistemáticos actualmente cometidos en [Libia] contra la población civil pueden constituir crímenes contra la humanidad". A lo cual se agrega que se recurre a fuerzas mercenarias, y se [deploran, en el Apartado 16] los "flujos continuos de mercenarios que llegan [a Libia]". Por lo que "la prohibición de todos los vuelos en el espacio aéreo [libio se consideró] importante para asegurar la protección de los civiles y la seguridad de las operaciones de asistencia humanitaria". Enseguida, en el apartado 6 de la resolución se precisa que se "decide prohibir todos los vuelos en el espacio aéreo [libio] con el fin de ayudar y proteger a los civiles." Y al declararse "como zona de exclusión el espacio aéreo libio", las acciones de la aviación militar de Gadafi en contra de los grupos insurgentes quedaron imposibilitadas. A esto se sumó el embargo de armas y el bloqueo de los recursos financieros.

Otro aspecto de primera importancia está dado por el hecho de que la intervención militar se justificó invocando el derecho de intervención humanitaria. Con respecto a este punto, no está de más insistir en que sí existían bases para recurrir a dicha figura del derecho internacional humanitario (ONU, 2011)[8]. De manera que la sola intervención de la ONU estaría indicando que se trata de un conflicto de mayor calado que de "guerras civiles de pequeñas dimensiones y conflictos violentos en el mundo pobre y de baja tecnología". Sin dejar de mencionar que cuando el propio Toffler afirma con respecto a la conflictividad del caso yugoslavo, que "fue deliberadamente provocada" (Toffler, 1994:125, 235, 290, 329), ésta es una observación que no excluye pensar que dicha provocación provino del exterior a dicho espacio regional.

Ahora bien, si la intervención en Libia se llevó a cabo con el apoyo de la tecnología más avanzada en sistemas de cómputo y telecomunicaciones, al igual que en el caso de la guerra del Golfo Pérsico en 1991, esto no sería sino otra expresión de la asimetría entre las fuerzas de la OTAN y, en este caso, las libias. Una forma de explicar la preponderancia alcanzada por las primeras en el teatro de operaciones pero que no aporta mayor explicación sobre las causas del conflicto en sí mismo.

Por ello, si no es difícil tomar en cuenta que ambas líneas de aproximación están vinculadas, no está de más insistir en el lugar que les corresponde ocupar en la construcción de una explicación tanto de las graves deficiencias gubernamentales de los regímenes en turno (lo que explica el descontento y la simpatía de la población con los sublevados), como a la represión a la que quedarían expuestos los grupos insurgentes y la población que simpatizaba con ellos, de haberse impuesto militarmente el ejército de Gadafi. De estos dos últimos aspectos, es claro que el segundo de ellos tuvo un papel de primera importancia en el desenlace que llevó a una intervención militar externa, pero sin perder de vista, al mismo tiempo, que los dos están relacionados con intereses de la mayor importancia para potencias externas: los recursos energéticos, la eliminación de un actor regional de importancia y, con ello, la instauración de un régimen amable con respecto a los intereses ya mencionados, el pleno control

---

8 Cf. pp. 1, 5, Anexo I, p. 8; pp. 3, 4-5, 5-6, Anexo II.

de una importante porción de la costa sur del Mediterráneo, más el prestigio (Morgenthau, 1985) logrado ante la evidente necesidad de una intervención humanitaria. Un conjunto de señalamientos que estarían ratificando el hecho de que se está ante un conflicto mayor vista la dimensión de los intereses internacionales en juego. Y en cuyo contexto se enfrentaron, una vez más, dos adversarios entre los cuales la asimetría de poder en términos militares era flagrante.

Finalmente, se puede precisar que por sus causas, el conflicto armado en la política interna libia asociado a la intervención de la OTAN, no sería una guerra del "pasado" sino muy actual. Mientras que el enfrentamiento entre la OTAN y el ejército libio estaría mostrando una sencilla asimetría que se podía dar por descontada.

b) La aproximación Kaldor

Esta importante estudiosa de los conflictos internacionales contemporáneos propone una conceptualización, sin duda alguna novedosa, en términos de lo que designa como las nuevas guerras. En su definición, Kaldor (2010:16-7) plantea que se trata de:

> enfrentamientos que tienen lugar en el contexto de la desintegración de los Estados (en general, de Estados autoritarios bajo el impacto de la globalización). En ellas contienden redes de actores estatales y no estatales, a menudo sin uniforme, en ocasiones con señales distintivas... Son guerras en las que no abundan las batallas y la violencia se dirige en su mayor parte contra los civiles debido a las tácticas de contrainsurgencia o de limpieza étnica. En ellas los impuestos disminuyen y la guerra se financia mediante el botín y el saqueo[...] Exacerban la desintegración del Estado [...] Construyen nuevas identidades sectarias [religiosas, étnicas...] que socavan el sentido de comunidad compartida, de hecho, cabría considerar que tal es el propósito de estas guerras.

En su línea de análisis, Kaldor considera que las nuevas guerras, además de un resultado de la globalización, son también un "fenómeno global", entendiendo la globalización como una "intensificación de las interconexiones políticas, económicas, militares y culturales a escala mundial". Este proceso tendría enseguida un efecto singular sobre el Estado-nación territorial y tradicional, en el sentido de provocar la "erosión" de dicha instancia ya sea con respecto a una de sus principales características como el "monopolio de la violencia legítima", o por la pérdida creciente de "legitimidad política" frente al debilitamiento y la ineficiencia de "funciones primordiales" tales como la gobernanza o la seguridad. Además de que la nueva dimensión de las "interconexiones" ya referidas, contribuye de manera convergente a ceder soberanía en los ámbitos más diversos como el económico, el comercial o el de seguridad. Sin embargo, cuando se trata de visualizar cómo atender la conflictividad que se genera en un contexto así, las alternativas señaladas por esta autora nos remiten a una suerte de restauración de las funciones tradicionales del Estado, aunque en su planteamiento no hable del Estado en sentido estricto, sino de "devolver el control sobre la violencia organizada a las **autoridades públicas** sean locales, **nacionales** o internacionales" (Kaldor, 2001:15, 17-20, 26, 177, 179-180, 185; Palomo González, 2011b:137-140, 144. Énfasis añadido).

El conflicto libio es efectivamente un caso en el que se asiste a la desintegración de un régimen. Pero las causas de fondo son, en primer lugar, un profundo descontento social que va a derivar en una oposición armada al régimen de Gadafi. No se asiste a una desintegración del Estado en términos de una balcanización de su territorio, como resultado de la configuración de identidades emergentes, por ejemplo, y lo que se constató fue una serie de enfrentamientos armados continuos hasta el momento en que el propio Gadafi fue abatido. A diferencia de lo que está ocurriendo más al este con el conflicto sirio y en momentos (finales de diciembre de 2012) en que ya se percibe una tendencia que prefigura la constitución de "una unidad política" (Aron, 1968) kurda. Esto es, una tendencia de balcanización que también puede llegar a tener efectos territoriales con respecto a Irak, Irán y Turquía, y en la que los recursos naturales de las regiones habitadas por los kurdos (hidrocarburos en particular), representan un interés de primer orden para diferentes potencias externas al área.

Toffler y Kaldor presentan un punto de convergencia al señalar que los nuevos conflictos bélicos tienden a ser analizados con categorías de la Guerra Fría. Lo cual representa, de acuerdo con estos dos autores, un grave error de análisis con consecuencias negativas con respecto a la toma de decisiones relacionada con dichos conflictos. Pero en ambos casos, no se percibe que la articulación teórica entre las dos facetas del conflicto se formule directamente en términos de los intereses internacionales en juego, y, enseguida, se desarrolle con claridad y amplitud dicha articulación. Aunque Kaldor no deje de señalar que las "guerras locales incluyen miles de repercusiones transnacionales" (Toffler, 1994:23, 336; Kaldor, 2001:16).

2.2. La variable Irán en retrospectiva

La coyuntura por la que está pasando el conflicto con Irán, vista la persistencia de este país con respecto a su programa nuclear, presenta una faceta difícil de ignorar. Lo que se refiere como la variable Irán está vinculado con la ronda de sanciones que le fueron impuestas por la ONU. Ya el 9 de junio de 2010, el Consejo de Seguridad aprobó la resolución 1929, en la cual se aprobó una cuarta oleada de sanciones en contra de Irán (embargo de armas y "controles financieros más estrictos") y su programa nuclear. Cabe destacar que Rusia y China votaron a favor de dicha resolución (ONU, 2010).

Desde el momento en que apareció la resolución 1929 del Consejo de Seguridad, se podía prever la reacción de Irán en el sentido de utilizar la exportación de sus recursos energéticos como un medio para contrarrestar las medidas de presión adoptadas en su contra. Desde entonces también podía visualizarse el problema que representaba sustituir las exportaciones del crudo iraní con respecto a Italia, España, Francia, Portugal o los Países Bajos; en particular con Grecia, cuyas importaciones procedentes de Irán cubrían 35% de sus necesidades; con la complicación suplementaria dada por la grave crisis económica que ha estado enfrentando este país en fechas recientes.

El 23 de enero de 2012, algunos meses después de la caída de Gadafi, la Unión Europea decidió un nuevo paquete de sanciones contra Irán. Se trataba de aumentar la presión sobre este país visto lo difícil de su postura con respecto a la continuidad de su programa nuclear. Las sanciones adoptadas consistieron en empezar a reducir las importaciones de crudo iraní hasta su completa suspensión. Por lo que el 15 de febrero de 2012, Irán amenazó con cancelar el abastecimiento a varios países de la UE y el 19 de febrero las compañías francesas e inglesas dejaron de recibir dicho suministro. En estas circunstancias, para suplir el suministro iraní, se pensó inmediatamente en Arabia Saudita y también se perfiló, de manera velada, la posibilidad de que Libia lo hiciera, considerando que ya para esas fechas había alcanzado prácticamente los niveles de producción anteriores al conflicto en el que se vio envuelta. La disposición del CNT en dicho sentido no sabría calificarse como negativa y no se debe soslayar que ya durante el conflicto, el Emir de Qatar había mostrado su más plena y "positiva" disposición para apoyar la producción petrolera libia, allegando, igualmente sus instituciones bancarias para recibir los pagos por la venta del petróleo libio, y facilitando que tales recursos estuvieran a disposición del CNT.

Posteriormente la UE decidió otro grupo de sanciones, el 15 de octubre de 2012, que no solamente impactaron el ámbito energético iraní al bloquear las importaciones de gas, sino también los sectores financiero (al decidirse el "congelamiento de activos"), el comercial y el relacionado con el transporte marítimo. Y aunque los países de la UE no importaban gas directamente de Irán, sí lo hacían desde Turquía que lo compraba a Irán y enseguida lo exportaba a Europa. El efecto es más amplio si se toma en consideración que con dicho paquete de sanciones se generaba también una fuerte presión para evitar que otras naciones mantuviesen relaciones económicas y comerciales con Irán, mientras no aceptase renunciar a su programa nuclear.

La relación de interdependencia energética entre Irán y Europa terminó por tener un efecto negativo para Irán, en la medida en que la UE pudo asumir la cancelación de sus importaciones iraníes, sustituyendo dicho suministro por otros, y por el hecho de que los principales ingresos de este país se generan a partir de sus exportaciones en hidrocarburos. Las restricciones impuestas a las importaciones europeas de gas natural iraní, fue una medida que también terminó afectando y presionando a Turquía.

En todo caso, después de la normalización de Libia, el nuevo régimen estaría en posición de atender y eventualmente cubrir sin mayores problemas las necesidades energéticas continentales ya pactadas (y aquellas que se llegasen a presentar). Pues la sola puesta en entredicho de tal suministro podría generar serias turbulencias en los mercados.

Al centrar todos sus esfuerzos en el programa nuclear, Teherán está propiciando su aislamiento y descuidando otras alternativas de mayor repercusión para la región. El primer paso en este último sentido consistiría en ampliar y reforzar sus relaciones y alianzas con Turquía y otros países del área. Con el objeto de impulsar un proceso de integración económica regional, a partir del cual perfilar la viabilidad de un nuevo modelo de bienestar para los pueblos de la región. Una iniciativa que también permitiría neutralizar *les fuites en avant* de esta u otra de las monarquías regionales que todavía presentan serios rezagos en términos de desarrollo democrático, y recurren todavía a esquemas de Guerra Fría para mantenerse en el poder. Parece claro, asimismo, que la apertura democrática del régimen iraní es una tarea apremiante e impostergable para el régimen actual. Pues de otra manera no estaría haciendo otra cosa que contribuir al desarrollo de contradicciones internas que abonan el terreno de la inestabilidad socio-política.

CONCLUSIONES

Hoy en día, una relación inter-nacional supone el desarrollo de un vínculo que bien se puede caracterizar en términos de interdependencia, pudiendo asumir una forma unilateral, bilateral o multilateral con todas las variantes intermedias que se quiera y los respectivos grados de asimetría entre las partes. La pertinencia de esta observación se deriva de lo que se considera una de las grandes tendencias estructurales del sistema internacional actual, es decir, no sólo el establecimiento de relaciones de interdependencia por sí mismas, sino por la profundidad y amplitud que ha cobrado dicho fenómeno dando lugar, a su vez, a la configuración de bloques de Estados-nación que luego de pactar dichas relaciones tienden a actuar precisamente como bloque. Un fenómeno sin duda alguna nuevo en la escena internacional y en cuyo contexto se asiste, enseguida, a la proyección y conducción de intereses de las grandes potencias y de sus aliados regionales. Los cuales, de no ser por su participación en el bloque de poder regional del que se trate, no tendrían oportunidad de ver satisfechos este u otro de sus intereses ubicados en otras latitudes, es decir, fuera de su espacio de soberanía (Palomo González, 2011b). Desde cierto punto de vista, la asimetría en términos de medios de fuerza tiende a reducir la conflictividad en las Relaciones Internacionales pero no deja de propiciar una carrera con respecto a la adquisición de dichos medios. Entre los cuales se estaría acordando preferencia tanto a los conocimientos como a la tecnología que permita construir armas de destrucción masiva cuando no comprarlas, *tout simplement*, de manera subrepticia y bajo cualquiera de sus formas (químicas, biológicas o nucleares).

Un aspecto del contexto global para entender el caso libio, es un escenario internacional también caracterizado por la presencia de un gran número de Estados-nación que buscan alcanzar metas de desarrollo y sostener un determinado nivel de crecimiento económico. Lo cual los lleva a competir por energía, materias primas y, en definitiva, por tecnología y mercados. A esto es necesario agregar que los Estados-nación proyectan sus intereses bajo nuevas formas de competencia, es decir, a partir del reconocimiento de que existen entre ellos relaciones de interdependencia y este aspecto representa un constreñimiento que los lleva a integrar bloques regionales. De manera que la competencia se da entre Estados-nación asociados en esta última dimensión. Libia, por lo tanto, vistos los recursos naturales de los que dispone, terminó por presentarse como una "presa" de talla, y la primera potencia mundial y sus aliados no escaparon a la tendencia de definir una forma de hegemonía y de control sobre dicho país.

El caso de Libia es singular por el hecho de que la intervención de la OTAN indica que realmente se buscó la caída del régimen de Gadafi, y su colapso no parece ajeno a una negociación en el Consejo de Seguridad, considerando que dos potencias como Rusia y China no ejercieron su derecho de veto y tan solo se abstuvieron de votar la S/RES/1973 (2011).

Ahora bien, se puede aceptar que la política exterior de Estados Unidos siguió la línea sugerida por Z. Brzezinski (2005:45, 239-256) en el sentido de construir un liderazgo en lugar de imponer su dominación. El recurso a los medios de fuerza no parece apoyar la primera opción, aunque tampoco se descarta que al presentarse la intervención de la OTAN como una intervención humanitaria, esto no deja de representar un matiz en apoyo a la línea del liderazgo; o una ambigüedad que no permitiría inclinar la lectura de los acontecimientos en un sentido o en otro. Ambigüedad más, ambigüedad menos, los cambios de régimen político en la región no sabrían permanecer ajenos a los intereses de la primera potencia mundial y aliados. En especial cuando un autor como Brzezinski señala que "la seguridad de los Estados Unidos ha de ser considerada en lo sucesivo inexorablemente ligada a la situación global".

En todo caso, también está por verse si con el fin de la Guerra Fría y la emergencia de nuevos bloques de integración regional, caso de América del Sur por ejemplo, se estarían generando tendencias de desarrollo que, en franca oposición a la doctrina Huntington, propiciarían el abandono de dicha doctrina por parte de la primera potencia mundial.

Sin duda alguna la intervención de la OTAN favoreció a los grupos armados opositores a Gadafi, y también contribuyó a impedir una represión devastadora sobre la población civil que apoyaba a tales grupos, durante el proceso armado y en caso de que las fuerzas del régimen hubiesen triunfado.

Es claro, como lo señala Toffler, que la correlación entre "conocimiento intensivo" y la producción de tecnología de punta orientada a reforzar el poderío militar, constituye un proceso de primera importancia que apuntala, efectivamente, la asimetría del poder entre las grandes potencias y otros Estado-nación. De manera que esta asimetría ya es una variable a favor de la primera potencia mundial y sus aliados. Pero la utilización de dicho poderío parece requerir de una intervención en coalición, es decir, multilateral y, si posible, con el aval del Consejo de Seguridad de la ONU.

Una línea de actuación internacional que también tiene la propiedad de evitar que, al verificarse este tipo de intervenciones, no sea la primera potencia mundial la que tenga que asumir todo el costo y una sensible pérdida de prestigio político (Morgenthau, 1985) internacional. Sobre todo después de su desplante de unilateralismo con respecto a la invasión de Irak en 2003. Llevada a cabo con una singular cohorte de seguidores. Es entonces la proyección externa de intereses sobre un determinado Estado-nación o de una región, y la dimensión de la oposición regional a tal proyección, lo que determina la dinámica que va a caracterizar la relación internacional de que se trate. Lo que de entrada la configura como un conflicto de intereses que condiciona igualmente dos aspectos de su dinámica: la escalada de medios de poder puestos en juego para alcanzar la realización de tales intereses y el hecho de que será en función de la proyección de intereses externa que la conflictividad de la política interna del (o los) Estado-nación implicados, quede subsumida al conflicto entre las potencias cuyos intereses se oponen en la región.

En otro orden de ideas, también es importante mencionar con respecto al planteamiento de Mary Kaldor, según el cual el Estado-nación se ha visto seriamente "erosionado" por la globalización, vista su debilidad frente a dicho proceso; que dicho fenómeno no sería un resultado directo de la globalización sino de las políticas que consistieron en frenar su desarrollo institucional e instrumentadas previamente, tal como se señaló en páginas anteriores. Lo cual lleva a establecer una diferencia con respecto a la vulnerabilidad, retomando un concepto clave de la teoría de la interdependencia, que resulta efectivamente del proceso de articulación de un Estado-nación con los grandes procesos de globalización. De manera que en este último caso se estaría hablando de los costos de su inclusión en este u otro bloque regional o inclusive por el hecho de no tener alternativas regionales en dicho sentido, mientras que en el primero se hace referencia a lo que serían los costos de una articulación que se emprende con bajos niveles de desarrollo institucional y el ejercicio de políticas públicas marcadas por la corrupción, por ejemplo. Asimismo, también debe tomarse en cuenta que en el mundo posterior a la Guerra Fría, en Estados-nación clientelares y vulnerables socio-políticamente, tampoco cabría la posibilidad de mantener una cierta cohesión política interna, considerando las condiciones de represión violenta a las que habrían estado sometidas durante décadas las diferentes expresiones de descontento social, ejercida por cuerpos policiacos y fuerzas armadas, y por el hecho de no haber alcanzado un "desarrollo institucional" (Huntington, 1968) susceptible de enfrentar con éxito los retos de la globalización. A lo cual se agrega otro factor particularmente significativo por sus efectos "disolventes" del tejido social. Se trata de lo que bien se puede designar como la irrupción de un capitalismo salvaje y depredador, valga la expresión, asociado a procesos de modernización radicales en cuanto a la disolución de la cultura tradicional de los pueblos del Medio Oriente. Caso de Irán en los últimos tiempos del Sha Reza Pahlevi. En un contexto así, y ante la falta de alternativas, los grupos terroristas no podían sino proliferar.

FUENTES

Anderson, L. (2011). Demystifying the Arab Spring. *Foreign Affairs, 90*(3), 2-7.

Aron, R. (1968). *Paz y guerra entre las naciones.* Tomo I. Barcelona: Alianza.

Brzezinski, Z. (2005). *El dilema de Estados Unidos ¿Dominación global o Liderazgo global?* Barcelona: Ediciones Paidós.

Central Intelligence Agency (2012). *The World Factbook: Libya*, en: http://1.usa.gov/3z3aXz

Gaddis, J. L. (1989). *Estrategias de la Contención. Una evaluación crítica de la política de seguridad norteamericana de posguerra.* Buenos Aires: GEL.

Giblin, B. (2012). La géopolitique: un raisonnement géographique d'avant-garde. *Hérodote. Revue de géographie et de géopolitique, 146-147*, 3-13.

El País (16.04.1986). Libia lanza dos misiles tierra-tierra contra una base de radar situada en la isla italiana de Lampedusa. *El País*, en: http://bit.ly/12MSaI6

Huntington, S. P. (1968). *El orden político en las sociedades en cambio*. Buenos Aires: Paidós.

Kaldor, M. (2001). *Las nuevas guerras. Violencia organizada en la era global.* Barcelona: Tusquets.

Kaldor, M. (2010). *El poder y la fuerza. La seguridad de la población civil en un mundo global.* España: Tusquets.

Keohane, R. O. & Nye, J. S. (1988). *Poder e Interdependencia. La política mundial en transición*. Buenos Aires: GEL.

Keohane, R. O. (1993). *Instituciones internacionales y poder estatal. Ensayos sobre la teoría de las relaciones internacionales*. Buenos Aires: GEL.

Lacoste, Y. (2012). La géographie, la géopolitique et le raisonnement géographique. *Hérodote. Revue de géographie et de géopolitique, 146-147*, 14-44.

Lorot, P. & Thual, F. (1997). *La géopolitique*. Paris: Montchrestian.

Morgenthau, H. (1985). *Politics among Nations: The Struggle for Power and Peace*. New York: McGraw Hill.

Organización de las Naciones Unidas (2011). *S/RES/1973* (2011), Consejo de Seguridad, 17 marzo 2011. Anexos I y II.

ONU (2010). *S/RES/1929* (2010). Consejo de Seguridad.

Palomo González, G. J. (2011a). Delincuencia organizada, inestabilidad y relaciones de subordinación: una síntesis. *Análisis Plural* (primer semestre), 98-109.

Palomo González, G. J. (2011b). Ensayo sobre la disolución de América Latina como esfera de influencia de los Estados Unidos y la función de la delincuencia organizada como factor de desestabilización. *Análisis Plural* (segundo semestre), 120-149.

Palomo González, G. J. (2011c). Geopolítica y Pobreza. Ponencia presentada en el *IX Seminario Itinerante organizado por el Campo Estratégico de Acción en Pobreza y Exclusión*. Universidad Iberoamericana de León, Guanajuato, 6-7 de octubre 2011.

Powaski, R. E. (2000). *La Guerra Fría. Estados Unidos y la Unión Soviética. 1917-1991*. Barcelona: Crítica.

Spanier, J. (1991). *La política exterior norteamericana a partir de la Segunda Guerra Mundial*. Buenos Aires: GEL.

Toffler, A. & H. (1994). *Las guerras del futuro. La supervivencia en el alba del siglo XXI*. Barcelona: Plaza y Janés.

Weiner, T. (2009). *Legado de cenizas. La historia de la CIA*. México: Random House Mondadori.

SOBRE LOS AUTORES

Daniel Añorve Añorve

Profesor-investigador de tiempo completo del Departamento de Estudios Políticos de la División de Derecho, Política y Gobierno de la Universidad de Guanajuato. Ha sido profesor en la Universidad del Mar, en El Colegio de San Luis, en la Universidad Autónoma de Sinaloa, el Instituto Tecnológico y de Estudios Superiores de Monterrey-Santa Fe (ITESM) y la Facultad de Ciencias Políticas y Sociales de la Universidad Nacional Autónoma de México (UNAM). Es miembro del Sistema Nacional de Investigadores (SNI) (candidato). Miembro del comité editorial del *Journal of Law and Conflict Resolution* y de la Revista Mexicana de Análisis Político y Administración Pública. Licenciado en Relaciones Internacionales por la UNAM; maestro en Ciencia Política por la Universidad de York en Canadá; doctor en Relaciones Internacionales por la UNAM.

Christel Bade Rubio

Coordinadora académica del área Teórico-metodológica de la licenciatura en Relaciones Internacionales de la Universidad Anáhuac México Norte (UAMN). Investigadora del Centro Anáhuac de Investigación en Relaciones Internacionales (CAIRI). Miembro de la Asociación Mexicana de Estudios Internacionales. Columnista del Foro Internacional Anáhuac del periódico *Excélsior*. Licenciada en Relaciones Internacionales por el Instituto Tecnológico Autónomo de México (ITAM); maestra en Estudios Europeos por el Center for European Integration Studies, Rheinische Friedrich-Wilhems-Universität Bonn, Alemania; máster en Iniciación a la Investigación en Relaciones Internacionales e Integración Europea; diploma de Estudios Avanzados en Derecho Internacional Público y Relaciones Internacionales; doctoranda en Relaciones Internacionales e Integración Europea por la Universidad Autónoma de Barcelona.

Karen Bialostozky Azses

Trabaja en Environmental Defense Fund, organización para la conservación del medio ambiente y participa en el equipo de trabajo para la creación de una Ley de Economía Verde. Ha participado en proyectos sociales, destacando entre ellos su colaboración en Costa Rica dentro de un programa de educación para niños de bajos recursos y su voluntariado en investigación dentro de una ONG de desarrollo social. Licenciada en Relaciones Internacionales por la Universidad Anáhuac México Norte (UAMN). Cursa la maestría en Resolución de Conflictos y Mediación en la Universidad de Tel Aviv, en Israel.

Susana Chacón

Editora de la revista *Foreign Policy* Edición Mexicana y profesora de posgrado en el Instituto Tecnológico de Estudios Superiores de Monterrey (ITESM-CEM). Secretaria de la Sección Mexicana del Club de Roma. Se ha desempeñado como investigadora invitada en el Centro de Estudios Internacionales de El Colegio de México, en la Universidad de Georgetown, en el Center for Latin American Studies, Mexico Project y en el Rockefeller Center de Estudios Latinoamericanos de la Universidad de Harvard. Es miembro del Sistema Nacional de Investigadores (SNI), nivel 2. Licenciada en Relaciones Internacionales por la Universidad Iberoamericana; maestra en Economía y Política Internacionales por el Centro de Investigación y Docencia Económicas (CIDE); Maestra en Administración Pública por la Escuela de Gobierno John F. Kennedy; doctora en Historia por la Universidad Iberoamericana; post-doctorado en Relaciones Internacionales por la Universidad de Georgetown.

Marie-Odette Colin

Tiene una larga experiencia profesional en varios países como asesora en Cooperación Internacional y profesora de Relaciones Internacionales. Ha trabajado en la Universidad de las Américas, Mexico City College y actualmente ejerce la docencia en varios campus del Instituto Tecnológico y de Estudios Superiores de Monterrey (ITESM) y en la Universidad Nacional Autónoma de México (UNAM). Su principal área de trabajo es la Teoría de las Relaciones Internacionales. Licenciada en Lengua Española por la Universidad de Bordeaux III; maestra en Ciencias Políticas, con especialidad en Relaciones Internacionales, por la Universidad de Bordeaux I; doctora en Estudios Latinoamericanos por la Universidad de París X, Nanterre.

Jessica De Alba Ulloa

Coordinadora académica del área de política internacional en la Escuela de Relaciones Internacionales de la Universidad Anáhuac México Norte (UAMN). Ha sido Asesora en la Secretaría de Relaciones Exteriores, en el Instituto Nacional de Migración; y Delegada en la Misión Permanente de México ante la Organización de las Naciones Unidas para la Educación, la Ciencia y la Cultura (UNESCO). Profesor-investigador del Centro de Análisis de Diferendos y su Modo de Solución (CADMOS-Facultad Jean Monnet, Universidad de París XI, Francia). Miembro de la Asociación Mexicana de Estudios Internacionales, del Consejo Mexicano de Asuntos Internacionales y de la International Studies Association (ISA). Columnista del Foro Internacional Anáhuac (*Excélsior*). Licenciada en Relaciones Internacionales por la Universidad de las Américas, Mexico City College; máster en Diplomacia y Organizaciones Internacionales; doctora en Ciencias Políticas por la Universidad de París XI, Francia.

Alejandro Figueroa Rodríguez

Sigue con detenimiento la situación libia desde 2011, año en que desarrolló un proyecto de investigación basado en el tema bajo la perspectiva de estudio del constructivismo. Actualmente se desempeña como articulista de tópicos de coyuntura internacional en diversos medios. Maestro en Estudios Internacionales por el Instituto Tecnológico y de Estudios Superiores de Monterrey (ITESM).

Francisco Javier Haro Navejas

Profesor investigador de la Universidad de Colima. Ha publicado diferentes trabajos, entre los más recientes se encuentran: *China in the Central American and Caribbean Zone*; *Beijing frente a las "minorías nacionales": la fe grande y las fes pequeñas*; *La identidad como eje del conflicto Beijing-Taipei* y *Comercio y cooperación: estrategias taiwanesas de inserción internacional*. Además están: *Three Amigos & A Non-Regional Player: China As A Challenge Inside And Outside the* NAFTA BOX y *Rectificación de los nombres y antropología de las Relaciones Internacionales en la República Popular China*. Recientemente fue publicado su libro *Diez naciones en busca de liderazgo*.

Imtiaz Hussain

Profesor de Relaciones Internacionales en la Universidad Iberoamericana (México). Entre sus publicaciones más importantes se encuentran: *Re-evaluating* NAFTA (Palgrave, 2012); *Afghanistan-Iraq and Post-conflict Governance* (Brill, 2010); *The Impact of* NAFTA *on North America* (Palgrave, 2010), *North American Homeland Security* (Praeger, 2008); *Community, Diffusion, and North American Expansiveness* (UIA, 2008); *Running on Empty Across Central America* (UPA, 2006), y *Globalization, Indigenous Groups, and Mexico's Plan Puebla Panama: marriage* (Edwin Mellen, 2006); con artículos publicados en *FIU Law Review, Voices of Mexico, Handbook of Global Security and Intelligence, South Asian Survey, Politics & Policy, Journal of the Asiatic Society of Bangladesh*, y *Norteamérica*. Ha sido receptor de numerosas becas y premios académicos. Licenciado en Ciencia Política por la Universidad de Pennsylvania.

Laura Angélica Madrid Morales

Junior en Global Banking de HSBC. Se desempeñó como *Consular intern* en la Embajada Británica de la Ciudad de México en 2012. Actualmente (2013) concursa por el Premio "Jacques Delors" para tesis de licenciatura sobre temas relacionados con la Unión Europea, con *La utilización del euro como moneda internacional.* Licenciada en Relaciones Internacionales por la Escuela de Relaciones Internacionales de la Universidad Anáhuac México Norte (UAMN) con un trimestre en la International University in Geneva; miembro del Programa de Excelencia Anáhuac Vértice de la UAMN; acreedora de tres premios a la excelencia académica durante sus estudios de licenciatura.

Javier Martínez Mendoza

Es productor y locutor del programa *Autour Du Monde*, de la Escuela de Relaciones Internacionales de la Universidad Anáhuac México Norte, transmitido por Radio Anáhuac (1670 AM). También es miembro del consejo editorial y articulista permanente de la revista *Civis Mundi* de la Escuela de Relaciones Internacionales. Estudiante de la licenciatura en Relaciones Internacionales por la Escuela de Relaciones Internacionales de la Universidad Anáhuac México Norte. Ha trabajado como analista en Núñez Rodríguez Abogados, S. C.

Almendra Ortiz de Zárate Béjar

Actualmente es titular de la cátedra especial A.G. Leventis-Anáhuac orientada al desarrollo de investigación entre México y Chipre, así como a la difusión de la cultura, la historia y las tradiciones chipriotas en México. Es columnista del Foro Internacional Anáhuac del periódico *Excélsior*. Se ha desarrollado en la iniciativa privada y tiene experiencia docente de siete años a nivel licenciatura. Ha sido docente en la Universidad Anáhuac México Norte y en la Universidad Anáhuac de Puebla. Licenciada en Relaciones Internacionales por la Universidad Anáhuac México Norte; maestra en Administración Pública por la misma institución; cursa el doctorado en Gestión Estratégica y Políticas de Desarrollo. Cuenta con estudios en Competencia Económica.

J. Gerardo Palomo González †

Hasta agosto de 2013, se desempeñaba como profesor-investigador en El Colegio de Tlaxcala. Su actividad académica se centró en temas de historia militar, seguridad interna e internacional. Se desempeñó, entre otras, como académico en la Universidad de las Américas, Mexico City College, en la Universidad Iberoamericana México y Puebla. Licenciado en Etnología por la Universidad de París VII, Jussieu; Diplomado en Seguridad Pública por la Universidad Iberoamericana; diplomado en Seguridad Nacional por la Universidad Iberoamericana; diplomado en Estudios Avanzados (Diplôme d'Études Approfondies) equivalente a maestría por la Escuela de Altos Estudios en Ciencias Sociales (École des Hautes Études en Sciences Sociales) de París, Francia; cursó el programa de doctorado en Historia del Centro de Estudios Históricos de El Colegio de México; doctorando en Sociología Militar por la Escuela de Altos Estudios en Ciencias Sociales de París, Francia.

LISTA DE ABREVIATURAS

AGNU	Asamblea General de Naciones Unidas
AI	Amnistía Internacional/Amnesty International
ALBA	Alianza Bolivariana para los Pueblos de Nuestra América
ANSEA	Asociación de Naciones del Sudeste Asiático
ARU	Actor Racional Unificado
AUE	Acta Única Europea
BID	Banco Interamericano de Desarrollo
BP	British Petroleum
BRIC	Brasil, Rusia, India y China
BRICS	Brasil, Rusia, India, China y Sudáfrica
CC	Cooperar-cooperar
CCR	Consejo del Comando Revolucionario
CD	Cooperar-desertar
CECA	Comunidad Europea del Carbón y el Acero
CEE	Comunidad Económica Europea
CEI	Comunidad de Estados Independientes
CGP	Congreso General del Pueblo
CIA	Agencia Central de Inteligencia/Central Intelligence Agency
CNN	Cable News Network
CNT	Consejo Nacional de Transición
CPE	Cooperación Política Europea
CPG	Congreso Popular General
CPI/ICC	Corte Penal Internacional/International Criminal Court
CRC	Consejo Revolucionario de Comando
CSNU	Consejo de Seguridad de Naciones Unidas
D	Desertar
DC	Desertar-cooperar

DD	Desertar-desertar
DDHH	Derechos humanos
DP	Promoción de la democracia
E	Enfrentamiento
EES	Estrategia Europea de Seguridad
ELN	Ejército de Liberación Nacional de Libia
EN	Estados-nación
ERI	Ejército Republicano Irlandés
FCCHA	Foro de Cooperación China-África
FNSL	Frente Nacional de Salvación de Libia
FROLINAT	Frente de Liberación Nacional del Chad
GATT	Acuerdo General sobre Aranceles Aduaneros y Comercio
GECF	Foro de Países Exportadores de Gas
GF	Guerra Fría
GNC	Congreso Nacional General
GNL	Gas Natural Licuado
HIIK	Heidelberg Institute for International Conflict Research
HRW	International Human Rights Watch
IFOP	Instituto Francés de Opinión Pública
JCP	Partido de la Justicia y la Construcción
MAEE	Ministerio de Asuntos Exteriores y Europeos
MBDA	Empresa diseñadora y fabricante de misiles
NFA	Alianza de Fuerzas Nacionales
NOC	Compañía Petrolera Nacional/National Oil Company
OCHA	Oficina para la Coordinación de Asuntos Humanitarios
OCS	Organización para la Cooperación de Shanghái
OEA	Organización de Estados Americanos
OI	Organismos internacionales
OIG	Organizaciones Intergubernamentales
OLP	Organización de Liberación Palestina

OMC Organización Mundial del Comercio
OMP Operaciones de Mantenimiento de Paz
ONG Organizaciones No Gubernamentales
ONU/UN Organización de Naciones Unidas/United Nations
OPCW Organización para la Prohibición de Armas Químicas
OPEP Organización de Países Exportadores de Petróleo
OSCE Organización para la Seguridad y la Cooperación en Europa
OTAN Organización del Tratado del Atlántico Norte/NATO-North Atlantic Treaty Organization
OTSC Organización del Tratado de Seguridad Colectiva
OUA Organización para la Unidad Africana
PCSD Política Común de Seguridad y Defensa
PESC Política Exterior y de Seguridad Común de la Unión Europea
PEV Política Europea de Vecindad
PIB Producto Interno Bruto
R2P Responsabilidad de Proteger
RPCH República Popular China
RRII Relaciones Internacionales
TNP Tratado de No proliferación de armas nucleares
UA Unión Africana
UE Unión Europea
UEO Unión Europea Occidental
UMP Unión por un Movimiento Popular
UNHCR Alto Comisionado de las Naciones Unidas para Refugiados
UNICEF Fondo de Naciones Unidas para la infancia/United Nations International Children's Emergency Fund
UNSMIL Misión de Apoyo de Naciones Unidas en Libia
UPM Unión por el Mediterráneo

URSS	Unión Soviética
USDS	Departamento de Estado de Estados Unidos/U.S. Department of State
ZPV	Zona de prohibición de vuelos

Este libro se terminó de imprimir en junio de 2014
en Ultradigital Press, S.A. de C.V.,
Centeno 195, Col. Valle del Sur,
09819 México, D.F